ST. OLAVSWEG

S:t Olavsleden Schweden
Von Selånger nach Trondheim

Wanderführer für den Pilgerweg nach Nidaros

Ria Warmerdam

Impressum

Zusammenstellung und Text: Ria Warmerdam
Karten und Gestaltung: Willem Warmerdam
Fotos: Ria Warmerdam, Maddy Goettsch und Jos Oegema, soweit nicht anders angegeben
Aquarelle und Blumenzeichnungen: Maddy Goettsch
Übersetzung: Christa und Harrie Claessen im Auftrag von northern lights
text & kommunikation GmbH, Hamburg

info@op-vrije-voeten.nl
www.op-vrije-voeten.nl

ISBN: 978-90-822510-3-6
NUR-code: 502 Wanderführer

Inhaltsverzeichnis

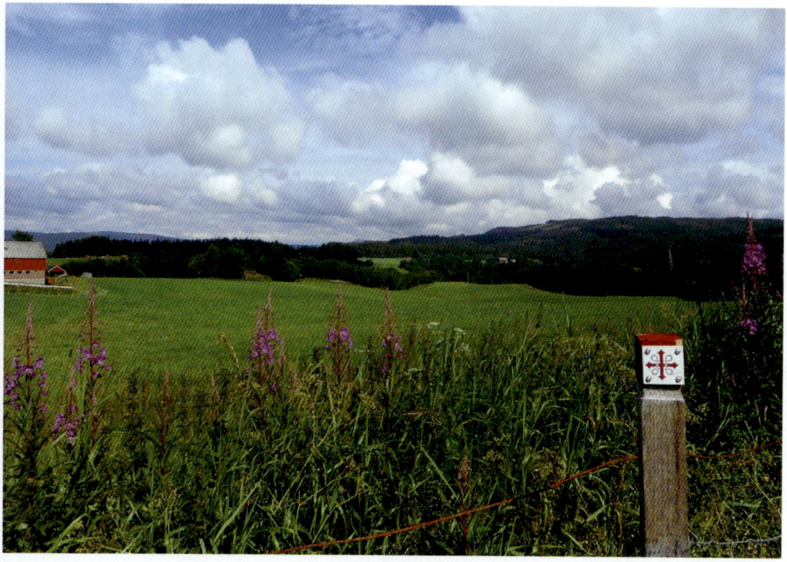

Pilgern im Norden

Im Jahr 2016 sind 272.434 registrierte Pilger in Santiago de Compostela eingetroffen, ein vorläufiger Rekord. Kein Wunder also, dass immer mehr Wanderer, die den Rummel meiden wollen, den Blick nach Norden richten. Denn viele Wanderer, die eine Pilgertour machen wollen, suchen Ruhe und Weite. Beides findet man hier noch reichlich.

In Skandinavien sind mehrere alte Pilgerwege nach Nidaros, der frühere Name von Trondheim, erneut zugänglich gemacht worden. Vor der Reformation war Skandinavien ja auch katholisch und es zog die Massen ebenso zum Grab des heiligen Olav wie zu den heiligen Städten Rom, Jerusalem und Santiago de Compostela.

Seit einigen Jahren wächst allmählich das Interesse an den Wandertouren im Norden. Nicht nur, um dem Hochbetrieb auf den Caminos zu entgehen. Sondern auch, weil wir immer neugieriger auf das wahre Leben in den Ländern werden, aus denen in den letzten Jahren so viele qualitativ hochwertige Filme, TV-Serien und spannende Bücher kommen, nicht zuletzt die schwedischen Thriller. Wir sehen auch immer mehr skandinavische Einflüsse bei unseren Koch- und Wohntrends. Das Buch „Der Mann und das Holz" des norwegischen Schriftstellers Lars Mytting wurde ein internationaler Bestseller ,und selbst die dänische Gemütlichkeit, Hygge, ist Mode geworden.

Auf dem Olavsweg durch Schweden und Norwegen kann man in aller Ruhe von Küste zu Küste in das skandinavische Lebensgefühl eintauchen. Man läuft von Schweden bis in das bergige Norwegen durch ewig singende Wälder, entlang an wogenden Kornfeldern, wilden Flüssen und spiegelnden Seen. Man sieht mehr als einmal ein Haus, das an die Villa Kunterbunt von Pippi Langstrumpf erinnert und wird angenehm überrascht sein durch die herzlichen Begegnungen mit den Schweden und Norwegern.

Ria Warmerdam

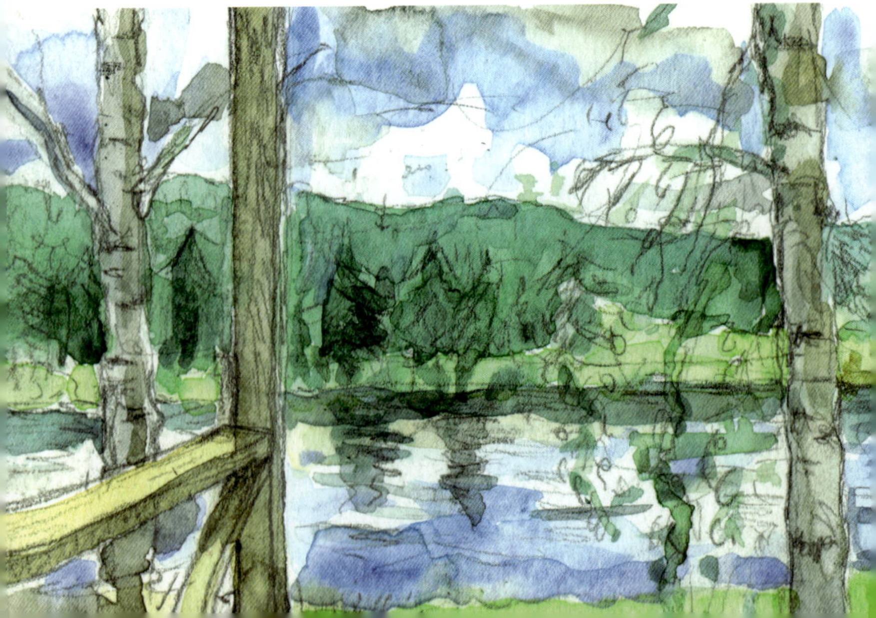

Begegne St. Olav

Als ich 2011 nach Schweden zog, in ein Pastorat am Ende der Welt, hatte ich keine Ahnung davon, dass buchstäblich zwei Meter von meinem Hof entfernt ein jahrhundertealter Pilgerpfad vorbeiführte. Zwei Jahre später wanderte ich selbst die 564 Kilometer. Untrainiert, ohne Wissen über die Geschichte des Pfades, aber bereit für große Abenteuer. Und ich wurde nicht enttäuscht.

Der St. Olavsweg führt über sanft hügelige Felder und an tiefen, dunklen Seen entlang, durch stille kleine Dörfer und endlose Wälder. Und überall „begegnet“ man Olav Haraldsson, dessen Fußspuren man folgt. St. Olavsleden ist das Beste von Skandinavien: eine Art „Greatest Hits-Album“ der Region. Eine wundervolle Kombination von Natur und Geschichte.

Deshalb bin ich so froh, dass Ria – die man mit Blick auf die skandinavischen Routen durchaus als niederländische Miss Pilgrim nennen darf – dieses Buch geschrieben hat. Obwohl der Pfad gut ausgeschildert ist und hilfsbereite Einheimische vorbeiziehenden Pilgern gern weiterhelfen, ist ein detaillierter Führer für den Wanderer, der das große Abenteuer sucht, unerlässlich.

God tur!

Ruben Heijloo (Revsunds Prästgård)

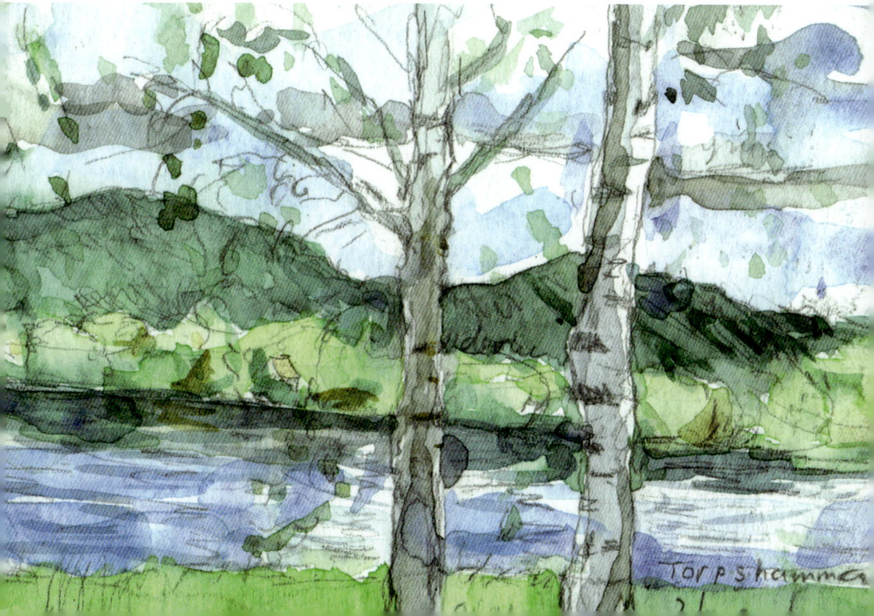

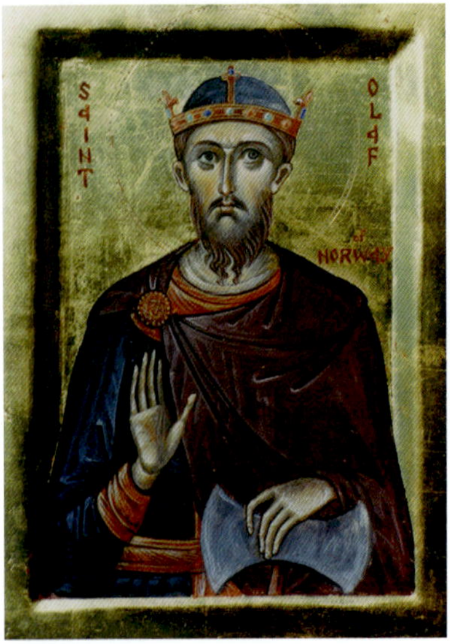

Olav der Heilige

Olav der Heilige und die Geschichte des Kults

Um das Jahr 1000 herum war Norwegen ein unruhiger Flickenteppich aus kleinen Wikingerreichen mit Hauptleuten und Königen. Das Land hatte wenig Ackerland (ein wichtiger Grund für die Plünderungszüge), und kleinste Anlässe reichten aus, um einander kämpferisch zu verjagen. Olav Haraldsson (995-1030), ein abgehärteter Wikingerkrieger, der sich zum Christentum bekehrt hatte, wollte Norwegen unter seiner Regentschaft einigen. Er gebrauchte die Christianisierung als Rechtfertigung und das Schwert zur Überzeugung. Anfänglich hatte er Erfolg und konnte, mit viel Gewalt, einen Teil Norwegens unterwerfen.

Harald blieb ungefähr zehn Jahre an der Macht. 1024 erließ er Gesetze, die auf christlichen Werten beruhten und die heute noch die Basis der skandinavischen Gesetzgebung bilden. Aber im Jahr 1029 hatte er die alte Elite so sehr gegen sich aufgebracht, dass sie die Invasion von Knut dem Großen aus Dänemark unterstützten. Olav musste aufgeben und hielt sich für einige Zeit im russischen Exil auf. Im Jahr 1030 unternahm er einen neuen Versuch. Mit seinen angeworbenen Männern marschierte er über Schweden nach Norwegen, entlang der Route, wo heute der Olavsweg verläuft. Am 29. Juli kam es bei Stiklestad zu einer Schlacht mit einer Bauernarmee, in deren Verlauf Olav fiel.
Der Legende zufolge wurde sein Körper vom Schlachtfeld getragen und in eine Scheune gelegt. Ein blinder Landstreicher, der auf der Suche nach einem Schlafplatz war, kroch in die Scheune, kam mit dem Blut von Olav in Berührung, rieb seine Augen und konnte wieder sehen. Das erste Wunder war geschehen. Olav wurde nach Nidaros (der frühere Name von Trondheim) gebracht und am Ufer des Flusses Nidelva begraben. Dort entsprang dann eine Quelle, deren Wasser heilende Kräfte hatte. Diese Art überlieferter Wunder war damals ein Grund, einen Leichnam zu exhumieren. Wenn ein Leichnam keine Merkmale der Verwesung aufwies, war das ein Zeichen der Heiligkeit. Es war nämlich die Sünde, die den Körper verwesen ließ. Und bei Olav war dies mehr oder weniger der Fall. Seine Wunden waren verschlossen, sein Haar und seine Nägel waren gewachsen. Es wurde eine Holzkapelle über dem Grab errichtet und am 3. August 1031 wurde Olav heiliggesprochen. 1066 gab Olav Kyrre (Olav III) den Auftrag, die Kapelle durch eine Kirche zu ersetzen und diese entwickelte sich weiter bis zur heutigen Nidaros-Kathedrale. Pilger aus ganz Europa kamen nach Nidaros mit dem Ziel, Olavs Grab zu besuchen, um dort Heilung, Vergebung oder Vertiefung des Glaubens zu finden.

Heiligsprechungen wurden sicherlich auch durch wirtschaftliche und politische Motive begünstigt. Starke Heilige zogen Pilger an, die Touristen des Mittelalters, und diese brachten Geld in die Kasse. Außerdem erhielt eine Kirche an Orten, an denen ein kompletter Leichnam, ein kleiner Körperteil oder ein wichtiger Gegenstand (Reliquie) lag, Ansehen und Einfluss. Im Fall von Olav dem Heiligen spielte Macht sicherlich auch eine Rolle. Das Christentum hatte in Norwegen noch nicht Fuß gefasst und durch die Hdeiligsprechung Olavs, der als christlicher Wikingerkönig für ein vereinigtes Norwegen gekämpft hat, hatte der Gedanke an ein Königreich mehr Gewicht bekommen. Olav ist heute noch immer ein wichtiges Symbol für die Unabhängkeit Norwegens als Nation. Um den 29. Juli herum, Olavs Gedenktag, wird in Trondheim ein großes Festival gefeiert.

Der mittelalterliche Pilger

Gründe für das Pilgern
Der mittelalterliche Pilger ging aus verschiedenen Gründen auf Wanderschaft: um in der Nähe eines Heiligen die Anwesenheit Gottes zu erfahren, um Vergebung der Sünden zu erhalten und dadurch den Aufenthalt im Fegefeuer zu verkürzen, um Heilung zu erbitten, um ein Versprechen einzulösen, das bei einem früher erhörten Gebet gemacht wurde oder um den Wunsch eines Verstorbenen zu erfüllen.
Bei unversehrter Ankunft erhielt man einen Ablass, ein Beweis für die Vergebung der Sünden. Und man glaubte, dass die Gebete in den wichtigsten Wallfahrtsorten eher erhört wurden als zu Hause. Die Gutsituierten pilgerten zu Pferd, die Armen gingen zu Fuß. Einige Arme machten die Pilgertour im Dienste eines Reichen, der keine Lust auf die lange ungewisse Reise hatte. Die Pilger, sowohl Männer als auch Frauen, waren Menschen aller Ränge und Stände.

Nicht nur für Gott
EEs wurden auch Verurteilte auf Reisen geschickt, zum Beispiel als Arbeitsstrafe, mit dem gleichzeitigen Vorteil, dass die Gemeinschaft sich für eine gewisse Zeit dieser ungewünschten Person entledigen konnte. Aber man ging auch aus reiner Abenteuerlust auf Pilgerschaft oder auch nur, um einer misslichen häuslichen Situation zu entgehen. Im elften und zwölften Jahrhundert war das Pilgern ein Massenphänomen. Grob geschätzt wohnten damals bis zu 50 Millionen Menschen in Europa, von denen jährlich etwa eine halbe Million unterwegs waren – Ein Prozent der Bevölkerung. In diesem Menschenstrom tauchten auch Opportunisten, kleine Diebe und Vogelfreie unter, welche nicht die geringste Absicht hatten, zu einem entfernt gelegenen Ort zu laufen. Denn diese wollten nur von den Vorteilen profitieren, die manche Herrscher den Pilgern boten: Gratis Mahlzeiten, Unterkunft oder besonderer Schutz. Ein Pilgerausweis oder ein Empfehlungsschreiben des Priesters daheim, wodurch die Glaubwürdigkeit des Pilgers bewiesen werden sollte, war von daher unentbehrlich. Der heutige Pilgerausweis erfüllt einen ähnlichen Zweck.

Ausrüstung
Die mittelalterliche „Outdoor-Bekleidung“ des Pilgers bestand aus einer robusten Kopfbedeckung und einem oft ärmellosen Mantel, der auch als Decke dienen konnte. Der Pilger trug Sandalen oder Schuhe. Die Lederschuhe ohne Absatz bestanden aus dünnem Oberleder und einer Sohle aus dickerem Leder. Als Socken wurden beispielsweise Wolllappen oder Lumpen um die Füße gewickelt, die erst befestigt wurden, bevor man die Schuhe anzog. Der Pilger unterschied sich von dem gewöhnlichen Reisenden durch seine spezifischen Attribute. Ein Stock, der das Laufen einfacher machte und häufig mit einer scharfen Spitze versehen war, um wilde Tiere und Straßenräuber fernzuhalten. Eine Kalebasse für Trinkwasser, hergestellt aus einem Kürbis, Ton oder Zinn und eine Schultertasche für Proviant. Dabei spielte auch die Symbolträchtigkeit der Tasche eine wichtige Rolle: Sie war klein, denn der Pilger war genügsam, sie war nicht verschließbar, denn der Pilger nahm nichts Wertvolles mit und er vertraute auf die Vorsehung Gottes. Die Tasche bestand häufig aus Tierhaut, um den Pilger daran zu erinnern, seine eigene Haut zu kasteien.

Foto: Gitte Hansen, Universiteitsmuseum Bergen

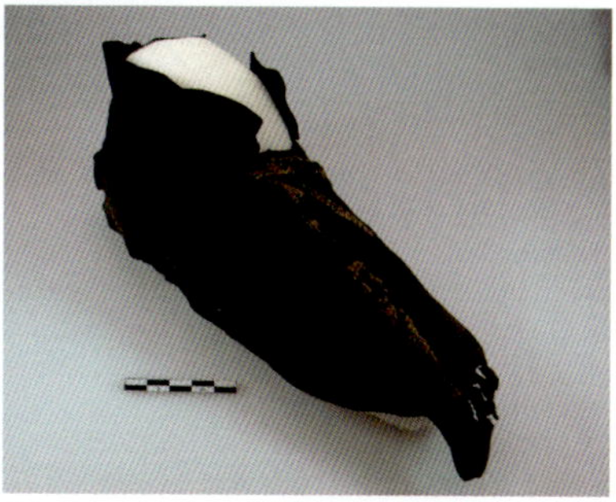

Schuh aus dem 12. Jahrhundert

Hin und (wieder) zurück
Die Anziehungskraft von Nidaros war das heilende Wasser, von dem man eine kleine Menge in speziellen Fläschchen mit nach Hause nahm. Ein anderes Souvenir aus Nidaros waren die bleiernen Abzeichen, auf denen Olav der Heilige abgebildet war. Die Pilger aus früheren Zeiten mussten im Gegensatz zum neuzeitlichen Reisenden auch wieder zurücklaufen. Außer denjenigen, die sich mit letzter Kraft zum Heiligtum geschleppt hatten. Zahlreiche Pilgergräber befanden sich auf den Friedhöfen entlang der Route. Es war ein Trost, dass nach dem Verdienen des Ablasses keine neuen Sünden mehr begangen werden konnten. Diejenigen, die wohlbehalten zurückkehrten, wurde nicht selten Bewunderung entgegengebracht.

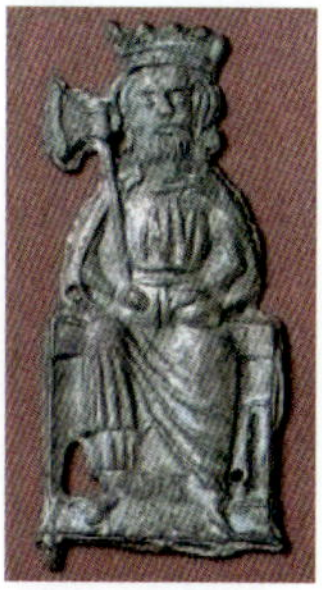

Abzeichen, Souvenir aus Nidaros

Reformation
Nidaros gehörte mit Santiago de Compostela, Rom und Jerusalem zu den vier wichtigsten Pilgerorten des Mittelalters. Die Reformation, die im Jahre 1517 in Wittenberg durch Martin Luther ausgelöst wurde, erreichte Norwegen 20 Jahre später. Nach seiner Bekehrung zum protestantischen Glauben erklärte der damalige dänisch-norwegische König Christian III im Jahr 1537 den evangelisch-lutherischen Glauben zur offiziellen Religion von Norwegen und Dänemark. Alle Spuren des Katholizismus wurden beseitigt. Die Nidaros-Kathedrale wurde lutherisch, der Schrein von Olav wurde vernichtet und das Pilgern, eine katholische Praxis, wurde verboten.

Entwicklung des Pfades seit 1997
In den 80er Jahren des vorigen Jahrhunderts wurden Pilgerreisen wieder neu entdeckt. In den letzten 25 Jahren hat die Popularität des Pilgerns enorm zugenommen. Die Routen nach Santiago de Compostela stehen an erster Stelle, Rom auf dem zweiten Platz und Jerusalem, eine in der Praxis etwas kompliziertere Wanderung, ist nicht ganz so beliebt.
Die Routen nach Nidaros (Trondheim) wurden ab 1997 wieder zum Leben erweckt und sind als moderne Pilgertouren relativ neu und noch wenig begangen worden. Als erste wurde die Route von Oslo nach Trondheim markiert, aber inzwischen wurden Routen aus allen Himmelsrichtungen erschlossen. 2010 wurde dem Netzwerk aus historischen Pfaden der Status des „Europäischen Kulturweges" verliehen. Der St. Olavsweg ab Selånger an der schwedischen Ostküste wurde 2013 offiziell eröffnet.

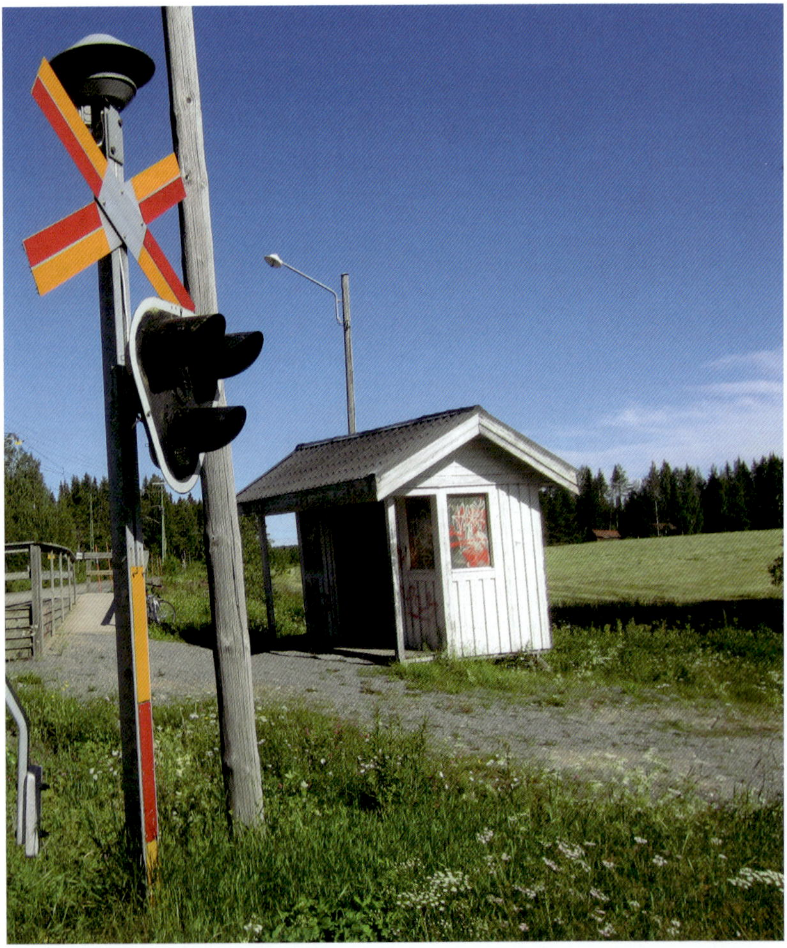

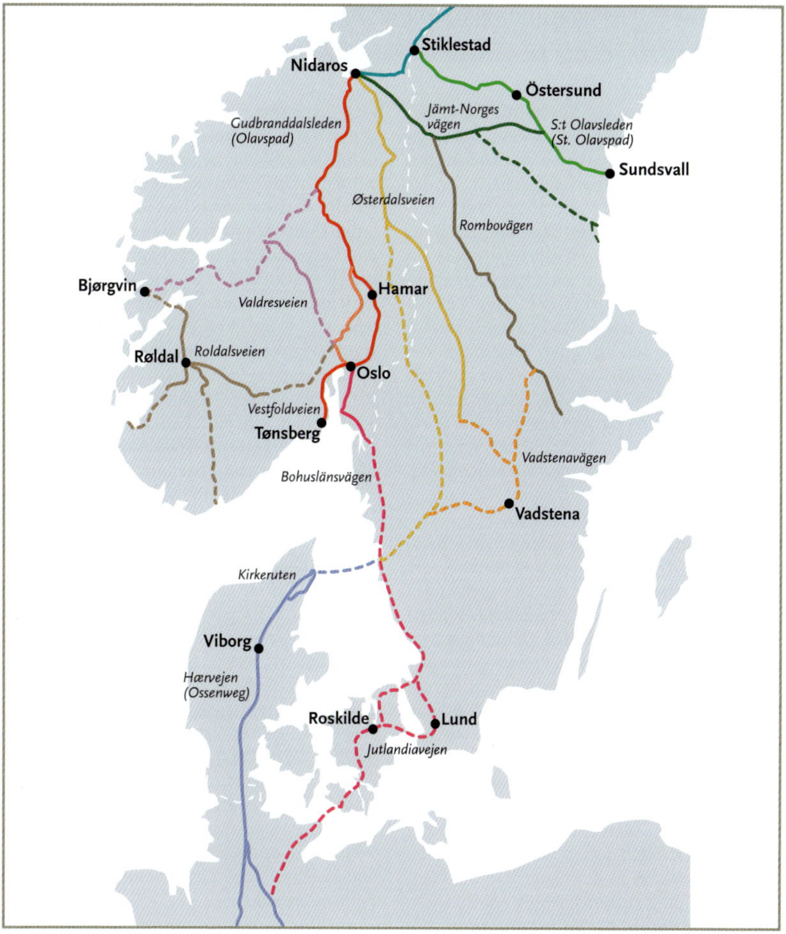

Andere Routen nach Nidaros

Viele Wege führen nach Rom und Santiago, ebenso gibt es viele nach Nidaros. Einige sind inzwischen wieder zum Pilgern geeignet, unter anderem:

Gudbrandsdalsleden
Auf dem Gudbrandsdalsleden über die östliche, und in geringerem Maße über die westliche Route, wird am häufigsten nach Nidaros gewandert. Weil die Routenplaner dachten, dass die Wanderer die Stadt nicht so gern entlang der östlichen industriellen Vorstadtgebiete von Oslo verlassen würden, wurde als erstes der **westliche Zweig** des Gudbrandsdalsleden über Gjøvik nach Hamar und Lillehammer markiert. Später wurde die historisch korrekte **östliche Route** über Eidsvoll markiert. Der Pfad folgt den jahrhundertealten Reiserouten durch Norwegen.

Østerdalsleden (Südschweden - Trysil - Nidaros): Ein Pilgerweg, von dem gesagt wird, dass die heilige Birgitta von Schweden diese Route für ihre Reise nach Nidaros nahm.

Romboleden (Munktorp, bei Stockholm - Nidaros): Jahrhundertelang war „der große Romboweg" die Route, die von Pilgern und Händlern benutzt wurde.

Nordleden (Gløshaugen-Stiklestad): Diese Pilgerroute, die nördlichste, beginnt in der Gløshaug-Kirche in Grong. Die Route läuft entlang der Pfarrei von Megard, bevor Stiklestad erreicht wird.

Folloleden, von Tønsberg an der norwegischen Südküste nach Oslo und in die andere Richtung der Anschluss an die Route von Oslo nach Santiago de Compostela.

Die Route, um die es in diesem Wanderführer geht, heißt offiziell S:t Olavsleden. Der Doppelpunkt ist die schwedische Art und Weise, Wörter abzukürzen. Übersetzt heißt er also der Sankt Olavsweg. In diesem Reiseführer wird er der Einfachheit halber Olavsweg genannt. Die Strecke verläuft von der schwedischen Ostküste über Stiklestad nach Trondheim und folgt dem letzten Kriegspfad von Olav Haraldsson, der 1030 in der Schlacht von Stiklestad fiel. Olav folgte den logischen Reiserouten der Zeit. Von seinem Exil aus ging er an Land bei Selånger, wo sich damals ein Hafen befand. Von diesem Hafen ist nun nichts mehr übrig und mittlerweile liegt das Städtchen Sundsvall an der Küste. Man reist also nach Sundsvall, um die Wanderung zu beginnen.

Wenn man auf die Karte von Schweden schaut, sieht man, dass der Olavsweg entlang der Hauptverkehrsstraße und der Bahngleise nach Norwegen verläuft. Diese Strecke ist schon seit Jahrhunderten eine wichtige Verbindung zwischen den beiden Ländern. Die Bahngleise und die Schnellstraße E14 mögen vielleicht bei der Planung einer großen Pilgerreise abschreckend wirken, aber dies ist in der Praxis viel weniger schlimm, als es scheint. Man läuft allerdings schon über relativ viele Asphaltwege. Außerdem haben viele Wege einen Schotterbelag (Grusväg). Der Gesamteindruck ist jedoch der einer Naturwanderung. Es herrscht viel weniger Verkehr als in Deutschland und die Wege laufen quer durch bäuerliche Regionen und die wilde Natur. Bis zur norwegischen Grenze geht man im Prinzip hinauf zum Hochland, aber die Steigung ist so gering, dass man es kaum merkt. Hat man einmal die Grenze überschritten, ist das Gebiet viel bergiger und, obwohl man letztendlich auf Meeresniveau hinabsteigt, geht es hier mehr bergauf und bergab.

Von dem schönen Städtchen Sundsvall und dem historischem Startpunkt Selånger aus läuft man in den ersten Tagen durch die Region Medelpad stromaufwärts an dem Fluss Ljungan entlang. Man läuft hauptsächlich durch landwirtschaftliche Regionen, waldige Gebiete und kleine Dörfer. Außerdem sieht man die ersten der vielen großen und kleinen Seen, die die Umgebung des Pilgerpfades säumen.

Ab Borgsjö läuft man in tiefe Wälder hinein. Man überquert die Grenze der Provinz Jämtland, ein Landesteil, von dem nur 1,4% urbar gemacht ist. Jämtland war jahrhundertelang ein Spielball zwischen Dänemark, Norwegen und Schweden. Die Nationalität der Region hat sich wohl dreizehnmal geändert, bevor sie dann definitiv schwedisch wurde. An Bräcke vorbei wandert man durch eine offenere Landschaft, entlang herrlicher Seen und historischer Gebäude. Nach Östersund erblickt man die Berge und folgt dem Lauf des Flusses Indalsälven, der immer wieder einen Höhepunkt der landschaftlichen Schönheit Skandinaviens darstellt. Donnernde Wasserfälle, ewig singende Wälder und fantastische Fernsichten. Kurz nach dem Wintersportgebiet Åre rücken die Berge immer näher und die Umgebung wird immer leerer und öder. Man zieht über eine jahrhundertealte Handelsroute vorbei an Mooren und großen Seen mit vereinzelter Bebauung. Danach überquert man die Grenze zu Norwegen und über eine wunderschöne Bergstrecke den höchsten Punkt der ganzen Route. Anschließend steigt man in die bewohnte Gegend von Trøndelag hinab, um daraufhin durch ein enges Tal nach Stiklestad zu wandern, ein wichtiger Ort der norwegischen Geschichte. Die letzte Strecke führt Richtung Trondheim am Trondheimfjord entlang, Wälder wechseln sich ab mit Moorlandschaften und bäuerlichen Gegenden. In der Nähe der Küste streift man größere Dörfer und das moderne Leben, aber genauso oft läuft man über schmale Pfade durch die stille Natur. Erst auf der letzten Etappe befindet man sich wieder in der bewohnten Welt. Über eine schöne Küstenroute läuft man auf das eigentliche Ziel zu: die Nidaros-Kathedrale in Trondheim.

Die Küstenroute als Alternative

Neben der Route durch das Inland, welche in diesem Wanderführer beschrieben wird, wurde für das letzte Stück zwischen Munkeby und Trondheim auch eine Küstenroute markiert. Dieser sogenannte äußere Pfad (Yttre-Leden) bietet verschiedene Vorteile, wie mehr Läden und sehr schöne Aussichten über den Fjord. Der Nachteil ist, dass die Strecke fast ausschließlich über Asphalt läuft. Siehe weiter Seite 136.

Sehenswertes entlang der Route

Kirchen

Den Pilgerpfad nach Trondheim kann man auch als eine Linie sehen, welche die vielen Kirchen miteinander verbindet. Der mittelalterliche Pilger wanderte von Kirche zu Kirche. Der neuzeitliche Pilger stößt aber auch jeden Tag auf die eine oder andere Kirche. Kirchen liegen in Schweden oft in der Nähe eines Dorfes, in Norwegen jedoch oft vereinzelt in der Landschaft. Sie wurden an schönen Orten inmitten einiger Bauernhöfe gebaut, die Bildung von Dörfern ist in Norwegen eine relativ neuzeitliche Erscheinung. Viele Kirchen sind im Mittelalter entstanden, heute kann man jedoch nur noch einige der aus Stein erbauten Kirchen in ihrem ursprünglichen Zustand bewundern, wie beispielsweise die von Åre und Værness. Die meisten Kirchen sind ein Ersatz für die ursprünglichen Holzkirchen. Die Kirchen haben längst nicht immer für Besucher geöffnet. Kann man sie jedoch betreten, dann gibt es vielleicht auch einen Stempel für den Pilgerausweis. Die alten und modernen, kleinen und großen, steinernen und hölzernen Kirchen verfügen alle über einen sehr gepflegten Friedhof, wo man eine angenehme Pause einlegen kann. Es gibt dort Bänke und Wasserhähne.

Bauernhöfe

Die Bauernhöfe zeichnen sich durch eine Ansammlung von Gebäuden aus. Man kann häufig weiße und rote Gebäude sehen. In den roten Gebäuden befinden sich Betriebsräume, weiße Gebäude sind Wohnhäuser. Der Grund dafür ist einfach: Rote Farbe war lange Zeit preiswerter als weiße. Mittlerweile ist es Tradition. Die Bauernhöfe sind oft viele Jahrhunderte (manchmal sogar 1000 Jahre) alt und schon seit vielen Generationen im Besitz desselben Geschlechts. Der Vater vererbte den Hof an den Sohn und die ältere Generation wohnte dort weiter im eigenen Haus. Häufig kann man eine Glocke auf einer Scheune sehen. Diese wurde früher zu Beginn der Essenszeit geläutet, damit alle, die irgendwo in den Scheunen oder auf den Feldern arbeiteten, gleichzeitig zu Tisch kommen konnten. Der traditionelle Speicher hieß Häbre (Z) oder Stabbur (N) und ist an seinen Pfählen zu erkennen. Der Zweck dieser Erhöhungen war, Mäuse und andere unerwünschte Tiere fernzuhalten. Die Luftzirkulation unter dem Fußboden vermied, dass die Feuchtigkeit hochzog.
Die Heuschober haben einen schrägen hölzernen Aufgang, wodurch das Heu direkt auf den Dachboden transportiert werden konnte. Gegenwärtig finden die Heuböden nur noch selten eine derartige Verwendung. Vor allem in Norwegen nehmen die Bauernhöfe die Form eines Weilers an. Schaut man auf die Karte, sieht man dort eher die Namen von Bauernhöfen als von Dörfern.

Grasdächer

Eigentlich hat es schon immer Grasdächer in Skandinavien gegeben. Im Winter wirkt das Dach stark isolierend, im Sommer kühlend. Der traditionelle Aufbau eines Grasdaches besteht aus sieben Schichten Birkenrinde, auf denen zwei Schichten Grassoden liegen. Die erste Sodenschicht mit der Grasseite nach unten, die zweite Schicht mit der Grasseite nach oben. Der Regen läuft dann einfach vom Dach herunter.

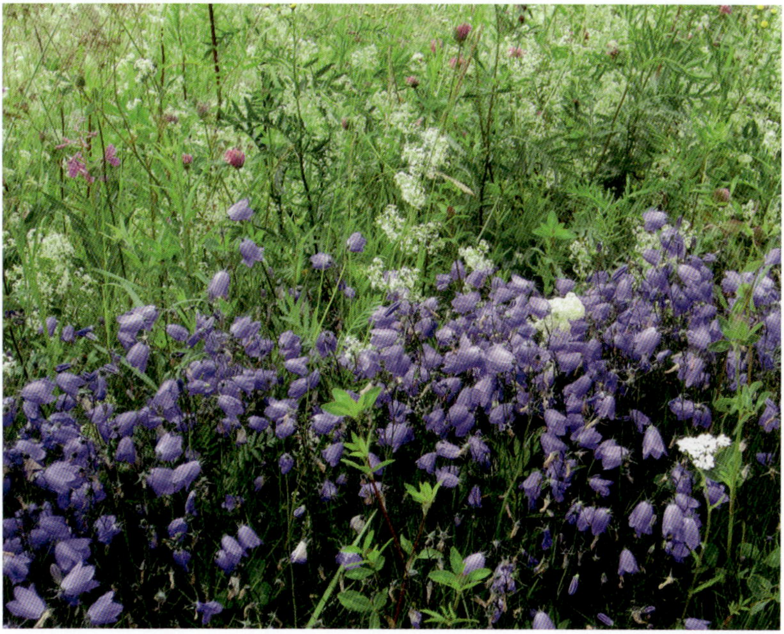

Flora

Die Sommer in Skandinavien sind relativ kurz und heftig. Alle Wege werden von Wällen üppig blühender Blumen gesäumt. Arten, die bei uns nacheinander vom Frühling bis in den Sommer hinein blühen, entfalten hier alle gleichzeitig ihre Pracht. Wiesenkerbel, Eisenhut, Blauglöckchen und Weidenröschen. Margeriten, Ehrenpreis, Kamille und Rainfarn. Und je weiter der Sommer vorangeschritten ist, desto mehr Beeren kann man unterwegs pflücken. Pflanzen, die bei uns ziemlich selten sind, wie das Sumpf-Herzblatt und verschiedene Orchideenarten, wachsen in Schweden und Norwegen einfach am Straßenrand.

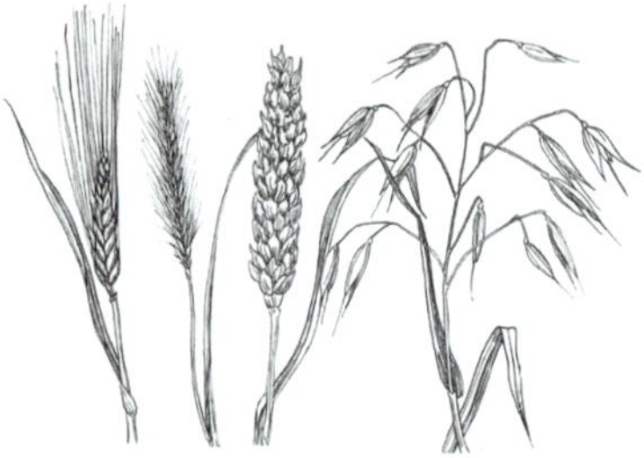

v.l.n.r.: Gerste, Roggen, Weizen und Hafer

Gerste

Auf den Getreidefeldern wächst vor allem Gerste. Gerste hat die Eigenschaft, in Gegenden zu gedeihen, wo der Weizen es nicht mehr kann: in nördlichen Regionen wie Skandinavien und in hochgelegenen Gebieten wie in den Alpen und im Himalaya.

Olavsquellen

Entlang des Pilgerpfades gibt es viele Olavsquellen (Quellen mit „heilendem" Wasser). Dies sind natürliche Quellen und das Wasser ist immer trinkbar. Aufgrund der Legendenbildung wurden sie Olavsquellen genannt. Die Legende sagt, dass Olav sie entspringen ließ, wenn er sein Pferd tränken wollte, oder dass das Wasser heilende Kräfte bekam, sobald er davon getrunken hatte.

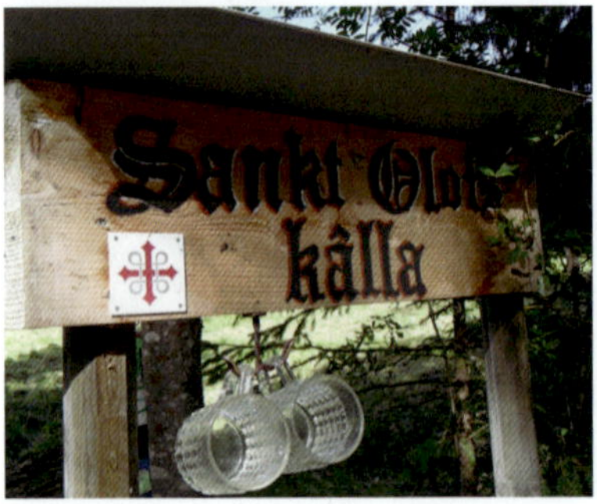

Stempel

Einer der netten Aspekte des schwedischen Olavswegs ist, dass man viele Stempel für den Pilgerausweis sammeln kann. Und zwar nicht nur bei den Unterkünften und Kirchen, sondern auch einfach so unterwegs. Manchmal an historischen Orten wie Olavsquellen oder Ruinen, aber auch spontan bei Scheunen oder schön gelegenen Bänken. Die Stempel werden in Stempelkästchen mit dem Logo des Olavswegs aufgehoben. In den Streckenbeschreibungen werden einige der Standorte erwähnt, aber lange nicht alle. Für einen begeisterten Stempelsammler reicht ein Stempelpass nicht aus. Wenn man die Grenze zu Norwegen überquert hat, sind wesentlich weniger Stempel entlang der Route zu finden.

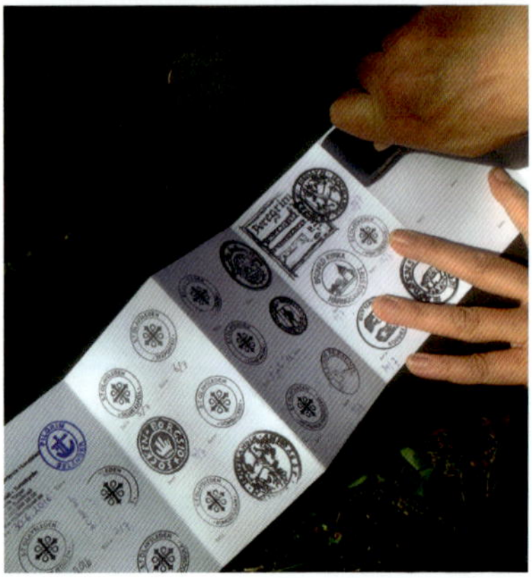

Grasmähende Menschen

Die meisten Menschen wohnen in einem Haus mit Garten und in den Gärten wächst viel Gras. Im Sommer scheint das Grasmähen eine Tagesaufgabe zu sein. Überall sieht man Menschen auf kleinen Aufsitzmähern oder mit elektrischen Rasenmähern das Gras bezwingen. Und das ist auch nötig, denn da die Sonne im Sommer fast nie untergeht, wächst das Gras und wächst und wächst.

Holzindustrie

Vor allem in Schweden trifft man unterwegs regelmäßig auf Spuren der umfangreichen Holzindustrie, schon jahrhundertelang eine wichtige Einkommensquelle in dieser Region.

Es bedeutete harte Arbeit unter rauen Umständen. Mit dem Aufkommen der Dampfmaschine entstanden in rasendem Tempo viele Holzsägereien, vor allem rund um Sundsvall. Damals entstand auch die enorme Kluft zwischen den ausgebeuteten Arbeitern und den „stinkend" reichen Holzhändlern. Das führte zu Protesten gegen die große Ungleichheit. Diese Kämpfe bildeten die Basis für die Sozialdemokratie in Schweden. Der Fluss wurde als Förderband benutzt, auf dem die Stämme flussabwärts zur Küste transportiert wurden, es wurden Kanäle gebaut und auch das Aufkommen des Schienenverkehrs hat eine direkte Verbindung zur Holzindustrie, die übrigens immer noch von großer Bedeutung ist.

Fika
Auch wer nicht übermäßig an Sprache interessiert ist, wird an dem Wörtchen Fika (sprich: fieka) viel Freude haben. In Schweden bedeutet der Begriff: Kaffee mit einer Leckerei dazu: Kuchen und Gebäck in allen Variationen.

Hembygdsgård und Sommercafé
Hembygdsgård ist der schwedische Ausdruck für einen Heimatverein. Er ist nicht selten in einem historischen Bauernhof (Gård) angesiedelt. Viele Dörfer verfügen über einen solchen kleinen wie feinen Museumsverein, der das örtliche Erbe sammelt und verwaltet. Für den Pilger sind das die idealen Orte, um Rast zu machen. Es sind nicht nur pastorale Orte voller Kulturgüter, sondern hier wird im Sommer auch oft Fika serviert, Kaffee mit einer Variation selbstgebackener Kuchen und Kekse. Dieses Phänomen wird Sommercafé genannt. So ein Saisoncafé kann man übrigens auch an anderen Orten antreffen. In den von Ehrenamtlichen verwalteten Hembygdsgård herrscht fast immer eine gemütliche Atmosphäre. In Norwegen sind auch einige anzutreffen, die werden dort jedoch Museen genannt.

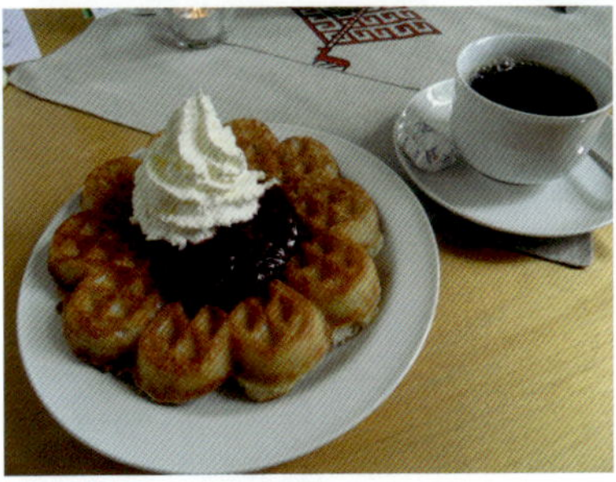

Loppis
In Schweden fallen gleich die Schilder mit dem Wort Loppis auf. Von sorgfältig angefertigten Schildern bis hin zu grob beschmierten Pappstücken. Sie stehen an den Wegen und hängen an den Gartenzäunen. Loppis ist das Wort für Flohmarkt. Der Handel mit Secondhand-Sachen scheint ein nationales Hobby zu sein. Manchmal eine unordentliche Scheune voller Krimskrams, dann wieder ein gut sortierter Laden, Flohmarkt ist überall. Sobald man die Grenze zu Norwegen überquert hat, sieht man keine dieser Ankündigungen mehr.

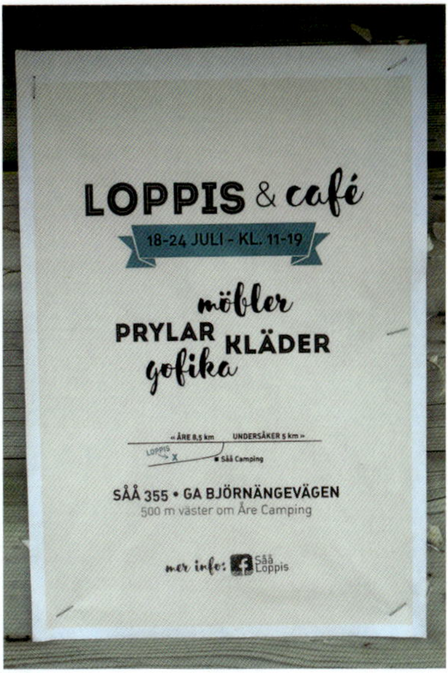

Snus
Skandinavien war ein Vorreiter in Bezug auf das Rauchverbot in der Öffentlichkeit. Snus (sprich: snüüs), ein Produkt, das schon seit dem 19. Jahrhundert in Schweden produziert wird, ist die dankbare Alternative für Raucher. Snus ist eine Art Tabak, der konsumiert wird, ohne zu rauchen. Der Tabak befindet sich als feuchtes Pulver in einem kleinen Teebeutel und wird unter die Oberlippe gesteckt. Es wird behauptet, dass Snus 1000-mal weniger schädlich sei als normales Rauchen. Warum ist es dann im restlichen Europa nicht viel populärer? Weil es 1992 durch europäische Gesetzgebung verboten wurde. Schweden wurde von dem Verbot ausgenommen. Mittlerweile arbeitet man an der Aufhebung des Verbotes für ganz Europa. In Norwegen (kein EU-Land) wird Snus ebenfalls konsumiert. Es wird in verschiedenen Geschmacksrichtungen in kleinen runden Dosen verkauft. Man sieht sie in geraden Reihen neben der Kasse im Supermarkt stehen. Man erkennt den Snus-Nutzer in Schweden an dem Abdruck der Dose in der Hosentasche.

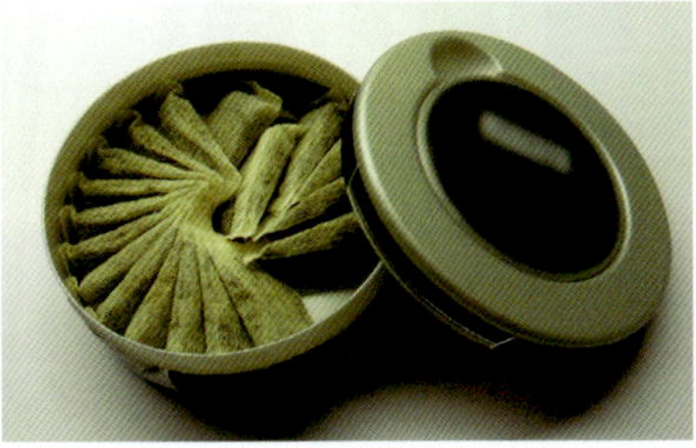

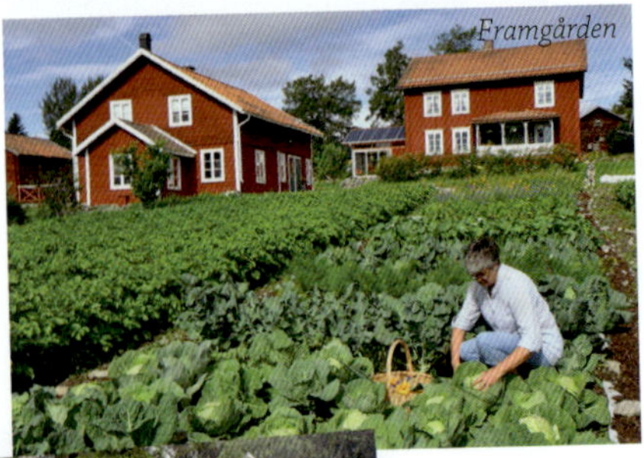
Framgården

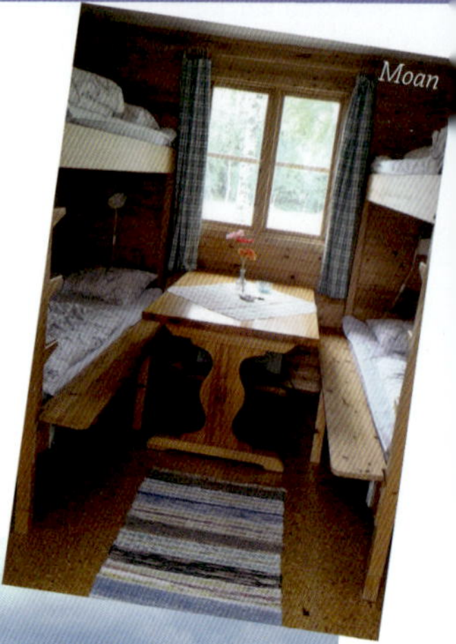
Moan

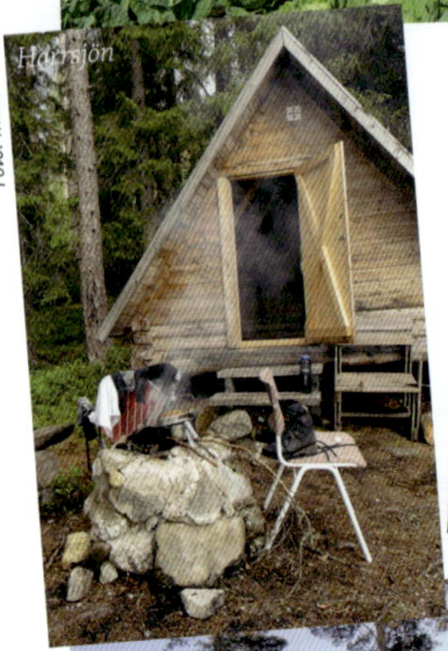
Harrsjön

Foto: Mike Peters

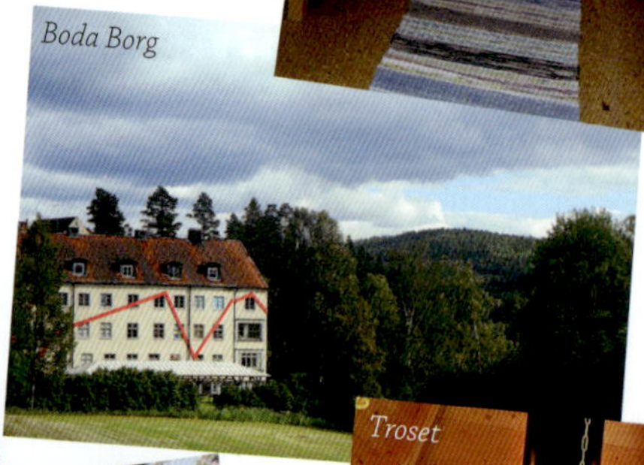
Boda Borg

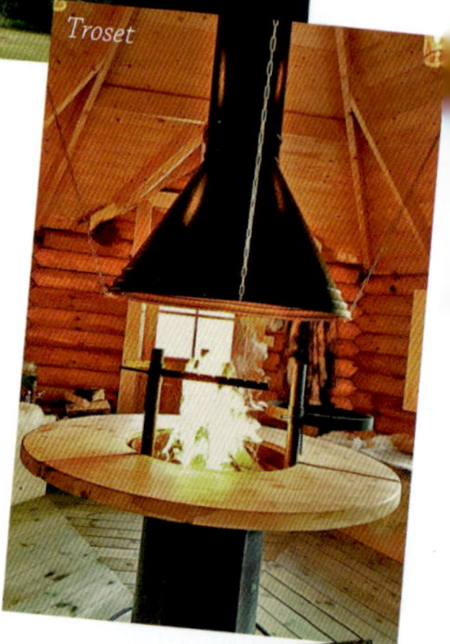
Troset

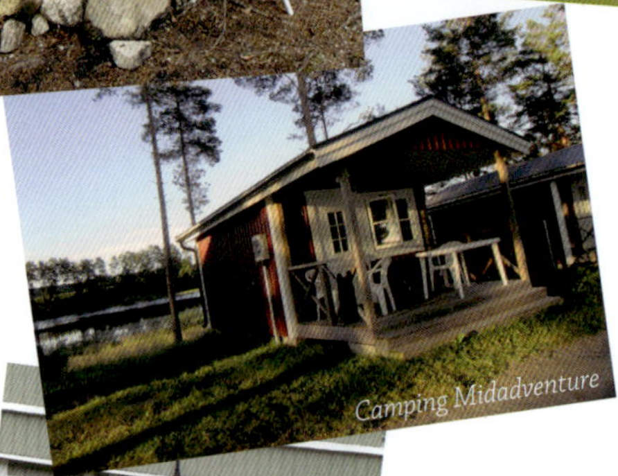
Camping Midadventure

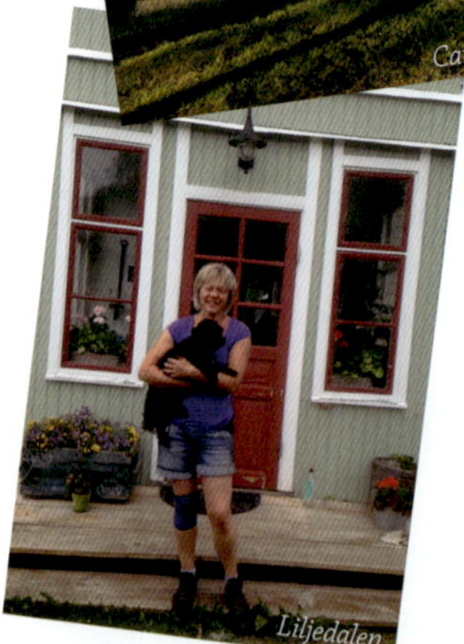
Liljedalen

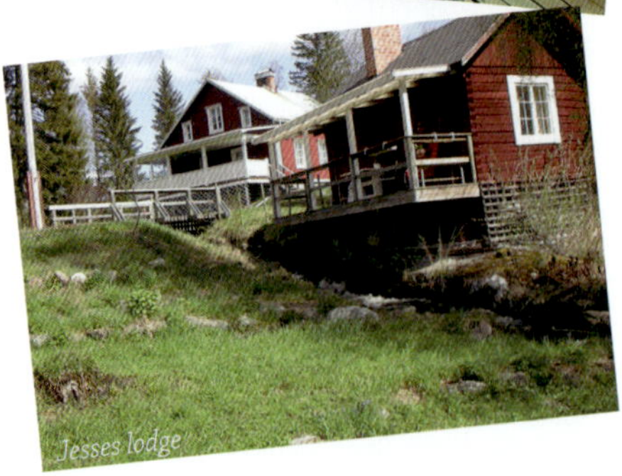
Jesses lodge

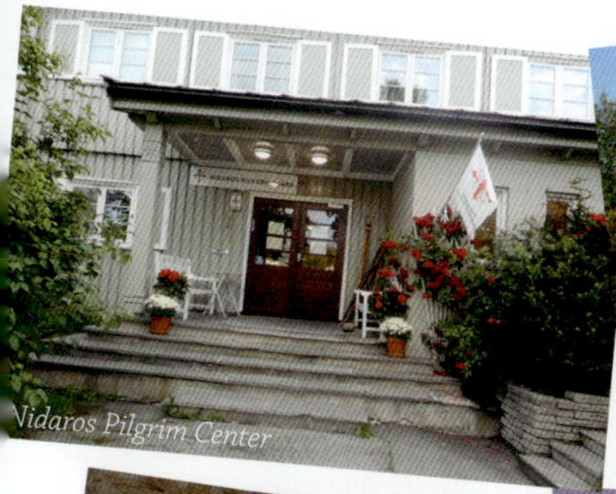

Nidaros Pilgrim Center

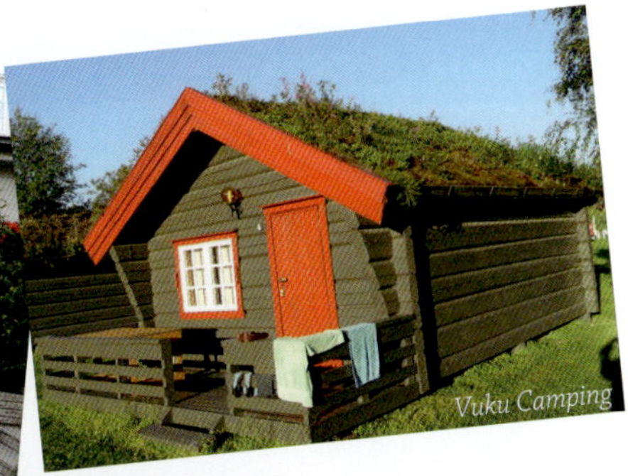

Vuku Camping

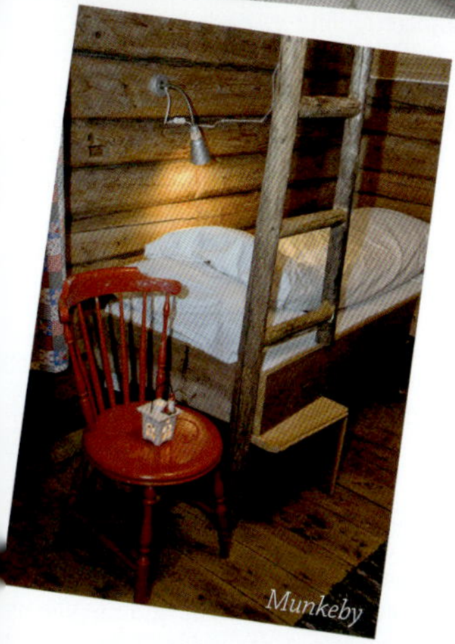

Munkeby

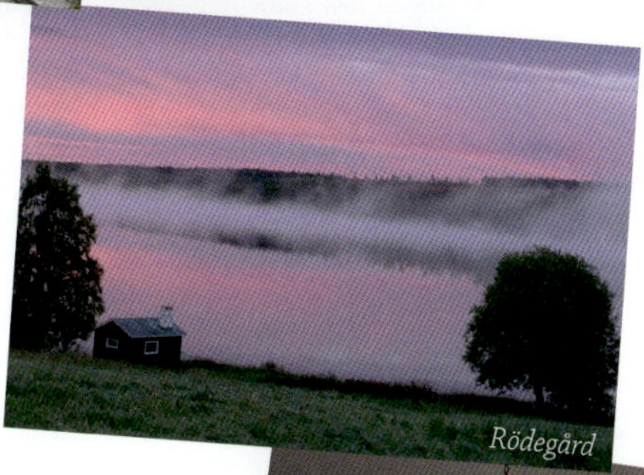

Rödegård

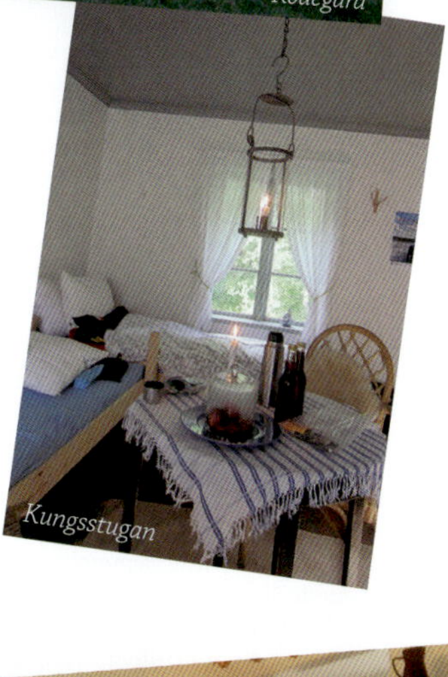

Kungsstugan

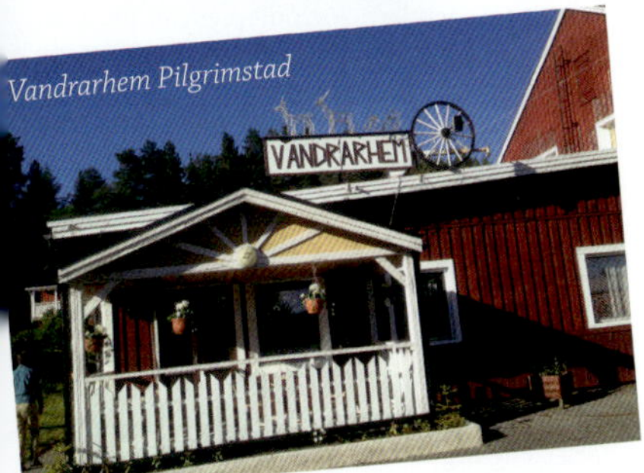

Vandrarhem Pilgrimstad

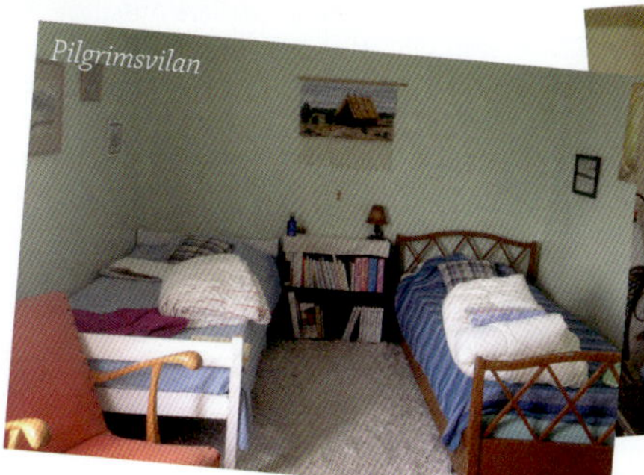

Pilgrimsvilan

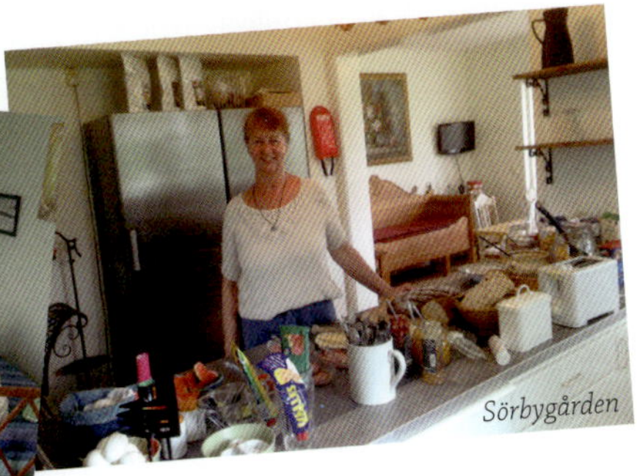

Sörbygården

Entfernungen und benötigte Zeit

Die Route ist offiziell 564 km lang, aber in Wirklichkeit etwa 20 km länger. Die Route wurde im Laufe der Jahre an mehreren Stellen um etliche Kilometer verlegt und man muss regelmäßig den eigentlichen Pfad verlassen, um dann nach etwa einem Kilometer die Unterkunft zu erreichen. Außerdem werden in Skandinavien, und vor allem in Norwegen, die Entfernungen wegen des stark hügeligen Terrains traditionell in Stunden gemessen. Ein Kilometer auf der Karte in einem Gebiet mit großer Steigung oder großem Gefälle ist schließlich weniger als die tatsächlich zurückgelegte Entfernung. Die meisten Wanderer brauchen ungefähr vier Wochen bei einer mittleren Tagesentfernung von etwa 20 km. Mit einigen Ruhetagen oder Zeit, Trondheim zu besichtigen, kommt man schnell auf einen vollen Monat.

Markierung

Die Route ist durch ein Logo markiert. Eine Kombination aus den Icons für kulturelle Sehenswürdigkeiten und dem Olavskreuz. Man sieht das Logo auf Holzpfählen und Plastikschildern. Die Markierung ist im Allgemeinen hervorragend, auch wenn es an manchen Stellen schiefgehen kann. Das liegt meistens an mangelnder Instandhaltung (Bewuchs, verschwundene Markierung durch Kahlschlag etc.) oder an einem Moment mangelnder Aufmerksamkeit seitens des Wanderers. Die Markierung ist im Prinzip nach Westen ausgerichtet. Nur die Strecke zwischen Stiklestad und Trondheim ist in zwei Richtungen markiert.

Wandersaison

Die beste Zeit, die Wanderung zu machen, ist von Mitte Juni bis Mitte September. Vor diesem Zeitraum liegt in höheren Regionen der Route noch Schnee und nach dieser Zeit kann es wieder schneien. Im frühen Frühjahr kann auch das Schmelzwasser in den Flüsschen, die man überqueren muss, zunehmen. In der zweiten Hälfte von September ist die Touristen-Saison vorbei und etliche Unterkünfte schließen dann ihre Türen.

Mücken

Viele Menschen assoziieren die Sommer in Skandinavien mit vielen Mücken. Es gibt Gebiete, wo die Mücken für etliche Wochen im Jahr das Sagen haben, aber auf der Route von Selånger nach Trondheim ist es nicht so schlimm. Jedoch, in Wäldern, Mooren und bei bestimmten Wetterbedingungen können die Mücken durchaus ein Störfaktor sein. Ein kräftiges Antimückenmittel darf in der Ausrüstung nicht fehlen.

Trubel

Im Vergleich zu der populären Route nach Santiago de Compostela (Camino Francès) ist es auf dem Olavsweg sehr ruhig. Während seit 2010 jedes Jahr etwa 200.000 Menschen nach Santiago pilgern, sind es nach Nidaros ungefähr 1000. Die meisten wandern dann auch noch von Oslo aus. Bei der schwedischen Route handelt es sich um ein paar hundert Leute pro Jahr. Man wird schon andere treffen, aber man kann auch tagelang laufen, ohne einem Wanderer zu begegnen. Die meisten Wanderer auf dieser Route sind Deutsche, Schweden, Norweger und Niederländer. Auch andere Europäer und Nicht-Europäer entdecken den Pfad, aber ihre Anzahl ist bis heute nur sehr klein. Das Durchschnittsalter ist recht hoch. Wanderer in den Zwanzigern, Dreißigern und Vierzigern gibt es zwar auch, aber nicht so oft.

Rund um den Heiligentag von St. Olav (29. Juli) gibt es jedes Jahr in Trondheim das Festival Olavsfestdagene, mit vielen Aktivitäten auf dem Gebiet der Kunst, Musik und Kirchenkultur. Es ist nicht nur das größte Festival in Norwegen, sondern auch die Zeit, in der viele Pilger in Trondheim sein wollen. Es sind dann auch Pilgergruppen unterwegs, die eine organisierte Reise machen. Das kann dann für den Individualreisenden bei der Suche nach einer Unterkunft recht mühsam werden.

Schwierigkeitsgrad

Der schwedische Teil der Route besteht zum größten Teil aus leicht begehbaren Wegen und Pfaden ohne allzu große Höhenunterschiede.
Es gibt jedoch auch einige Abschnitte, die mehr Anstrengung erfordern, wie dichtbewachsene Waldpfade, schmale und unebene Pfade entlang der Seen und einige steilere Aufstiege. In Norwegen gibt es viel mehr Steigungen und Gefälle und die Pfade durch die Wälder und Moore sind ziemlich anstrengend. Auf dem Olavsweg gibt es relativ viel Asphalt, was den meisten Wanderern nicht so sehr gefällt. Auf einigen Abschnitten gibt es so wenige Unterkünfte, dass mehr als 25 km überbrückt werden müssen. Die Route ist an keiner Stelle schwierig. Es bleibt beim Wandern, es muss nicht geklettert werden. Menschen mit leichter Höhenangst müssen keine Bedenken haben. Für Menschen mit stärkerer Höhenangst sei erwähnt, dass es ein paar unangenehme

Brücken und einige wenige schwierige Passagen gibt. Insgesamt hat die Strecke einen Schwierigkeitsgrad von 2 bis 3 auf einer Skala von 1 bis 5.

Engpässe

Die Route hat einige schwierige Strecken, die eine gute Planung erfordern.
Zwischen Börgsjo und Bräcke liegen 40 km Wald ohne Supermarkt oder Gaststätte. Wenn man zeltet, sollte man ausreichend Proviant dabei haben. Wenn man in der einfachen Hütte Kungsstugan übernachtet, muss man vorher seine Mahlzeiten bestellen, denn es fehlen die Mittel, um selbst zu kochen. In der Umgebung der schwedisch-norwegischen Grenze sind die Unterkünfte spärlich gesät. Wenn man ohne Zelt läuft, ist man im Prinzip genötigt, zwei Etappen von 28 km zu laufen. Das Banker-Hotel Skaltugan kann nicht im Voraus reserviert werden. Außerdem gibt es Abschnitte ohne Supermarkt zwischen Duved und Vuku (gut 90 km) und zwischen Verdal und Stjørdal (fast 80 km). Das heißt übrigens nicht, dass es dort nichts zu essen gibt. Bei den Unterkünften kann man oft Mahlzeiten und/oder Lebensmittel bekommen und hier und da trifft man auch auf eine Gaststätte. Aber wenn man zeltet, muss man auf jeden Fall rechtzeitig und ausreichend einkaufen.

Allein wandern

Was die Sicherheit anbetrifft, kann man auf dem Olavsweg sehr gut allein laufen. Offiziell wird davon abgeraten, allein (in den Bergen) zu wandern, weil ein verstauchter Knöchel schon ausreicht, um ernsthafte Probleme zu bekommen, aber in der Praxis ist es nun einmal so, dass ein Teil der Pilger gern allein unterwegs ist. Der Olavsweg führt oft entlang ruhiger Wege und durch die Natur, aber die „Zivilisation" in Form von Verkehr, Häusern oder Bauernhöfen ist meistens nicht weit entfernt. Sogar in den abgelegeneren Gebieten sind meistens noch andere Menschen unterwegs. Für allein reisende Frauen gelten keine anderen Vorsichtsmaßnahmen als sonst im Leben. Schweden und Norwegen sind sogar relativ sichere Länder. Und obwohl das alles richtig ist, gilt, dass allein reisen natürlich immer risikoreicher ist, als gemeinsam zu reisen; und einige Abschnitte im Wald und in Regionen nahe der norwegischen Grenze können sehr einsam sein. Die Sicherheit der Gruppe, die zum Beispiel auf der Route nach Santiago fast selbstverständlich ist (es sind immer andere Pilger in der Nähe), ist auf dem Olavsweg nicht gegeben.

Die Website

Die Website www.stolavsleden.com ist die offizielle Website der Route. Die Site hat eine schwedische und eine englische Version. Diese sich an Pilger richtende Webseite enthält viele allgemeine Informationen über die Wanderung, historische Hintergründe und praktische Hinweise. Außerdem kann man hier eine aktuelle Liste mit Telefonnummern und Webseiten der Unterkünfte herunterladen. Es stehen ebenfalls Teilkarten von der ganzen Route zum Ausdrucken zur Verfügung. Die Karten für den norwegischen Teil sollten Sie lieber von der norwegischen Site pilegrimsleden.no downloaden. Diese Karten haben eine bessere Qualität. Alle Karten haben A4-Format. Der Maßstab ist 1:50.000. Für die in diesem Wanderführer beschriebene Strecke sind das 38 Karten.

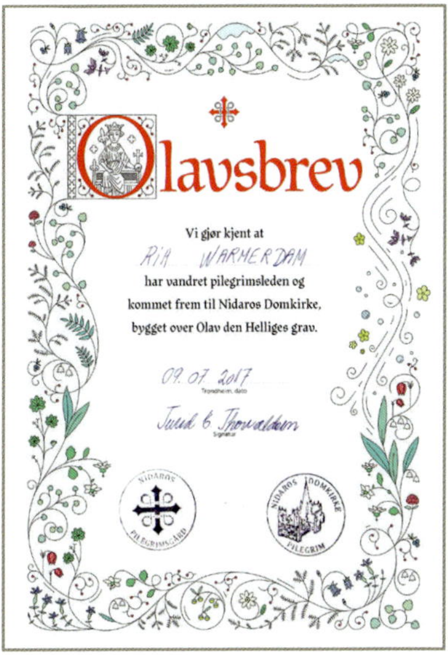

Pilgerpass und Olavsbrev

Mit einem Pilgerausweis (oder credencial), in dem man unterwegs in den Unterkünften, Kirchen (und in Schweden einfach so entlang der Strecke) Stempel sammelt, kann man im Pilgerzentrum von Trondheim einen (gratis) Olavsbrev (Olavsbrief) bekommen. Eine Urkunde für das Absolvieren der Tour. Jeder, der mindestens die letzten 100 km gelaufen ist, ist berechtigt, den Olavsbrief zu erhalten. Der Pilgerpass mit den datierten Stempeln ist der Beweis dafür. Der Pass kann praktischerweise auch bei Unterkünften vorgelegt werden, die eine Ermäßigung für Pilger anbieten.
Das Mitführen eines Pilgerausweises ist jedoch nicht so unentbehrlich wie auf der Strecke nach Santiago, wo man ihn wirklich braucht, um zu den Refugios Zutritt zu erlangen. Der Pass kostet SEK/NOK 50 und kann bei etlichen Touristeninfo- und Pilgerzentren erworben werden.

Touristeninformation und Pilgerzentren

Die Touristeninfos von Sundsvall, Borgsjö, Östersund und Åre kennen sich gut mit dem Olavsweg aus. Man kann dort Fragen über die betreffende Region loswerden, den Pilgerpass kaufen oder abstempeln lassen. Es gibt zwei offizielle Pilgerzentren entlang der Route: in Stiklestad und Trondheim, beide also in Norwegen. Dort erhält man aktuelle Informationen in Bezug auf die Route und Aktivitäten in der Region, für die sie zuständig sind. Ein neues Pilgerzentrum in Selånger ist in Planung. 2017 wird mit dem Bau begonnen.

Unterkunft und Essen

Es gibt entlang der Route genügend Quartiere, um ohne Zelt unterwegs zu sein. Allerdings gibt es in der Nähe der norwegischen Grenze einige Engpässe. Dort sind die Unterkünfte spärlich gesät, was möglicherweise zu einer extra langen Etappe führen kann. Die verfügbaren Unterkünfte variieren von sehr schlicht bis luxuriös. Auch wenn man kein Zelt mitnimmt, ist doch ein Leinen- oder sonstiger Schlafsack nötig. In vielen Quartieren ist es preiswerter, wenn man keine Bettwäsche oder Handtücher mietet.

Pilgerherbergen

Die Pilgerherbergen sind Schlafmöglichkeiten, die speziell auf Wanderer nach Trondheim eingestellt sind. Unter der Überschrift „Pilgerherberge“ gibt es viele Variationen, aber alle haben eins gemein, nämlich dass sie auf durchziehende Wanderer eingestellt und meistens ziemlich preiswert sind. Es gibt einfache Quartiere, wo man selber für sein Essen sorgen muss und mit mehreren Menschen in einem Zimmer übernachtet. Manchmal gibt es keine Dusche oder fließend Wasser und ist die Toilette nicht mehr als eine zeitgemäße Version des altmodischen Plumpsklos. Dann gibt es Gemeindehäuser, wo dem Pilger ein schlichtes (Feld)bett, eine Kochgelegenheit und sanitäre Einrichtungen zur Verfügung gestellt werden, für einen sehr angemessenen Preis. Man kann ebenfalls bei Privatpersonen unterkommen, zu vergleichen mit B&Bs, von einfach bis komfortabel und mit höheren Kosten durch die Inanspruchnahme von Bettwäsche und Abendessen.

Jugendherbergen

Auf der Strecke gibt es einige Jugendherbergen, Vandrarhem (Z) und Vandrerhjem (N), wo man die Wahl hat zwischen einem preiswerten Schlafsaal oder einem eigenen, etwas teureren Zimmer. Bei den Jugendherbergen ist das Frühstücksbüfett meistens im Preis enthalten. Von diesem Büfett kann man sich selbst sein eigenes Lunchpaket zusammenstellen (gegen extra Bezahlung).

Häuschen/Appartements

An der schwedischen Strecke sind teilweise auch Häuschen oder Ferien-Appartements für eine Nacht zu buchen. Die Region um Åre ist beispielsweise ein Wintersportgebiet, wo es viele Appartementkomplexe gibt, aber es werden entlang des Weges auch einzelne Häuschen zur Miete für eine Nacht angeboten.

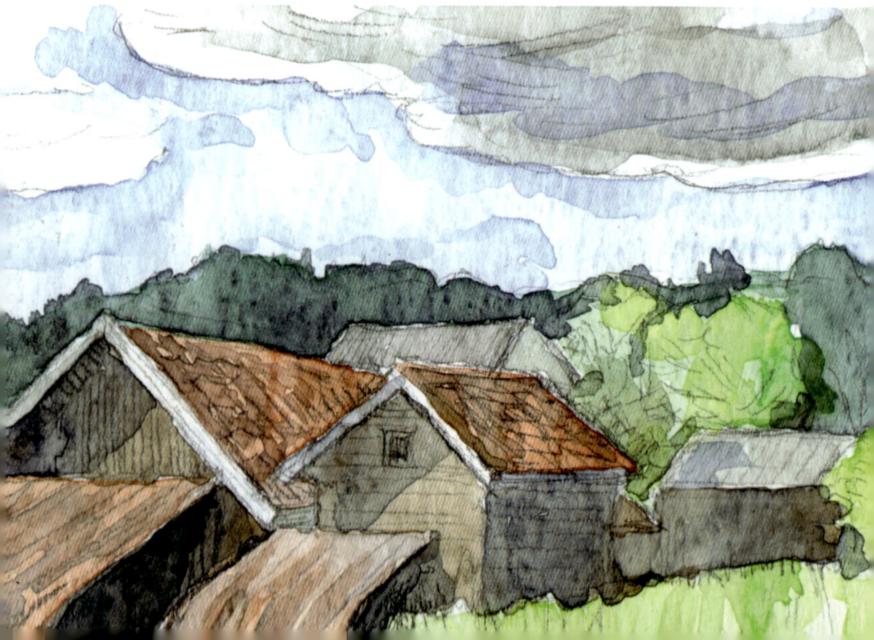

Camping

Auf fast allen Campingplätzen in der Nähe des Olavswegs kann man nicht nur sein Zelt aufstellen, sondern auch eine Hütte mieten. Es sind Unterkünfte mit Etagenbetten, schlichtem Mobiliar, einer Kochgelegenheit und Elektrizität. Manchmal sind die Hütten auch größer und luxuriöser mit eigenem Bad und mehr Komfort. Die Preise werden oft pro Hütte berechnet, ungeachtet der Anzahl der Personen, die dort übernachten.

Hotels

In Norwegen und Schweden sind reguläre Hotels ziemlich teuer. Manchmal bekommen Pilger eine Ermäßigung.

Reservieren

Im Prinzip kann man den Olavsweg laufen, ohne vorher zu reservieren. Die Chance, dass man keinen Platz mehr in einer Herberge bekommt, ist sehr gering, es sei denn, man wandert mit einer Gruppe. Eine Reservierung ist trotzdem sehr ratsam. Die Eigentümer wissen gern vorher, für wie viele Personen sie kochen müssen und wann sie zu Hause sein müssen, um die Wanderer zu empfangen. Bauern könnten gerade beim Melken sein, wenn man klingelt, und Privatpersonen könnten gerade an dem Tage eine Verabredung außer Haus haben. Auch kann es natürlich sein, dass an einem Ort mit wenigen Betten diese schon besetzt sind oder dass lokale Festivitäten die Nachfrage nach Quartieren erhöhen. In der Regel reicht es, einige Tage vorher zu reservieren. Beim Anrufen kann die Sprache unter Umständen ein Hindernis sein. Nicht jeder spricht ausreichend Englisch. Eine praktische Lösung wäre, dass der Eigentümer, bei dem Sie gerade übernachten, beim nächsten auf Ihrer Liste telefonisch anfragt. Nicht selten kennen sie sich.

Campen oder logieren

Das Wandern mit Zelt hat in Skandinavien seine besonderen Vorteile. Freies Zelten ist fast überall in der Natur erlaubt, wenn man einen Abstand von 150 Metern zu Häusern und Zäunen einhält. Auf dem Gelände eines Bauernhofes muss man den Bauern um Erlaubnis bitten. Außerdem sind entlang des Weges viele Campingplätze zu finden. Wer mit einem Zelt wandert, ist unabhängig und kann selbst die Etappen bestimmen und ist Herr über sein Portemonnaie. Neben dem zusätzlichen Gewicht, das man dann mitschleppen muss, ist der größte Nachteil, dass man für einige Abschnitte Proviant für mehrere Tage einkaufen muss. Supermärkte und Gaststätten trifft man nicht automatisch und täglich an. Manchmal muss man deswegen auch einen Umweg machen.

Schläft man jede Nacht in einer Herberge, einem B&B oder einer Hütte, dann läuft es sich viel leichter, auch wenn es sich nicht vermeiden lässt, einen Schlafsack oder Leinenschlafsack mit sich zu tragen. An vielen Orten ist einem das Abendessen, Frühstück und ein Lunchpaket sicher. Aber manchmal hat man dann auch keinen Einfluss mehr auf sein Essen (keine Auswahl bei der Abendmahlzeit). Das kann beispielsweise für Vegetarier schwierig sein.

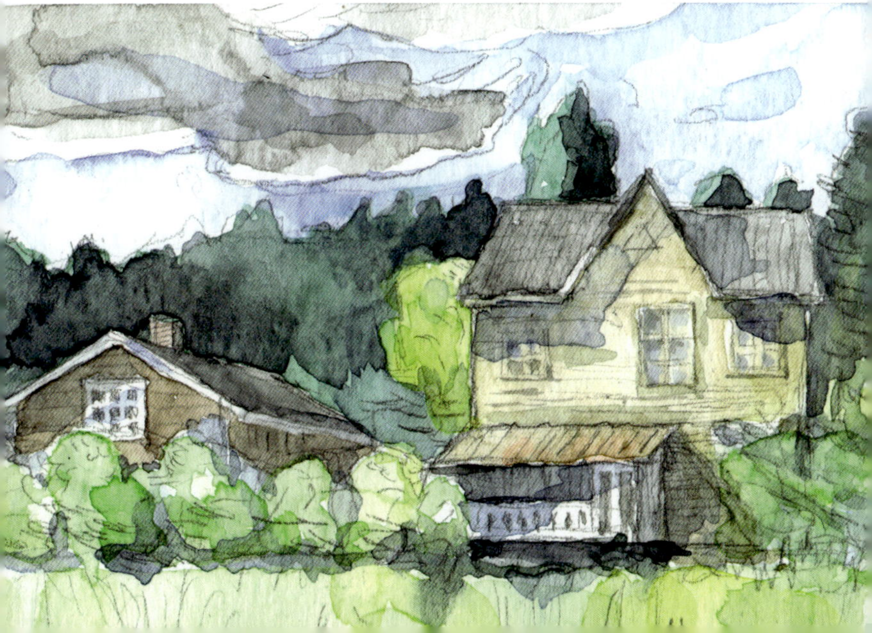

Gepäcktransport

Die meisten Unterkünfte sind bereit, das Gepäck zur nächsten Adresse zu bringen. Die Kosten dafür variieren zwischen etwa SEK 30 bis NOK 50 pro Gepäckstück. Ruben Heijloo von Revsunds Prästgård (Nr. 43 in der Unterkunftsliste) bietet individuelle Wanderarrangements mit Gepäcktransport für Teilstrecken oder für die ganze Route an.

Wasser

Das Wasser der Flüsse von Schweden und in den Bergen von Norwegen kann man in der Regel ungekocht und ungefiltert trinken. Da der Olavsweg jedoch hauptsächlich durch bewohntes Gebiet führt, ist es praktischer, Flaschen bei Friedhöfen zu füllen (dort gibt es immer einen Wasserhahn) oder einen Einwohner anzusprechen. Eine Flasche frischen Wassers wird in der Regel nicht verweigert. Das Wasser aus einer Olavsquelle (Olavskälla) kann man bedenkenlos trinken. Wollen Sie in abgelegenen Gebieten Wasser nachfüllen, so nehmen Sie es nur von schnell fließenden Gewässern und vermeiden Sie Stellen, wo Vieh grast. Eine Regel ist, dass das Wasser mindestens über sieben Steine geflossen sein muss, um sicher zu sein.

Sonntage

In Schweden haben die meisten Supermärkte am Sonntag geöffnet, auch wenn manche einige Stunden früher schließen als an anderen Tagen. In Norwegen sind die Supermärkte am Sonntag geschlossen.

Geld abheben

Geldautomaten werden immer seltener in Schweden und Norwegen. Sie sind nur noch in größeren Ortschaften anzutreffen. Allerdings kann man bei den meisten Gaststätten und Unterkünften mit Karte zahlen, auch mit deutschen Bankkarten. Außerdem ist es gängige Praxis, in den Supermärkten beim Abrechnen extra Bargeld abheben zu können.

Preisniveau

Das Preisniveau entlang des Olavswegs in Schweden ist etwas höher als in Deutschland. In Norwegen ist es deutlich höher. Alkohol und Tabak werden in beiden Ländern besonders hoch besteuert. Für Pilger gibt es hier und da Ermäßigungen für Zimmerpreise und gratis eine Tasse Kaffee oder Eintrittskarten (Kathedrale von Trondheim). Viele Gaststätten bieten gratis Nachschub an für eine normale Tasse Kaffee.

Alkohol

Wegen der strengen Vorschriften in Schweden in Bezug auf Alkohol, kann man nur leichtes Bier (3%) in den Supermärkten kaufen. In Norwegen wird in den Supermärkten abends nach 20.00 Uhr und samstags nach 18.00 Uhr kein Bier mehr verkauft. Für Wein und hochprozentige Getränke ist man sowieso auf die staatlichen Spirituosenhandlungen angewiesen: Systembolaget (S) und Vinmonopol (N).
Unterkünfte von Privatpersonen verfügen in der Regel nicht über eine Schankerlaubnis. Das Trinken von Alkohol in der Öffentlichkeit ist, außer in Gaststätten und auf deren Terrassen, verboten.

Ausrüstung

Die Ausrüstung hängt natürlich von der persönlichen Wahl ab, aber ein Schlafsack oder Leinenschlafsack ist eigentlich unentbehrlich. In den preiswerteren Quartieren sind immer Bettdecken oder einfache Decken vorhanden, aber Bettlaken, Bettbezüge und Handtücher werden extra berechnet. Rechnen Sie damit, dass es im Sommer sowohl sehr warm als auch sehr kalt sein kann. Waschsalons sind sehr rar, aber viele Unterkünfte verfügen über eine Waschmaschine, die die Wanderer benutzen dürfen. Manchmal gegen Bezahlung, oft auch gratis. Die Küchen sind immer mit Besteck, Töpfen und anderem Küchengerät ausgestattet, doch ist die Qualität und Quantität von Ort zu Ort sehr unterschiedlich. Weil es nicht viele Restaurants entlang der Route gibt, ist eine Thermosflasche für Tee/Kaffee/Suppe das zusätzliche Gewicht wert. Auch ein Mückenschutzmittel ist sehr zu empfehlen. Campinggas darf im Flugzeug nicht mitgenommen werden und muss vor Ort angeschafft werden. Wanderstöcke gehören nicht ins Handgepäck, sondern müssen mit eingecheckt werden.

Post

Echte Postämter gibt es nur in Städten, Postagenturen sind in den Supermärkten zu finden.

WLAN

Fast alle Unterkünfte stellen WLAN zur Verfügung.

Steckdosen

Die Steckdosen in Schweden und Norwegen sind dieselben wie in Deutschland.

Notrufnummern

Schweden
Allgemein 112
Polizei 114 14

Norwegen
Polizei 112
Rettungswagen 113

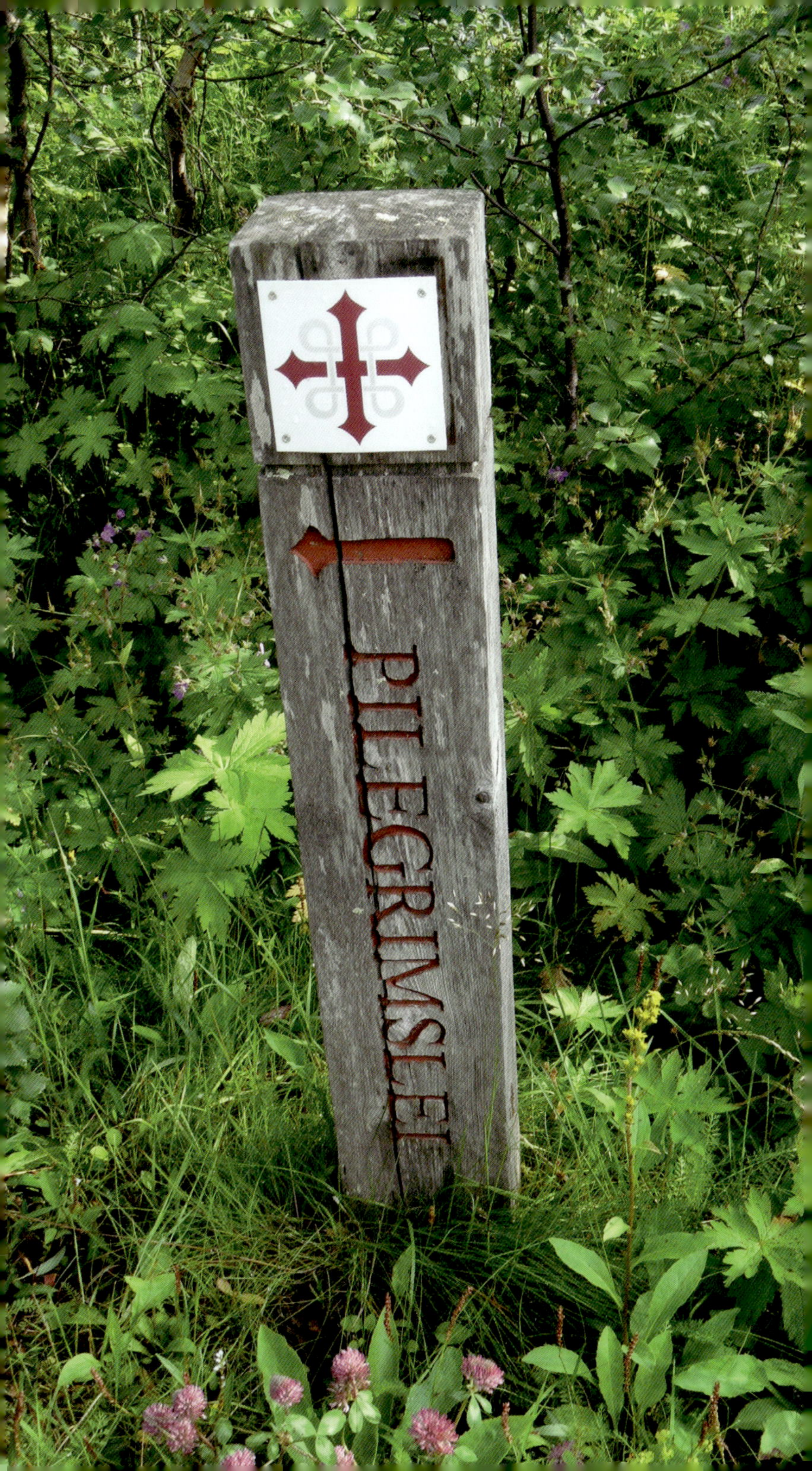
PILEGRIMSLEI

Etappe	von	km	nach
1	Selånger	20	Matfors Solgarden
2	Matfors Solgarden	23,5	Stöde camping
3	Stöde camping	18	Torpshammar
4	Torpshammar	15	Ljungaverk
5	Ljungaverk	10	Träporten (Borgsjö)
6	Träporten	20	Kungsstugan
7	Kungsstugan	21	Jamtkrogen (Bräcke)
8	Jamtkrogen (Bräcke)	17,5	Grimnas
9	Grimnas	13	Revsund
10	Revsund	12	Pilgrimstad
11	Pilgrimstad	24,5	Brunflo
12	Brunflo	13	Östersund
13	Östersund	18	Rödön
14	Rödön	20	Vaplan
15	Vaplan	16,5	Wangen(Alsen)
16	Wangen(Alsen)	26	Mörsil
17	Mörsil	19	Hållandsgården
18	Hållandsgården	22	Åre
19	Åre	20	Tännforsen
20	Tännforsen	18	Moan
21	Moan	14	Skalstugan
22	Skalstugan	23	Sul
23	Sul	28	Vuku
24	Vuku	11	Stiklestad
25	Stiklestad	19	Munkeby
26	Munkeby	22	Markabygda
27	Markabygda	22	Borås
28	Borås	19	Ersgard
29	Ersgard	21	Folden
30	Folden	16	Vikhammer
31	Vikhammer	16	Trondheim
Insgesamt		586	

Die Etappen

Dieser Wanderführer richtet sich an Individualreisende. Die Etappeneinteilung ist natürlich nur ein Vorschlag und nur eine von vielen Möglichkeiten. Die Informationen zu den Teilstrecken und der Lage der Unterkünfte werden so präsentiert, dass die Planung einer eigenen idealen Einteilung einfach ist.

Die Karten haben einen Maßstab von 1:50.000. In Kombination mit den Markierungen reicht das im Prinzip aus, um die Tour zu machen. Entsprechende Kartenblätter der topografischen Ämter Lantmäteriet (S) und Statens Kartverk (N):

Für Schweden

Vägkartan 1:100.000
150 Sundsvall
147 Hudiksvall *(voor slechts enkele kilometers)*
149 Ånge
148 Åsarne *(voor slechts enkele kilometers)*
152 Östersund

Fjällkartan 1:100.000
Z7 Åre-Vålådalen
Z4 Skäckerfjällen

Für Norwegen

Norge-serien 1:50.000
10096 Skäckerfjällen
10095 Levanger
10091 Stjørdalen
10090 Trondheim *(nur für einige Kilometer)*

Die Beschreibungen der Etappen sollen einen Eindruck von der Route vermitteln. Es sind keine genauen Routenbeschreibungen, denen man von Kilometer zu Kilometer folgen kann. Im Allgemeinen ist der Olavsweg sehr gut markiert. In Kombination mit den topografischen Karten ist der Weg gut zu finden. Für die Orte, wo die Streckenführung aufgrund mangelnder Markierungen oder anderen Unklarheiten schwierig ist, wurde eine detaillierte Beschreibung vorgenommen. Diese Orte sind auf den Karten in diesem Wanderführer mit einem Gefahrendreieck gekennzeichnet:

⚠

Alle Kilometerentfernungen sind ungefähre Angaben.

An größeren Orten werden nur einige Unterkünfte genannt. Die Auswahl ist beispielsweise in Sundsvall, Östersund und Trondheim größer. In diesem Wanderführer wurden einige günstig liegende Adressen ausgewählt, wo die Pilgerroute größtenteils bekannt ist.

Jede Etappe wird mit Schönheitssternen (1 bis 5) gewürdigt. Das Schönheitsempfinden ist natürlich subjektiv. In diesem Wanderführer sind unbefestigte Pfade, Wälder, offene Landschaft, weite Aussicht, markante Gebäude und geringe Beeinträchtigung durch stark befahrene Straßen Kriterien für eine gute Bewertung.

Für jeden Abschnitt wird der Asphaltanteil genannt. Die in Schweden und Norwegen häufig genutzten Schotterwege (Grusväg oder Grusvei) werden beim Asphaltanteil nicht mitgerechnet. Die meisten Wanderer finden den feinen Schotter als Untergrund sehr angenehm.

Yttre-leden

Ab Munkeby (Levanger) kann man neben der Route durchs Binnenland auch die Küstenroute nach Trondheim wählen. Siehe hierfür Seite 136.

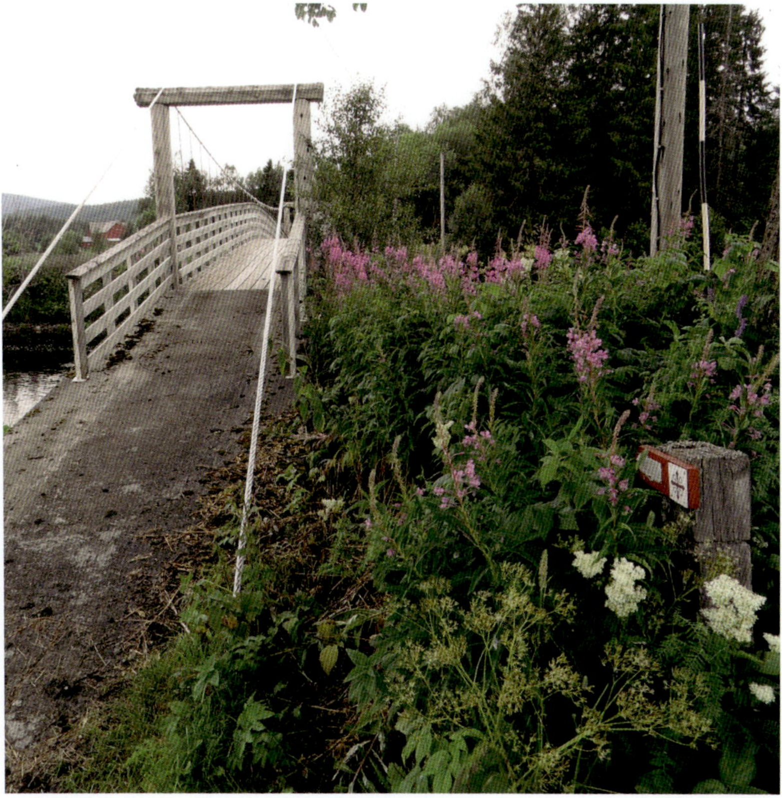

Teilstrecken

Sundsvall/Selånger - Borgsjö ca. 100 km

Von der lebendigen schwedischen Küste an kleinen Dörfern entlang durch die gemütliche Provinz. Borgsjö liegt in der Nähe vom Bahnhof Erikslund.

1	Sundsvall	8	Selånger
2	Selånger	20	Matfors Solgarden
3	Matfors Solgarden	23,5	Stöde camping
4	Stöde camping	18	Torpshammar
5	Torpshammar	15	Ljungaverk
6	Ljungaverk	10	Träporten (Borgsjö)

Borgsjö - Östersund ca. 130 km

Durch tiefe Wälder und entlang großer Seen von Jämtland zum netten Provinzstädtchen Östersund. Bahnhof Erikslund liegt in der Nähe von Borgsjö. Östersund ist per Bahn und mit dem Flugzeug hervorragend zu erreichen.

1	Träporten (Borgsjö)	20	Kungsstugan
2	Kungsstugan	21	Jamtkrogen (Bräcke)
3	Jamtkrogen (Bräcke)	17,5	Grimnas
4	Grimnas	25	Pilgrimstad
5	Pilgrimstad	24,5	Brunflo
6	Brunflo	13	Östersund

Östersund - Åre ca. 120 km

Über eine Insel, am Fluss entlang in die Berge zum Wintersportort Åre. Sowohl Östersund als auch Åre sind sehr gut mit dem Zug zu erreichen.

1	Östersund	18	Rödön
2	Rödön	20	Vaplan
3	Vaplan	16,5	Wangen(Alsen)
4	Wangen(Alsen)	26	Mörsil
5	Mörsil	19	Hållandsgården
6	Hållandsgården	22	Åre

Åre - Stiklestad (Verdal) ca. 120 km

Vom Wintersportgebiet entlang jahrhundertealter Handelswege über das Hochgebirge und die Grenze zu Norwegen zum Schlachtfeld, wo Olav fiel. Åre ist sehr gut mit dem Zug zu erreichen. Von Stiklestad aus fährt ab und zu ein Bus nach Verdal. Siehe Fahrplan tronderbilene.no. Es ist praktischer, die 5 Kilometer zum Bahnhof zu laufen. Von Verdal aus geht es nach Trondheim.

1	Åre	20	Tännforsen
2	Tännforsen	18	Moan
3	Moan	14	Skalstugan
4	Skalstugan	23	Sul
5	Sul	28	Vuku
6	Vuku	11	Stiklestad

Stiklestad - Trondheim ca. 135 km

Durch das waldige Landesinnere mit vielen Mooren und wenigen Menschen zur Kathedrale von Nidaros. Stiklestad kann man am besten erreichen, indem man vom Bahnhof aus 5 Kilometer läuft. Es fährt schon ein Bus, jedoch nur sehr sporadisch. Siehe Fahrplan tronderbilene.no

1	Stiklestad	19	Munkeby
2	Munkeby	22	Markabygda
3	Markabygda	22	Borås
4	Borås	19	Ersgard
5	Ersgard	21	Folden
6	Folden	16	Vikhammer
7	Vikhammer	16	Trondheim

Sundsvall
Sundsvall hat einen eigenen Flughafen: Sundsvall Timrå, 21 km nördlich der Stadt. Sundsvall ist auch sehr gut per Zug zu erreichen. Vom Flughafen Stockholm Arlanda dauert es etwa 3,5 Stunden.

Östersund
Östersund hat ebenfalls einen Flughafen, am Stadtrand. Vom Flughafen Östersund ist man innerhalb einer Stunde in Åre. Shuttlebusse nach Östersund und Åre auf stadsbussarna.se

Trondheim
Der Flughafen von Trondheim, Værnes, liegt 35 km nördlich der Stadt. Es gibt gute Verbindungen in die Stadt mit Zug und Shuttlebus.

Für Zugverbindungen entlang des Olavswegs siehe Seite 172.

Sundsvall

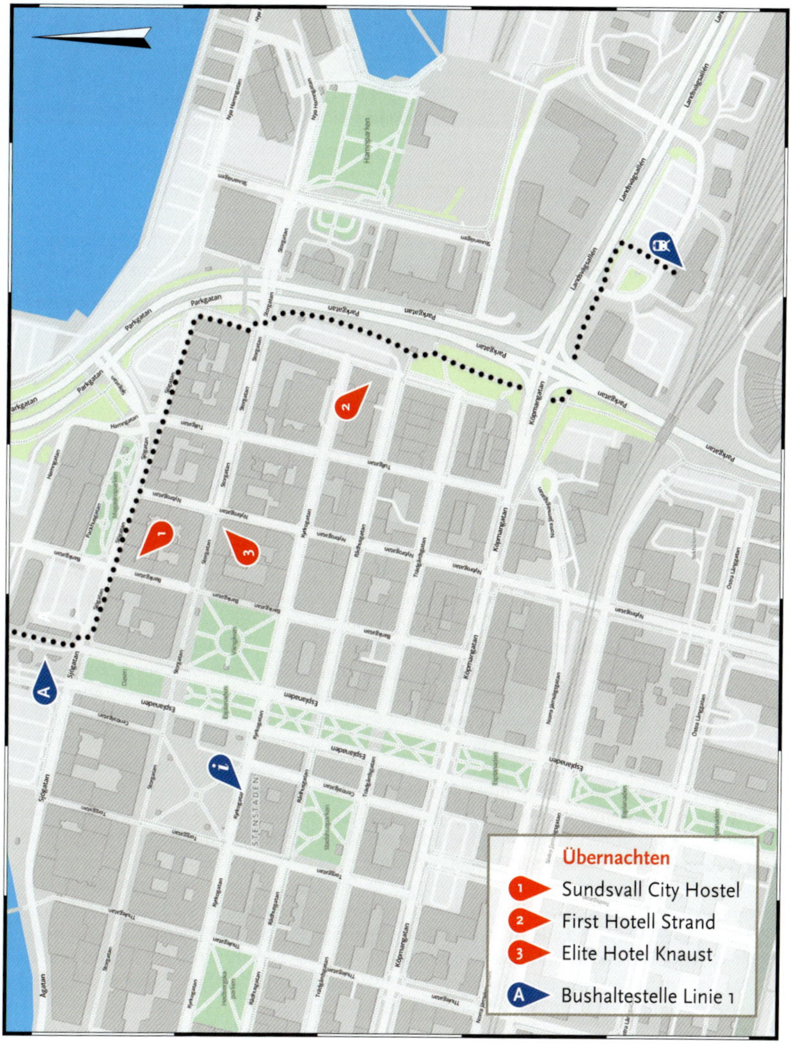

Entfernung
8 km

Asphalt
90 %

Schönheit
★★

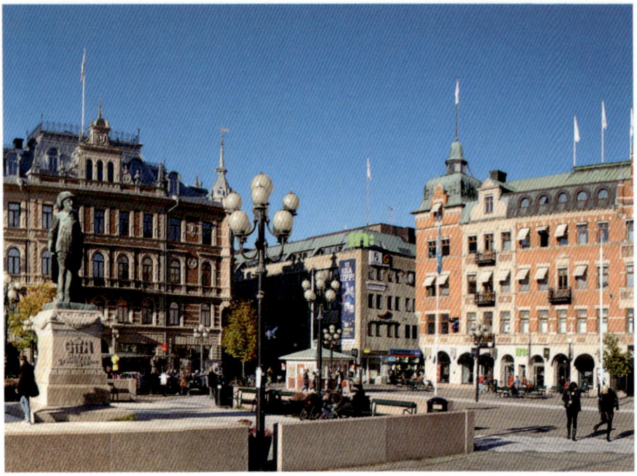

Ausgangspunkt Sundsvall oder Selånger

Der offizielle Startpunkt des Olavswegs ist in Selånger, ein kleines Kirchdorf knapp außerhalb von Sundsvall. Man reist per Zug oder Flugzeug nach Sundsvall, um dort mit der Pilgerwanderung auf dem Olavsweg zu beginnen. Deshalb gibt es direkt beim Bahnhof einen Einstiegsweg. Die Markierung beginnt unmittelbar nach dem Verlassen des Bahnhofes.

Bei der Touristeninformation von Sundsvall auf dem zentralen Platz (nicht auf der Route) erhält man aktuelle Informationen über den Pfad. Hier kann man auch den Pilgerausweis (SEK 50) kaufen. Außerdem kann man sich dort den ersten Stempel holen.

Sundsvall

Sundsvall hatte seine Anfänge in der geschützten Bucht im frühen 17. Jahrhundert und erlebte eine Blütezeit im Zeitalter der Dampfmaschine, wodurch es zu einem explosiven Wachstum der Holzindustrie kam. Als im Jahre 1888 ein Großteil des Stadtzentrums durch einen Brand zerstört wurde, baute man die Stadt aus Stein wieder auf. Die steinernen Gebäude in den breiten Prachtstraßen mit großzügigen Plätzen gaben Sundsvall ein besonderes Erscheinungsbild in dieser Region, in der der Holzbau vorherrschte. Allerdings war es wieder so, dass die neuen Häuser nur von Reichen bewohnt wurden, während die einfachen Arbeiter in die schlechteren, alten Viertel verdrängt wurden. Nils Holgersson, aus dem weltberühmten Kinderbuch von 1907, fliegt über Sundsvall und stellt fest: „Von oben gesehen hatte die Stadt etwas überaus Lustiges, denn in der Mitte lag eine Gruppe schöner, hoher steinerner Häuser, die kaum in Stockholm ihresgleichen haben konnten; rings um diese hohen steinernen Gebäude her war ein freier Raum, und dann erst kam ein Kranz von Holzhäusern, die freundlich und gemütlich von kleinen Gärten umgeben dalagen, aber allem Anscheine nach sehr gut wußten, daß sie geringer waren als die steinernen Häuser und sich deshalb nicht ganz zu ihnen hinwagen dürften.“ (Die wunderbare Reise des kleinen Nils Holgersson / Selma Lägerlöf). Für den heutigen Reisenden ist es sehr angenehm, dieses Städtchen zu besuchen. In dem verkehrsarmen Zentrum gibt es nette Ladenstraßen und eine ausreichende Auswahl an Unterkünften, Cafés und Restaurants und auf den Plätzen herrscht eine lockere Atmosphäre.

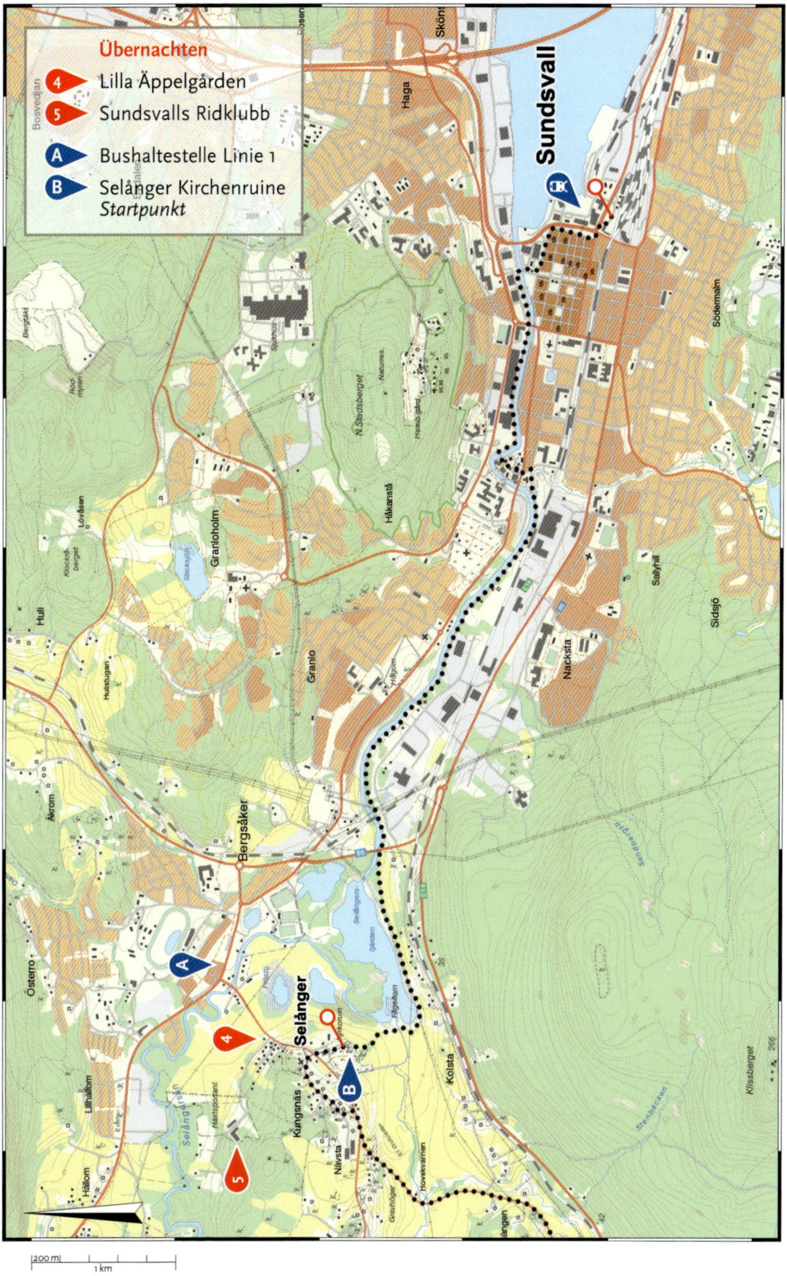

Fehlt noch etwas bei der Ausrüstung, kaufen Sie dies dann in Sundsvall, denn man kann erst wieder in Östersund wirklich einkaufen. Sie können diese Stadtwanderung natürlich auch auslassen und mit dem Bus nach Selånger fahren.

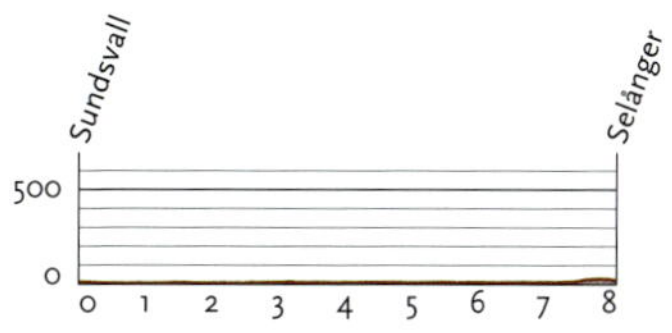

Etappe 1 Selånger – Solgården (Matfors)

Entfernung
20 km

Asphalt
45 %

Schönheit
**

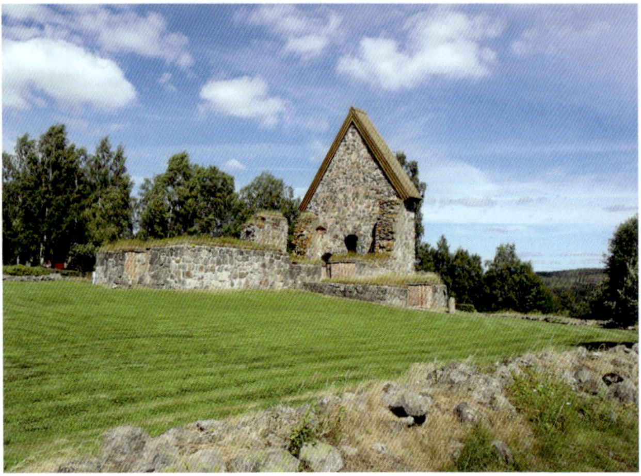

Start am alten Hafen

Olav Haraldsson kam nach seinem Exil im Jahr 1030 in Selånger an Land, wo er seinen Kriegszug begann. Es sollte sein letzter sein. Hier lag damals auch der wichtigste Hafen. Man erzählt, dass er ein Kreuz aufrichtete mit einer Inschrift, deren Übersetzung lautet: „Ein Land für ein Volk in Jesu Namen“. Der moderne Wanderer kann dem Beginn seiner Pilgertour durch einen Stempel in seinem Pilgerausweis Nachdruck verleihen. Das Stempelkästchen hängt bei der Informationstafel über der Route. Der Olavsweg fängt bei der Ruine einer Kirche aus dem 12. Jahrhundert an. Ein Ort, von dem aus sich die Pilger im Mittelalter auf den Weg zum Grab des inzwischen schon heiliggesprochenen Olav machten.

Buslinie 1 Richtung Bergsåker bringt Sie von der Busstation in Sundsvall in weniger als 10 Minuten zur Haltestelle Bergsåker Selånergården. An der gegenüberliegenden Seite liegt der Weg nach Selånger, angezeigt durch ein Schild „Selånger k:a 1 km“. Laufen Sie den Weg hinunter, bis Sie rechts eine weiße Kirche sehen. Auf der linken Seite ist der Startpunkt mit der Informationstafel, einem Pfarrhaus/-café, das zu Bürozeiten geöffnet hat, und dahinter **Selångers Kirchenruine**. Ein pastoraler Ort, der auch für Musikaufführungen und Gottesdienste genutzt wird. Ein nagelneues Pilgerzentrum wird seit 2017 gebaut.
Die Route läuft über das Gelände der jahrhundertealten Selånger Kyrka und geht dann weiter über schmale Asphaltwege. Bei **Påläng** zweigt man ab und folgt der Strecke weiter über einen Schotterweg. Nach der Überquerung des Flüsschens Svartbäcke erreicht man einen schön gelegenen Unterstand und **Picknick-Platz** mit Feuerstelle.

Die Route führt weiter über einen Schotterweg, mündet in einen **Asphaltweg** und kreuzt die **E14**. Wenn man kurz danach bei der Weggabelung links abbiegt, kommt man über diese Abzweigung nach einigen hundert Metern zu einer Olavsquelle. Sie werden auf der Route noch viel mehr Quellen antreffen.

Früher verlief die Route nördlich des Flusses dicht an der E14 vorbei nach Stöde. Dies ist die historisch korrekte Route, die nun eine Alternative bildet. Es gibt zwischen Matfors und Stöde keine Unterkünfte.

Der Weg führt durch die Außenbezirke von Matfors, zweigt rechts ab und führt über eine lange Brücke zum **Zentrum**. Wenn man Matfors wieder verlässt, folgen noch etliche Kilometer über einen Schotterweg nach **Solgården**.

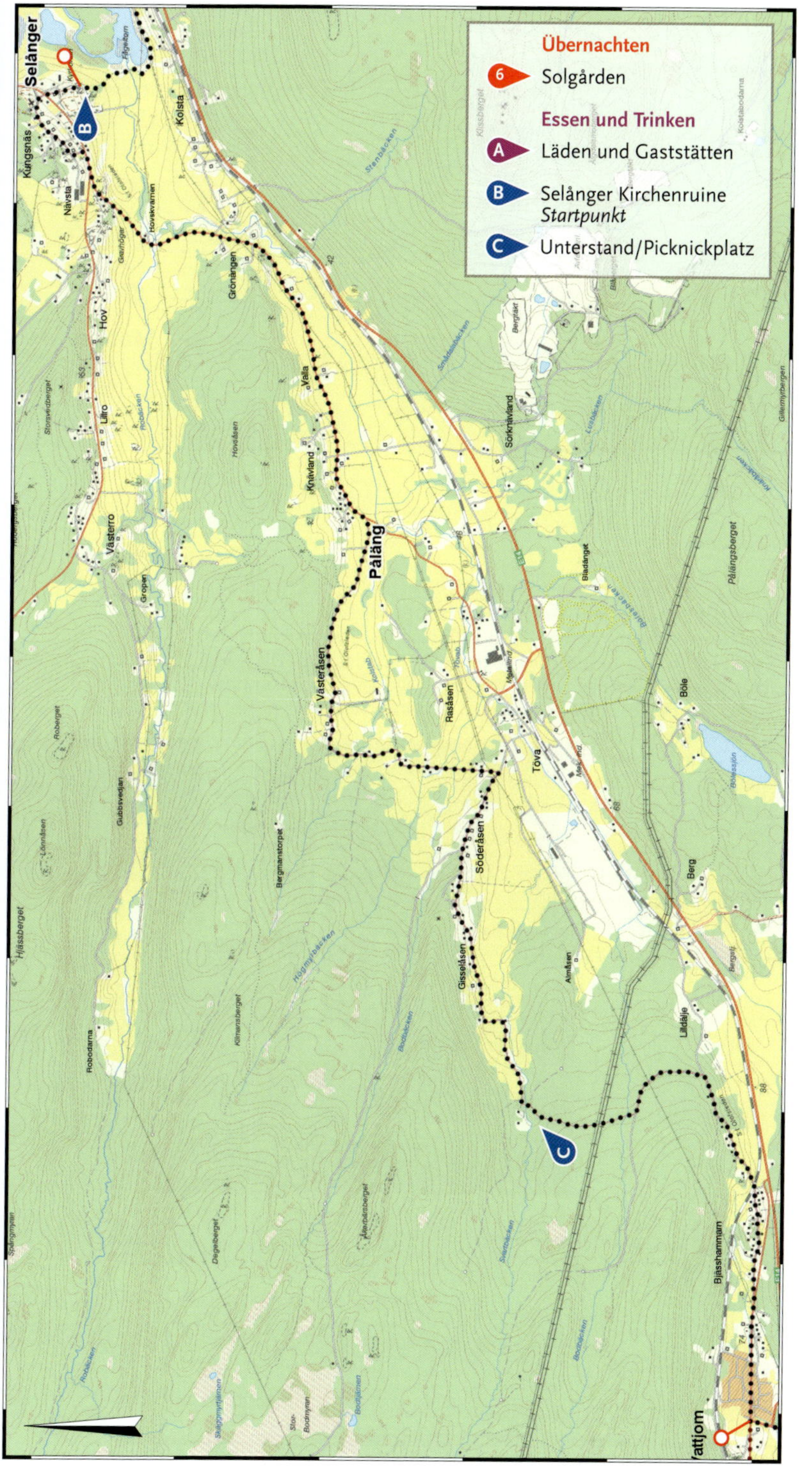
Übernachten
6 Solgården
Essen und Trinken
A Läden und Gaststätten
B Selånger Kirchenruine
Startpunkt
C Unterstand/Picknickplatz
Selånger
Kungsnäs
Kolsta
Hov
Grönängen
Valla
Knävland
Västerro
Påläng
Västeråsen
Rasåsen
Töva
Söderåsen
Gisselåsen
Almåsen
Bjässhamarn
Vattjom
200 m
1 km

Karte 3

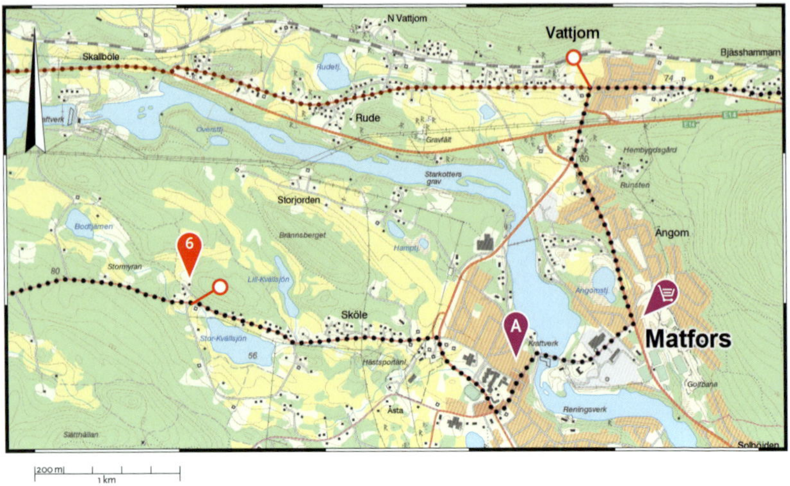

Ljungan

Ljungan ist der fast 400 km lange Fluss, der im Hochland von Schweden nördlich des Bergmassivs Helagsfjället entspringt, und, nachdem er durch mehrere Seen geflossen ist, etwas südlich von Sundsvall in den Bottnischen Meerbusen mündet. Der Olavsweg folgt diesem mächtigen Fluss mehrere Tage lang stromaufwärts. Früher wurde der Fluss genutzt, um gefällte Bäume zur Küste zu transportieren. Der Fluss fließt durch Matfors. Man behauptet, dass der Name des Dorfes auf die lachsreichen Gewässer zurückzuführen ist, die für ein großes Nahrungsangebot sorgten: Mat (Essen) und Fors (Fluss).

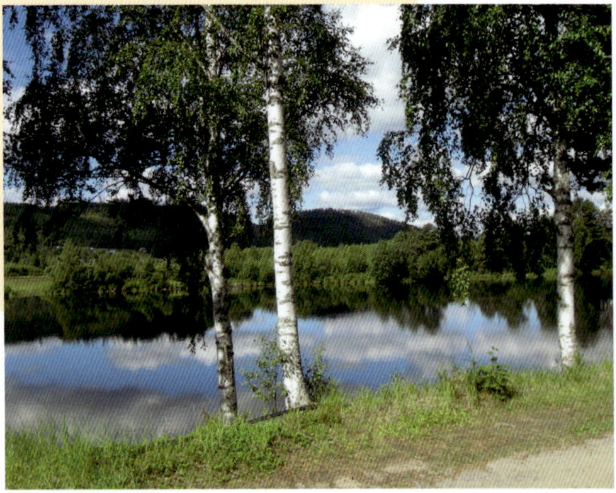

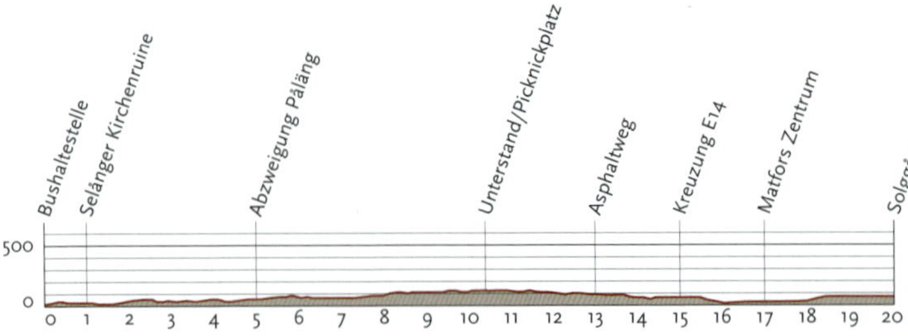

Entfernung
23,5 km

Asphalt
20 %

Schönheit
★★½

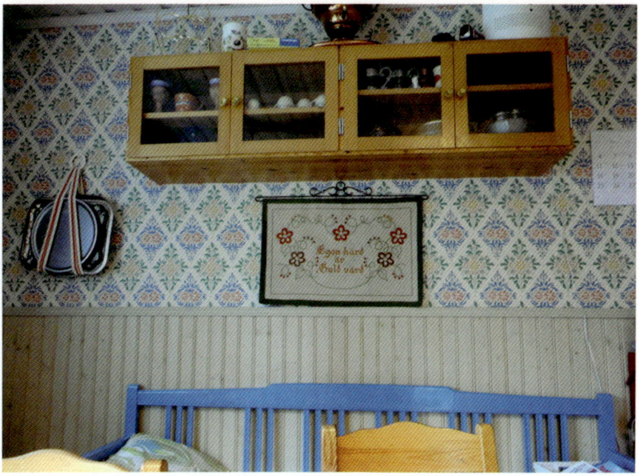

Entlang Ljungan und Stödesjön

Die heutige Route lässt sich kurz beschreiben als ein langer Schotterweg entlang des Sees Stödesjön. Der große See eignet sich an warmen Tagen hervorragend, um zwischendurch ein Bad zu nehmen. Der ruhige Weg schlängelt sich träge durch Waldstücke und Ackerland.

Von **Solgården** aus läuft man einfach den Weg hinunter. Dabei kommt man an dem Reiterhof **Liljedalen** und dem Ferienpark Rävelsbodvallen vorbei. Man hat dort schöne Aussichten auf den See. In **Loböle** kann man sich im Vereinshaus einen Stempel holen.

Bei **Gålviken** geht der Schotter- über in einen Asphaltweg, den man weiter läuft bis zur Kreuzung mit dem **Fanbyvägen**, der von einer großen Kirche überragt wird. Dann rechts über die Brücke, wo man eine schöne Aussicht auf die Kirche von Stöde hat. Dort kann man auch einen Stempel bekommen. Nach der Brücke gelangt man, wenn man links abbiegt, zu dem schön gelegenen **Campingplatz von Stöde**.

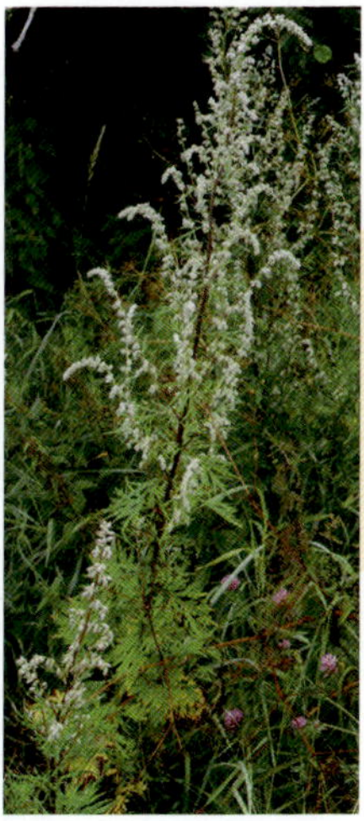

Beifuß
Diese Pflanze hat für den Wanderer eine große Bedeutung. Früher wurde der Beifuß von Soldaten, Hausierern und Pilgern in die Schuhe gelegt, um Ermüdung zu vermeiden und Schmerzen zu mildern. Der Saft der zerdrückten Blätter hält Mücken fern.

Karte 4

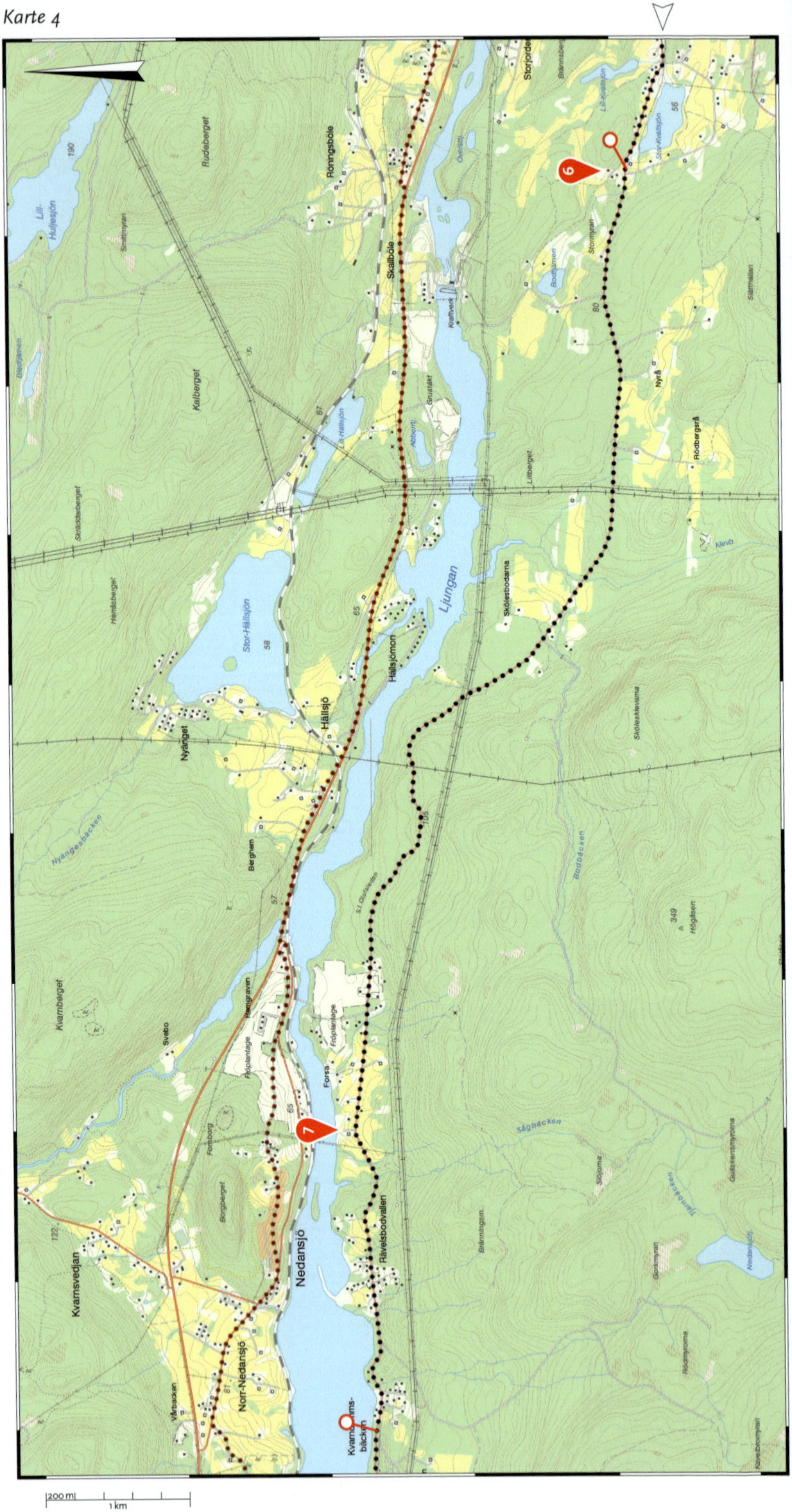
Lill-Huljesjön
Rudeberget
Rönningsböle
Skallböle
Storjorden
Lill-Kvällsjön
Stor-Kvällsjön
Stormyran
Bodtjärnen
Nyrå
Rödbergsrå
Kalberget
Lill-Hällsjön
Grustäkt
Kraftverk
Lillberget
Stor-Hällsjön
Ljungan
Skölesbodarna
Hällsjömon
Hällsjö
Nyänget
Skölesklevarna
Berghem
Bodbäcken
Högåsen
Kvarnberget
Svebo
Forsa
Sågbäcken
Borgberget
Nedansjö
Rävelsbodvallen
Kvarnsvedjan
Norr-Nedansjö
Kvarnholmsbäcken
Nedansjön
200 m
1 km

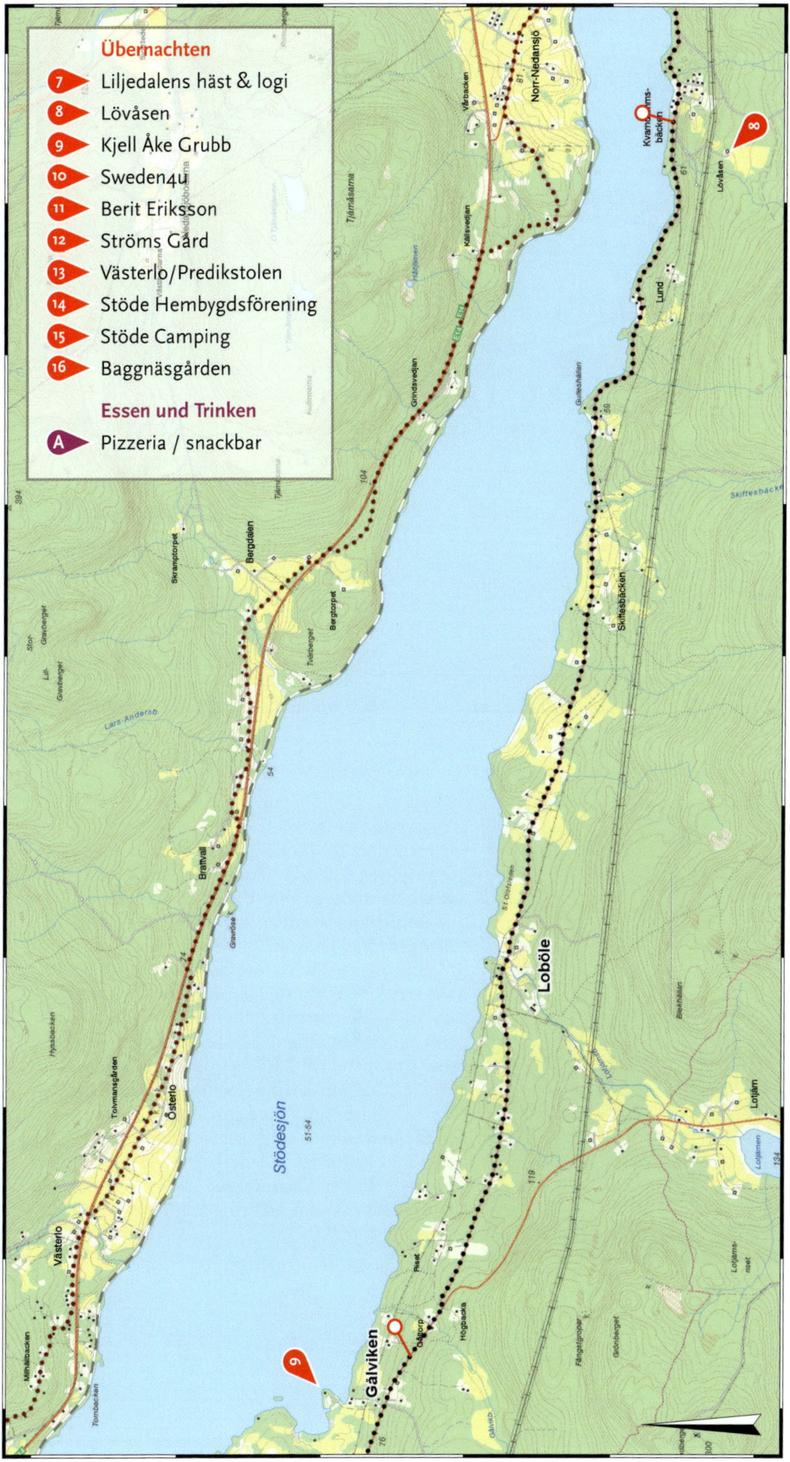
Übernachten
7 Liljedalens häst & logi
8 Lövåsen
9 Kjell Åke Grubb
10 Sweden4u
11 Berit Eriksson
12 Ströms Gård
13 Västerlo/Predikstolen
14 Stöde Hembygdsförening
15 Stöde Camping
16 Baggnäsgården
Essen und Trinken
A Pizzeria / snackbar
Norr-Nedansjö
Kvarnholms-bäcken
Lövåsen
Lund
Skiftesbäcken
Bergdalen
Bergtorpet
Skramptorpet
Brattvall
Loböle
Lotjärn
Österlo
Västerlo
Tolvmansgården
Stödesjön
Gälviken
Högbacka
Mihalbacken

Karte 6

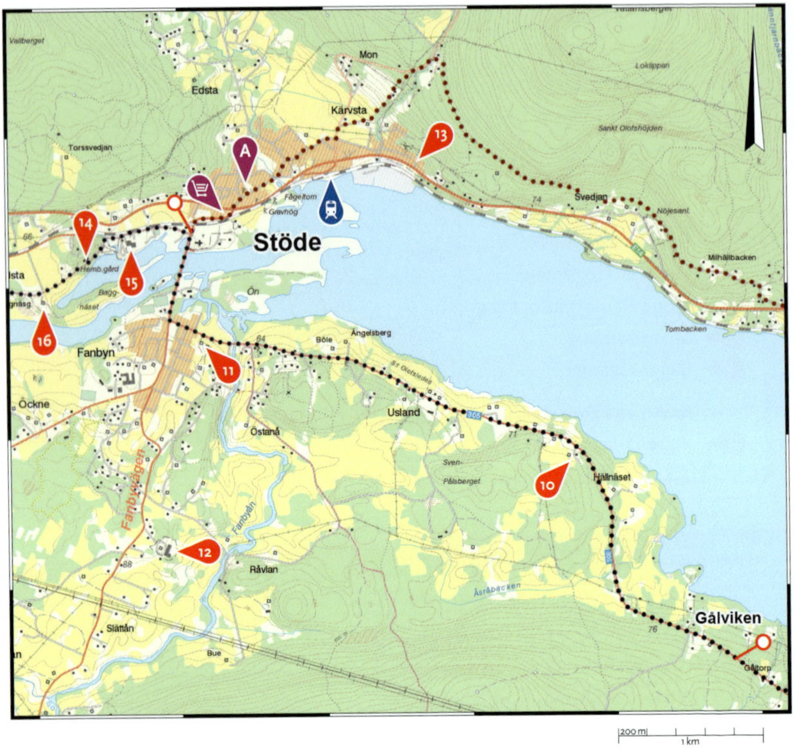

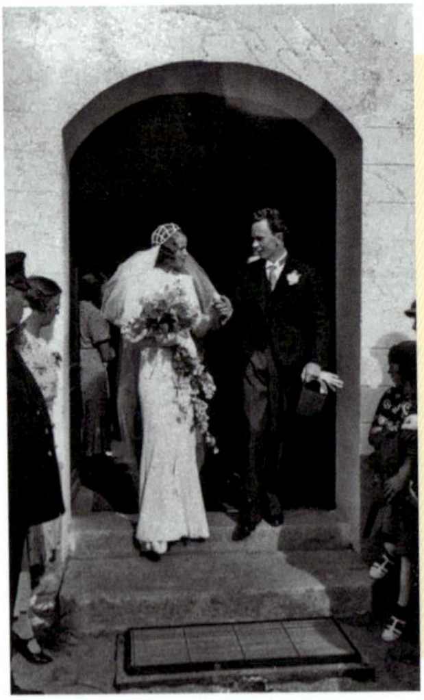

Stöde Kyrkaa

Die erste der drei Trauungen der schwedischen Schauspielerin Ingrid Bergmann (1915-1982), weltberühmt durch ihre Rollen in Casablanca und Berüchtigt, wurde in der Kirche von Stöde vollzogen. Das ist womöglich auch der „claim to fame“ dieser Kirche. Sie heiratete 1937 den Zahnarzt Petter Aron Lindström, von dem sie sich 1950 scheiden ließ. Bergmann heiratete dann den italienischen Regisseur Roberto Rosselini, mit dem sie Zwillingsmädchen bekam. Isabella, eine der beiden Töchter, wurde auch eine bekannte Schauspielerin. Der Zahnarzt, der später Neurochirurg wurde, starb im Jahr 2000 und liegt hier auf dem Friedhof seines Geburtsortes begraben. In der Kirche befindet sich eine sehr schöne hölzerne Statue von Olav.

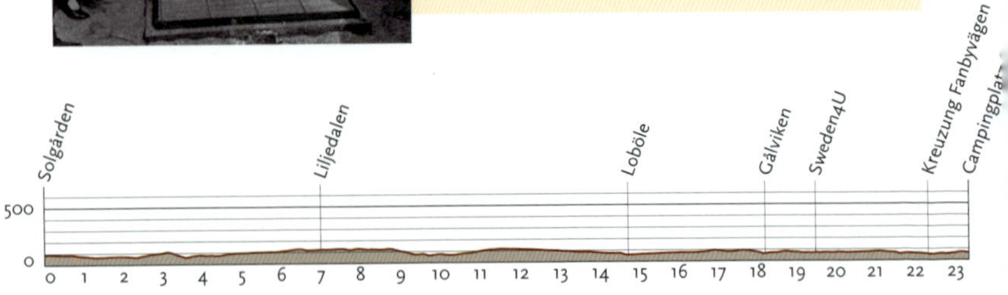

ETAPPE 3 STÖDE – TORPSHAMMAR

Entfernung
18 km

Asphalt
20 %

Schönheit
***

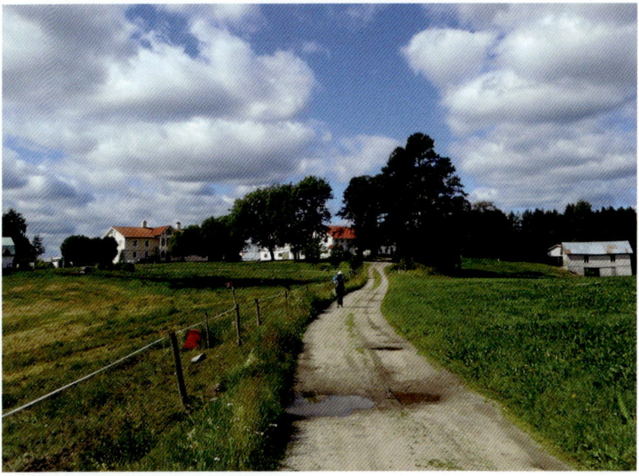

Über das platte Land, an einem Kanal entlang zu einer Film-Location

Eine hübsche Strecke über ruhige Wege mit schönen Pfaden am Wasser entlang, wo wilde Blumen üppig blühen. Der große Hingucker ist heute das lange, malerisch abgeblätterte Gebäude in Viskan. Als ob man plötzlich im wilden Westen gelandet wäre. Es wird einen nicht überraschen, dass dieser Ort mehr als einmal als Film-Location diente.

Die Route führt weiter über einen attraktiven Pfad an Feldern und Wasser entlang. Nach einem Stückchen Asphalt biegt man vom Weg ab und schlängelt sich weiter auf schmalen Pfaden. Wieder zurück auf dem Asphaltweg setzt man die Strecke fort nach **Viskan**, ein bemerkenswertes kleines Dorf neben den Gleisen.

Danach überquert man die Gleise und läuft über Schotterwege mit herrlicher Weitsicht wieder zurück zur Bahnlinie und landet schließlich bei der Jugendherberge **Boda Borg**. Der Asphaltweg bringt Sie nach Torpshammar. Man läuft an einem großen Gutshof vorbei, der jetzt als Unterkunft für Asylsuchende dient, und danach kommt man zu einem **Supermarkt**.

Nach der Brücke zweigt die Route links ab, nach den Gleisen dann noch einmal links ab und dann kommt wieder ein angenehmer Schotterweg, der Klostervägen. Wenn Sie auf dem Campingplatz übernachten wollen, müssen Sie nach etwa 2 Kilometern einen schmalen Weg nach links nehmen, der fast direkt auf den Campingplatz zuläuft. Sie können natürlich auch nach der Brücke einfach dem Asphaltweg Torpshammarsvägen Richtung **Campingplatz** folgen. Damit ersparen Sie sich einige Hundert Meter.

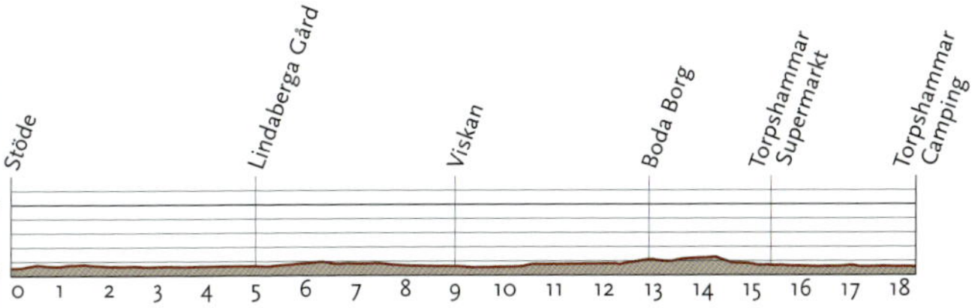

Karte 7

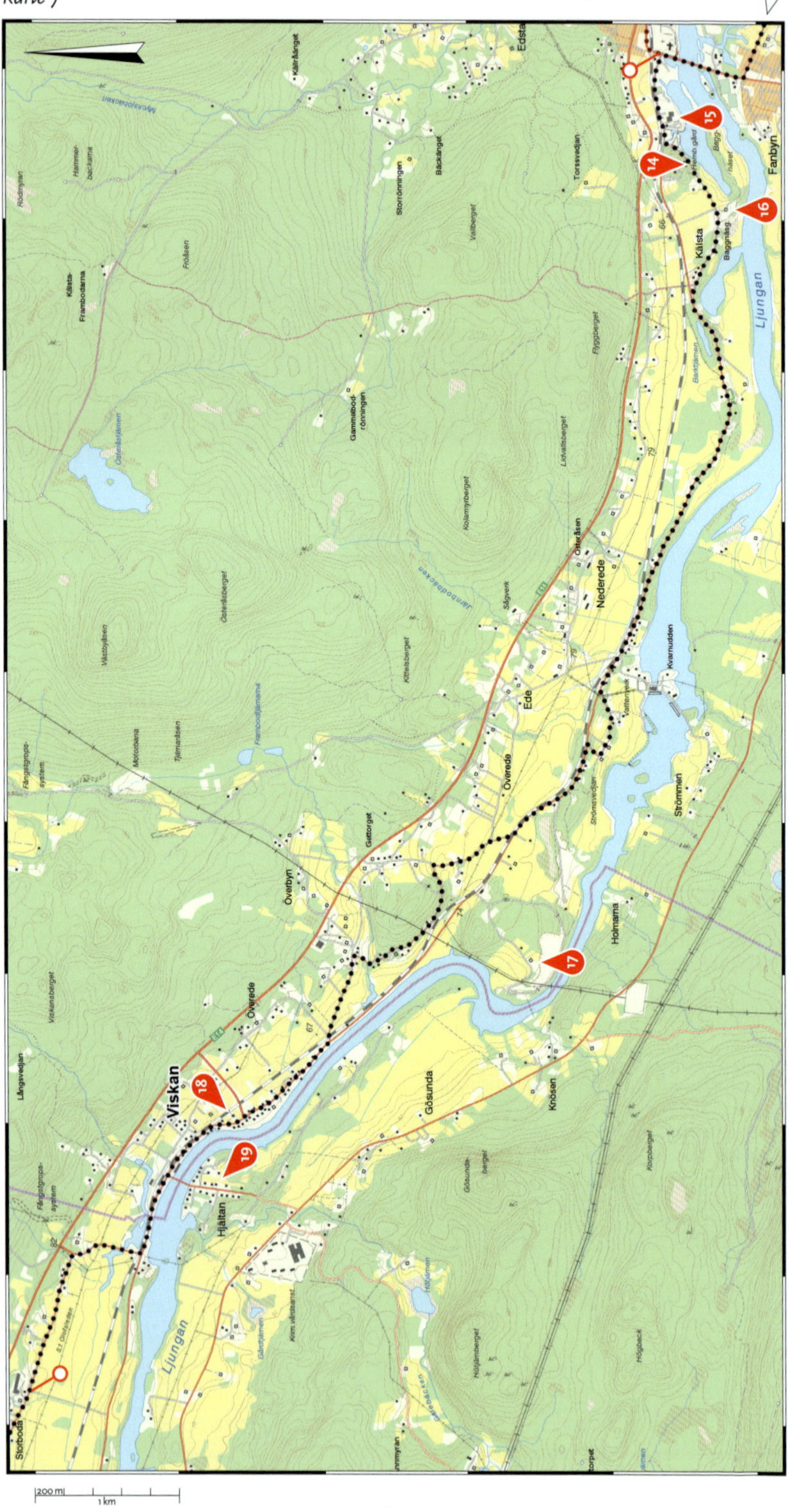
Viskan
Storboda
Ljungan
Fanbyn
Kälsta
Edsta
Östraåsen
Nederede
Ede
Överede
Överbyn
Guttorget
Kvarnudden
Strömmen
Holmarna
Knösen
Gösunda
Hjältan
14
15
16
17
18
19
200 m
1 km

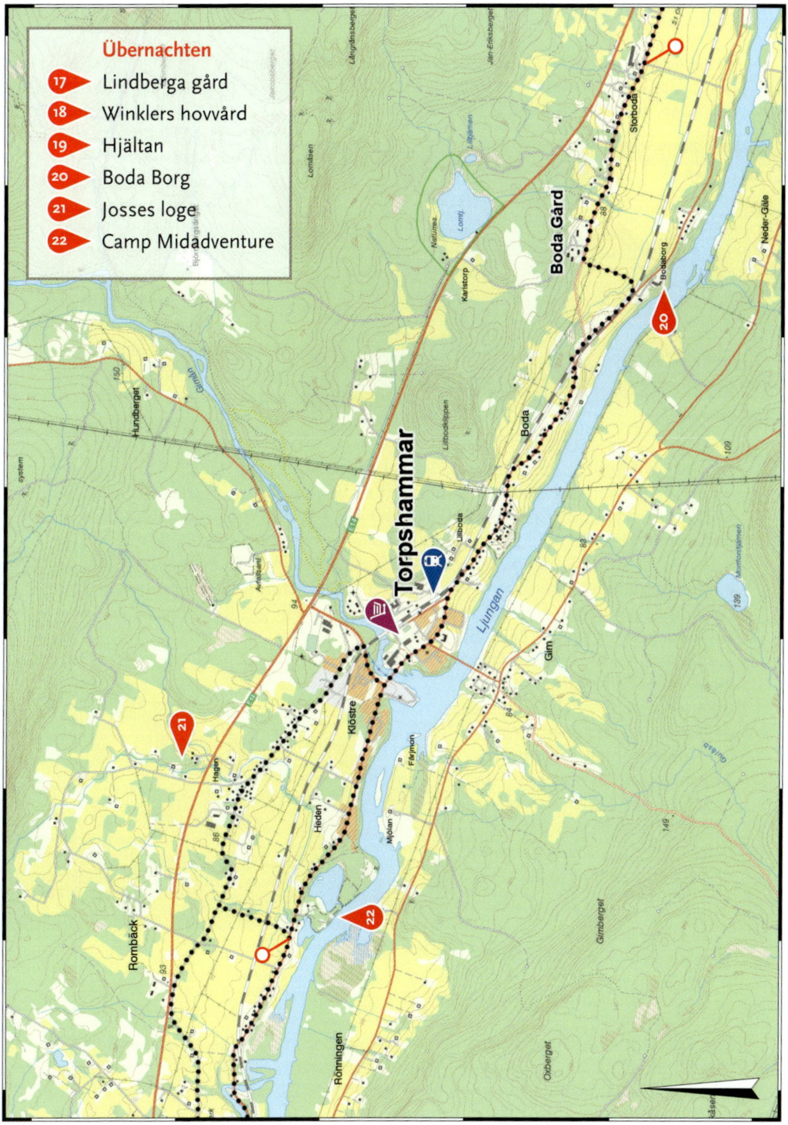

Ljungandalsvägen
Zwischen Stöde und Borgsjö verläuft der 47 km lange Ljungandalsvägen. Das war die Hauptverkehrsstraße, bevor die E14 gebaut wurde. Jetzt wird diese Straße als touristische Autostrecke vermarktet, weil sie von vielen Sehenswürdigkeiten und Dörfchen gesäumt wird. An einem Wochenende Mitte Juni ist der Weg Schauplatz für den „längsta Loppis", den längsten Flohmarkt, den man mit einem freien Markt während eines Stadtfestes vergleichen kann. Jeder steht mit seinen Second-Hand-Sachen an der Straße, es gibt Essstände und Musik und überall herrscht eine fröhliche Stimmung. Der Olavsweg läuft mehrere Male ein kleines Stück über diesen Weg.

Viskan

In Viskan ist das 70 Meter lange Holzhaus, das Långhus, eine auffällige Erscheinung. Das abgeblätterte Gebäude in der abgeschiedenen Umgebung erweckt den Eindruck, als ob man plötzlich in eine amerikanische Geisterstadt versetzt wird.

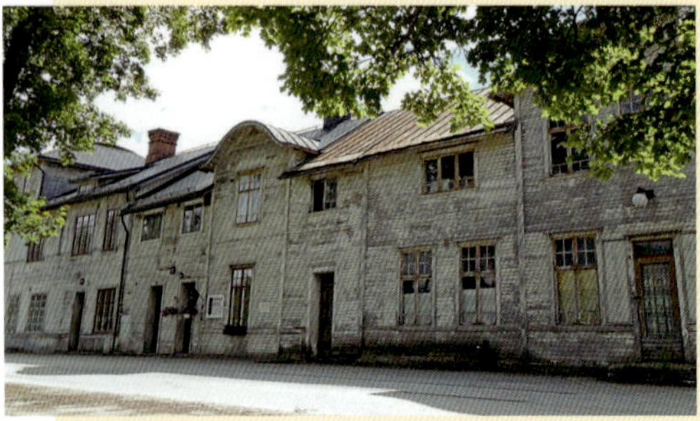

Ende des 19. Jahrhunderts standen dort noch 3 einzelne Gebäude, die jedoch im Laufe der Jahre zusammengewachsen sind. Es wurde ein wichtiges Dienstleistungszentrum mit einem Hotel, einem Laden, einem Postamt und einer Bank. Die sind nun alle schon lange verschwunden. Heute befinden sich dort einige Appartements für junge Leute und es wird als Film-Location genutzt. So hat die schwedische Band Takido hier ihr Video für Haven stay aufgenommen und es wurde dort der schwedische Film Miraklet/Viskan (2015) gedreht. In diesem Film, unter der Regie von John Olsson und mit Rolf Laddgård in einer der Hauptrollen, geht es um Familienverhältnisse. Bjarne und Malin wohnen diesseits des Flusses, Bjarnes Schwiegervater wohnt auf der gegenüberliegenden Seite, aber er hat ihn aufgrund von Streitereien um Geldangelegenheiten schon seit 20 Jahren nicht mehr gesehen. Bjarne will nun ein Darlehen für seinen Betrieb aufnehmen und Malin bittet ihren Vater, die Bürgschaft zu übernehmen, ohne dass Bjarne davon weiß. Das bleibt natürlich nicht ohne Folgen. Die Brücke spielt in diesem Film eine wichtige Rolle. Von dieser charakteristischen Brücke aus betrachtet macht das Långhus den schönsten Eindruck.

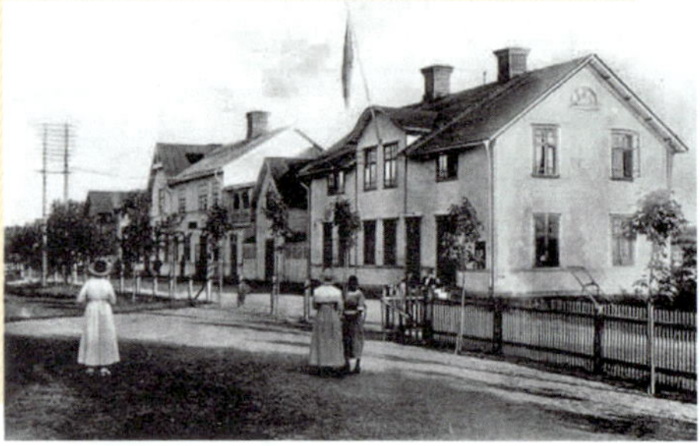

Viskan 1901

Ede-Stöde-Kanal

Der Ede-Stöde-Kanal verbindet die Seen Torpsjön und Stödesjön und wurde gebaut, um Stromschnellen zu umgehen. Der Kanal war ein Teil der Wasserwerke, die die wichtige Transportroute zwischen Levanger in Norwegen und dem Hafen von Sundsvall verbessern sollten. Nach langer Vorbereitung wurde er 1870 in Gebrauch genommen. Der wirtschaftliche Gewinn war evident, der Erfolg jedoch nur von kurzer Dauer. Genauso wie überall sonst in der Welt war die schwere und teure Arbeit an neuen und bestehenden Kanälen durch das Aufkommen der Eisenbahn überflüssig geworden. In dieser Gegend geschah das im Jahr 1875, fünf Jahre nach der Eröffnung des Ede-Stöde-Kanals.

Fotograf unbekannt. Quelle: Sundsvalls Museum

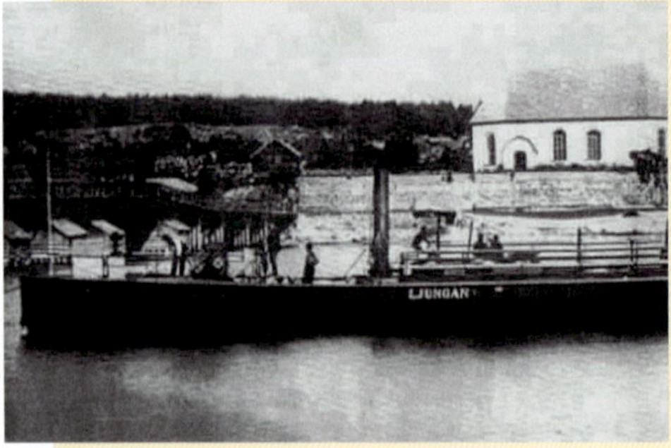

Schiff auf dem Ede-Stöde-Kanal 1870

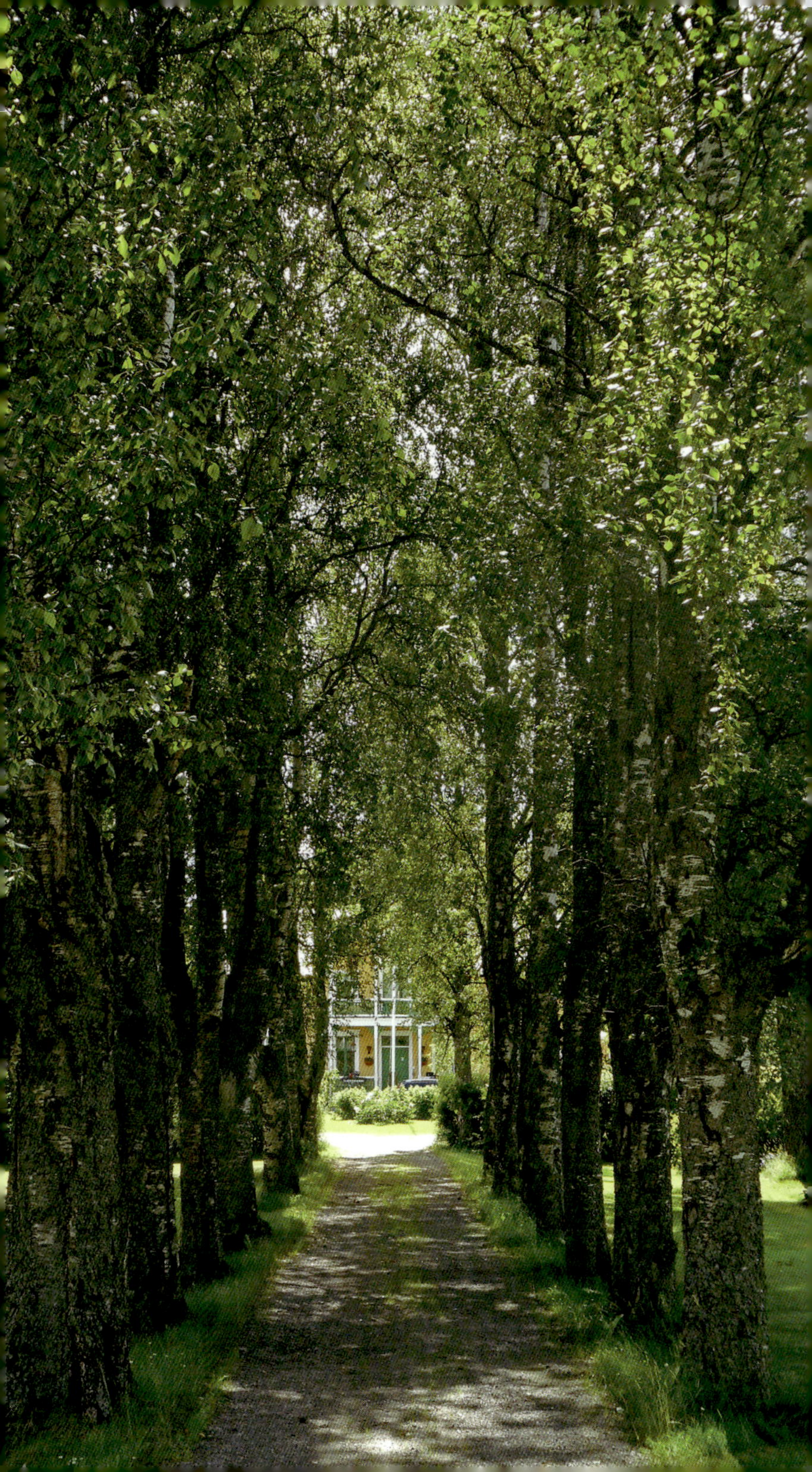

Entfernung
15 km

Asphalt
30 %

Schönheit
***

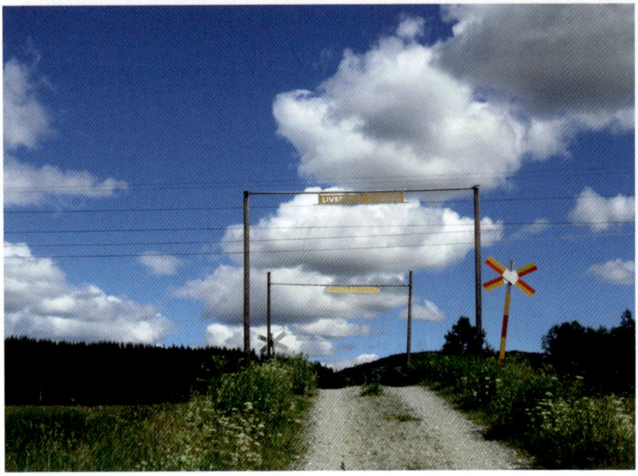

Auf dem Liebespfad zur längsten Holzbrücke

Eine abwechslungsreiche Wanderung, bei der man Kurs auf das laubreiche Fränsta nimmt, und wo man wieder etwas mehr Auswahl an Läden und Einkehrmöglichkeiten hat. Weiter oben läuft man am Fluss entlang, wo die malerische Holzbrücke Vikbron liegt. Die Landschaft ist geprägt von schönen Weiden und Birkenalleen. Unterwegs bietet der 352 Meter hohe Getberget immer wieder einen neuen Anblick.

Je nach Übernachtungsort läuft man zurück oder zum Schotterweg Klöstravägen, ein ruhiger Weg mit herrlichen Panoramen. Man streift kurz die E14 und stößt nach etwa 1 km auf einen Asphaltweg, den Ljungandalsvägen, die alte Durchgangsstraße aus der Zeit, wo es die E14 noch nicht gab. Man streift nochmals auf einem kleinen Grasweg die Fernstraße und erreicht dann über die Hauptstraße das Dörfchen Fränsta.

Im Zentrum angekommen biegt man links ab auf die Kyrkrén und erreicht die wunderbar gelegene Torps Kyrka. Dort beginnt am Wasser der Kirchenpfad. Dieser Pfad ist bekannt als Kärleksstigen, der Liebespfad. Man versteht schnell, warum. Es ist ein malerischer Pfad am Fluss entlang mit vielen Picknickbänken, Unterständen und geschützten Stellen.

Etwa 2 km weiter kommt man zu dem rot angemalten hölzernen Vikbron. Die Route führt durch die grüne Umgebung und steigt zu dem hohen Byforsbron auf. Man überquert die Straße.

Die Strecke führt dann durch Weiden, verläuft kurz parallel zu den Gleisen und trifft wieder auf den Ljungandalsvägen. Man verlässt den Asphalt aber schnell, läuft noch ein Stückchen neben den Gleisen und landet dann auf einer prächtigen Birkenallee, die einen wieder an den Fluss zurückbringt. Ein kleiner ländlicher Pfad bringt einen dann nach Ljungaverk.

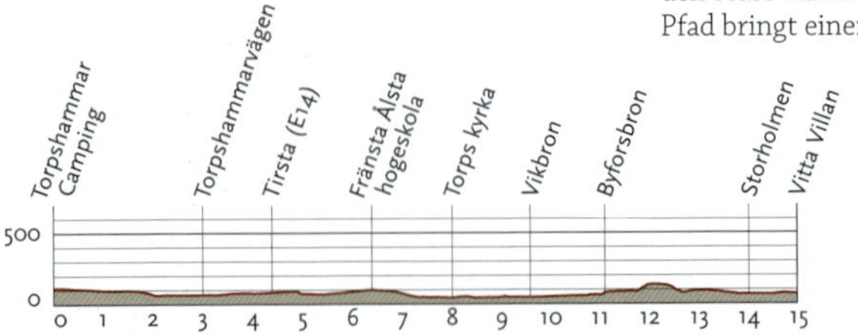

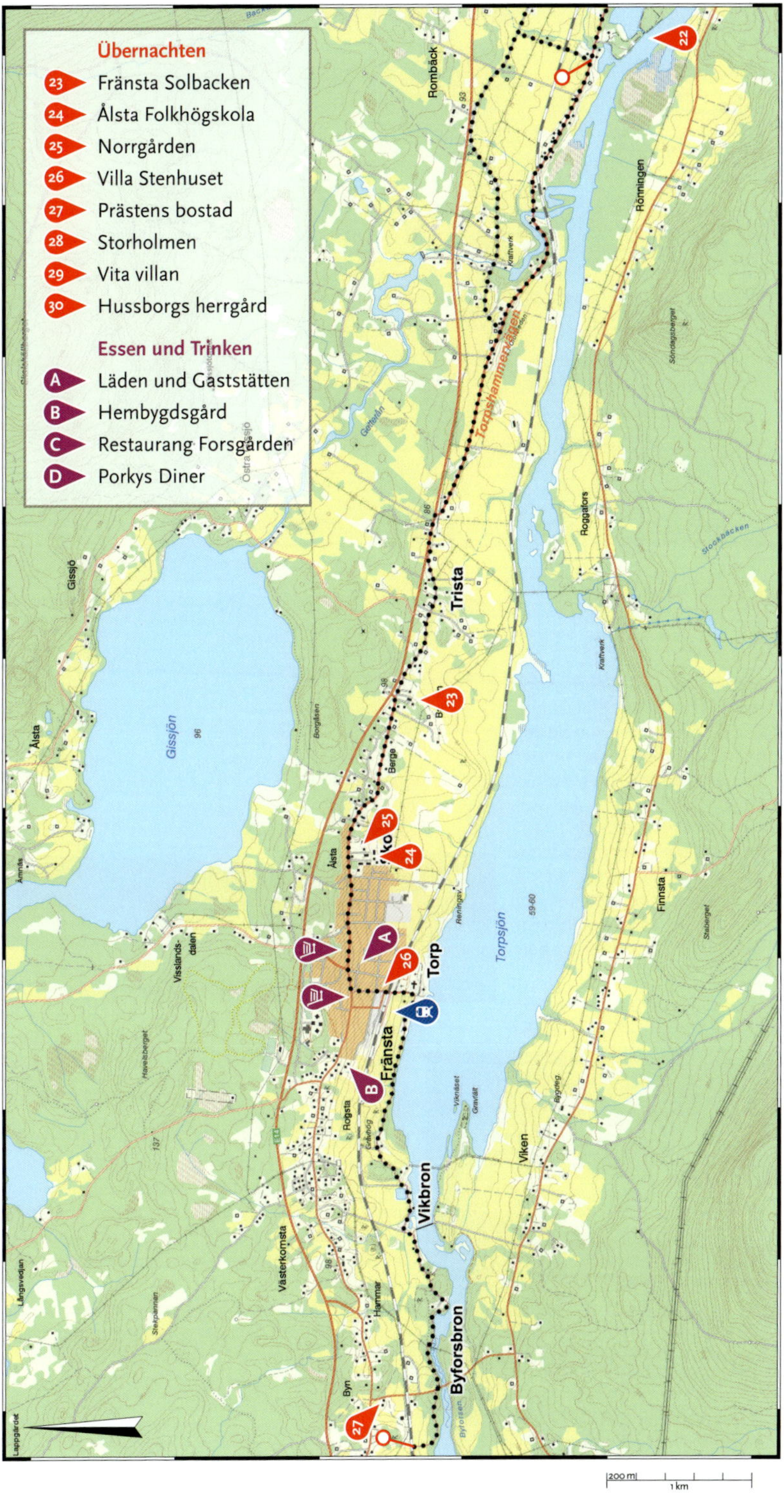
Übernachten
23 Fränsta Solbacken
24 Ålsta Folkhögskola
25 Norrgården
26 Villa Stenhuset
27 Prästens bostad
28 Storholmen
29 Vita villan
30 Hussborgs herrgård
Essen und Trinken
A Läden und Gaststätten
B Hembygdsgård
C Restaurang Forsgården
D Porkys Diner
Rombäck
Rönningen
Torpshammarsvägen
Trista
Roggators
Gissjön
Gissjö
Ålsta
Torpsjön
Torp
Fränsta
Finnsta
Vikbron
Viken
Byforsbron
Västerkomsta
Hammar
Rogsta
Berge
Byn
Kraftverk
Visslandsdalen
Stockbäcken
200 m
1 km

Karte 10

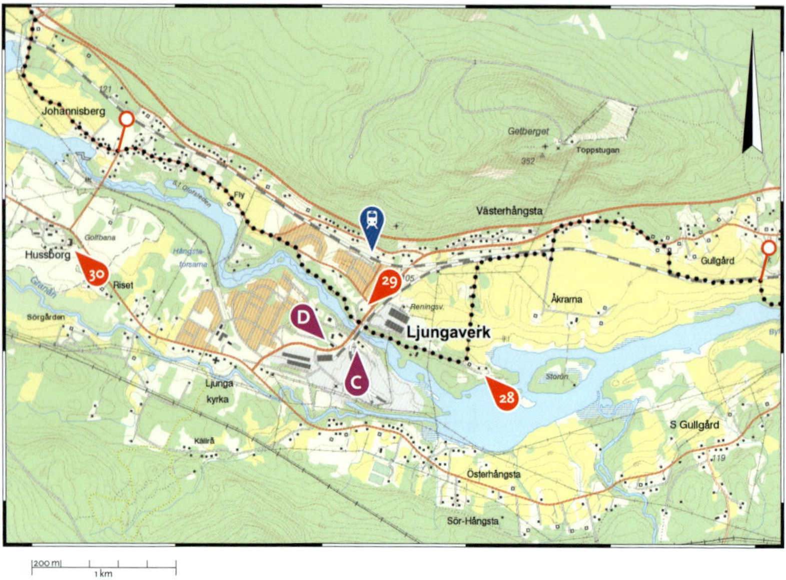

Torps kyrka

Schon im 12. Jahrhundert stand hier eine Holzkirche. Wie so oft wurden die hölzernen Gebäude später durch steinerne ersetzt. Das war hier im 13. Jahrhundert der Fall. Das heutige Gebäude stammt aus den frühen achtziger Jahren des 18. Jahrhunderts. In dieser Kirche befindet sich eine schöne Holzskulptur von Olav aus dem 13. Jahrhundert.

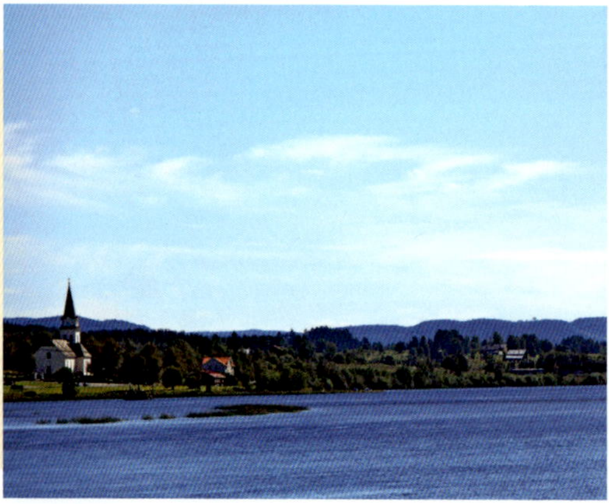

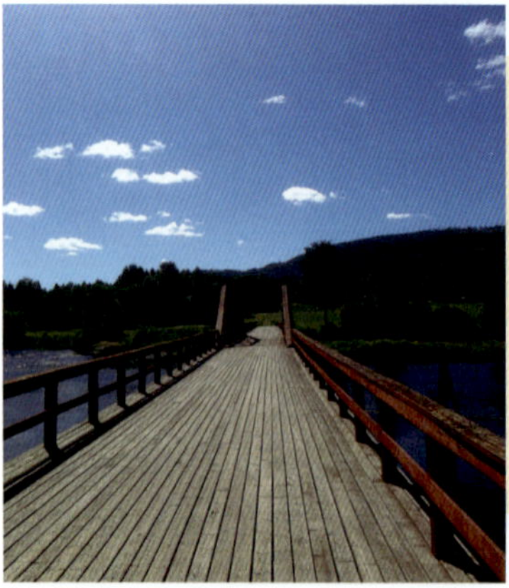

Vikbron

Mit 133 Metern ist dies die längste Holzbrücke von Schweden. Erbaut im Jahre 1888. Zu der Zeit erbauten Bauern 500 Meter stromabwärts eine andere Brücke, womit sie gegen den Zoll protestierten, der für die Vikbron erhoben wurde. Auf der gegenüberliegenden Seite gibt es einen kurzen Wanderpfad (ca. 1 km) zur Halbinsel Viknäset, wo sich eine große Grabstätte aus der Eisenzeit befindet. Die Toten ruhen hier schon seit etwa 1000 Jahren. Dieser Platz bietet eine großartige Aussicht auf die Torps Kirche.

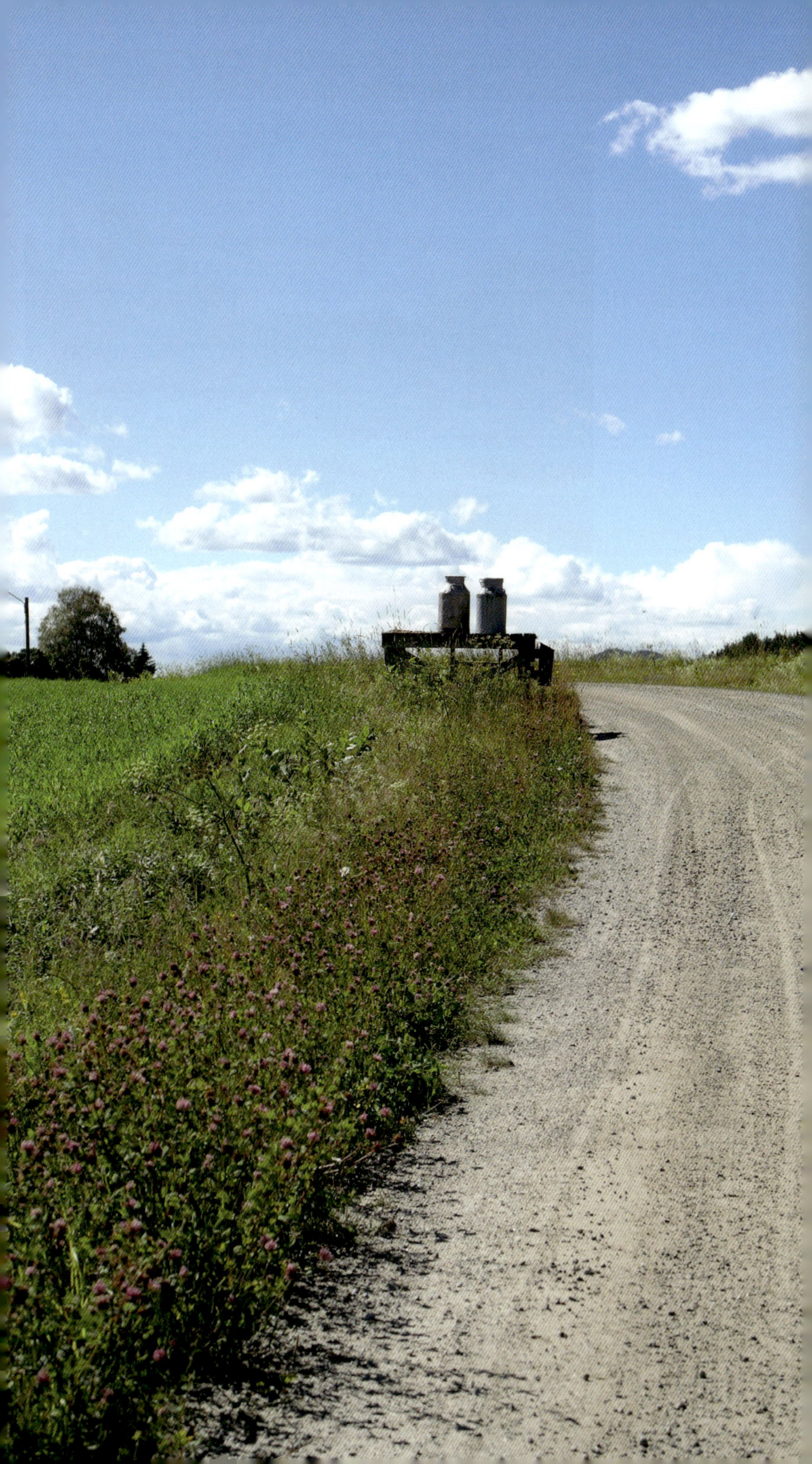

Entfernung
10 km

Asphalt
35 %

Schönheit
★★

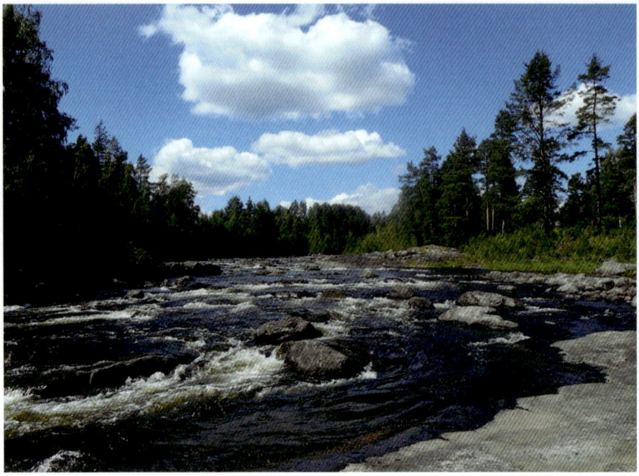

Stromschnellen und das Dorf mit dem kürzesten Namen

Eine kurze Etappe, vor allem geprägt durch das spärliche Vorkommen von Unterkünften. Also Raum genug für die Sehenswürdigkeiten auf der Strecke. Bei der Tankstelle in Borgsjö kann man noch einkaufen, danach dann erst wieder 40 km weiter in Bräcke.

Beim Verlassen von Ljungaverk führt die Route über einen schönen waldreichen Pfad am Fluss entlang, der hier mit Stromschnellen und ausgewaschenen Steinen einlädt, die Füße abzukühlen. Ein Stückchen weiter führen ein Weg und eine Brücke nach links in Richtung Hussborg.

Die Route verläuft jedoch auf dieser Seite des Flusses, überquert die Gleise und stößt auf einen Asphaltweg, der nach einigen Kilometern die E14 streift. An diesem Weg stehen etliche charakteristische Häuser, die mit hübschen Holzschnitzereien versehen sind. Man kommt durch das Dörfchen Ö, das Dorf mit dem kürzesten Namen in Schweden. Danach kommt man an dem großen Holzbetrieb Callan und bei der ehemaligen Kapelle bei Sillre vorbei.

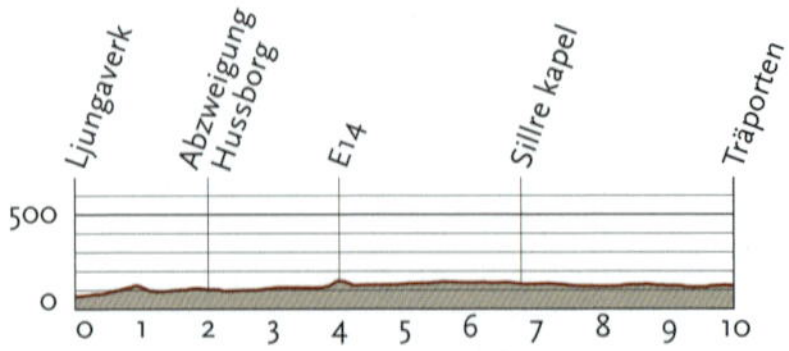

Bis in die 60er Jahre des vorigen Jahrhunderts der zentrale Treffpunkt der Umgebung, heute ein Aufnahmestudio und Proberaum. Der Pilger hat dort die Möglichkeit, sich auf einer Bank auszuruhen und einen Stempel abzuholen.

Bei Västanå befindet sich das Slöjdmuseet, ein kleines Museum, wo man sehen kann, wie die Bauern früher ihre Gebrauchsgegenstände aus Holz hergestellt haben. Das Museum ist nur im Juli geöffnet.

Man wandert den Weg weiter, bis man wieder auf der E14 steht. Und dort sieht man gleich das B&B/Camping Träporten. In demselben Gebäude befindet sich Naturum, ein/e Besucherzentrum/Touristeninformation mit Ausstellungen und Informationen zur Kultur und Natur in der Umgebung.

Bitte beachten: Sollten Sie am nächsten Tag in Kungsstugan übernachten, dann können Sie den Schlüssel im Naturum oder Träporten abholen.

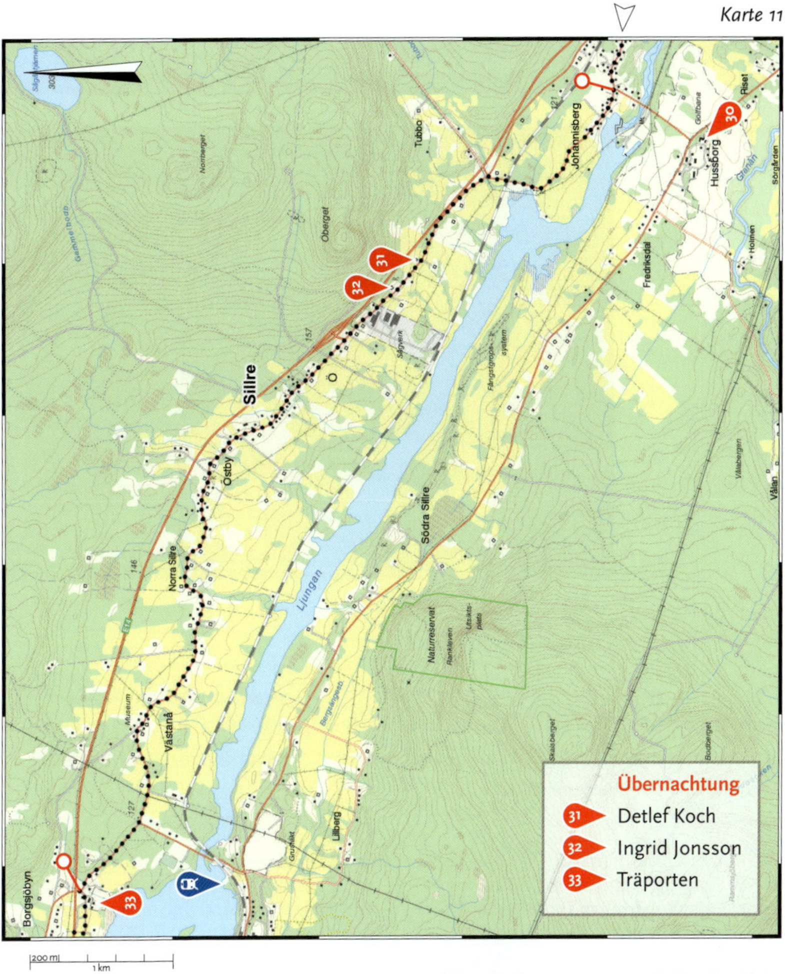

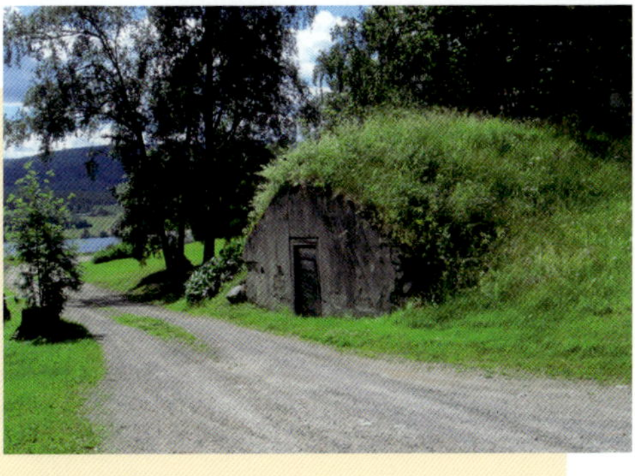

Eiskeller

Das Wort Eiskeller kommt dem schwedischen Jordkällare inhaltlich am nächsten, es hat jedoch nichts mit Eis zu tun. Wörtlich übersetzt heißt es „Erdkeller“. Diese sind häufig entlang des Olavswegs zu sehen. Tief eingegrabene steinerne Vorratskammern, reichlich mit Erde bedeckt und mit Luftzirkulation versehen, um dort Lebensmittel möglichst lange zu lagern. Die Temperatur in den Kellern war kühl und konstant. Im Winter ein Schutz gegen Frost, im Sommer gegen die Wärme. Sie wurden in erster Linie für Kartoffeln, Möhren und Äpfel genutzt und fast jeder Bauernhof hatte so einen auf dem Hof. Mit dem Aufkommen des Kühlschranks in den 50er Jahren verloren sie ihre Funktion. Viele sind verschwunden, aber etliche doch auch erhalten geblieben.

Entfernung
20 km

Asphalt
1 %

Schönheit
✶✶✶

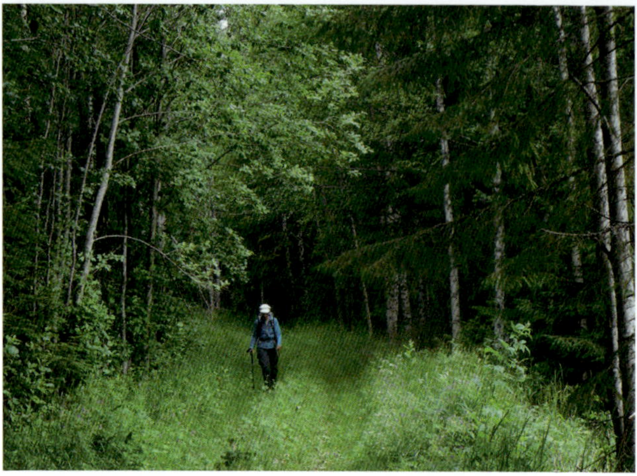

In den Wald geschickt

Träporten bedeutet „Tor zum Wald", und heute wird deutlich, warum. Man wandert nun zwei Tage hauptsächlich durch Wälder, ohne Einkehrmöglichkeiten oder Läden. Halten Sie nach Orchideen Ausschau. Es wachsen dort viele Arten, unter anderem das Gefleckte Knabenkraut und die Mücken-Händelwurz.

Von Träporten aus führt der Olavsweg auf einen Freizeitpfad entlang der Kirche von Borgsjö und **Borgsjöbyn Hembygdsgård**, ein Ort mit vielen alten Gebäuden und einem Sommercafé. Kurz danach, wenn man in den Wald hineinläuft, ist dort eine **Olavsquelle** mit Gedenkstein und Stempel.
Man wandert weiter durch den Wald, kommt an einigen Häusern in **Tälje** vorbei und landet dann auf einer Route, die abwechselnd über Gras- und Schotterwege führt. Zunächst geht es ein paar Kilometer durch den lichten Wald in eine hügelige und sumpfige Gegend mit schönen Aussichten. Man überquert einen schnurgeraden Schotterweg und landet auf einem Weg, an dem sich verschiedene Trinkwasserquellen befinden, markiert mit dem Schildchen „källa". Danach wird der Wald dichter mit einem breiten Pfad, wo man sich einen Weg bahnen muss zwischen Eisenhut, Pelargonie, Frauenmantel und anderen aufschießenden Pflanzen, zumindest dann, wenn es schon etwas her ist, dass die Mäher sich hier haben blicken lassen. Orchideen sind hier zahlreich.
Man überquert die E14 und kommt an einigen Bauernhöfen bei **Lombäcken** vorbei, wo man auch einen Stempel findet. Dieser Weg geht über in einen schönen Pfad durch den Wald und trifft auf einen Schlagbaum. Laufen Sie am Schlagbaum vorbei und weiter über den Grasweg. Man landet bei Jämtkrogen mit dem **Kungsstugan**.

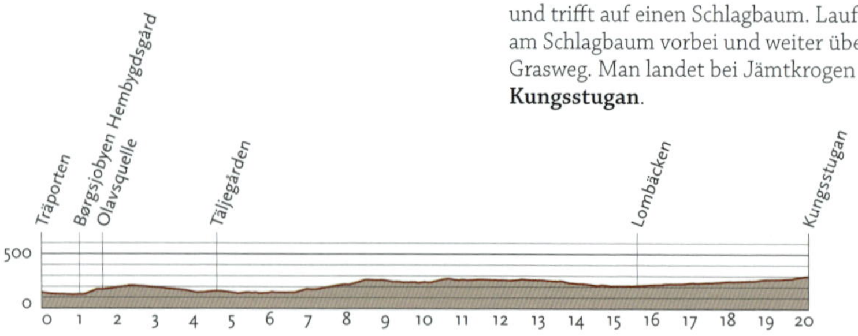

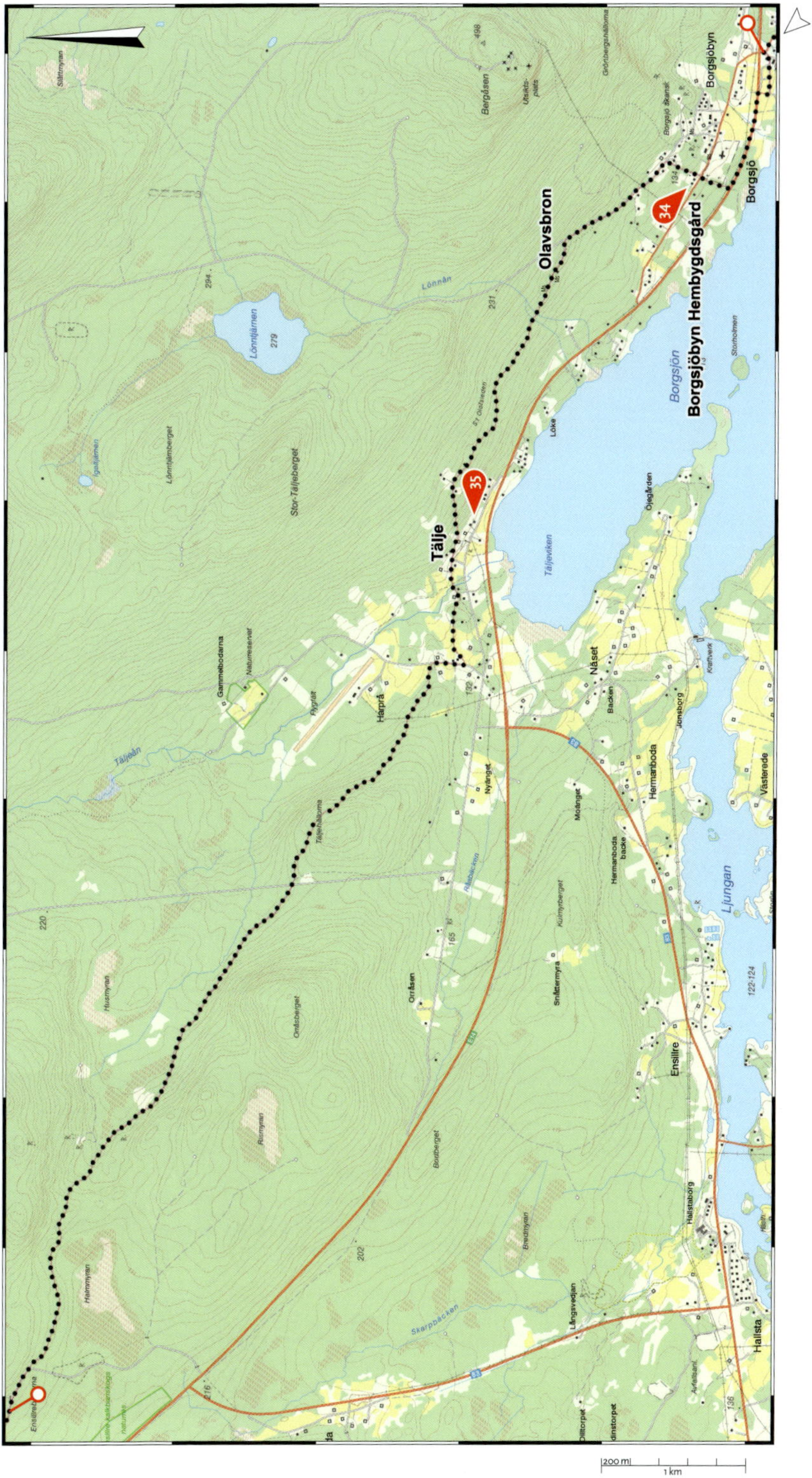
Olavsbron
Tälje
Borgsjöbyn Hembygdsgård
34
35
Borgsjöbyn
Borgsjö
Borgsjön
Tälјeviken
Lönntjärnen
Lönnån
Stor-Täljeberget
Lönntjärnberget
Gammelbodarna
Täljeån
Harprå
Näset
Backen
Jonsborg
Hermanboda
Hermanboda backe
Moänget
Nyänget
Ljungan
Orråsen
Orråsberget
Ensillre
Hallstaborg
Hallsta
Skarpbäcken
Bordberget
Långsvedjan
Västerede
Husmyran
Halmmyran
Bergåsen
200 m
1 km

Karte 13

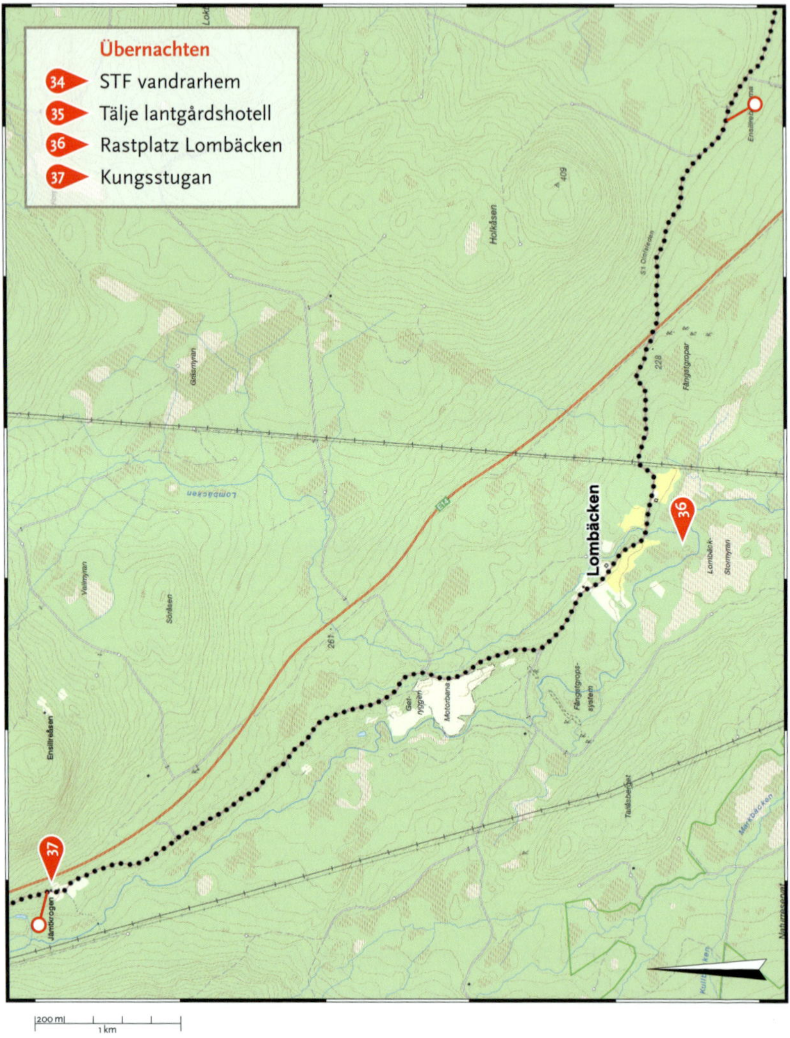

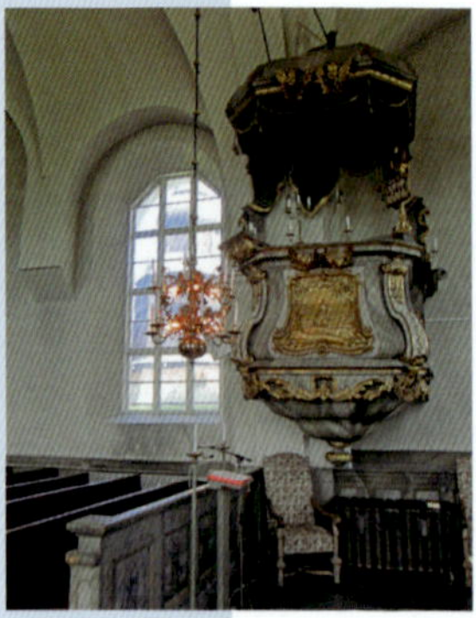

Borgsjö kyrka

Die Kirche von Borgsjö gehört zu den schönsten Rokoko-Kirchen von Schweden. Im Mittelalter stand an diesem Ort schon einmal eine Kirche, die dann aber in den Jahren 1766-1771 durch die heutige ersetzt wurde. Teile der alten Kircheneinrichtung, unter anderem das Taufbecken, sind jedoch erhalten geblieben. Der alleinstehende hölzerne Glockenturm stammt aus dem Jahr 1782. In der Kirche befindet sich eine hölzerne Skulptur Olavs des Heiligen aus dem späten Mittelalter. Auf einer der bemalten Tafeln unter der Kanzel ist der heilige Jacob abgebildet.

Jämtkrogen und forbönder

Im 18. und 19. Jahrhundert war Jämtkrogen eine wichtige Herberge für Reisende und die sogenannten Forbönder. Forbönder waren Bauern, die auf verschiedenen Märkten Handel trieben. Sie reisten vor allem im Winter. Nicht nur, weil sie dann weniger Arbeit auf dem Bauernhof hatten, sondern vor allem auch, weil der Transport über eine Schneedecke und gefrorene Seen viel einfacher war als auf den wenigen und schlechten

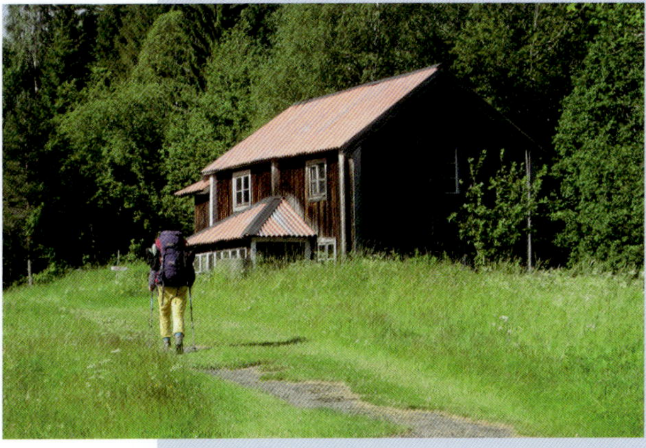

Wegen. Sie reisten in einer Schlitten-Karawane, die von Ochsen oder Pferden gezogen wurden. Die Märkte, auf denen sie mit Fellen, Salz, Flachs, Schmuck und Pferden handelten, waren terminlich aufeinander abgestimmt, so dass man möglichst viele Orte bereisen konnte. Was von den Gebäuden von Jämtkrogen noch übrig war, wurde dem Borgsjö Hembygdsförening vermacht. Dazu gehört die Kungsstugan, das Holzhaus, wo König Karl der XV (1826-1872) einst übernachtet hat. Er regierte damals über Schweden und Norwegen. Auch wenn man sich die Stugan in voller Pracht vorstellt, bleibt es eine einfache Unterkunft für einen König. Ein Teil dieses verfallenen Häuschens wurde nun den Pilgern zur Verfügung gestellt. Eine einfache, aber romantische Unterkunft mit Außentoilette und Wasserbrunnen, aber ohne Elektrizität. Erfreulicherweise kann man die Mahlzeiten im Voraus bestellen.

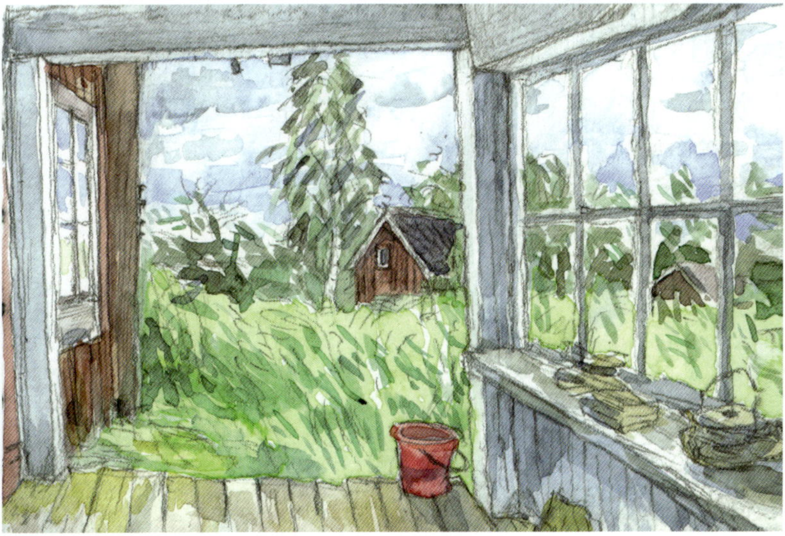

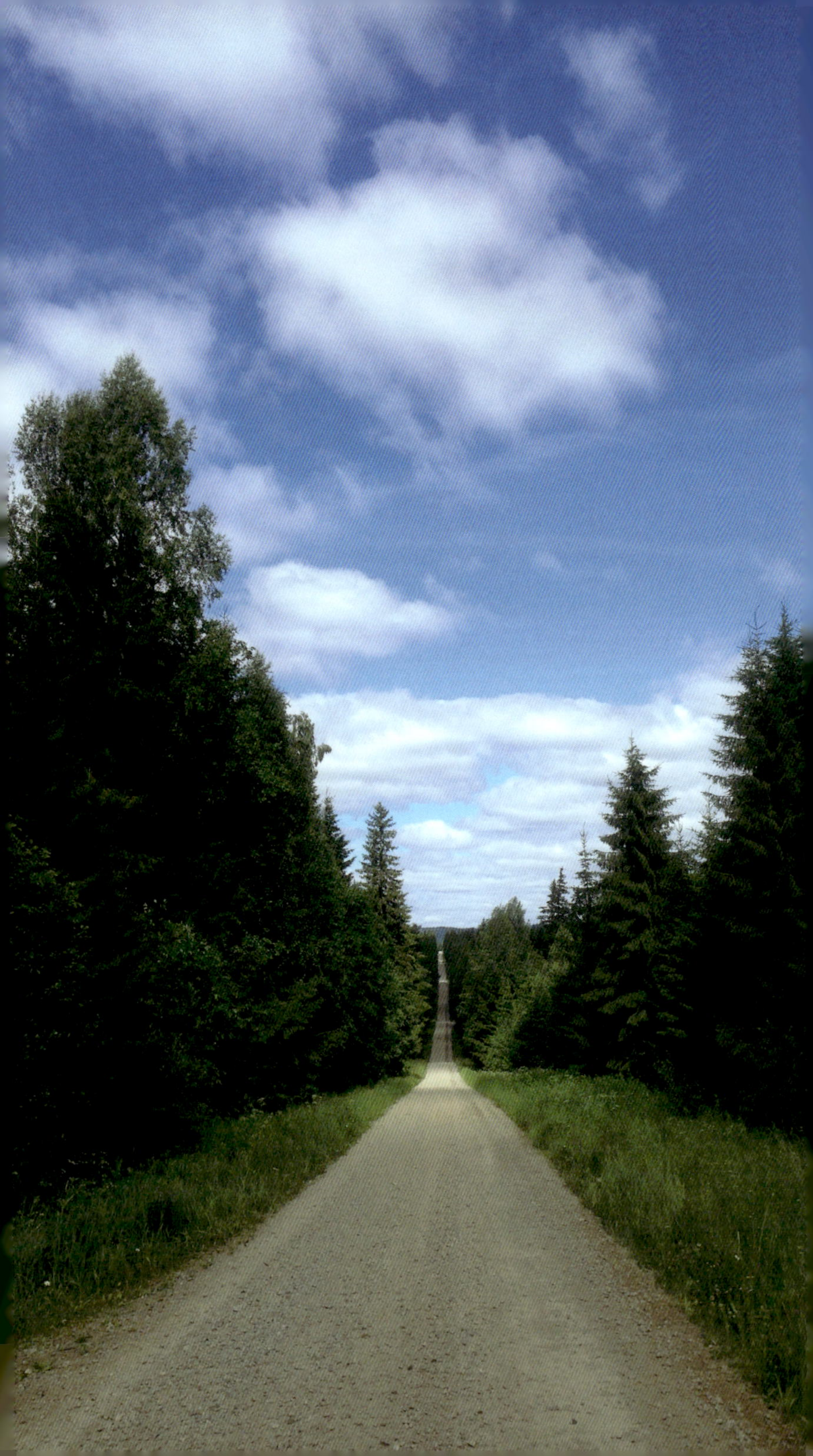

Etappe 7 Kungsstugan – Jamtkrogen (Bräcke)

Entfernung
21 km

Asphalt
30 %

Schönheit
✶✶✶

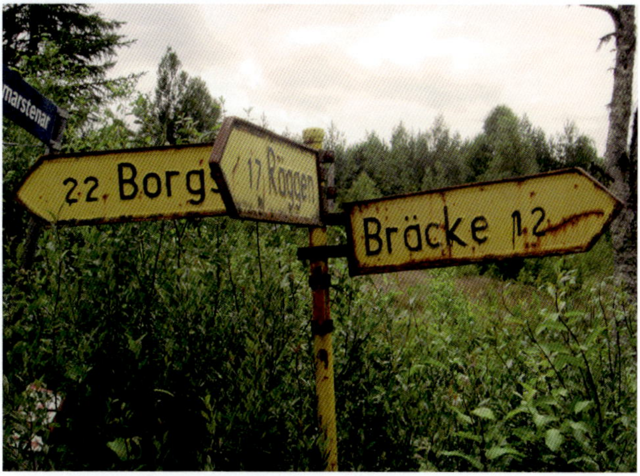

Vom Medelpad nach Jämtland

Diese Etappe beginnt mit der Überquerung der Grenze zu Jämtland. Jämtland gilt als eines der letzten Urgebiete von Europa. Nur 1,4% der Provinz wurden erschlossen. Wälder, Moorgebiete und Seen sind im Überfluss vorhanden. Man verlässt die Provinz Medelpad, die vergleichsweise dicht bevölkert war.

Von Kungsstugan folgt man dem Grasweg, der schön und breit beginnt, aber zu dem Zeitpunkt, wo man sich der E14 nähert, schmal und unordentlich wird und in eine überwucherte Spur übergeht. Der Grenzübergang, **Länsgränsen**, ist markiert mit einem entsprechenden Grenzpfahl.
Nach einem kleinen Stückchen entlang der E14 biegt man wieder rechts ab. Ein Informationsschild mit Stempelkästchen zeigt Ihnen, dass Sie richtig gelaufen sind. Der Pfad, der einen von der Straße fernhält, ist schmal und vermutlich dichtbewachsen mit Eisenhut und anderen Pflanzen.

Man kommt an den Ruinen des Dorfes Slammeräsen vorbei. Nach etwa 3 km gelangt man auf einen Schotterweg, dem man eine Weile folgt. Bei dem See **Harrsjön** steht eine Holzhütte, die sich sowohl zum Campen als auch sehr gut als Rastplatz eignet. Der Weg geht weiter nach Hemsjön und zum schönen alten Dörfchen **Lillkrogen**, wo früher eine Herberge stand.

Man setzt den Weg durch den Wald fort. Dieser trifft auf einen Asphaltweg, den man bis zur **Kirche von Bräcke** weiterläuft. Die Route geht weiter durch das ruhige Östra Kungsvägen und Hantverksgatan und landet auf der E14 beim **Hotel Jämtkrogen**. Die meisten Läden und Gaststätten liegen an der E14 zwischen der Kirche und dem Hotel.

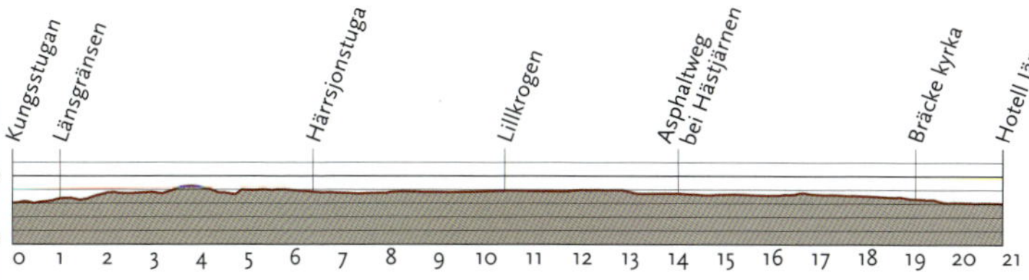

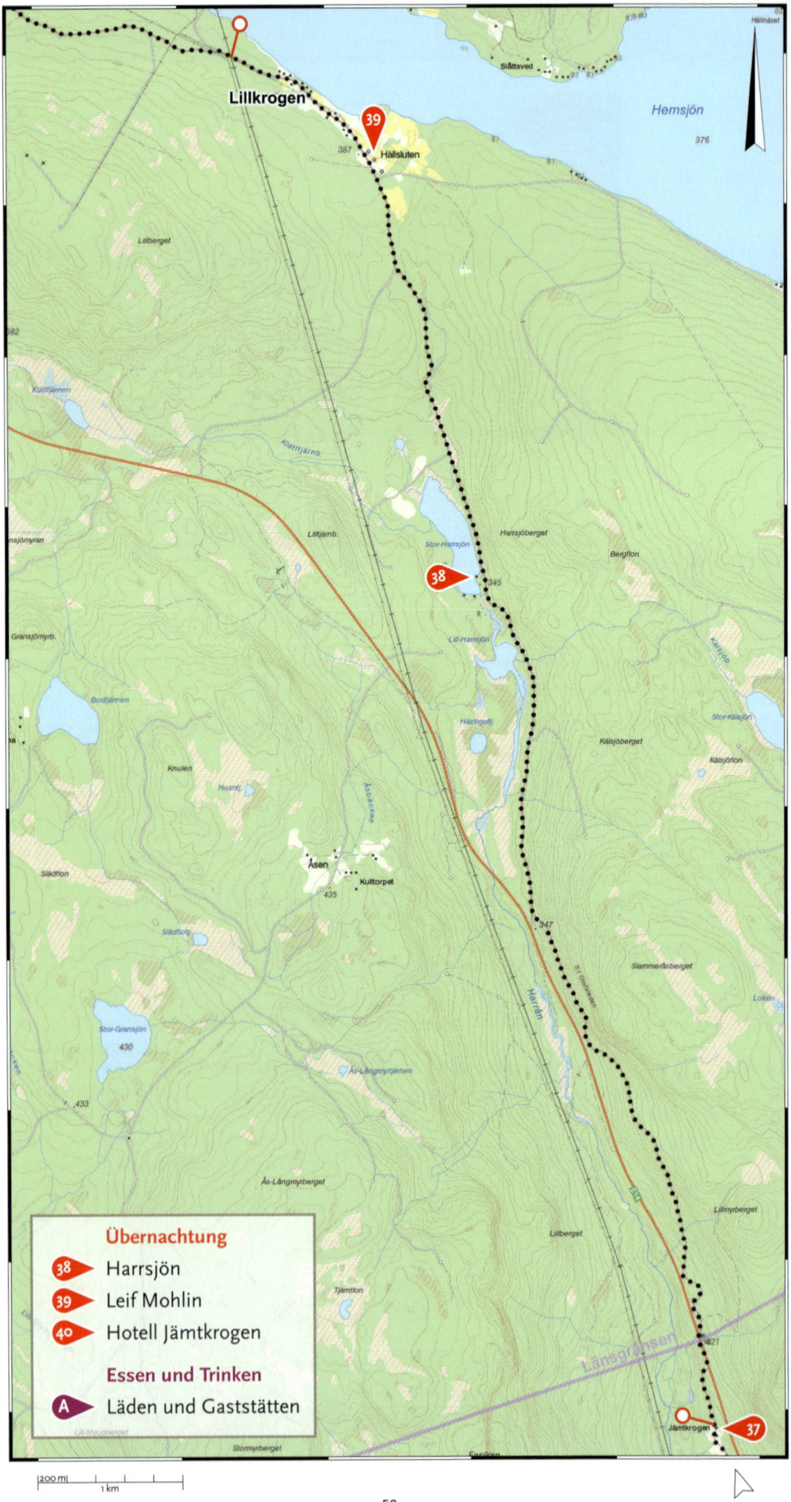

Lillkrogen
Hällsluten
Slåttsved
Hemsjön
376
387
Lillberget
Klätttjärnen
Klätttjärnb.
Lilltjärnb.
Stor-Harrsjön
Harrsjöberget
Bergflon
345
Lill-Harrsjön
Gransjömyrb.
Bodtjärnen
Hästigeflj.
Kälsjöberget
Kälsjöflon
Stor-Kälsjön
Kälsjön
Knulen
Holmtj.
Åsbäcken
Åsen
Kulltorpet
435
Slådflon
Slådflotj.
347
Slammerlåsberget
Harrån
Stor-Gransjön
430
433
Ås-Långmyrtjärnen
Ås-Långmyrberget
Lillberget
Lillmyrberget
Tjärnflon
Länsgränsen
321
Jämtkrogen
Stormyrberget
Übernachtung
38 Harrsjön
39 Leif Mohlin
40 Hotell Jämtkrogen
Essen und Trinken
A Läden und Gaststätten
37
200 m
1 km

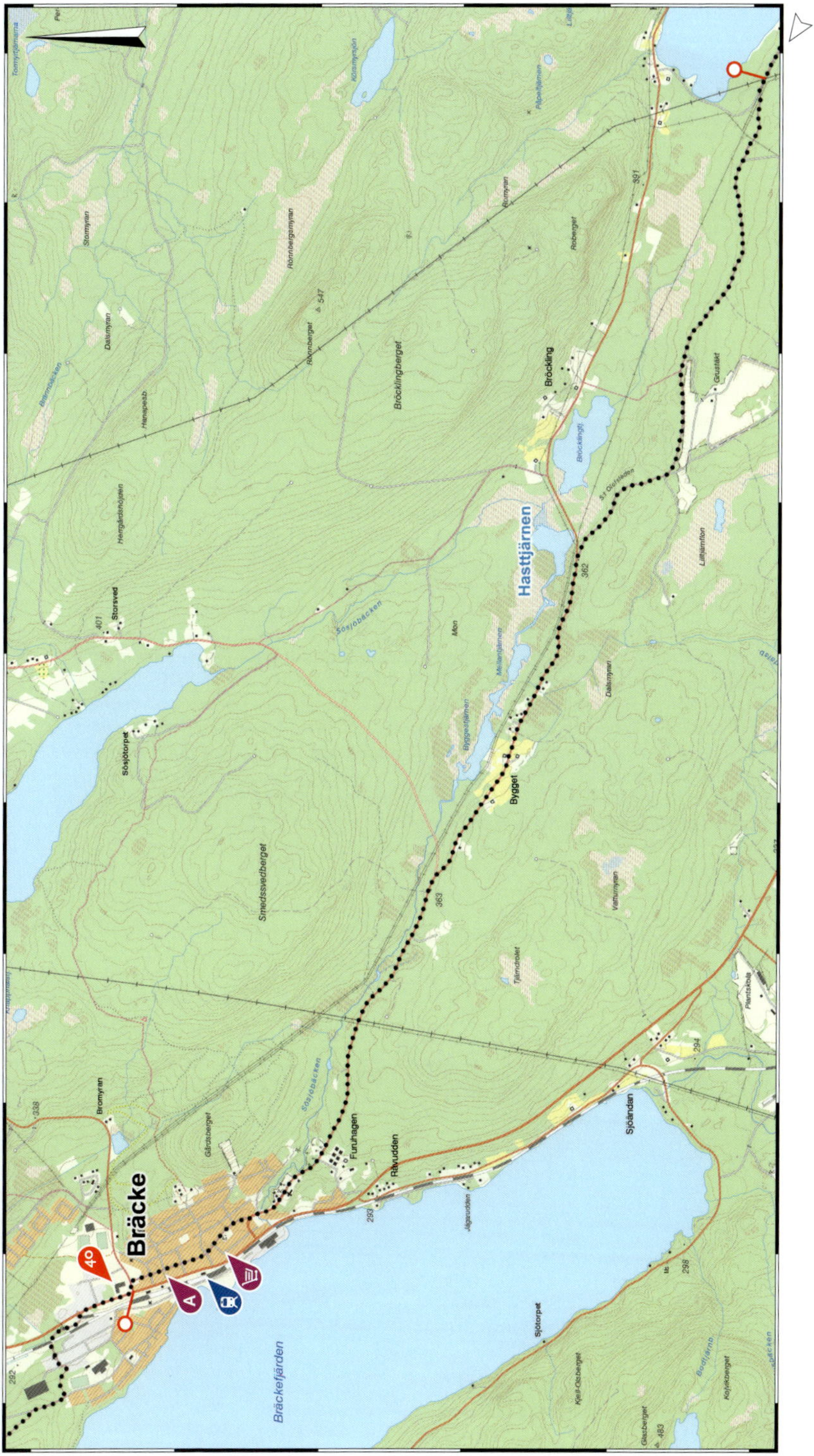
Bräcke
Bräckefjärden
Sjöändan
Ravudden
Furuhagen
Bygget
Hasttjärnen
Bröckling
Bröcklingberget
Smedssvedberget
Sösjötorpet
Storsved
Sjötorpet
40
362
363
293
294
298
292

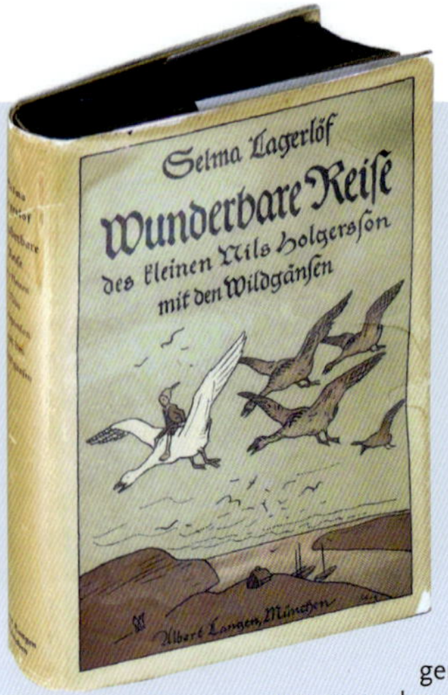

Slammeråsen

Es sind noch einige Grundmauern des Dörfchens Slammeråsen sichtbar. Entstanden war es gegen 1650 und Ende des 19. Jahrhunderts wurde es verlassen. Der Name des Dörfchens soll sich auf das knarrende Geräusch beziehen, das die vollgeladenen Wagen machten, die nur mit Mühe auf der schlechten Wagenspur auf dem Hügel vorwärtskamen. Eine Passage aus Nils Holgersson illustriert die praktische Situation dieser Wege: „Etwas weiter hin sahen sie unter sich einen furchtbar schlechten Weg; er war schmal und uneben, mit Steinen übersät und voll von Löchern und zog sich in Schlangenwindungen durch den Wald hin. An mehreren Stellen war er auch von Bächen durchschnitten; und während der Adler über diesen Waldweg hinflog, hörte er den Jungen sagen, was denn auf so einem Weg befördert werden könnte?

„Auf diesem Weg ist die Ernte in die Scheune geführt worden," sagte Gorgo. Unwillkürlich mußte der Junge daran denken, welch ein Fest es daheim war, wenn die großen, mit zwei starken Pferden bespannten Erntewagen das Getreide vom Acker hereinholten. Der Knecht thronte hoch droben auf dem Wagen, die Pferde warfen sich stolz in die Brust, und die Dorfkinder, die auf den Wagen hatten hinaufklettern dürfen, saßen halb beglückt, halb ängstlich auf den Garben und schrien und lachten durcheinander. Hier aber wurden Stämme geladen und dann steile Abhänge hinauf- und hinabgefahren. Die Pferde mußten wie gerädert sein, und der Kutscher war gewiß oft der Verzweiflung nahe. „Da werden wohl nicht viel lustige Reden unterwegs hin und her fliegen," sagte der Junge." *(Aus: Die wunderbare Reise des kleinen Nils Holgersson / Selma Lagerlöf)*

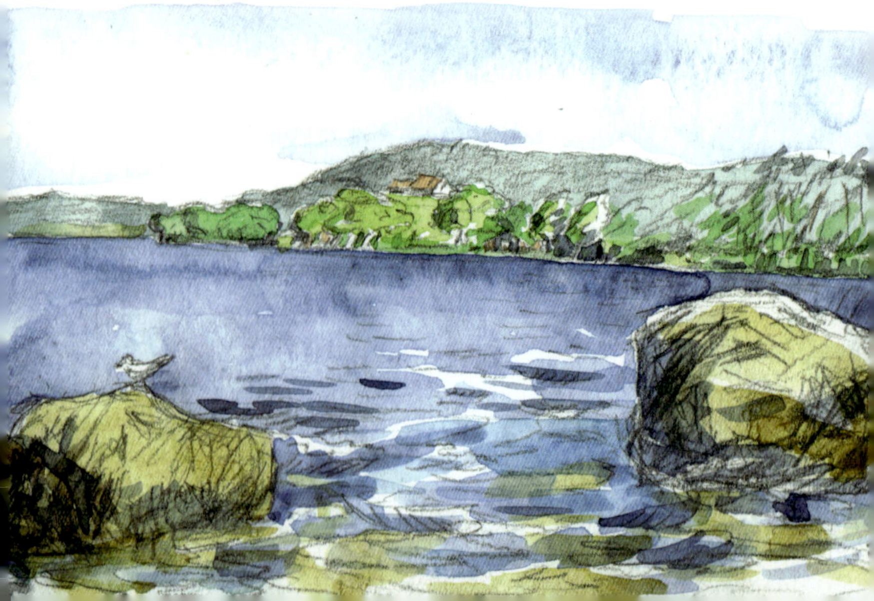

Entfernung
17,5 km

Asphalt
50 %

Schönheit
★★★

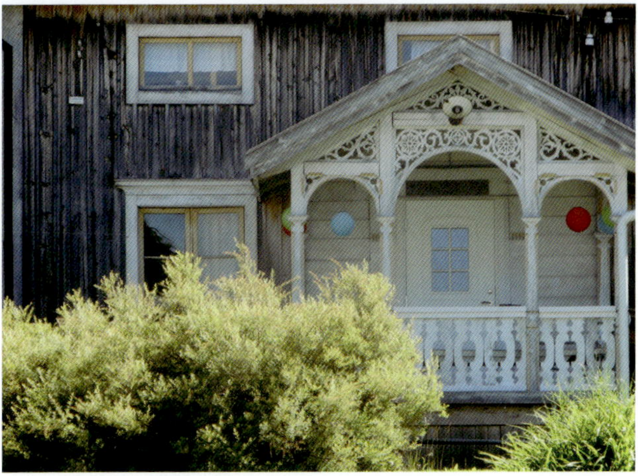

Am Revsundssjön entlang

Diese Etappe beinhaltet schöne ländliche Wege mit Aussichten über den Revsundssjön. Man kommt an mehreren idyllischen Flecken vorbei, wo man sich am Ufer über die weite Landschaft freuen kann. In Grimnäs befinden sich einige sehr alte Holzhäuser.

Vom Hotel Jämtkrogen aus läuft man ein Stück die E14 entlang und überquert dann nach links die Bahngleise. Über Pfade und ein Stück Schotterweg geht es durch eine waldige Umgebung mit wunderbarem Ausblick auf den See und in **Mordviken** landet man wieder auf der E14.

Schon bald läuft man wieder über einen Schotterweg, den man hinunterläuft bis zum Fluss Gimån. Eine fast 100 Meter lange hölzerne **Fußgängerbrücke** bringt einen ans andere Ufer. Die Aussicht auf den See ist fantastisch.

Man setzt den Weg fort über Pfade und ruhige Wege bis zum Dorf **Stavre**, in früheren Zeiten ein wichtiger Knotenpunkt der Holzindustrie. Hübsche Holzhäuser erinnern noch an diesen Wohlstand.

Ab Stavre geht es über Asphalt. Ein schmaler ländlicher Weg mit Blick auf den See und an uralten Holzhäusern entlang. In **Grimnäs** befinden sich einige schöne Exemplare, unter anderem auch ein *Häbre*, ein Speicher aus dem 17. Jahrhundert.

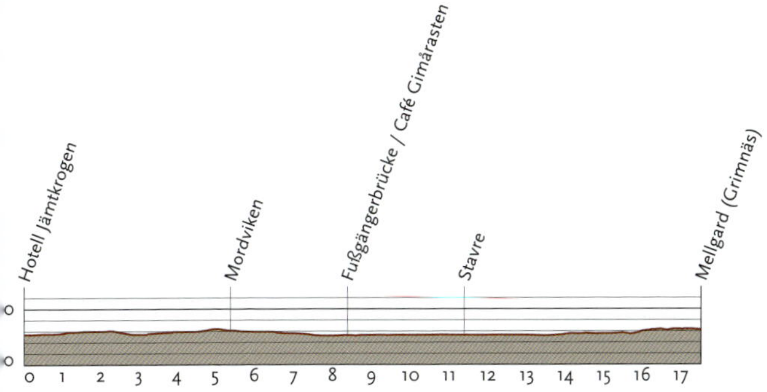

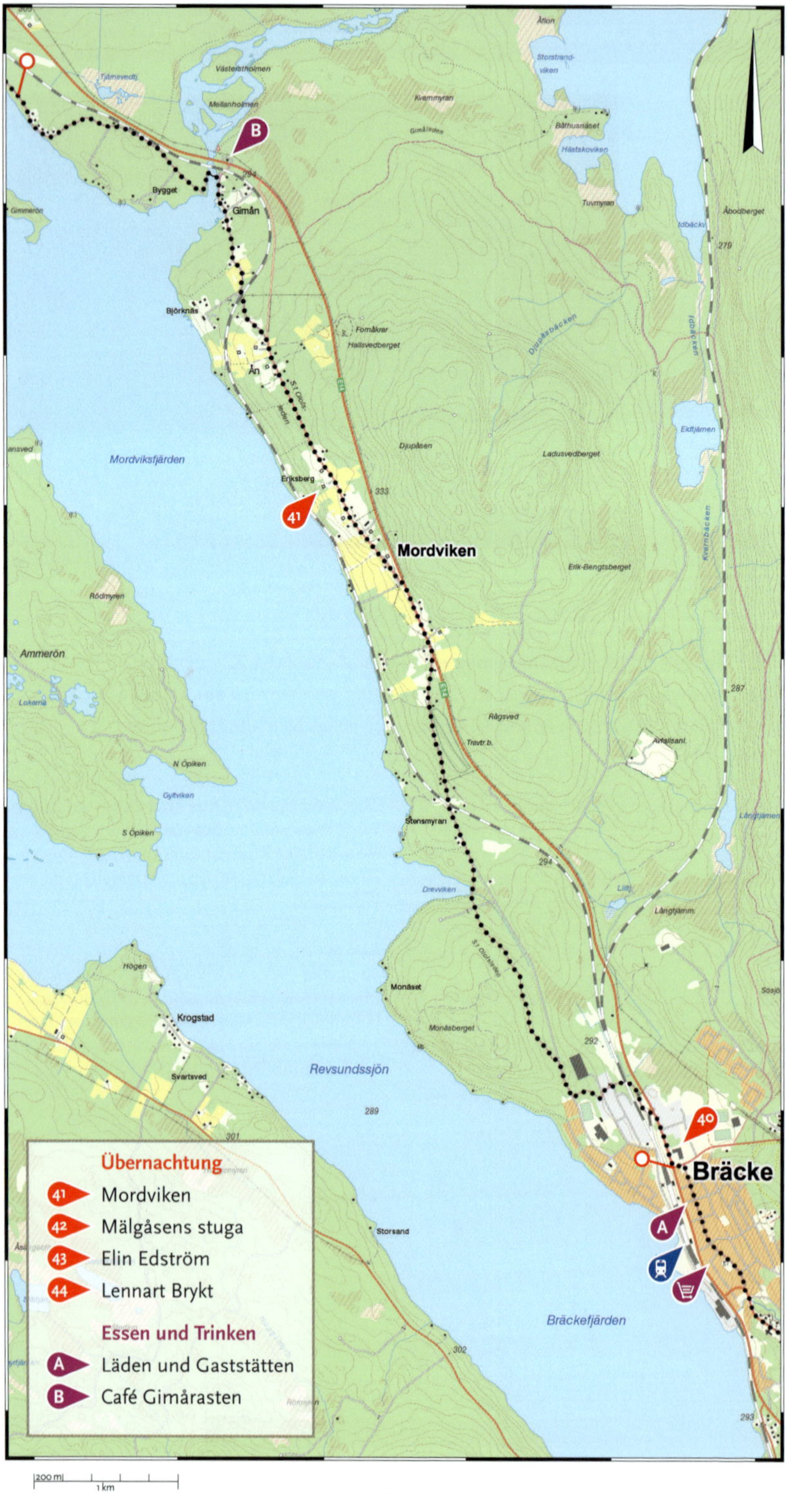
Übernachtung
41 Mordviken
42 Mälgåsens stuga
43 Elin Edström
44 Lennart Brykt
Essen und Trinken
A Läden und Gaststätten
B Café Gimårasten
Mordviken
Bräcke
Mordviksfjärden
Revsundssjön
Bräckefjärden
Ammerön
Gimån
Bygget
Björknäs
Ån
Eriksberg
Stensmyran
Monäset
Krogstad
Svartsved
Storsand
200 m
1 km

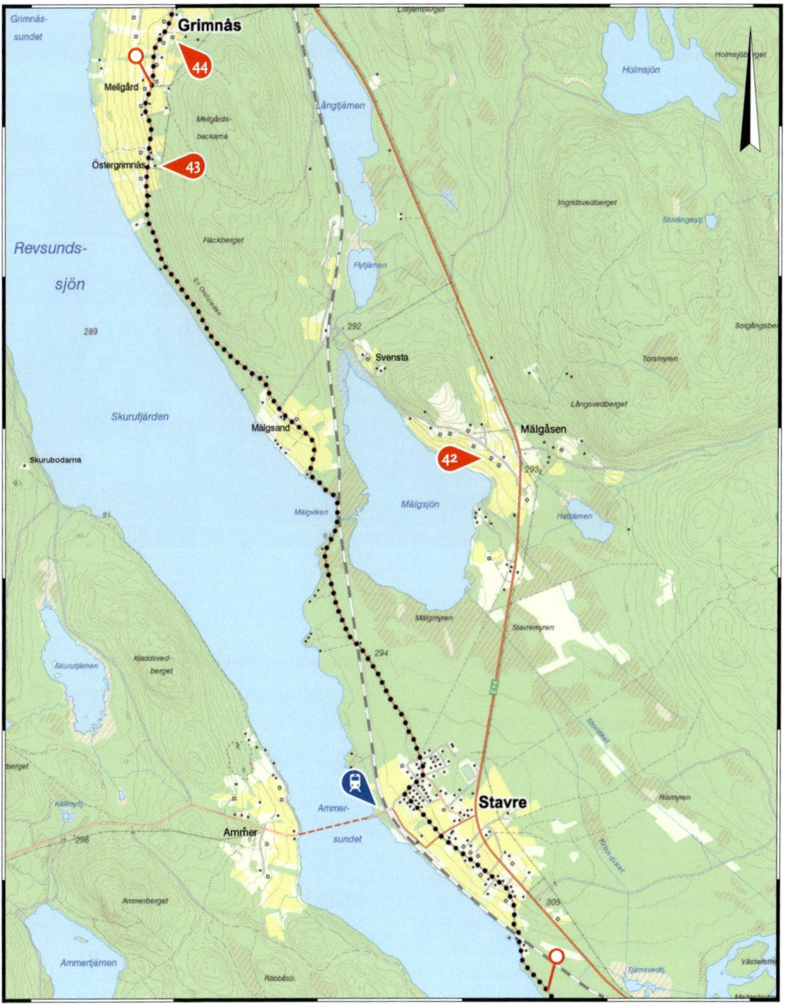

Häbre

Ein Häbre ist ein traditioneller Speicher auf einem Bauernhof. Der Speicher steht auf speziell geformten Füßen, um Ungeziefer abzuhalten. Aus demselben Grund war der Abstand der letzten Treppenstufe zur Tür groß. Die Ventilation unter dem Boden hielt die Waren trocken. Man lagerte dort Dinge wie Getreide, Mehl und gepökeltes Fleisch. Der Häbre war eines der wenigen Gebäude auf dem Bauernhof (mit vielen Knechten und Mägden), das man abschließen konnte. Die Frau des Hauses hob den Schlüssel auf. In Norwegen befinden sich ebenfalls solche Speicher. Dort werden sie Stabbur genannt und etliche sind zu Hütten für die durchziehenden Pilger umgebaut worden.

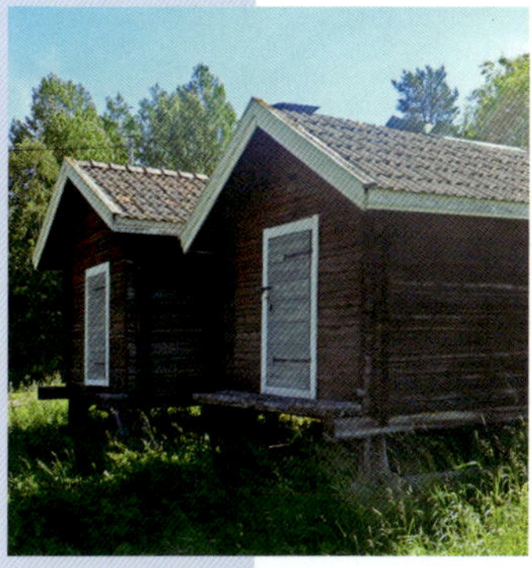

Entfernung
13 km

Asphalt
40 %

Schönheit
***

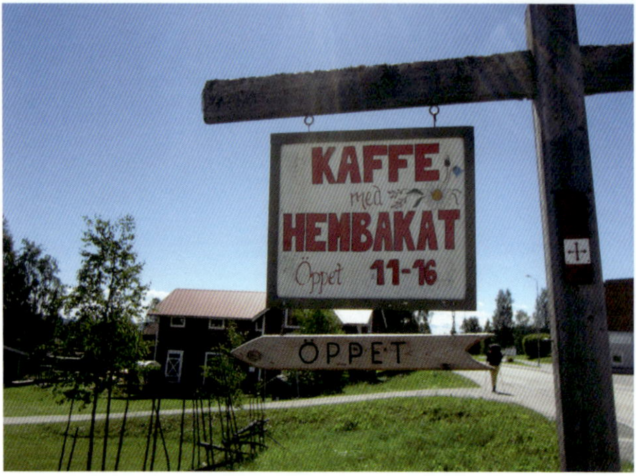

Ein Nostalgiemuseum und eine alte Pfarrei

Wiederum eine angenehme Strecke am Revsundssjön entlang mit einer netten Unterbrechung durch das Dörfchen Gällö, wo es ein kleines Museum zum Thema „Vergangene Zeiten" gibt. Das dortige Sommercafé serviert herrlichen Fika. Die Etappe endet beim B&B in der ehemaligen Pfarrei von Revsund, würdevoll am See gelegen mit gratis Kaffee für vorbeikommende Pilger.

Die Route führt über den Asphaltweg am See entlang. In der Bucht des Sees, in der Nähe der Gleise, steht ein schöner Unterstand mit einem Picknickplatz. An der anderen Seite der Gleise überquert man die E14. Nach rechts biegen an Grimnäs vorbei. Ein Fußweg führt zu einer Schotterweg. Ein paar hundert Meter nach links, wieder ein schmaler Pfad. Folgen bis man an einer Wasseraufbereitungsanlage vorbei gehst und wenig später auf der E14 stehst.

Man kommt an einer Tankstelle mit Shop vorbei und danach zum schön gelegenen Camping **Camp Viking**. Anschließend über die Brücke nach Gällö. Man durchquert das Dorf, am **Hembygdsgård** vorbei, und trifft auf einen durchgehenden Asphaltweg. Auf diesem läuft man etwa 2 km bis **Viken**, wonach man auf einen hübschen Schotterweg am See entlang abbiegt. Der Weg schlängelt sich sozusagen um den Asphaltweg herum. Schließlich steht man vor **Revsunds Prästgård**.

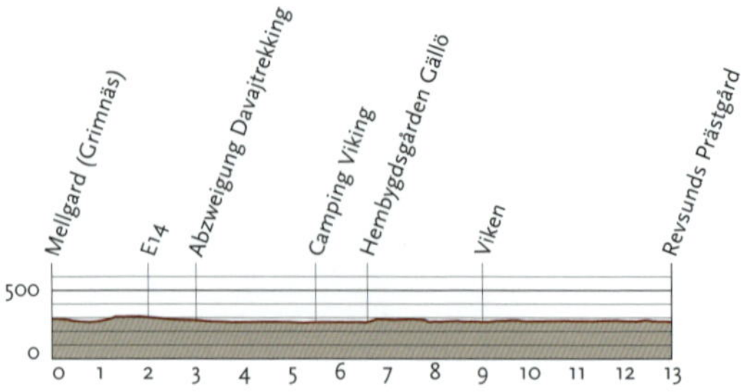

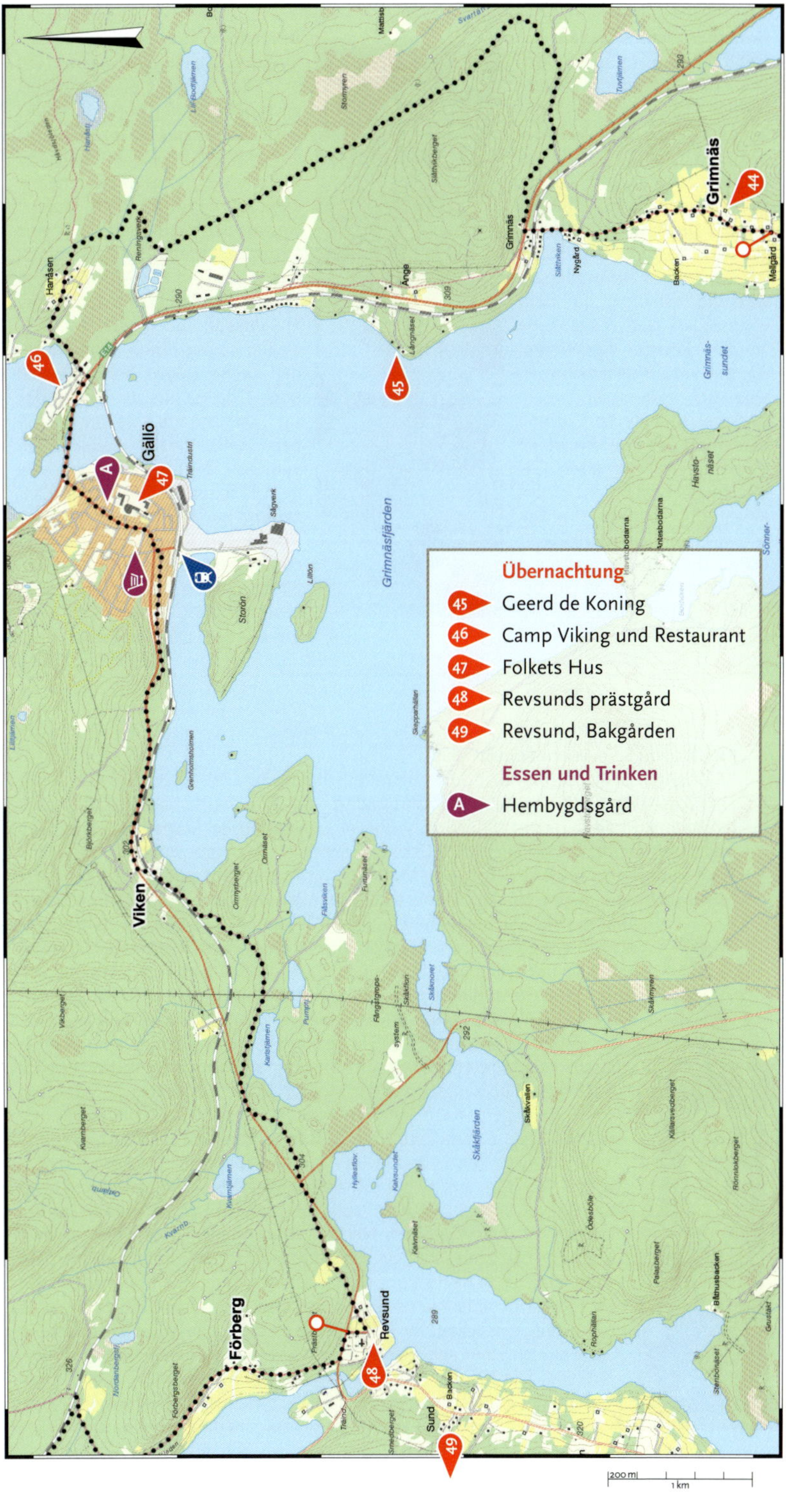
Übernachtung
45 Geerd de Koning
46 Camp Viking und Restaurant
47 Folkets Hus
48 Revsunds prästgård
49 Revsund, Bakgården
Essen und Trinken
A Hembygdsgård
Grimnäs
Gällö
Viken
Förberg
Revsund
Grimnäsfjärden
200 m
1 km

Revsunds Hembygdsgård

Gällö ist ein ruhiges Dörfchen, das sich langsam entvölkert, ein Los, das viele Dörfer auf dem Lande trifft, und zwar nicht nur in Schweden. Früher gab es dort viel mehr Läden, Dienstleister und Einrichtungen. Die Erinnerungen an „Großmutters Zeit" werden im Revsunds Hembygdsgård lebendig erhalten. In dem ehemaligen Gerichtsgebäude wurden Räume eingerichtet wie ein altes Klassenzimmer, eine Schneiderei und eine Bäckerei. In anderen Räumen befinden sich verschiedene Sammlungen von alten Gebrauchsgegenständen. Im Keller gibt es noch die Zelle, wo Gefangene inhaftiert waren. Es gibt ebenfalls ein Sommercafé und man bekommt einen Stempel für seinen Pilgerpass.

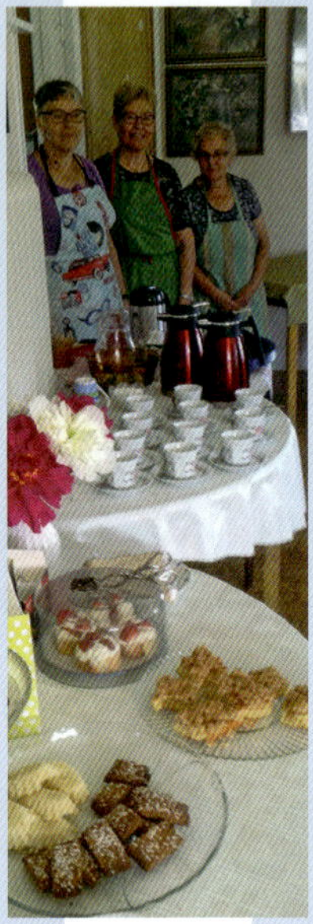

Revsund

Revsund ist ein historischer Ort am See. In früheren Zeiten begann hier der Weg durch Jämtland nach Norwegen über die Berge von Härjedalen. Pilger, Hausierer und andere Reisende sammelten sich bei Revsund. Nicht zuletzt wegen der Sicherheit, die eine Gruppe während der Reise durch das raue Land mit Wegelagerern und Raubtieren bietet. Auch Olav Haraldsson und Birgitta von Schweden zogen durch Revsund. In der Kirche (1870) befinden sich noch Objekte aus der Kirche des 12. Jahrhunderts, die an derselben Stelle stand: Abbildungen von Olav, der Jungfrau Maria und dem Erzengel Michael, eine Kanzel und ein Altarbild. In der alten Pfarrei von Revsund wurde nun ein B&B eingerichtet. Das niederländische Paar, das dieses B&B bewirtschaftet, kennt sich sehr gut mit dem Olavsweg aus.

Birgitta von Schweden: Superpilgerin

Birgitta von Schweden ist nicht umsonst die Schutzheilige der Pilger. Sie war selbst eine Superpilgerin. Sie reiste im 14. Jahrhundert nach Trondheim, Santiago, Rom und Jerusalem! Birgitta (1303-1373) hatte schon in jungen Jahren Marienerscheinungen und Visionen über einen leidenden Christus. Schon als Teenager wollte sie ihr Leben Gott weihen, aber nach dem Tod ihrer Mutter drang ihr Vater auf eine Hochzeit mit Ulf. Es wurde trotzdem eine glückliche Ehe, aus der acht Kinder hervorgingen (unter ihnen Catharina, die später ebenfalls heilig werden sollte). Die Eheleute führten ein gottesfürchtiges Leben und pilgerten 1340 nach Trondheim. Danach wanderten sie nach Santiago de Compostela. Als Ulf kurz danach starb, begann Birgitta ein streng religiöses Leben zu führen. Sie stiftete in Schweden den Orden des Allerheiligsten Erlösers, heute meist Birgittenorden genannt. Der Orden ist kontemplativ. Die Besinnung auf das Leiden Jesu und die daraus folgende Hoffnung auf Erlösung stehen im Zentrum. Birgitta war davon überzeugt, dass der Mensch in der Nachfolge Christi leben solle. Sie pilgerte nach Rom, um eine päpstliche Anerkennung für ihre Klosterregeln zu erhalten. Unterdessen schrieb sie ihre Visionen – Aufträge von Gott, Maria und Jesus – auf und besprach diese mit Kirchenleitern. Von Rom aus machte sie eine Pilgerreise nach Jerusalem, kehrte aber wieder zurück, um den Papst (der sich damals in Avignon im Exil befand) zu überreden, den Heiligen Stuhl wieder in den Kirchenstaat nach Rom zu verlegen. Das Ende dieses Prozesses hat sie nicht mehr miterlebt. Sie starb in Rom und wurde von ihrer Tochter Catharina in ihr Kloster in Vadstena im Süden von Schweden überführt. 1391 wurde sie heiliggesprochen. Ihr Namenstag ist der 23. Juli. Der Klosterorden ist ziemlich klein geblieben, besteht aber immer noch, auch in Deutschland. Die Nonnen erkennt man an einem weißen Kreuz mit roten Punkten auf dem oberen Teil ihres Schleiers. Die Punkte symbolisieren die Wunden Jesu am Kreuz, die so genannten Stigmata.

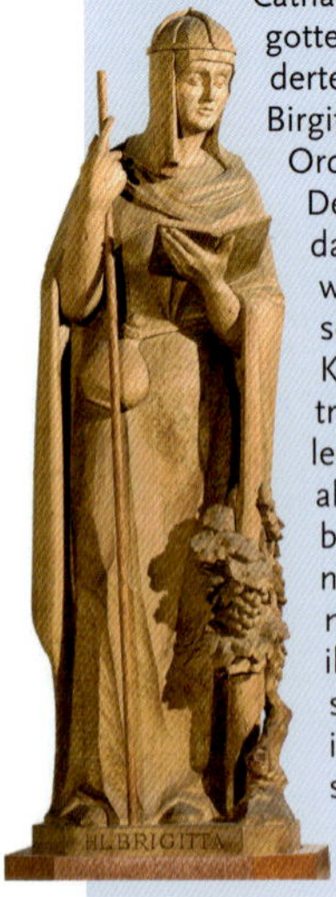

Entfernung
12 km

Asphalt
10 %

Schönheit
★★★½

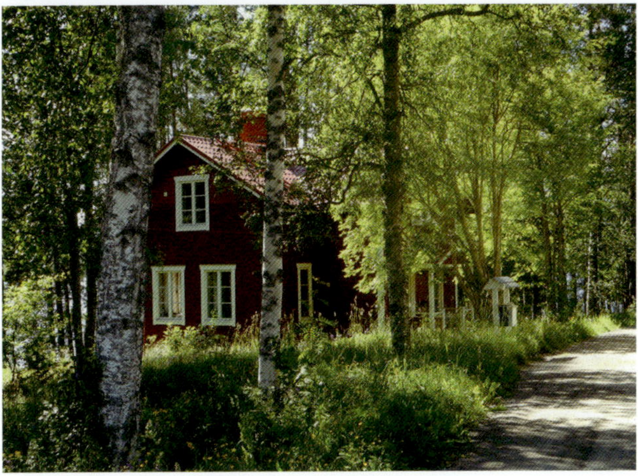

Am See entlang zur Olavsquelle

Eine kurze Etappe, aber besonders schnell ist man nicht am Ziel. Der Pfad entlang des Sees ist herrlich, aber langsam. Liegt es nicht am unebenen Untergrund, dann daran, dass man oft innehält bei den wunderbaren Aussichten, Flecken mit Rentiermoos und mannshohen Ameisenhaufen. Der Endpunkt Pilgrimstad war früher ein wichtiger Halteplatz auf der Route nach Nidaros. Die Olavsquelle dort war und ist ein Must-see und Must-drink.

Von Revsund aus läuft man an der Kirche vorbei, überquert den Asphaltweg und folgt einem Schotterweg entlang des alten Bauernhofes **Förberg**. Nach ein paar Kilometern verlässt man den Weg und landet auf dem Pfad, der am See längs führt. Ein wunderschöner schmaler Pfad durch den Wald, direkt am Wasser. Unterwegs trifft man auf etliche Schutzhütten. Etwas weiter oben ist eine große Höhle, in der im 15. Jahrhundert ein Mann untergeschlüpft war, der in Förberg des Mordes verdächtigt wurde.

Wenn man die spitze Bucht des Sees umrundet hat, verlässt man den Wald und kommt auf einen bequemen Schotterweg. An **Mickelstorpet** entlang und zur wunderbaren Halbinsel **Anviken**, eine skandinavische Idylle mit Bauernhöfen, Äckern, ländlicher Schönheit und weiten Aussichten auf das Wasser.

Der Schotterweg führt an malerischen Häusern vorbei und durch schöne Waldstücke bis Pilgrimstad. Danach passiert man ein Gewerbegebiet, überquert die Durchgangsstraße und wird durch das Dorf zur Olavsquelle geleitet. Wieder zurück auf der Durchgangsstraße sieht man bald die Jugendherberge **Pilgrimstad Vandrarhem** liegen.

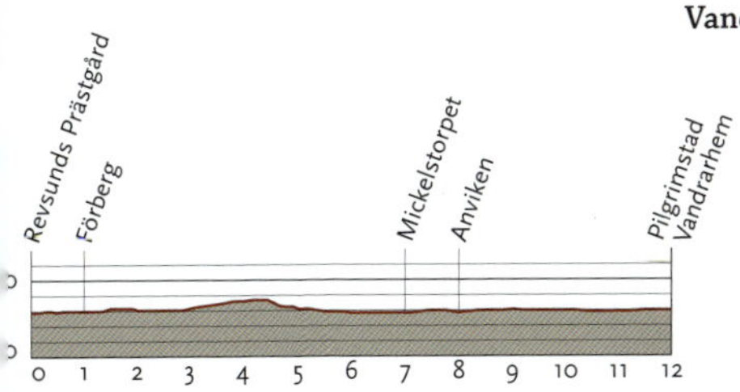

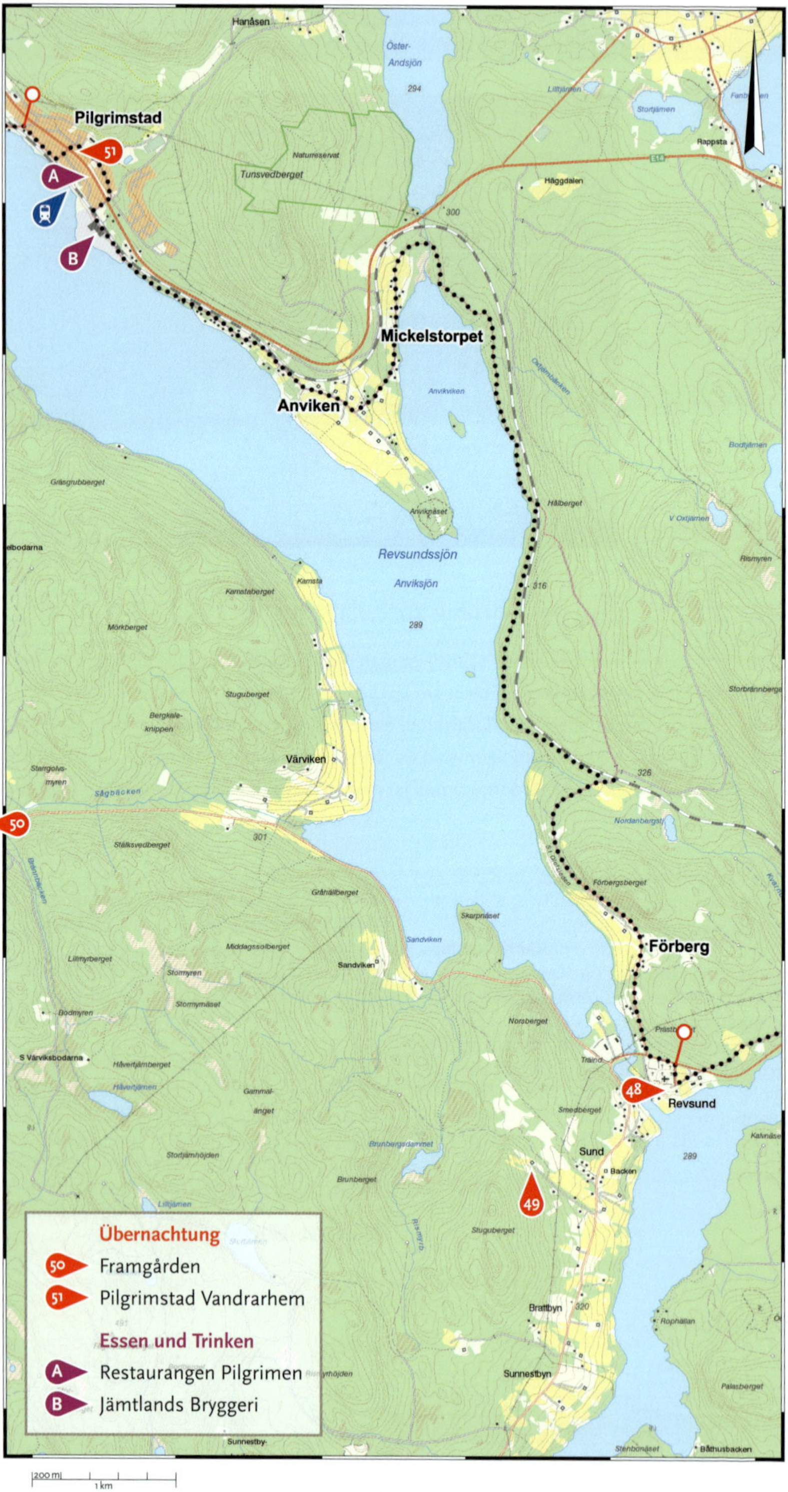
Pilgrimstad
Mickelstorpet
Anviken
Förberg
Revsund
Revsundssjön
Anviksjön
Värviken
Sandviken
Sund
Backen
Brattbyn
Sunnestbyn
Hanåsen
Öster-
Andsjön
Tunsvedberget
Naturreservat
Häggdalen
Rappsta
Hålberget
Kamsta
Kamstaberget
Mörkberget
Stuguberget
Bergkalle-
knippen
Gräsgrubberget
Sågbäcken
Stålksvedberget
Gråhällberget
Middagssolberget
Lillmyrberget
Stormyren
Stormynäset
Bodmyren
S Värviksbodarna
Håvertjärnberget
Håvertjärnen
Gammal-
änget
Stortjärnhöjden
Brunberget
Brunbergsdammet
Skarpnäset
Norsberget
Smedberget
Förbergsberget
Nordanbergstj.
Anvikviken
Anviknäset
Bodtjärnen
V Oxtjärnen
Rismyren
Storbrännberget
Stugberget
Rophällan
Palasberget
Kalvnäset
Stenbonäset
Båthusbacken
Sunnestby-
Lilltjärnen
Stortjärnen
Översjäbäcken
E14
289
294
300
301
316
320
326
Übernachtung
50 Framgården
51 Pilgrimstad Vandrarhem
Essen und Trinken
A Restaurangen Pilgrimen
B Jämtlands Bryggeri
48
49
200 m
1 km

Die Olavsquelle von Pilgrimstad

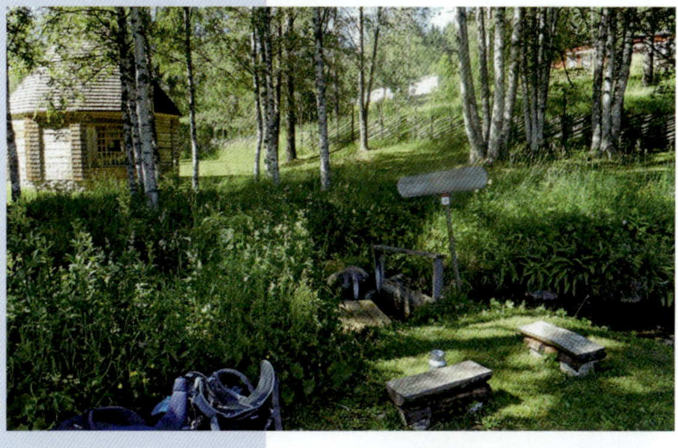

Pilgrimstad hat ihren Namen den vielen Pilgern zu verdanken, die diesen Ort auf dem Weg nach Trondheim besuchten. Nicht nur, weil es an einem Knotenpunkt von Routen liegt, sondern vor allem wegen der Olavsquelle. Es werden viele Geschichten von Pilgern erzählt, die nach dem Genuss dieses Wassers ihre Krücken und Stützen an den Nagel hängen und geheilt ihre Tour fortsetzen konnten. Die Quelle liegt in einem schönen kleinen Park. Neben der Quelle wurde eine hölzerne Meditationshütte gebaut, ein idealer Platz für eine Ruhepause. Hier findet man auch einen Stempel.

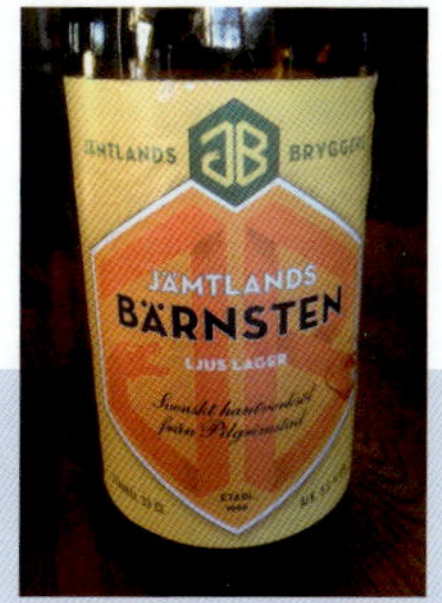

Jämtlands Bryggeri

Die Mikrobrauerei Jämtlands Bryggeri in Pilgrimstad gibt es seit 1996 und sie hat einen ausgezeichneten Ruf. Die Brauerei hat viele Auszeichnungen für diverse Biere erhalten. Sollten Sie ein Biertrinker sein, werden Sie unterwegs wahrscheinlich schon eines probiert haben. Vielleicht war es das Bärnsten, das „Helle für Pilger". Die Brauerei ist auch für die Saisonbiere zu Ostern (Påsköl) und Weihnachten (Julöl) bekannt. Jämtlands Bryggeri hat für Besucher geöffnet. www.jamtlandsbryggeri.se

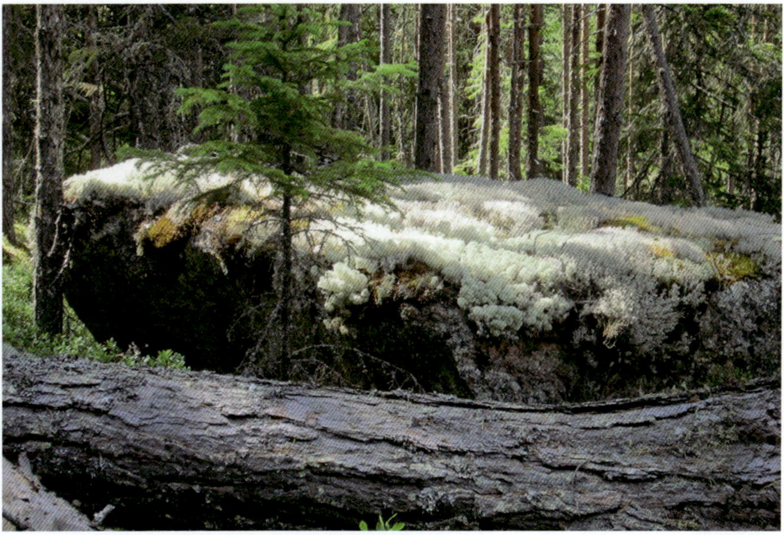

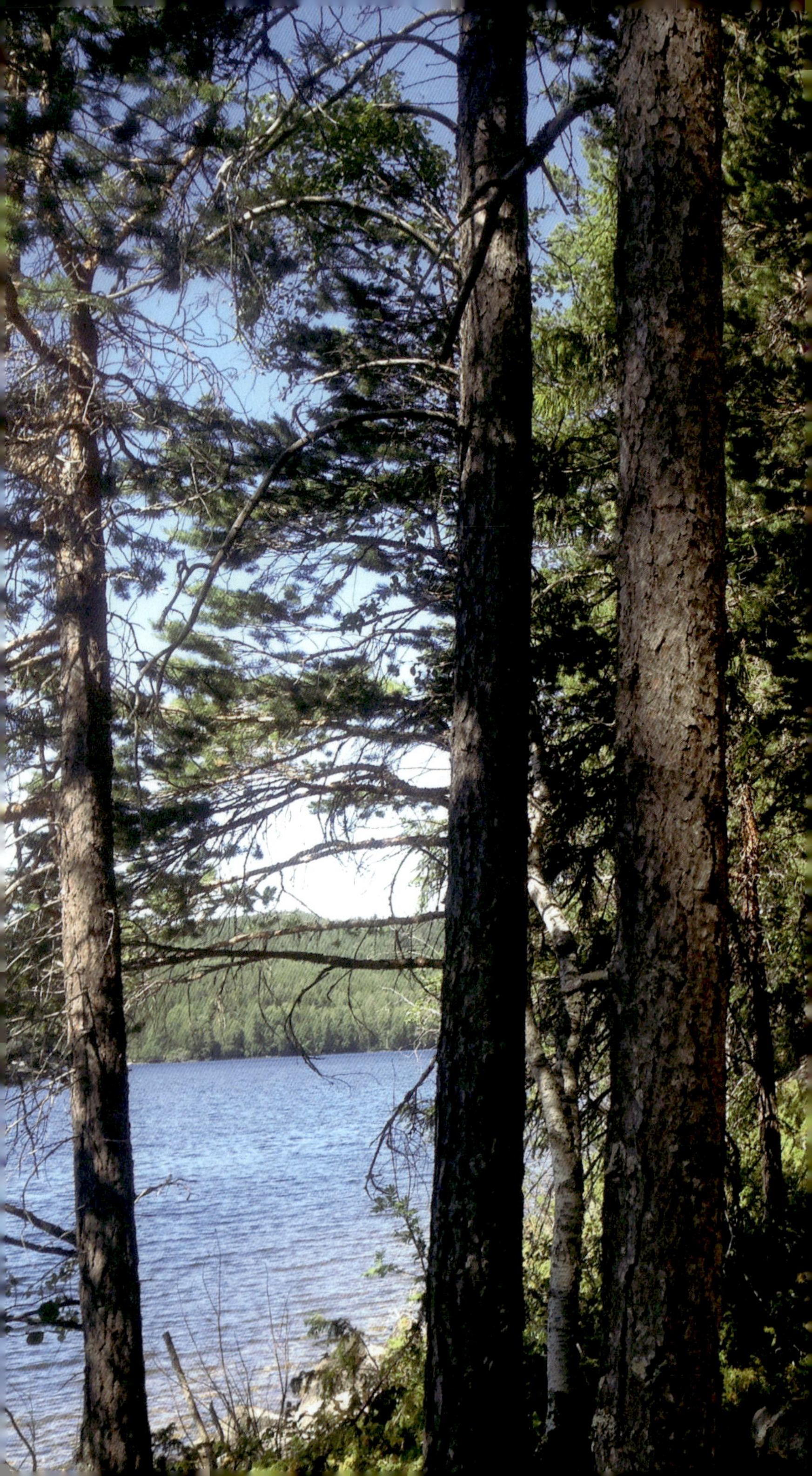

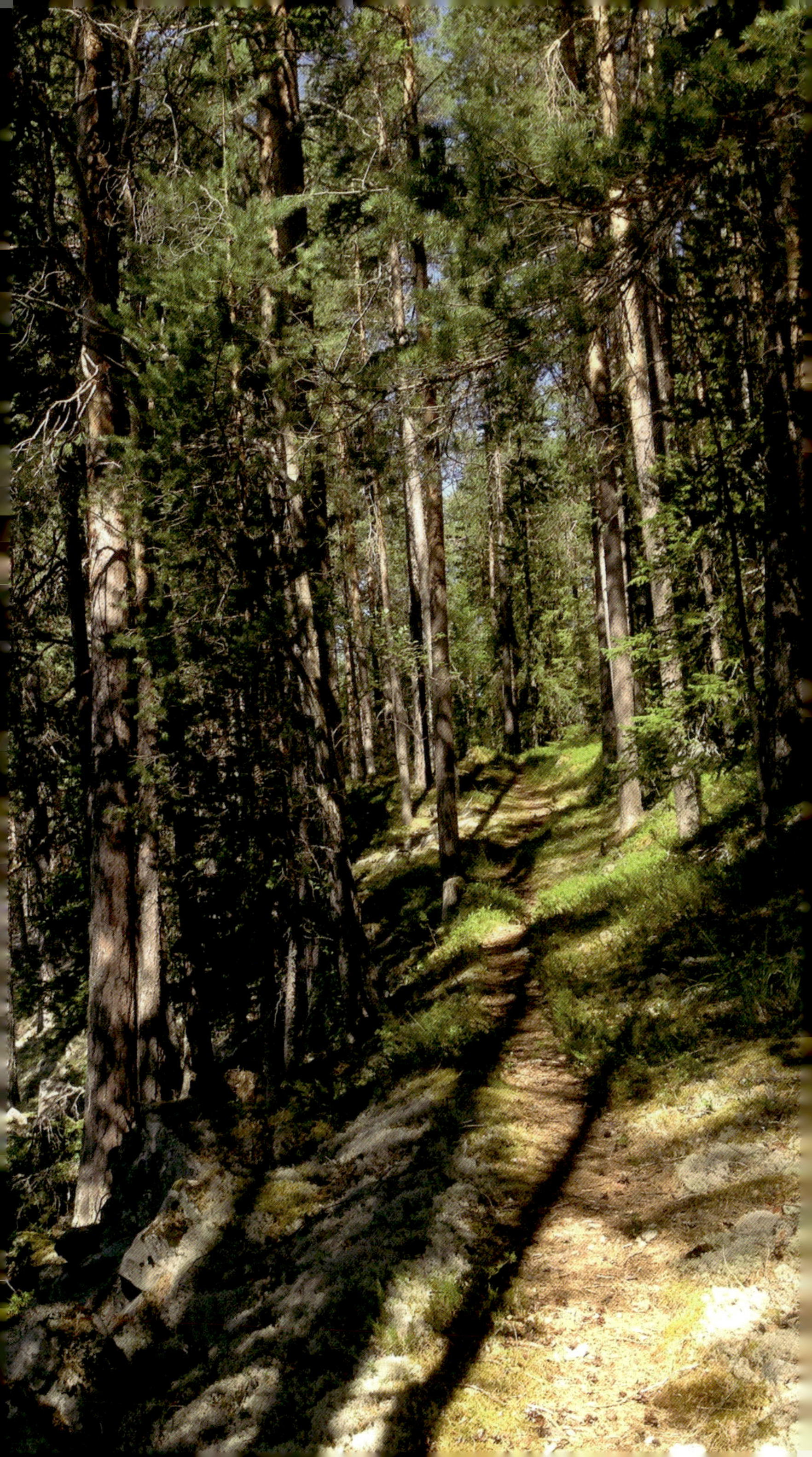

Entfernung
24,5 km

Asphalt
15 %

Schönheit
★★★

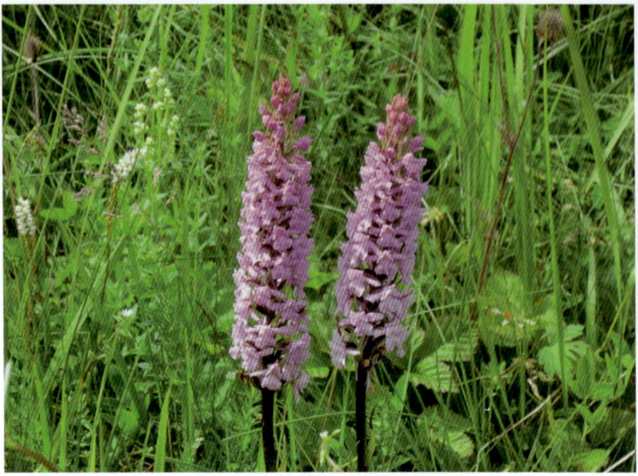

Orchideen in Hülle und Fülle

Nach den kürzeren Strecken der vergangenen Tage ist es nun wieder Zeit für eine ordentliche Entfernung. 80% der Route verlaufen über einfache Schotterwege durch Wälder und an Seen und Äckern vorbei. Achten Sie unterwegs auf die verschiedenen Orchideen, vor allem auf das seltene Schwarze Kohlröschen.

Wenn man Pilgrimstad verlässt, erreicht man bald einen Schotterweg entlang der Gleise. Bei dem Örtchen Svedje steht ein Königsdenkmal mit dem bemerkenswerten Text, dass Karl XIV Johan am 26. August 1835 hier gefrühstückt hat. Karl der XIV (1763-1844) war der erste König des Geschlechts Bernadotte, der königlichen Familie, die heute noch auf dem Thron sitzt.

Die Route kreuzt die E14 und einen Kilometer später erneut bei **Knöva**. Der angenehme Pfad führt an einem See entlang und macht nach einigen Kilometern eine scharfe Kurve, um bei **Linehäll** nochmals die E14 zu kreuzen. Der Schotterweg ist hier etwas breiter. Am Straßenrand blühen im Juni und Juli unzählige Orchideen.

Man setzt den Weg fort und kommt durch **Slätte**, wo ein Stempelkasten an einer Scheune hängt. Bei einer einladenden kleinen Bank befindet sich ein alter Meilenstein aus Schiefer. Ende des 19. Jahrhunderts betrug die Länge der direktesten Route von Slätte nach Trondheim 398 km.

Der Weg geht weiter nach **Bodal**, wo der Schotter in Asphalt übergeht. Man hat schöne, weite Aussichten in die Umgebung und weiter oben einen Ausblick auf den Storsjön. Man guckt sozusagen über Brunflo hinweg. Die Kirche sieht man noch nicht. Die absteigende Route dorthin, durch die Randgebiete des Dorfes, ist malerisch. Ab der **Kirche von Brunflo**, wo auch ein Stempel erhältlich ist, geht der Abstieg weiter auf einem Weg entlang einer hübsch gelegenen Olavsquelle, die über eine flache Treppe zu erreichen ist.

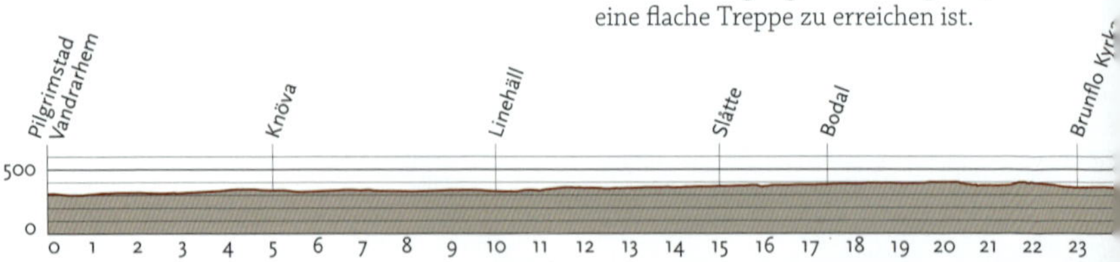

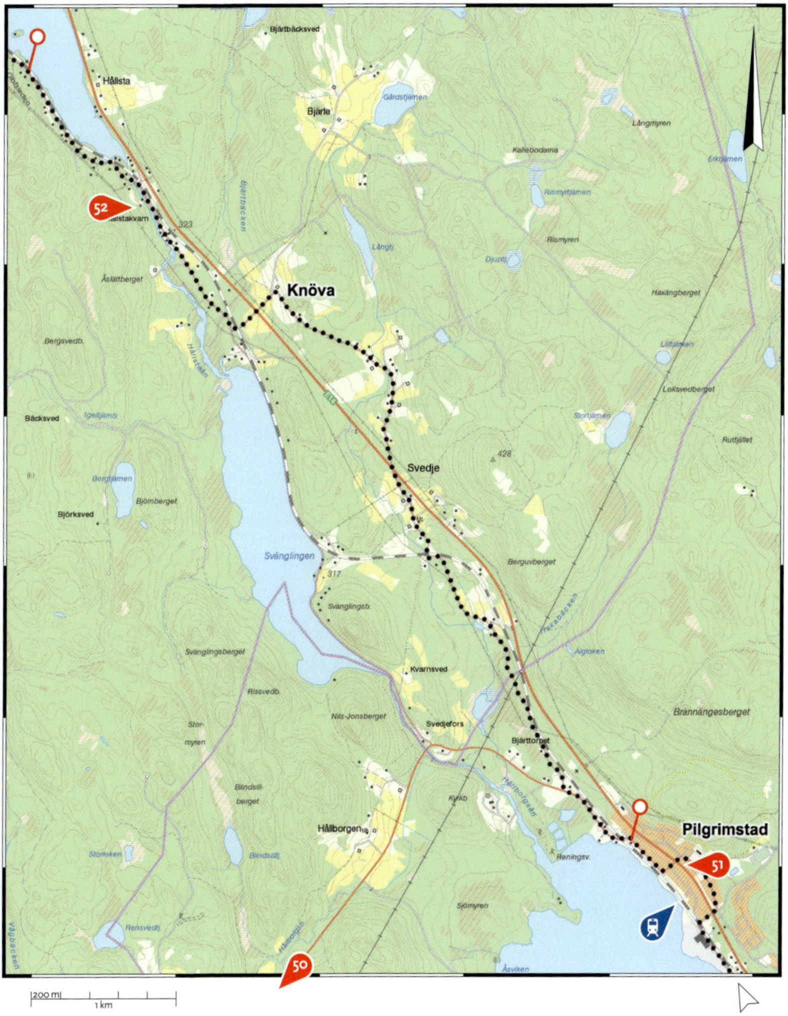

Einmal unten angekommen, die E14 und die Gleise überqueren und am Hembygdsgård mit Sommercafé entlang zur Unterkunft Sörbygården laufen.

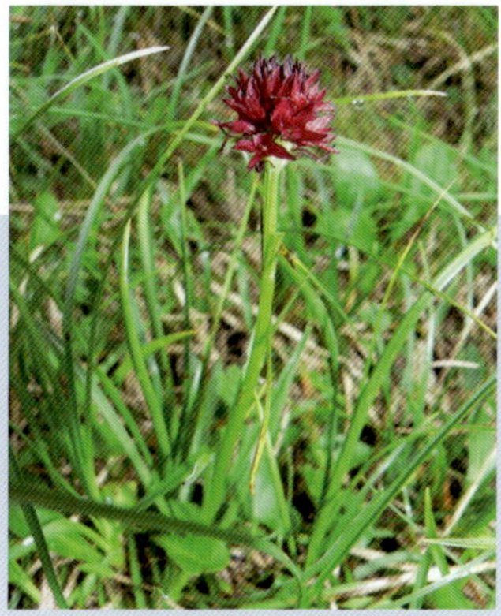

Händelwurz

Rund um Bodal wächst die seltene Händelwurz, auch Schwarzes Kohlröschen genannt. Der lateinische Name ist Gymnadenia nigra, die Schweden nennen sie *Brunkulla*. Diese Orchidee wächst vor allem in subarktischen Gebieten. In Skandinavien nur im Norden von Norwegen und hier in Jämtland. Daher wurde die *Brunkella* auch zur Symbolblume von Jämtland auserkoren. Die Pflanze blüht im Juni und Juli.

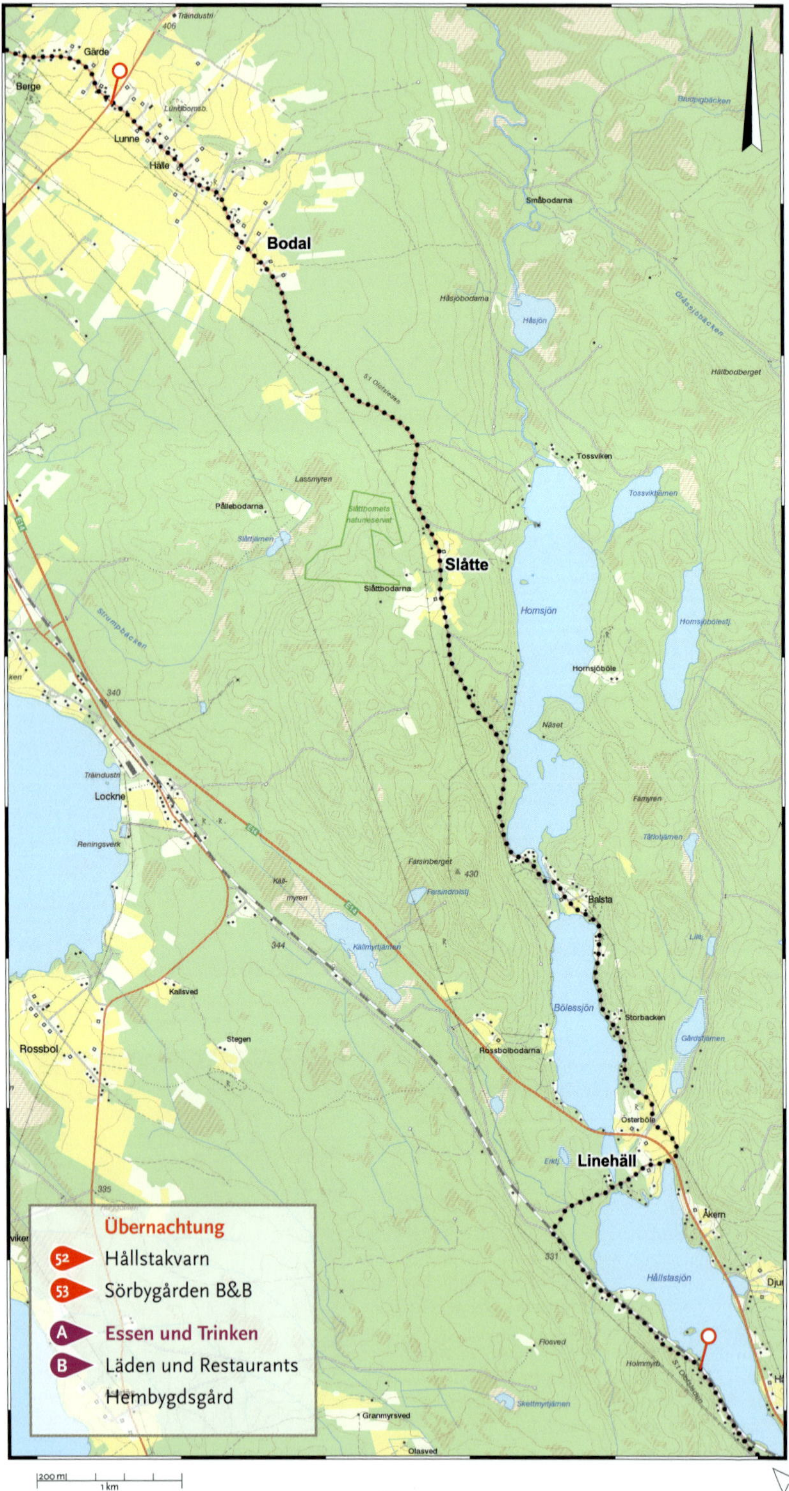
Gärde
Berge
Lunne
Hälle
Bodal
Småbodarna
Håsjöbodarna
Håsjön
Hällbodberget
S1 Olofsleden
Tossviken
Tossviktjärnen
Lassmyren
Pållebodarna
Slåtte
Slåttbodarna
Hornsjön
Hornsjöböle
Näset
Famyren
Träindustri
Lockne
Reningsverk
Farsinberget
Balsta
Bölessjön
Storbacken
Kallsved
Stegen
Rossbol
Rossbolbodarna
Österböle
Linehäll
Åkern
Hållstasjön
Flosved
Skettmyrtjärnen
Granmyrsved
Olasved
Übernachtung
52 Hållstakvarn
53 Sörbygården B&B
A Essen und Trinken
B Läden und Restaurants
Hembygdsgård
200 m
1 km

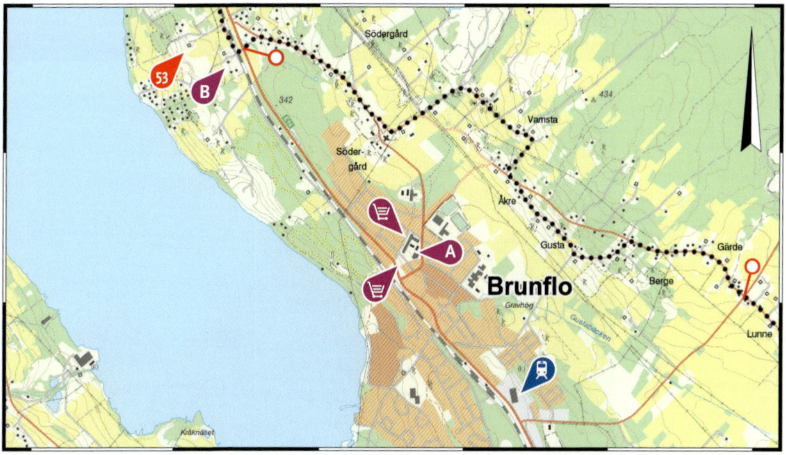

Brunflo kyrke

Besonders auffallend ist der neben der Kirche stehende Verteidigungsturm, eine seltene Erscheinung in dieser Gegend. Der Turm war ein Teil der im 12. Jahrhundert erbauten Kirche, die hier vorher stand. Wegen der strategischen Position Brunflos im Mittelalter wurde hier die erste und größte christliche Kirche Jämtlands erbaut. Sie war gleichzeitig der Sitz des Erzbischofs. In dem robusten Turm wurden seine wichtigen Papiere und wertvollen Gegenstände aufgehoben. Die alte Kirche wurde aus Kalksandstein im romanischen Stil erbaut. Im 12. Jahrhundert hatte sich das Pilgern zu einer Art Massentourismus entwickelt und es ist dann auch nicht verwunderlich, dass die Kirche, die an der Route nach Nidaros lag, unserem heiligen Olav gewidmet wurde. Das heute Kirchengebäude stammt aus dem Jahr 1775. Hinter dem Altargemälde befindet sich ein auffallendes Trompe-l'oeil, auf dem blaue Tücher abgebildet sind. Dieses Werk stammt von Jonas Wagenius und ist um 1790 herum entstanden. Der Verteidigungsturm dient heute nur noch als Glockenturm.

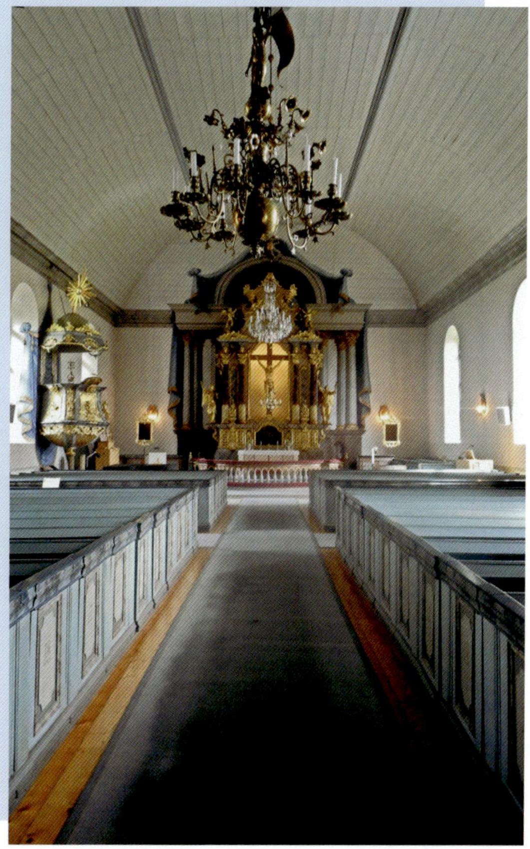

Entfernung
13 km

Asphalt
20 %

Schönheit
***

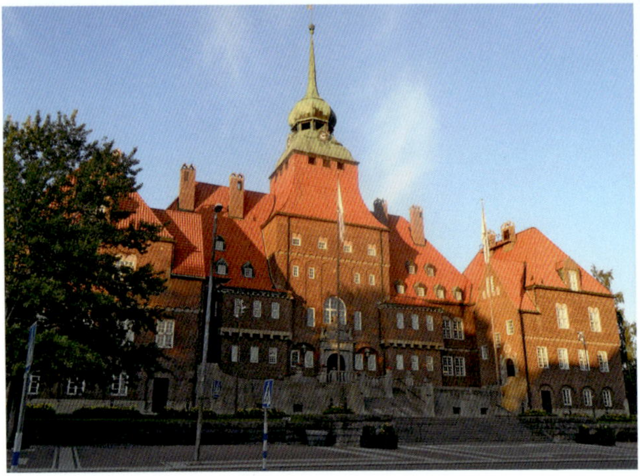

In der Stadt

Östersund ist, bis auf Trondheim, die einzig wirkliche Stadt auf der Pilgerroute. Der ideale Ort, um einen Ruhetag einzulegen und die nötigen Einkäufe zu tätigen. Es gibt dort Einkaufsstraßen mit vielen Restaurants und Cafés, es gibt einen schönen Park am Ufer des Sees (Badhusparken) und im Freilichtmuseum Jamtli wird man in alte Zeiten zurückversetzt. Östersund hat einen Flughafen und ist, mit Zug- und Busverbindungen in alle Richtungen, ein Knotenpunkt für den öffentlichen Verkehr.

Die Route von heute bedarf kaum einer Erläuterung. Man läuft eigentlich nur geradeaus in Richtung Östersund.

Von Sörbygården aus biegt man links ab auf einen schmalen Pfad, der an den Gleisen entlangführt. Der Pfad geht über in einen Schotterweg entlang des Sees. Man hat bald eine herrliche Aussicht auf den großen See Storsjön.

Ope ist eine Ortschaft mit einer langen Geschichte. Es wird schon seit dem 14. Jahrhundert von Besiedelung berichtet. Im 17. und 18. Jahrhundert standen hier mehr als 20 Holzsägemühlen.

Der Pfad geht weiter am See entlang, läuft durch die Grünflächen von Östersund und landet auf einem Asphalt- und Fahrradweg entlang des Wassers. Wenn Sie im **Stadtzentrum** übernachten wollen, ist es praktisch, am Ufer bis zum **Bahnhof** zu laufen.

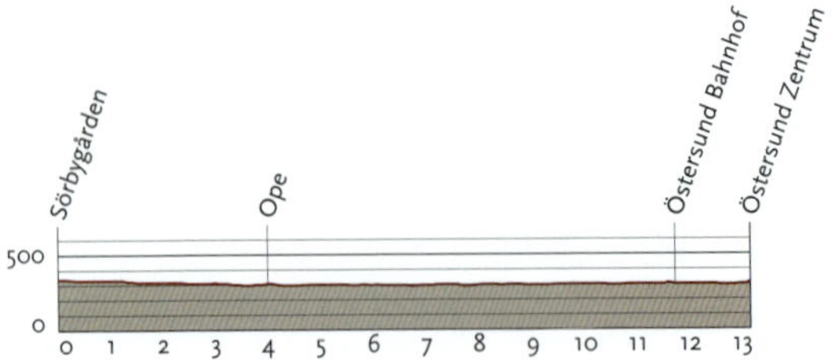

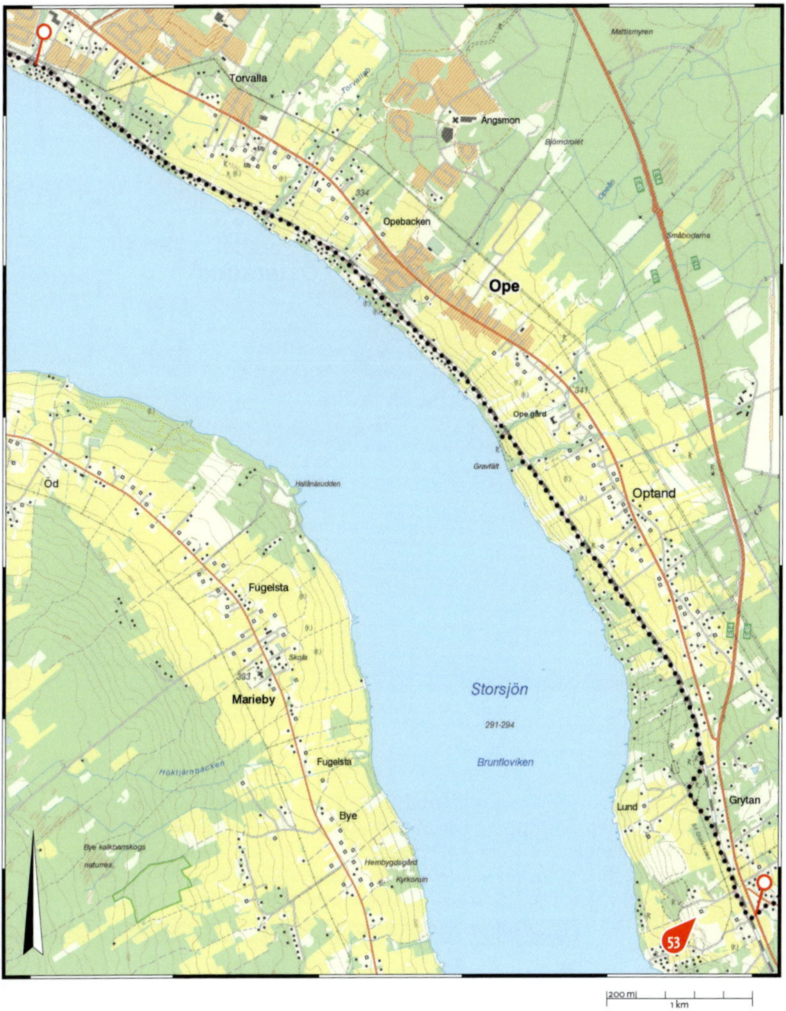

Storsjöodjuret, das schwedische Ungeheuer von Loch Ness

In den Tiefen des Storsjön wohnt Storsjöodjuret, das See-Ungeheuer. So jedenfalls erzählt es die Legende. Schon seit 1635 wird über das schlangenartige Ungeheuer mit dem Hundekopf und Rückenflossen berichtet. Hartnäckig, jedoch immer noch ohne überzeugenden Beweis. Um 1890 wurde ein Versuch unternommen, den ganzen See systematisch abzusuchen und das Biest zu fangen, aber ohne Erfolg.

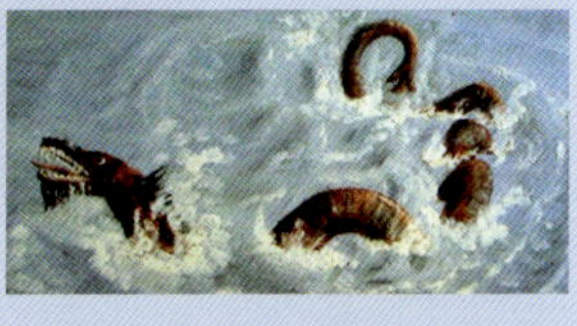

1986 erhielt Storsjöodjuret einen Platz auf der Liste bedrohter Tierarten, das jedoch fanden seriöse Naturforscher dann doch zu skurril und mittlerweile wurde das Monster wieder von der Liste gestrichen. Im Jahr 2008 gab es noch kurz Aufregung wegen eines Unterwasserfilms, auf dem man eine schlangenartige Gestalt im Wasser wahrnehmen konnte. Natürlich waren die Bilder undeutlich und ließen viele Interpretationen zu. Genauso wie bei Nessie in Schottland bringt ein Ungeheuer, das existieren könnte, mehr Geld ein, als der überzeugende Beweis, dass es nicht da ist und nie dagewesen ist. Im Freilichtmuseum Jamtli ist Storsjöodjuret eine Ausstellung gewidmet.

Karte 24

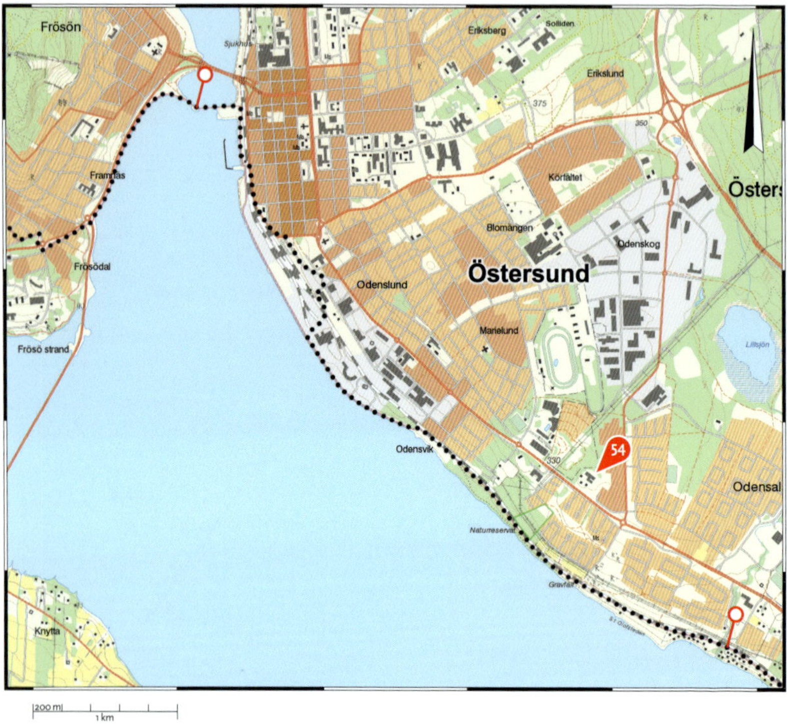

Jamtli

Der wichtigste Touristenmagnet von Östersund ist das regionale Freilichtmuseum Jamtli. Für den satten Eintrittspreis von SEK 330 hat man Zugang zu diversen Bereichen und Ausstellungen in diesem großen Park. Es gibt ein Freilichtmuseum mit Gebäuden aus dem 18. und 19. Jahrhundert. In der Sommersaison wird hier das Leben von früher durch zahlreiche Darsteller in Trachten veranschaulicht, wobei das Publikum zur Teilnahme ermutigt wird. Das Interieur der Häuser, die Arbeitsplätze und Läden sind bis ins letzte Detail eingerichtet und gebrauchsfertig. Außerdem kann man dort auch nicht so alte, aber sicherlich ebenso interessante Architektur bewundern, wie eine Shell-Tankstelle aus den 50er Jahren. Die fünf Wandteppiche von Överhogdal sind die Kronjuwelen von Jamtli. Sie wurden in der Wikingerzeit angefertigt und präsentieren eine Prozession von Menschen, Pferden, wilden Tieren und Fabeltieren, die an Häusern, Kirchen und Schiffen vorbeiziehen. Die genaue Bedeutung der Teppiche ist unklar und im Laufe der Jahre wurden diesbezüglich verschiedene Theorien entwickelt. Eine Eintrittskarte ist zwei Tage gültig. www.jamtli.com

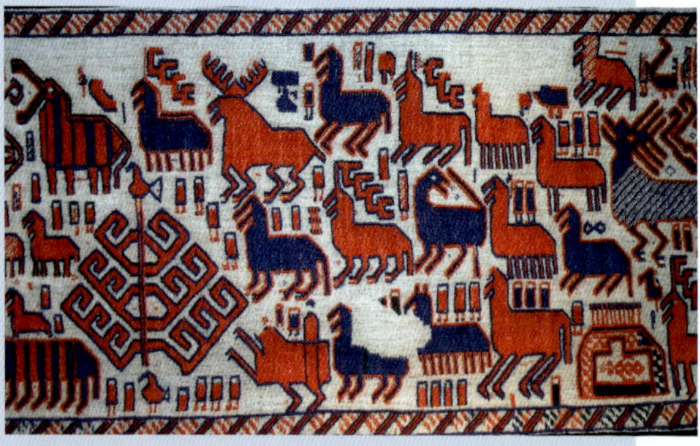

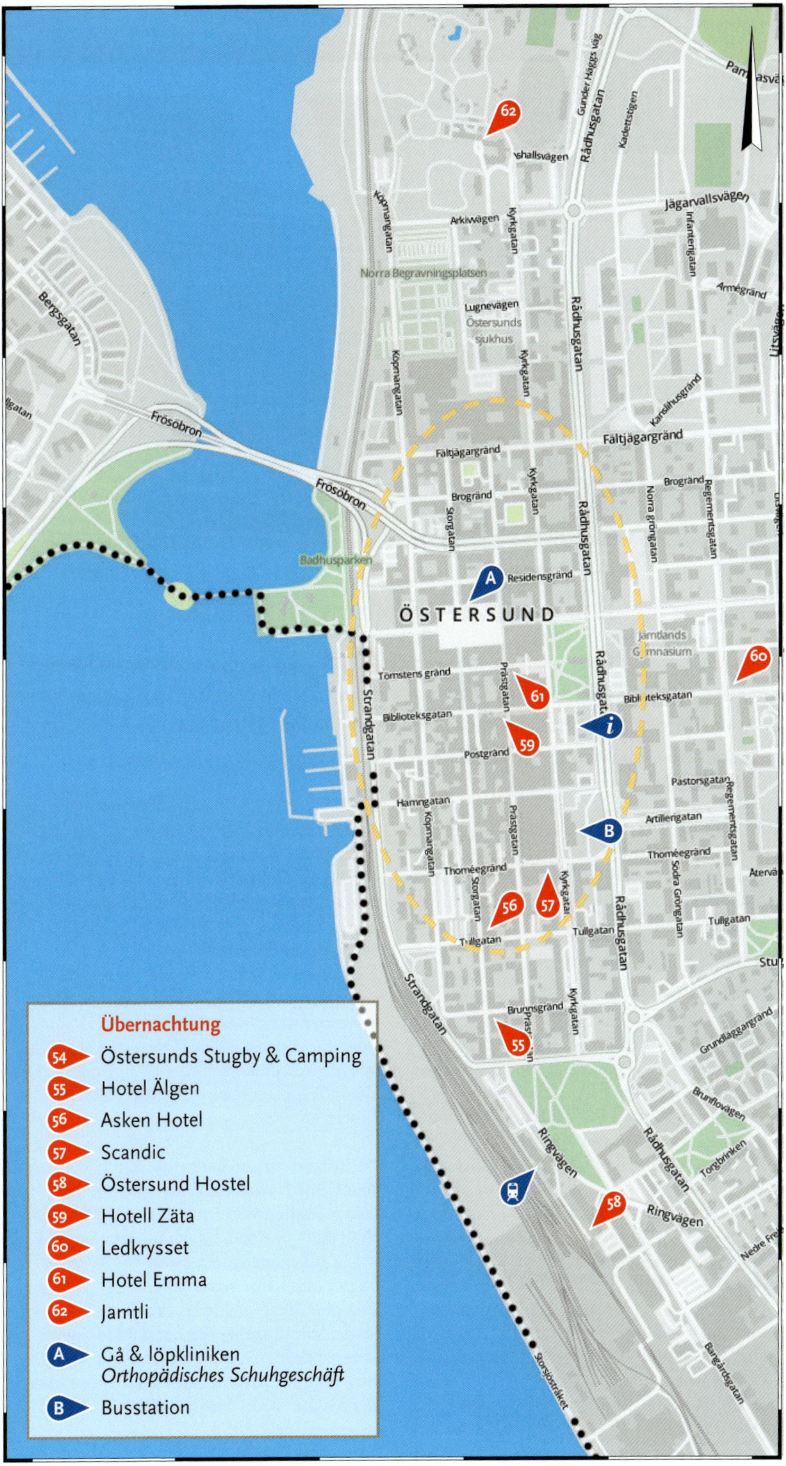
ÖSTERSUND
Übernachtung
54 Östersunds Stugby & Camping
55 Hotel Älgen
56 Asken Hotel
57 Scandic
58 Östersund Hostel
59 Hotell Zäta
60 Ledkrysset
61 Hotel Emma
62 Jamtli
A Gå & löpkliniken
Orthopädisches Schuhgeschäft
B Busstation
Rådhusgatan
Jägarvallsvägen
Gunder Häggs väg
Kadettstigen
Infanterigatan
Arméegränd
Arkivvägen
Kyrkgatan
Köpmangatan
Norra Begravningsplatsen
Lugnevägen
Östersunds sjukhus
Bergsgatan
Frösöbron
Kanslihusgränd
Fältjägargränd
Brogränd
Storgatan
Norra gröngatan
Regementsgatan
Badhusparken
Residensgränd
Jämtlands Gymnasium
Tömstens gränd
Prästgatan
Biblioteksgatan
Postgränd
Strandgatan
Hamngatan
Pastorsgatan
Artillerigatan
Thoméegränd
Södra Gröngatan
Tullgatan
Brunnsgränd
Grundläggargränd
Brunflovägen
Torgbrinken
Ringvägen
Storsjöstråket
Bangårdsgatan

Entfernung
18 km

Asphalt
40 %

Schönheit
★★★½

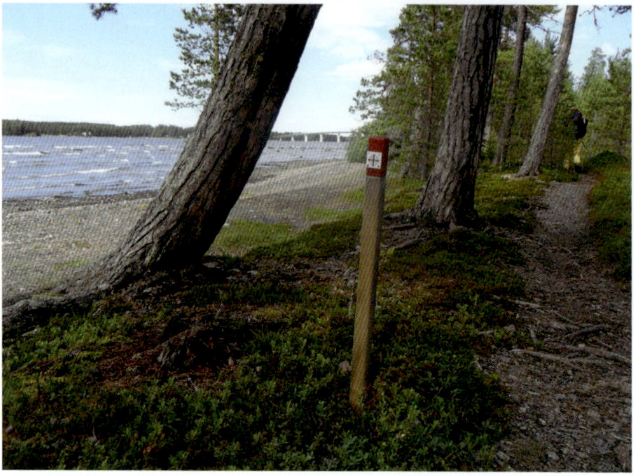

Eine kleine Insel voller Attraktionen

Eine vielgestaltige Etappe, wobei Gegenwart und Vergangenheit, Natur, Kultur und Betriebsamkeit einander abwechseln. Auf Frösön befinden sich ein Runenstein, eine heilige Quelle, ein Naturreservat, eine jahrhundertealte Kirche, ein berühmter Einwohner und ein Flughafen mit kompletter Infrastruktur. Und das alles auf einer 10 mal 5 km großen Insel.

Man verlässt Östersund über eine Fußgängerbrücke beim Badhusparken. Schauen Sie sich danach auf jeden Fall noch einige Male um, denn von dieser Seite aus hat man den schönsten Blick auf die Stadt.

Runenstein
Wenn Sie sich für Runensteine interessieren, lohnt sich ein kleiner Umweg zum Frösönstenen. Dies ist der nördlichste Runenstein, auch wenn der Stein 100 Meter versetzt wurde, als die neue Brücke zwischen Frösön und Östersund gebaut wurde. Er stammt aus der Zeit zwischen 2030 und 1050. Frei übersetzt lautet der Text: *Austmaðr, Guðfastrs Sohn, hat diesen Stein aufgestellt und diese Brücke gebaut und Jämtland christianisiert. Ásbjörn hat diese Brücke gebaut. Trjónn und Steinn haben diese Runen eingekerbt.* Die meisten Runensteine stehen in Schweden. Sie wurden von den Wikingern gemacht, oft als Gedenkstein für einen Verstorbenen, aber manchmal wurden schon mal die Taten von Lebenden festgehalten, wie in diesem Fall. Das macht diesen Stein besonders.

Lässt man dann die geschlossene Ortschaft hinter sich, kommt man zur Trefaldighetskällan, die Dreifaltigkeitsquelle. Dem Wasser dieser Quelle wurden ebenfalls heilende Kräfte zugeschrieben, und die waren am kraftvollsten auf dem katholischen (Hoch-)Fest der Dreifaltigkeit (Trinitatis), der erste Sonntag nach Pfingsten. Es gab ein Ritual, bei dem die Besucher das Wasser tranken, eine Münze oder ein anderes kleines Opfer in das Wasser warfen und einen festlichen Tanz vollführten. Diese Tradition blieb bis in die 50er Jahre hinein erhalten.

Nicht bald danach läuft man durch das grüne **Ändsjöns Naturreservat**, welches wegen seiner reichen Vogelwelt sehr beliebt ist. Der Pfad läuft in einem Bogen um den See und stößt auf einen Schotterweg. Die Route geht weiter durch ein nettes ländliches Gebiet an üppigen Gerstenfeldern vorbei und bietet eine weite Aussicht über das Land. Man kreuzt eine asphaltierte Durchgangsstraße und geht hinunter zur **Kirche von Frösö**. Gegenüber der Kirche ist ein Sommercafé.

Bei der Kirche rechts abbiegen und den langen Asphaltweg entlang des Flughafens weiterlaufen. Wenn dieser Weg eine große Kurve macht, um in den durchgehenden Rodövagen zu münden, verlässt man kurz nach **Fomåkrar** den Weg und wandert auf einem Waldweg weiter. Bei einer Ansammlung von Ferienhäusern erreicht man den Strand am See. Ein herrlicher Platz für eine kleine Pause.

Man setzt die Wanderung fort über einen „Einpersonenweg" beim Übergang vom Strand zum Wald und landet bei einer markanten **Brücke**. Die Brücke hat weder Fuß- noch Fahrradweg und ist nicht sehr breit. Außerdem macht sie einen Bogen, der die Sicht auf den Verkehr einschränkt. Also, passen Sie bitte auf beim Überqueren.

Auf der gegenüberliegenden Seite gleich links abbiegen und weiter geht es auf einem Schotterweg durch den Wald. Zwischendurch hat man herrliche Aussichten auf den See. Wenn die Landschaft wieder offener wird und man den Bauernhof Nygården passiert hat, folgt eine rechtwinklige Kurve. Gleich darauf sieht man das kleine Schild **Bryggstu'n** am Schotterweg stehen.

Frösö kyrke

Die Kirche von Frösö zieht viele Besucher an. Das ist teilweise dem klassischen Klavierwerk Vid Frösö Kyrka (siehe S. 73 Kasten: Komponist) zu verdanken. Aber ebenso wichtig ist die Lage dieser Kirche, von wo aus man eine fantastische Aussicht auf den See hat. In dieser kleinen Kirche werden auch sehr gern Trauungen abgehalten. Für Hochzeiten im Sommer gibt es sogar Wartezeiten von mehreren Jahren. Die Kirche ist Olav gewidmet, sein Bildnis ist an verschiedenen Stellen in der Kirche zu sehen. Die ältesten Teile der Kirche stammen aus dem 12. Jahrhundert, vorher stand hier allerdings schon eine hölzerne Kapelle. Archäologische Ausgrabungen haben ergeben, dass diese Stelle früher ein vorchristlicher ritueller Ort gewesen ist, wo Tiere geopfert wurden. Es ist plausibel, dass die Kirche absichtlich ganz genau auf diesem Platz gebaut worden ist, um deutlich zu machen, wer hier das Sagen hat und um gleichzeitig die ungewünschten Rituale auszulöschen.

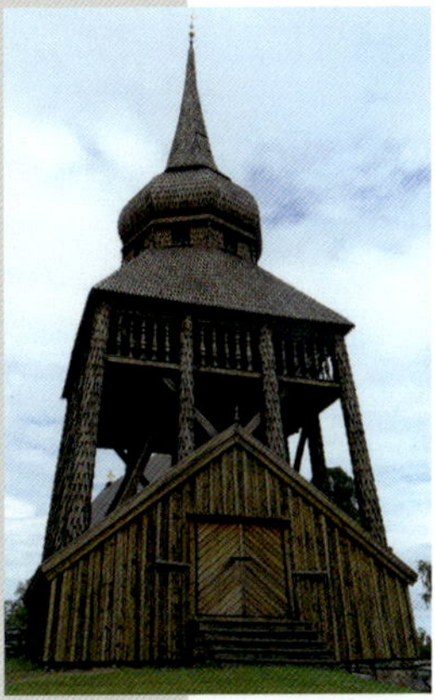

Ändsjöns naturreservat

Das Naturreservat Ändsjön ist ein Vogelparadies. Die am häufigsten vorkommenden Arten sind dort: Haubentaucher, Pfeifente, Tafelente, Schwan und Blässhuhn. Im Herbst wird der See von verschiedenen Arten durchziehender Gänse besucht. Hier wird jeder Vogelbeobachter voll auf seine Kosten kommen, denn es gibt noch mehr: Fischadler und Weihen zum Beispiel. Aber ebenso sieht man hier: Goldregenpfeifer, Odinshühnchen, Sterntaucher, Rothalstaucher, Kampfläufer, Haselhuhn, Grauspecht, Uhu, Raufußkauz, Schilfrohrsänger, Bruchwasserläufer, Küstenseeschwalbe und Kranich. Insgesamt kommen hier nicht weniger als 90 Vogelarten auf dem Wasser und in seiner direkten Umgebung vor. Es gibt zwei Vogelbeobachtungshütten, die auf der Route durch Schilder angekündigt werden.

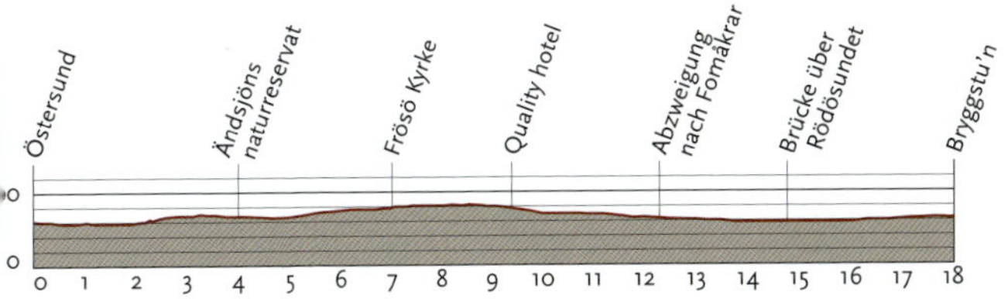

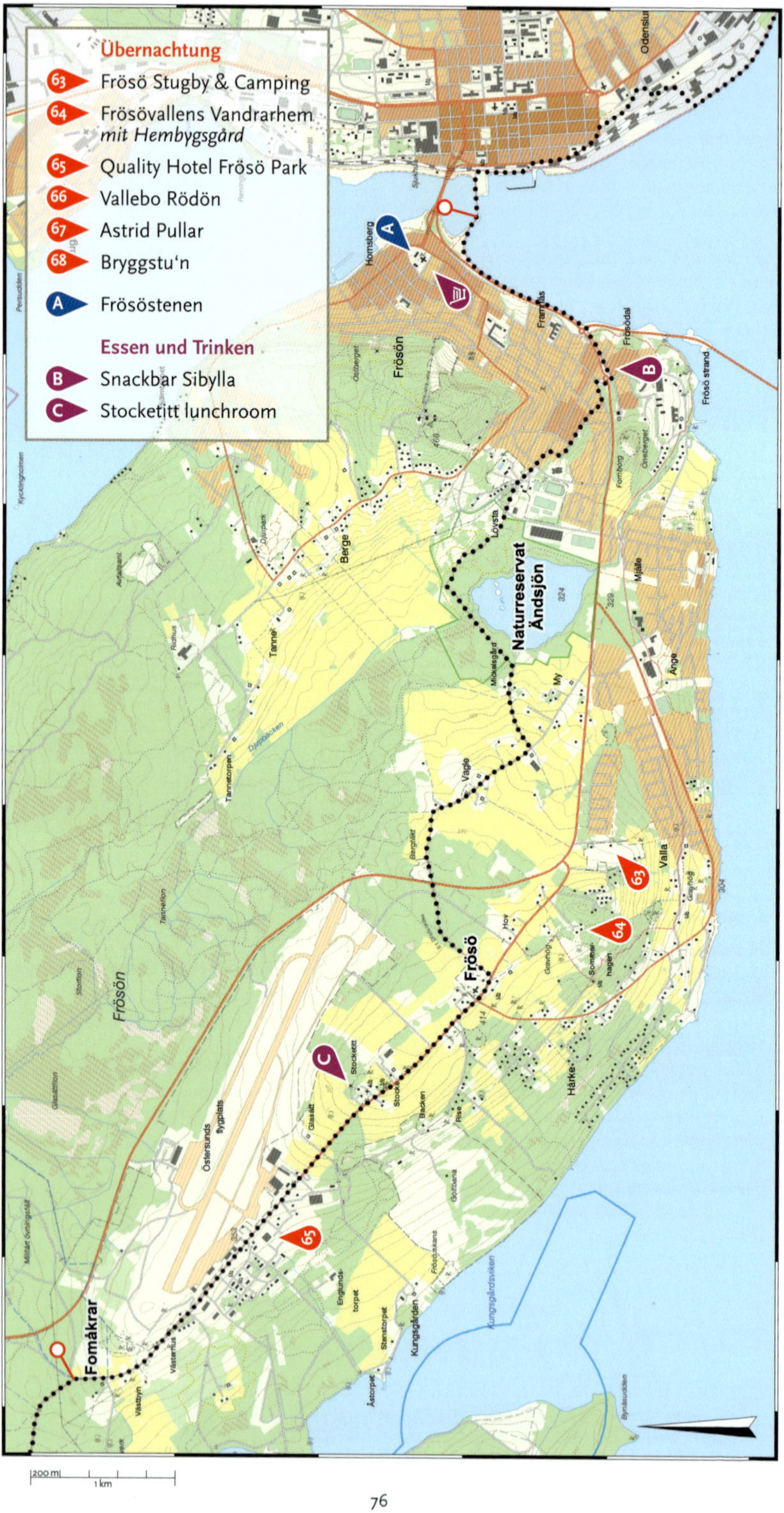
Übernachtung
63 Frösö Stugby & Camping
64 Frösövallens Vandrarhem mit Hembygsgård
65 Quality Hotel Frösö Park
66 Vallebo Rödön
67 Astrid Pullar
68 Bryggstu'n
A Frösöstenen
Essen und Trinken
B Snackbar Sibylla
C Stocketitt lunchroom
200 m
1 km

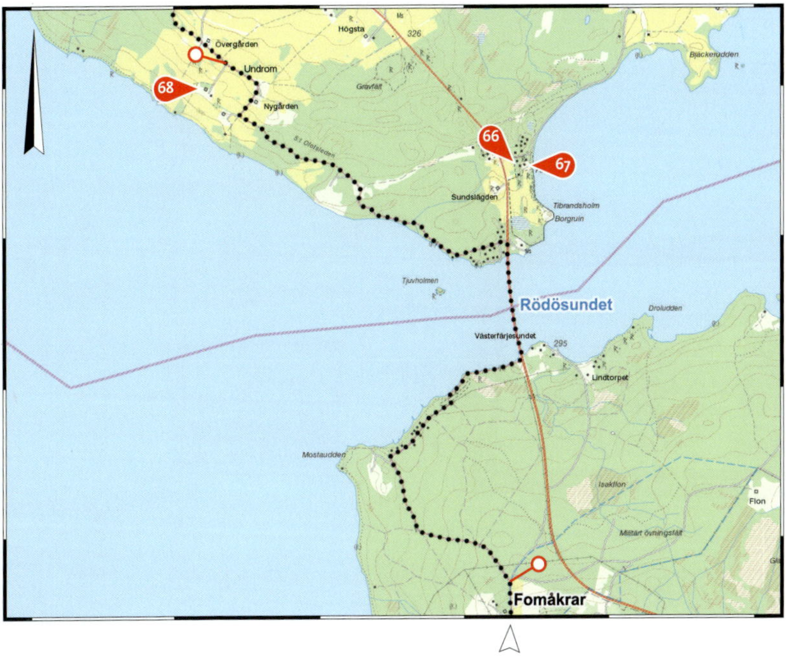

Der Komponist von Frösöblomster

Der Komponist Wilhelm Peterson-Berger (1867-1942) verlor sein Herz an Jämtland. Er ließ auf Frösö ein Haus mit Blick auf den Storsjön bauen. Er liebte die Natur und machte gern lange Wanderungen, wobei er stets seine musikalischen Einfälle notierte. Zunächst verbrachte er nur den Sommer hier, später hatte er dort seinen ständigen Wohnsitz. Peterson-Berger war ein Komponist der romantischen Tradition, Grieg und Schumann waren seine großen Vorbilder. Er strebte danach, mit großen Werken wie Symphonien und Opern Anerkennung zu erlangen, blieb aber im Schatten seiner Zeitgenossen Hugo Alfvén und Vilhelm Stenhammar. Das hatte womöglich auch mit seiner Arbeit als Musikkritiker für die Stockholmer Zeitung Dagens Nyheter zu tun, wo er seine ungeschminkte, aber einflussreiche Meinung über die Arbeit seiner Kollegen äußerte. Vor allem die neue Musik (unter anderem die von Schönberg) musste es büßen. Dennoch hat sich Peterson-Berger zu einem der beliebtesten schwedischen Komponisten entwickelt. Nicht wegen seiner Symphonien, sondern wegen seiner Klavierstücke „Frösöblomster" (Blumen von Frösö). Drei Alben mit kurzen Werken, komponiert zwischen 1896 und 1914. Die berühmtesten Stücke sind Vid Frösö Kyrka (Bei der Kirche von Frösö) und Sommarsång (Sommerlied). Nahezu jeder Schwede kennt die Melodie von Sommarsång und jeder Klavierschüler in Skandinavien findet dieses Stückchen irgendwann auf seinem Notenständer. Das Haus des Komponisten, Sommarhagen, liegt in der Nähe der Route. Man kann es in den Sommermonaten besuchen. Sein Grab befindet sich bei der Kirche von Frösö.

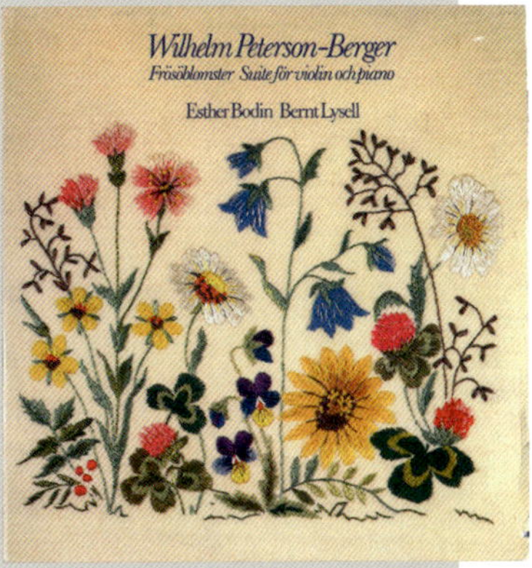

Schallplatte Frösöblomster

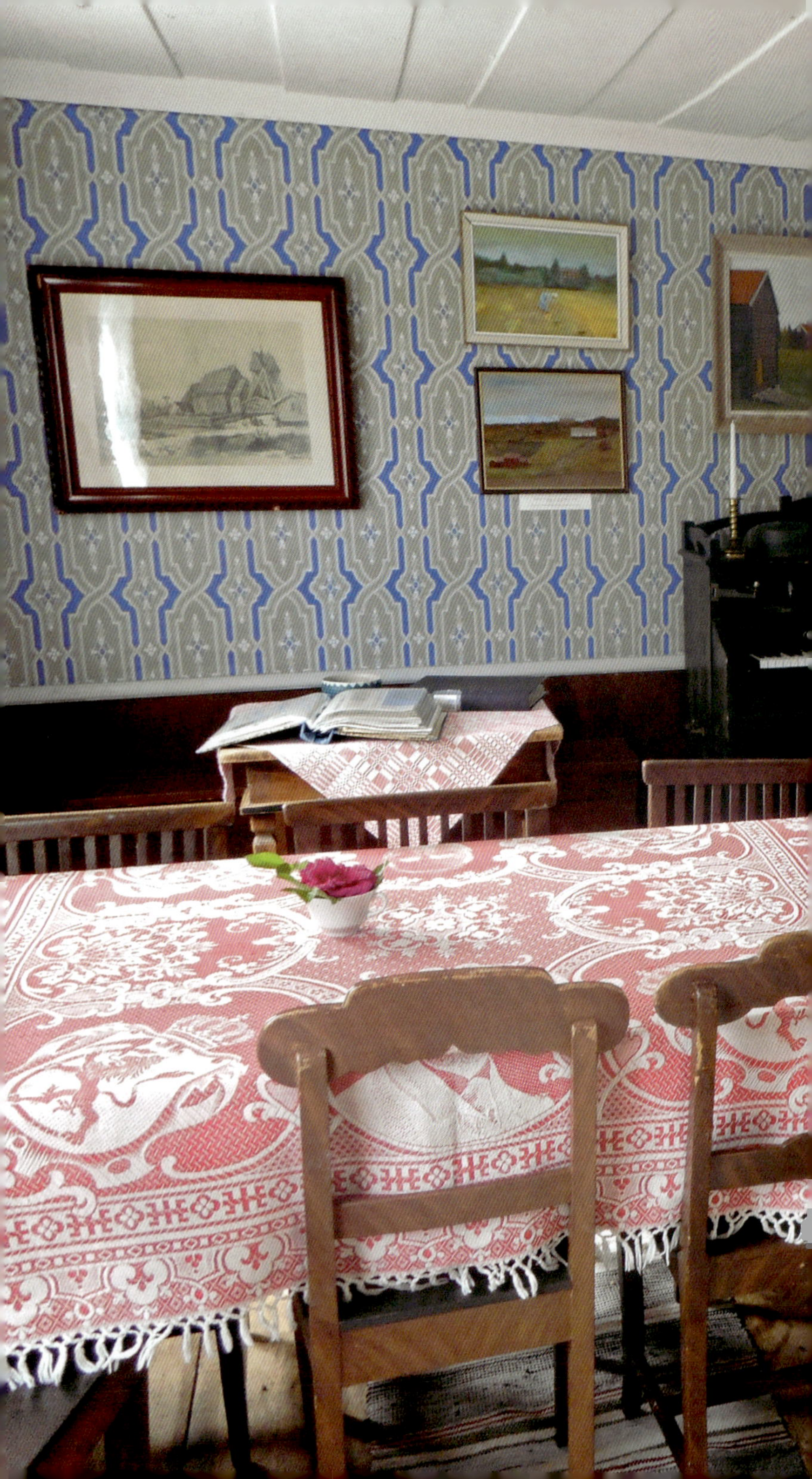

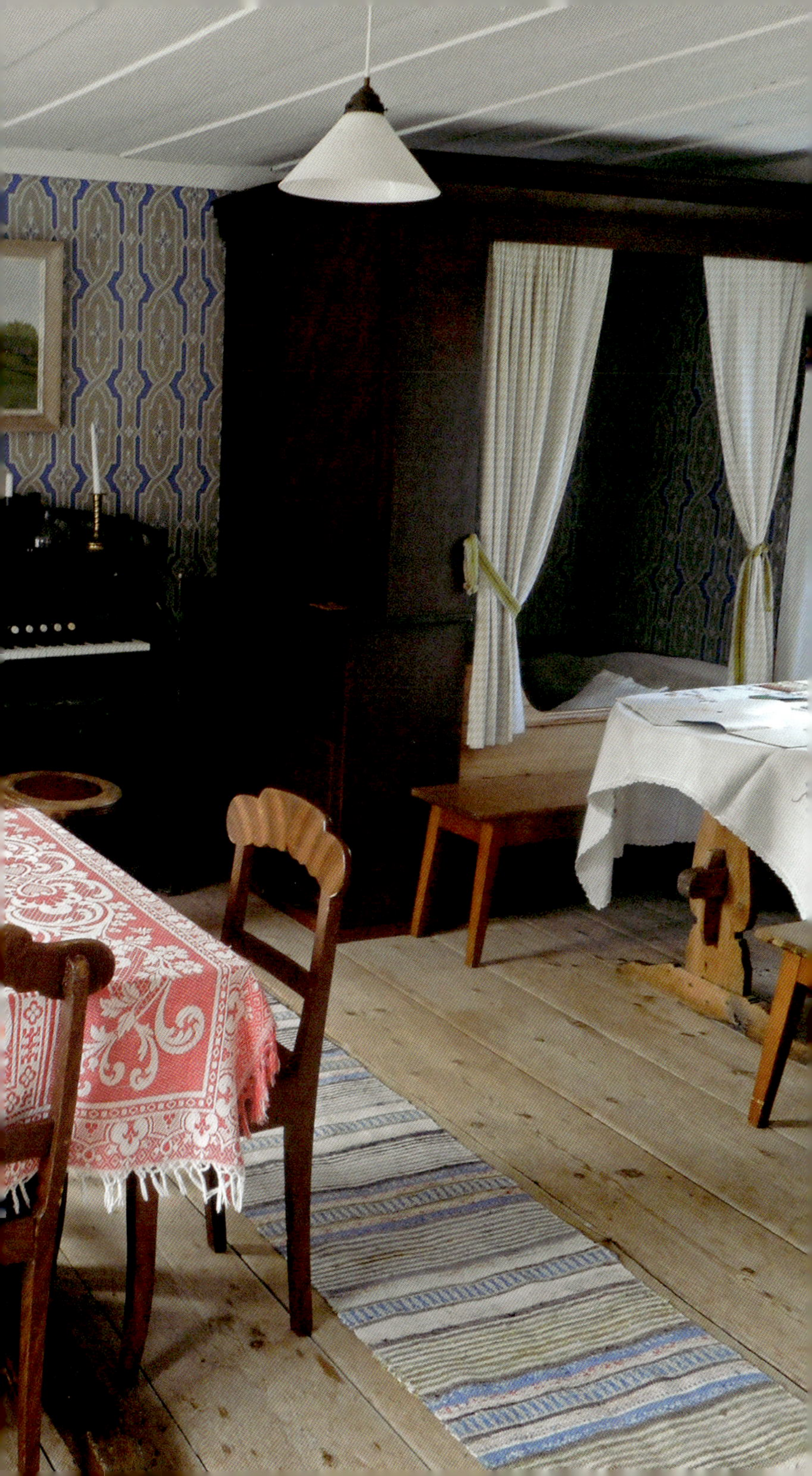

Entfernung
20 km

Asphalt
30 %

Schönheit
✶✶✶

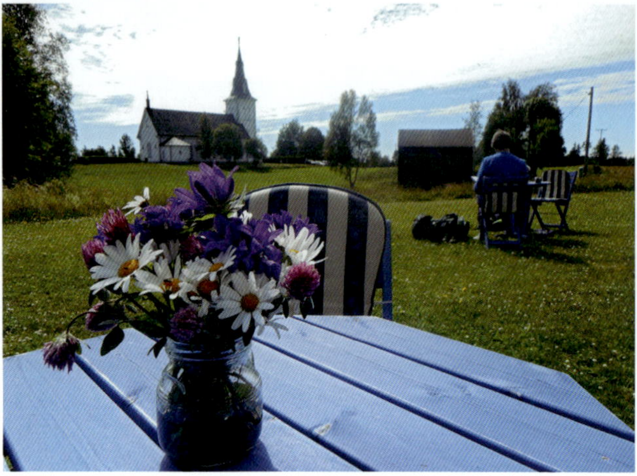

1 dekorierte Olavsquelle, 2 charmante Kirchen und 3 schöne Stempel

Heute verlassen wir die Ufer des Storsjön, jedoch nicht in trauriger Stimmung, denn es liegt wieder ein neuer See vor uns: Alsensjön. Die Route dieser Etappe bringt uns zu den charmanten Kirchen von Rödön und Näskott. Hinter der Kirche von Näskott findet man einen schön gelegenen Hembygdsgård mit Sommercafé. Die Etappe endet in den etwas belebteren Zentren von Nälden und Vaplan.

Von Bruggstu'n aus läuft man über einen schönen Grasweg zur **Kirche von Rödön**. Daneben befinden sich die auffällig langen Kirchenställe (Kyrekestallar). An der alten Pfarrei hängt ein Stempelkästchen.

Man landet auf einem Asphaltweg, dem man etwa 5 km bis zu einer Brücke über einen Seitenarm des Sees folgt. Danach rechts abzweigen und den Schotterweg weiterlaufen. Nach etwa 50 Metern befindet sich links eine dekorierte Olavsquelle. Mit kleinen Bänken und einer Art Runenstein macht sie den Eindruck einer Freilicht-Kirche. Hier gibt es ebenfalls einen Stempel.

Weiter geht es auf dem Schotterweg entlang des Weilers **Tullus** bis zur E14.
Die überquert man und dann ist man schon bald bei der **Kirche von Näskott**. Dahinter befindet sich das Sommercafé des Hembygdsgård. Wenn man den Weg weiter fortsetzt, sieht man an der rechten Seite ein Stempelkästchen.
Der Schotterweg führt uns nach und durch **Nälden**, wo man auf der Durchgangsstraße nach Vaplan landet. Dies ist ein ziemlich verkehrsreicher und hässlicher Weg. In Vaplan wird man dann auch kurz durch ein ruhiges Wohngebiet bis zur Brücke geleitet. Das Haus am Wasser bei der Brücke ist das **B&B Vaplansgård**.

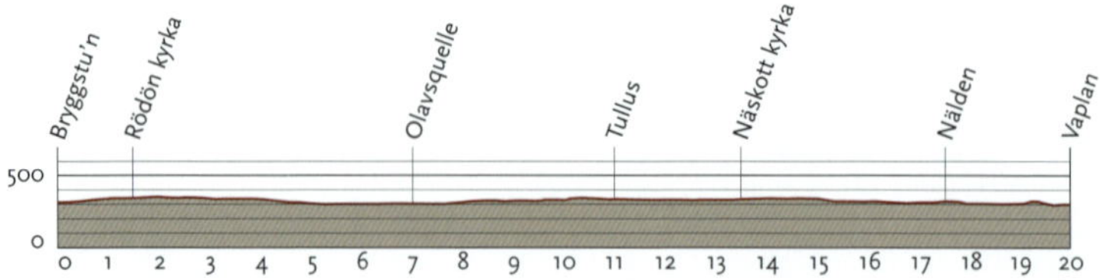

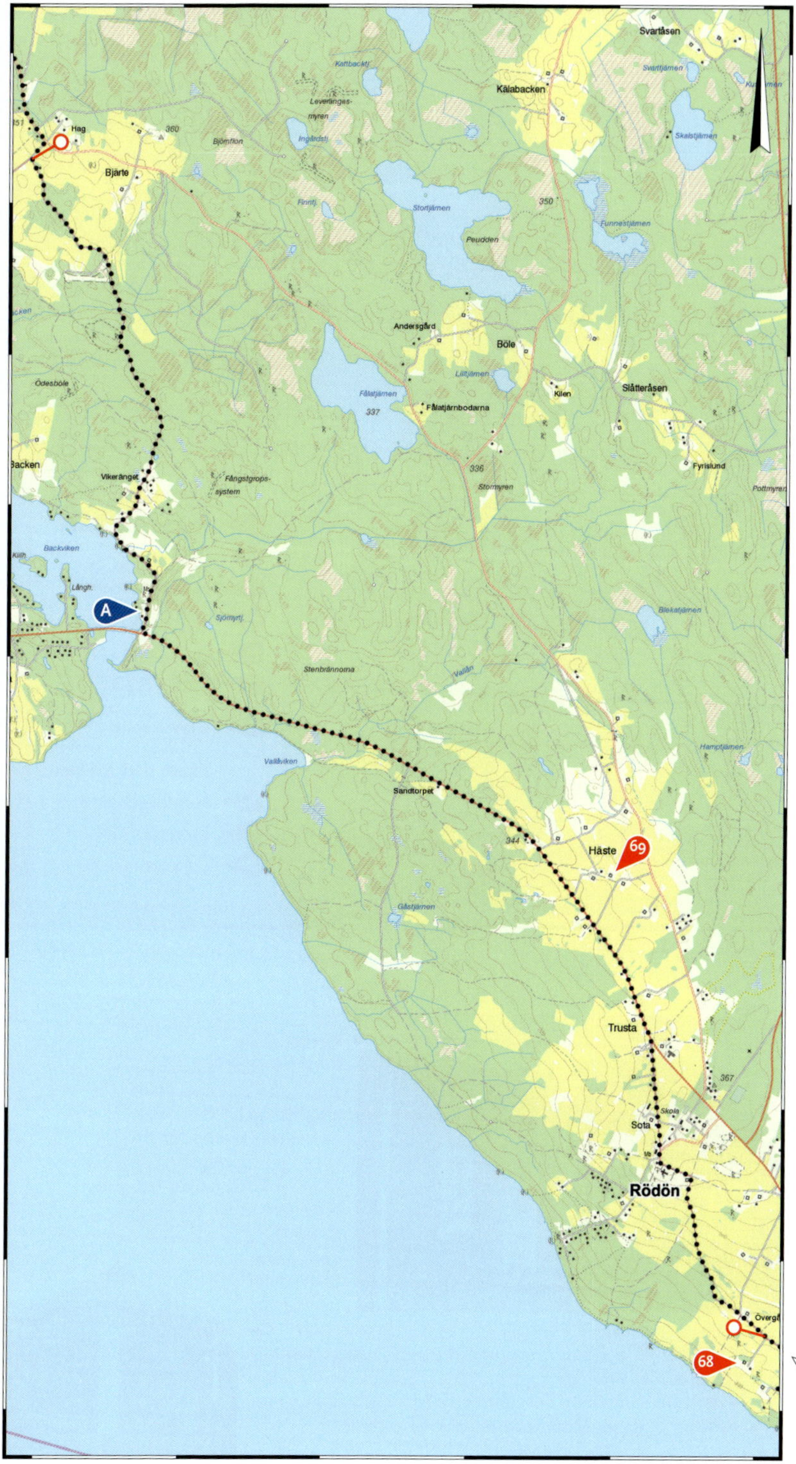

Svartåsen
Kälabacken
Hag
Bjärte
Björnflon
Stortjärnen
Peudden
Andersgård
Böle
Fålatjärnen
Fålatjärnbodarna
Kilen
Slätteråsen
Fyrislund
Ödesböle
Backen
Vikeränget
Fångstgrops-system
Stormyren
Backviken
Sjömyrtj.
Stenbrännorna
Vallån
Blekatjärnen
Hamptjärnen
Vallåviken
Sandtorpet
Häste
Gästjärnen
Trusta
Skola
Sota
Rödön
A
69
68
200 m
1 km

Karte 28

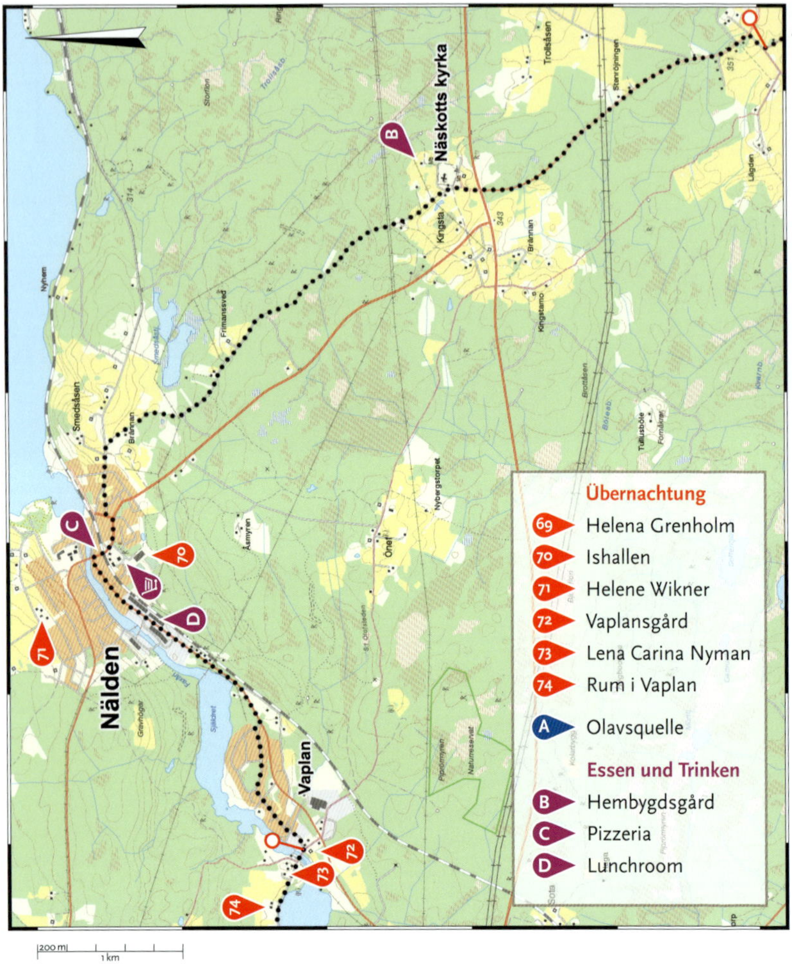

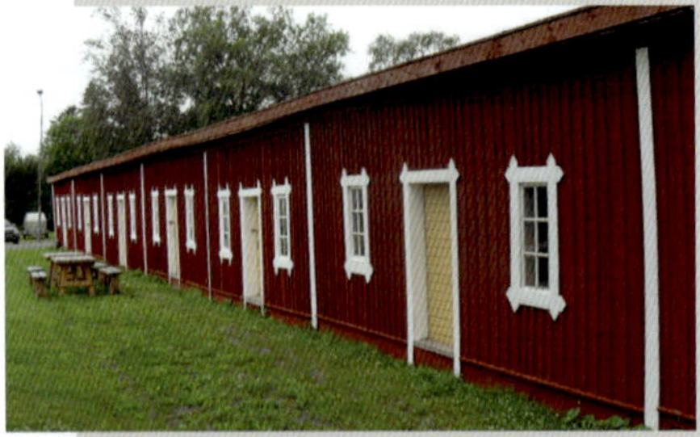

Kirchenställe

Bei der Kirche von Rödön sind die Kirchenställe erhalten geblieben. Hier wurden die Pferde der Kirchgänger untergebracht. Manche Kirchgänger hatten einen so weiten Weg, dass sie in der Nähe übernachtet haben. Auch sie konnten ihre Pferde dort unterbringen. Neben den Kirchenställen steht die hier wieder aufgebaute und restaurierte Außentoilette der Pfarrei. Diese wurde früher vom Pastor und den Mitarbeitern der Kirche genutzt.

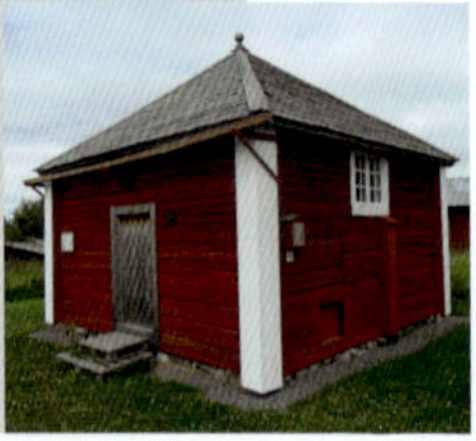

Entfernung
16,5 km

Asphalt
40 %

Schönheit
✶✶✶

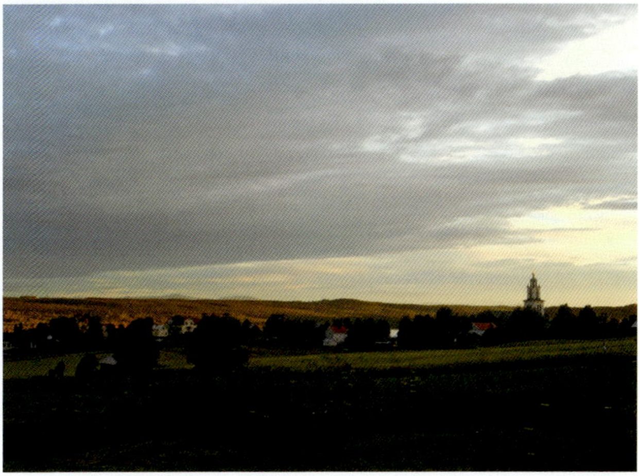

Ein Abstecher in prähistorische Zeiten

Die Hauptattraktionen dieser Etappe sind die Aussicht auf den See Alsensjön und die Felsenzeichnungen oder besser Felsengravierungen von Glösa. Diese gehören zu einem kleinen Freilichtmuseum, welches man beim Wandern automatisch durchquert. Hier wird die Steinzeit zum Leben erweckt.

Vom B&B Vaplansgård aus überqueren Sie gleich die Brücke. Bei der ersten Häusergruppe, wo es auch eine Übernachtungsmöglichkeit gibt, befindet sich ein Stempel. Dem Weg weiter folgen und auf einem hübschen Schotterweg in den Wald hineinlaufen. Der Schotterweg landet auf einem Asphaltweg.

Die Landschaft öffnet sich bei **Valne**. Die Aussichten auf den Alsensjön sind herrlich. Weiter dem Asphaltweg bis **Röde** folgen. Dort nach rechts auf schmalen Pfaden in den Wald hochlaufen. Die Strecke wird hier von orangefarbenen Pfählen einer Schneemobil-Route begleitet.

⚠ Der Pfad führt um ein eingezäuntes Stück Land und mündet im Grasland. Überqueren Sie dieses Stück Grasland geradeaus in Richtung einer kleinen Scheune. Ein kleines Stückchen weiter klettert man über eine kleine Treppe über den Zaun.

Die Route geht weiter nach **Glösa Älgrike**, ein Ort, wo 6000 Jahre alte Felsenzeichnungen zu sehen sind. Auf dem Weg dorthin sieht man am Wegesrand Infotafeln, die auf prähistorische Überreste in der Umgebung hinweisen. Im Besucherzentrum wird Kaffee angeboten.

Hinter Glösa Älgrike setzt man die Wanderung über Wald- und später über Graswege fort. Man läuft dann teilweise über den sogenannten Hochzeitspfad. Dieser Pfad, der schon seit 1809 bekannt ist, wurde genutzt, um zum Gipfel des Honingsberget zu laufen. Vom Gipfel hat man Aussicht auf gut und gerne sieben Kirchtürme. Wenn ein Mädchen aus der Region heiratete, wurde auf dem Honingsberget ein Fest organisiert. Einige von ihnen kerbten ihren Namen in den dort liegenden großen Stein.

Der Olavsweg geht nicht nach oben, sondern führt über einen schönen Pfad wieder zurück zum Asphaltweg entlang des Sees. Nach etwa 1 km läuft der Pfad über die Zufahrtstraße nach oben zum Pferdezentrum **Wången Wärdshus**.

Karte 29

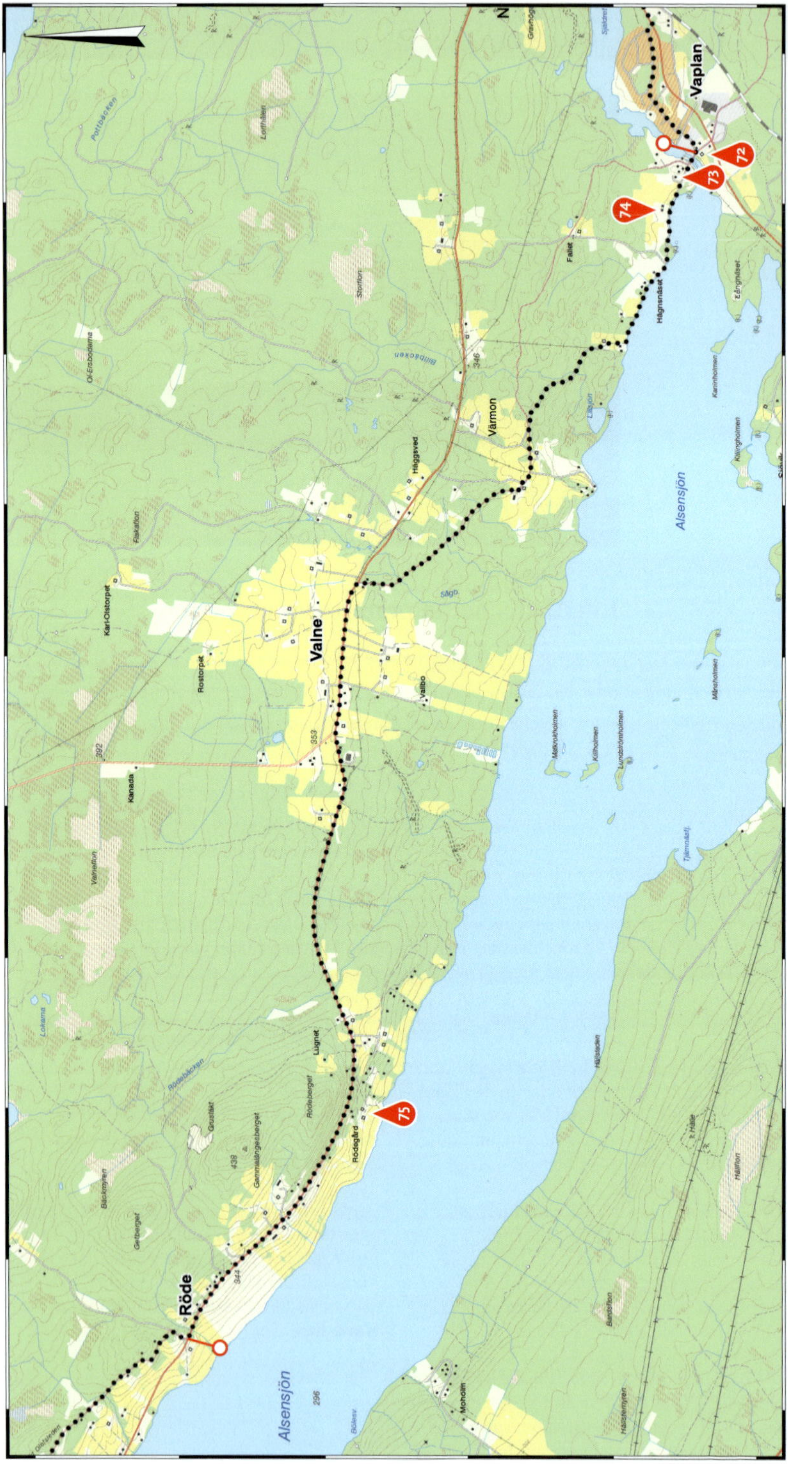

Vaplan
72
73
74
Hägnsnäset
Alsensjön
Värmon
Häggsved
Valne
Vallbo
Rostorpet
Karl-Olstorpet
Kanada
Lugnet
75
Rödegård
Röde
Alsensjön
Moholm

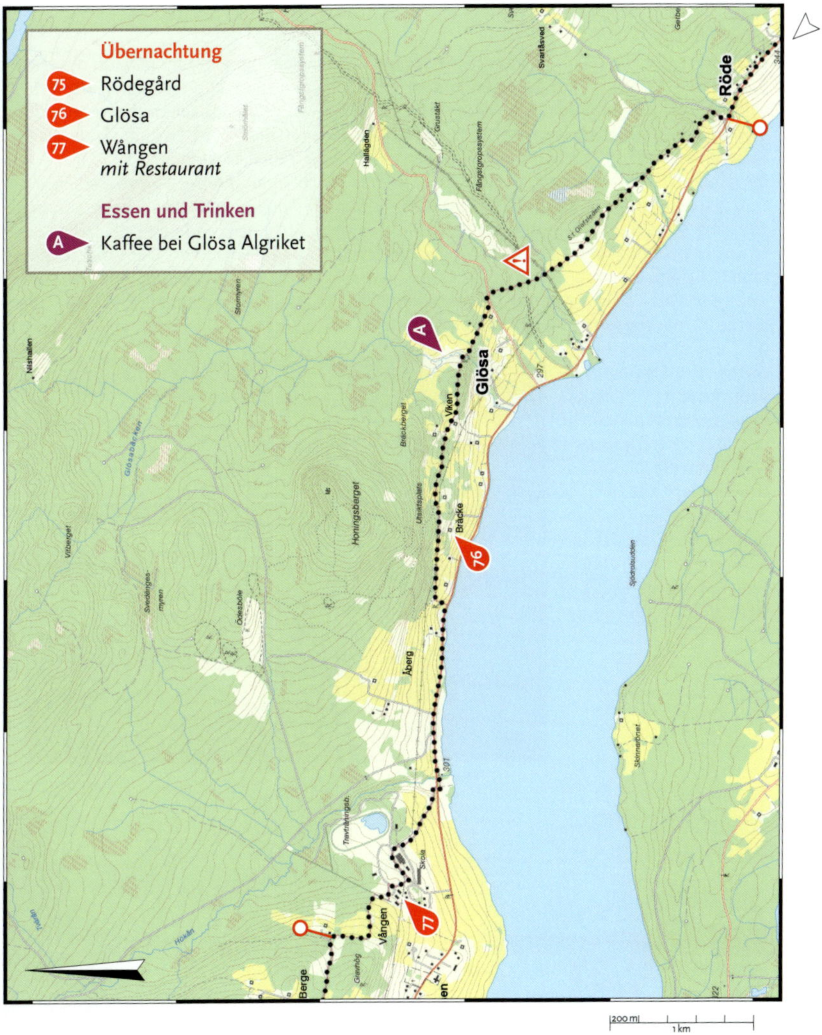
Übernachtung
75 Rödegård
76 Glösa
77 Wången
mit Restaurant
Essen und Trinken
A Kaffee bei Glösa Algriket
Röde
Glösa
Viken
Bräcke
Åberg
Vången
Honingsberget
Berge
200 m
1 km

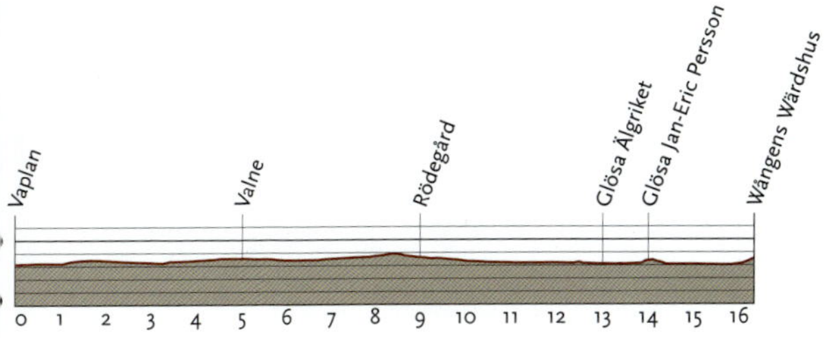
Vaplan
Valne
Rödegård
Glösa Älgriket
Glösa Jan-Eric Persson
Wångens Wärdshus
0 1 2 3 4 5 6 7 8 9 10 11 12 13 14 15 16

Glösa Älgrike

Das „Reich der Elche" von Glösa wurde um die Felsenzeichungen herum gebaut, die etwa 6000 Jahre alt sind. Sechzig Abbildungen von Elchen wurden in die glatten Felsen neben einem Fluss gehauen. Man nimmt an, dass sie von prähistorischen Jägern aus der Steinzeit angefertigt wurden und dass sie die ältesten von Südschweden sind. Andere alte Felsenmalereien im Land sind durch Bauern in der Bronzezeit entstanden.
Bei einigen Elch-Abbildungen läuft ein Streifen durch ihren Körper. Diese stellen die Schlagadern zum Herzen dar. Eine Illustration des prähistorischen Wissens, dass, solange das Herz schlägt, der Elch (und auch der Mensch) lebt. Auf einem anderen Elch stellen die Linien eine Gebärmutter dar, das Symbol für den Ursprung des Lebens. Dass die Zeichnungen auf Felsen in der Nähe des Wassers gemacht wurden, ist kein Zufall. Die Wasserwelt wurde als Übergang von der physischen Welt zur Unterwelt angesehen. Die rote Farbe wurde immer wieder neu aufgetragen, damit die Darstellungen besser sichtbar sind. Rund um diese Felsgravuren wurde ein kleines Freilichtmuseum gebaut, in dem das Leben in der Steinzeit dargestellt wird. Vom Besucherzentrum aus, welches in prähistorischem Stil gebaut worden ist, werden Führungen und andere Aktivitäten organisiert.
www.glosaalgriket.se

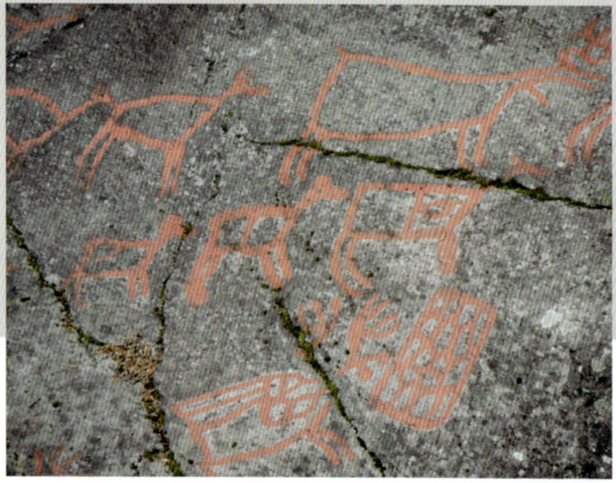

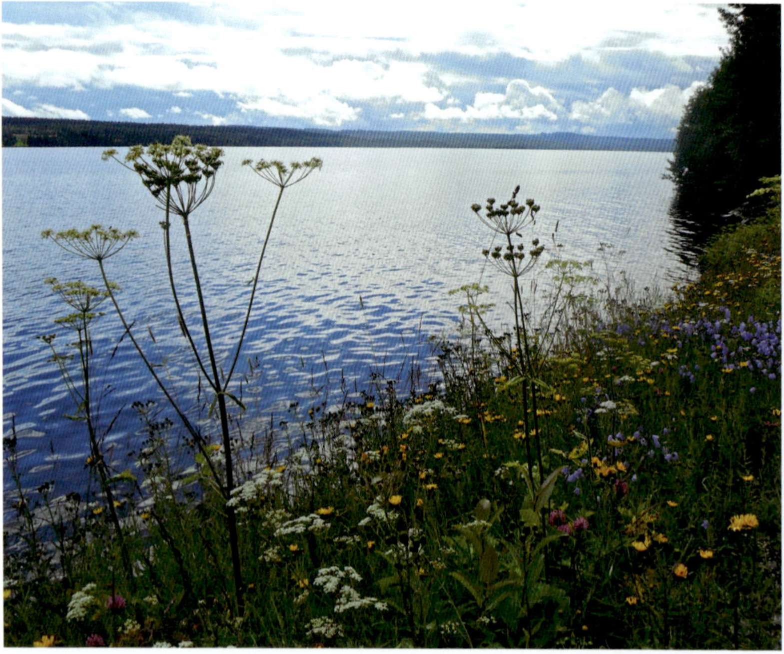

Entfernung
26 km

Asphalt
15 %

Schönheit
✶✶✶

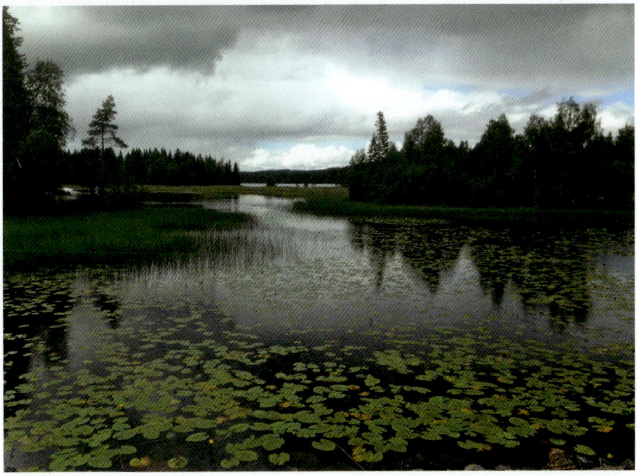

Halbzeit

Eine lange Etappe, schlichtweg weil es unterwegs wenig Möglichkeiten zur Einkehr gibt. Am Ende hat man mehr als die Hälfte geschafft. Der genaue Punkt der halben Strecke wurde nicht offiziell markiert und auch nicht offiziell bestimmt, aber wenn wir Mörsil erreicht haben, liegen mehr Kilometer hinter als vor uns.

Von Vången aus geht die Route auf Graspfaden hoch zu einem Panorama-Schotterweg. Dieser Weg bietet fantastische Aussichten über den See und die weite Umgebung. Auf halber Strecke findet man eine Infotafel mit einer Übersicht über die Berggipfel. Der Wanderweg führt weiter nach **Tann** und biegt dann nach einer kleinen Ansammlung von Häusern plötzlich links ab in den Wald hinein.

⚠ Seien Sie hier sehr aufmerksam, denn nach all den Kilometern geradeaus verpasst man die Markierung leicht.

Der Waldpfad ist schmal, uneben und kurvenreich. Laufplanken und eine kleine Brücke erleichtern das Laufen etwas. Der Steig mündet in einen Schotterweg bei **Häljeberg**. Man läuft den Weg weiter, bis man bei Kluk auf einen ruhigen, schmalen Asphaltweg kommt. Links ab weiter und unter anderem an einem kleinen See und einer Tankstelle mit Lädchen (sonntags geschlossen) vorbei.
Direkt nach der Linkskurve nach rechts auf einen Schotterweg abbiegen, der in einen schönen Weg durch den Wald übergeht. Wenn sich die Landschaft wieder öffnet, geht man hinab nach Bleckåsen. Hier steht ein Gedenkstein für die Friedensverhandlungen von 1809. Dänemark-Norwegen und Schweden waren in einen der napoleonischen Kriege verwickelt, wobei die Dänen es auf Skåne und die Schweden auf einen Teil von Norwegen abgesehen hatten. Bei Bleckåsen wurde ein Waffenstillstand vereinbart. Hier befindet sich auch ein Stempelkästchen.

Man geht weiter über einen Acker abwärts und landet wieder auf Asphalt.
Nach einem Fußballplatz verlässt man den Asphalt wieder, um nach einigen Kilometern wieder zu ihm zurückzukehren. Nun liegen rund 5 km Strecke vor einem. Man passiert Andersböle und einige Kilometer weiter die alte Kupfermine bei Semlan. Danach darf man den Weg wieder verlassen und läuft über die Trasse der alten Durchgansstraße nach Trondheim, die uns schließlich nach Mörsil bringt. Wenn man die E14 erreicht hat, ist es noch gut einen Kilometer bis zur **Pilgrimsvilan bei der Kirche von Mörsil**. Wenn man gerade Lust auf einen Fika von sehr guter Qualität verspürt, dann lohnt es sich bestimmt, zunächst das Kretsloppshuset zu besuchen.

Karte 31

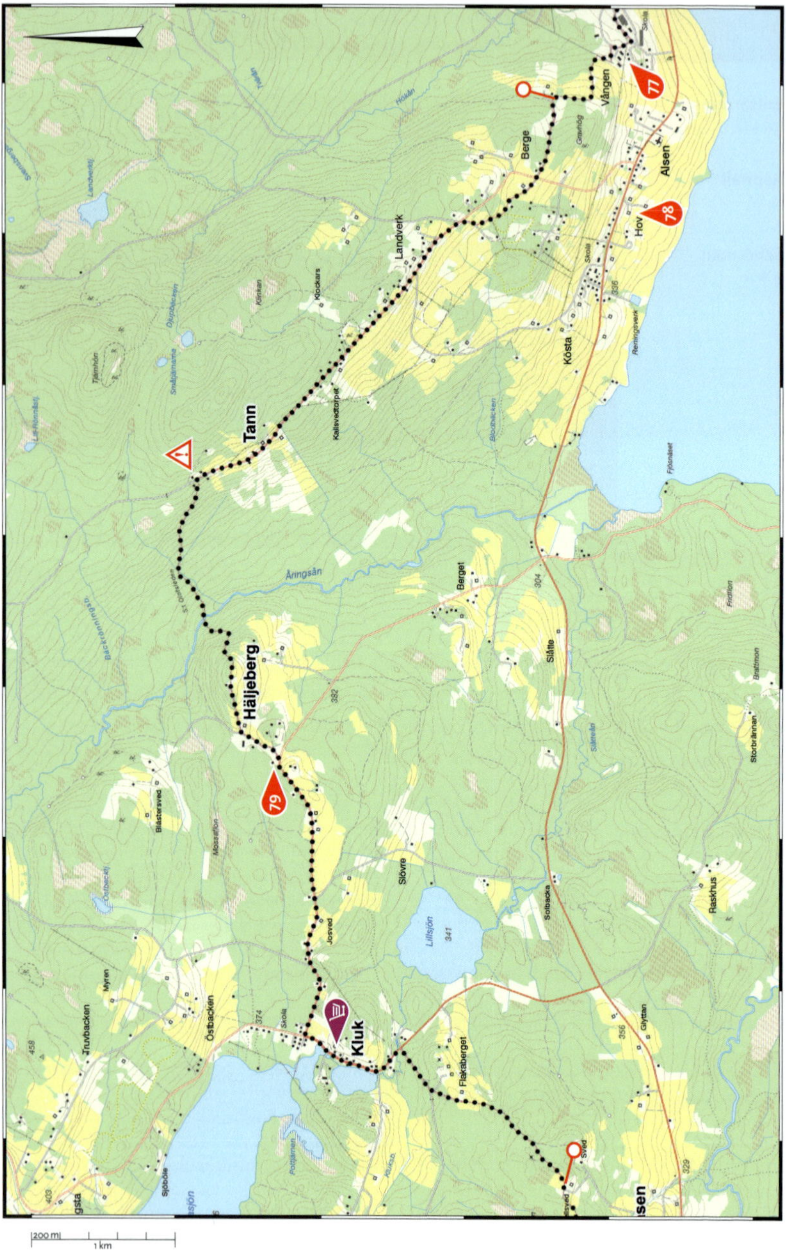
Tann
Häljeberg
Kluk
Alsen
Berge
Vången
Landverk
Kösta
Hov
Berget
Slåtte
Siövre
Lillsjön
Åringsån
200 m
1 km

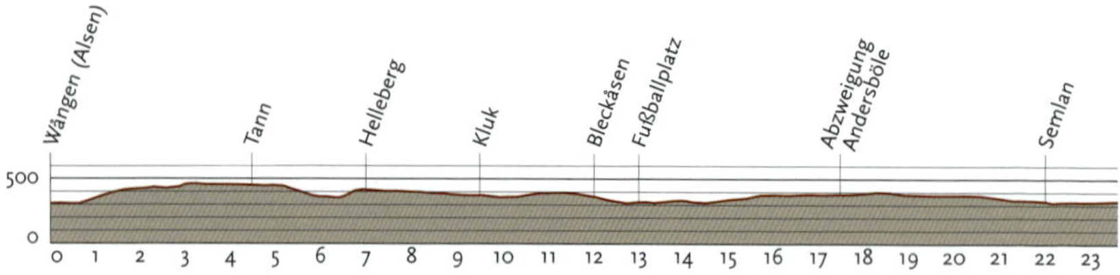
Wången (Alsen)
Tann
Helleberg
Kluk
Bleckåsen
Fußballplatz
Abzweigung Andersböle
Semlan
500
0
0 1 2 3 4 5 6 7 8 9 10 11 12 13 14 15 16 17 18 19 20 21 22 23

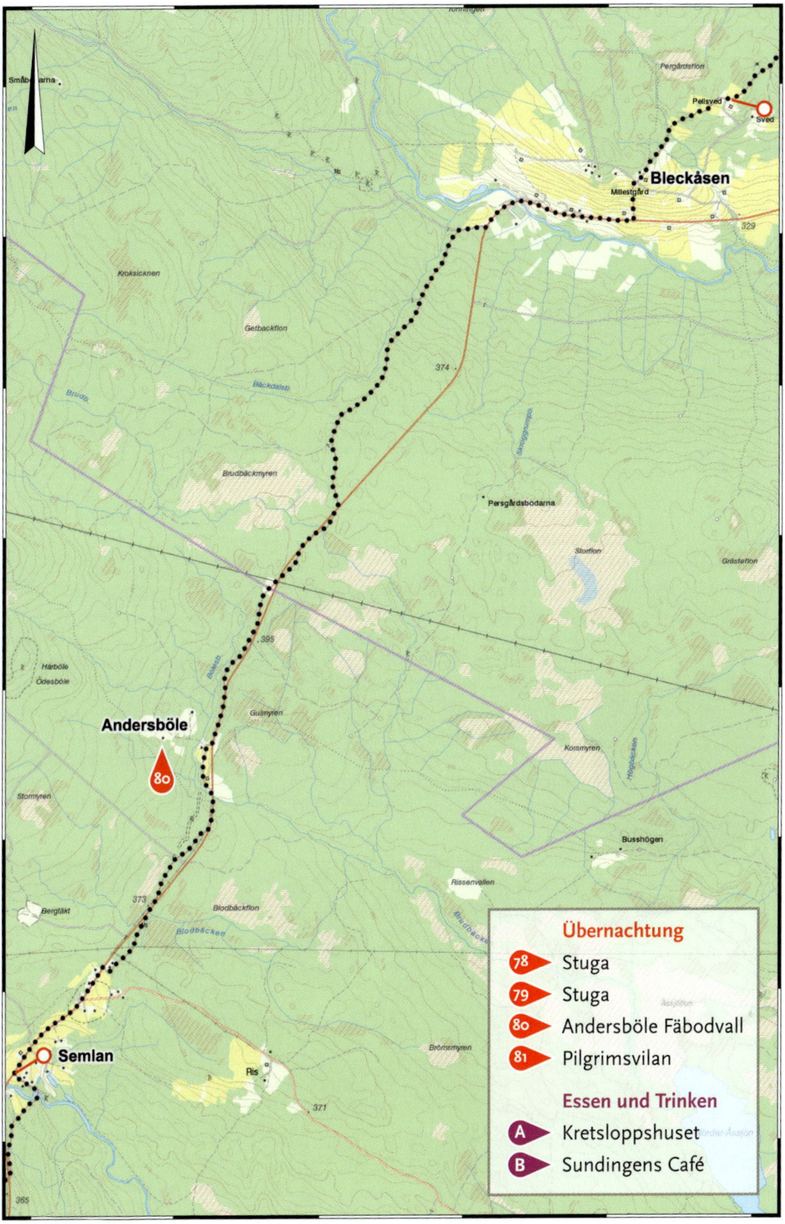

Bleckåsen
Millestgård
Pellsved
Sved
Pergårdsflon
329
Kroksicknen
Getbackflon
374
Bäckdalsb
Brudb
Brudbäckmyren
Persgårdsbodarna
Storflon
Grästeflon
395
Härböle
Ödesböle
Gulmyren
Andersböle
80
Korsmyren
Stormyren
Busshögen
Rissenvallen
373
Bergtäkt
Blodbäckflon
Blodbäcken
Semlan
Ris
Brömsmyren
371
365
Übernachtung
78 Stuga
79 Stuga
80 Andersböle Fäbodvall
81 Pilgrimsvilan
Essen und Trinken
A Kretsloppshuset
B Sundingens Café

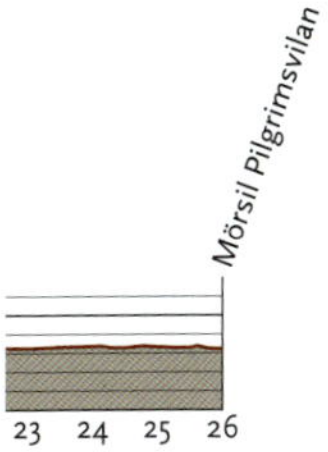

Mörsil Pilgrimsvilan
23
24
25
26

Karte 33

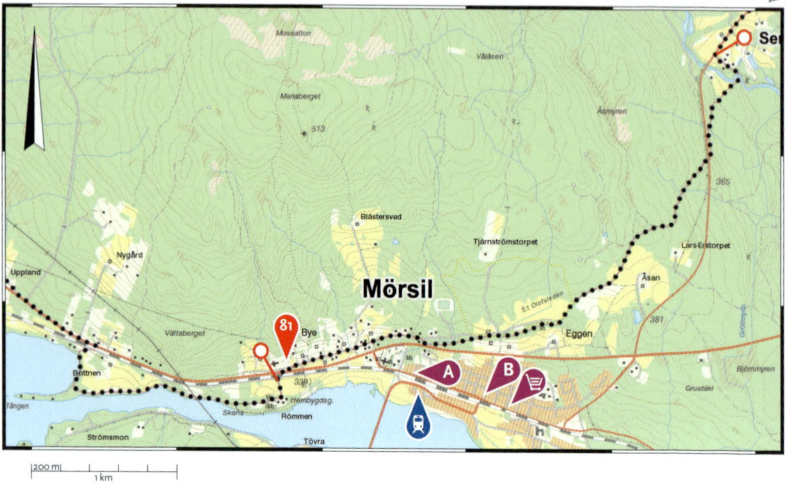

Die Kupfergießerei von Semlan

Viel mehr als ein paar Hügel bei einem Wasserfall sind nicht übrig geblieben, aber Semlan bildete von 1752 bis 1838 den Hintergrund für eine pulsierende Kupfergießerei. Ein wichtiger Teil der Produktion war die Herstellung von Kupfermünzen der schwedischen Währung. Das Erz wurde von anderswo herantransportiert. Mit der Wasserkraft des Wasserfalles wurden die Blasebälge der Öfen und Hämmer angetrieben. Die Wälder lieferten den Brandstoff, um das Erz zu schmelzen. Von Semlan aus wurde das Kupfer zum Storsjön gebracht, dann nach Brunflo verschifft und weiter über die Straße nach Sundsvall transportiert.

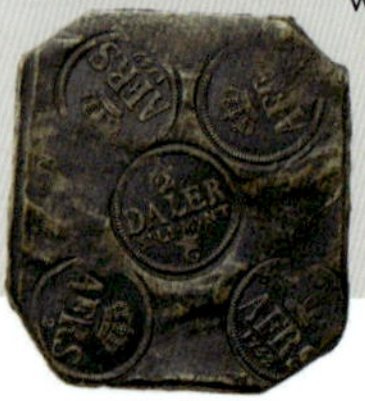

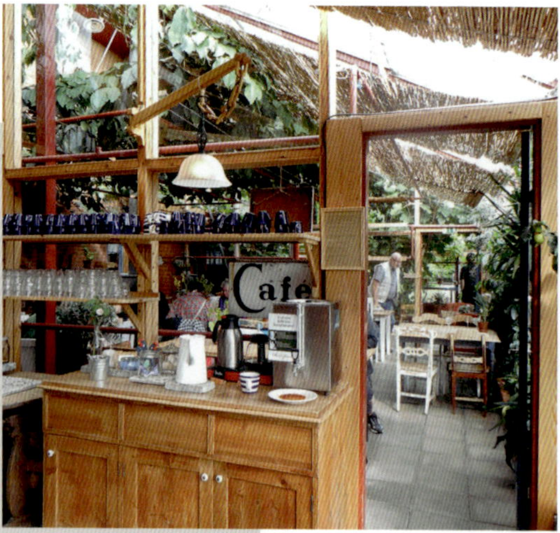

Kretsloppshuset

Das „Kreislaufhaus" ist ein Touristenmagnet in Mörsil. Das ökologische Café/Restaurant mit Laden befindet sich in einem nachhaltigen Gebäude mit einem schönen Garten, der bis in das Gebäude hineinreicht. In dem Garten stehen Obstbäume, deren Erntefrüchte in dem Gebäck verarbeitet werden. Ebenso die Eier der gutgelaunten Hühner, die frei über das Gelände laufen. Außer dem herrlichen Gebäck und den leckeren Gerichten kann man dort handwerkliche Produkte kaufen. Öffnungszeiten: Donnerstag bis Sonntag von 11.00 bis 16.00 Uhr. www.kretsloppshuset.com

Entfernung
19 km

Asphalt
10 %

Schönheit
★★★

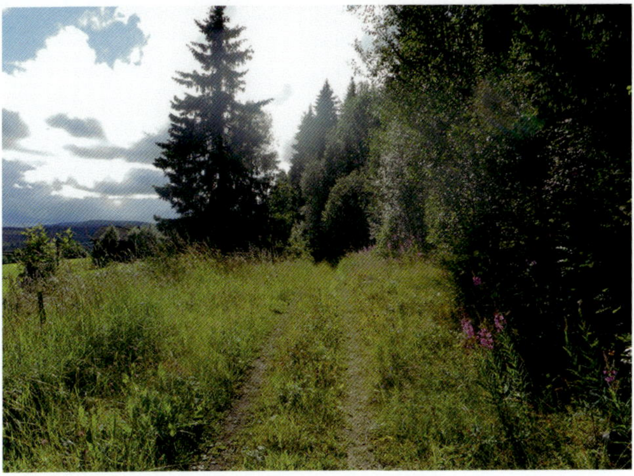

Über die alten Schlachtfelder zu einem Pilgerzentrum

Heute ist nicht mehr viel davon zu merken, aber in diesen Gegenden wurde, vor allem im 16. und 17. Jahrhundert, reichlich zwischen Dänen, Norwegern und Schweden gekämpft. Die Ruinen der Verteidigungsanlagen von Mörsil und Järpen sind stille Zeugen dieser Schlachten. Heute springt die Aussicht auf den Fluss Indalsälven mehr ins Auge. Die Etappe endet bei dem christlichen Hotel Hållandsgården mit einer kleinen, selbst erbauten Stabkirche auf dem Gelände. Das Hotel fungiert ebenfalls als Pilgerzentrum.

Von der Unterkunft aus bei der Kirche von Mörsil überquert man die Gleise und wird an den Gebäuden vom Hembygdsgård entlang geleitet (Stempel). Danach folgt man dem hübschen Seeuferweg. Man überquert wieder die Schienen, läuft ein Stückchen die E14 längs und geht danach auf der anderen Seite des Weges auf einem unordentlichen, unbefestigten Pfad weiter. Dieser Pfad geht ein bisschen auf und ab. Nach etwa 1 km kreuzt man wieder die Schnellstraße und wandert weiter auf einem Pfad zwischen der Schnellstraße und den Gleisen.

Man erreicht das Terrain des Campingplatzes **Strandgården**, wo man Kaffee bekommen kann.

Nach etwa einem Kilometer überquert man nochmal die E14 und setzt die Wanderung auf einem Schotterweg fort, der einen nach Järpen bringt. Ein Dorf mit einer hübschen Einkaufsstraße. Hier kann man sich mit allem Notwendigen versorgen

Daraufhin überquert man das Wasser über die alte **Brücke** und erreicht einen kleinen Randbezirk.

⚠ Beim Hochlaufen schneidet man eine Kurve in der Straße ab und geht geradeaus an einem Haus vorbei. Der weitere Verlauf des Weges ist orange markiert. Man kommt auf einen hübschen Grasweg mit einer reizvollen Aussicht auf das Wasser. Der Grasweg wird wieder zum Schotterweg und läuft an der **Kirchenruine von Undersåker** vorbei.

Den Schotterweg fortsetzen, entlang der neueren Kirche und Undersåkers Hembygdsgård und gleich darauf über die Brücke. Man kann die alte Brücke noch neben der heutigen sehen. Die Route zweigt gleich links ab, aber wenn Sie in **Hållandsgården** übernachten wollen, dann müssen Sie den Weg noch gut einen Kilometer fortsetzen. Man kann vom Weg aus das Backsteingebäude mit der Holzkapelle gut sehen.

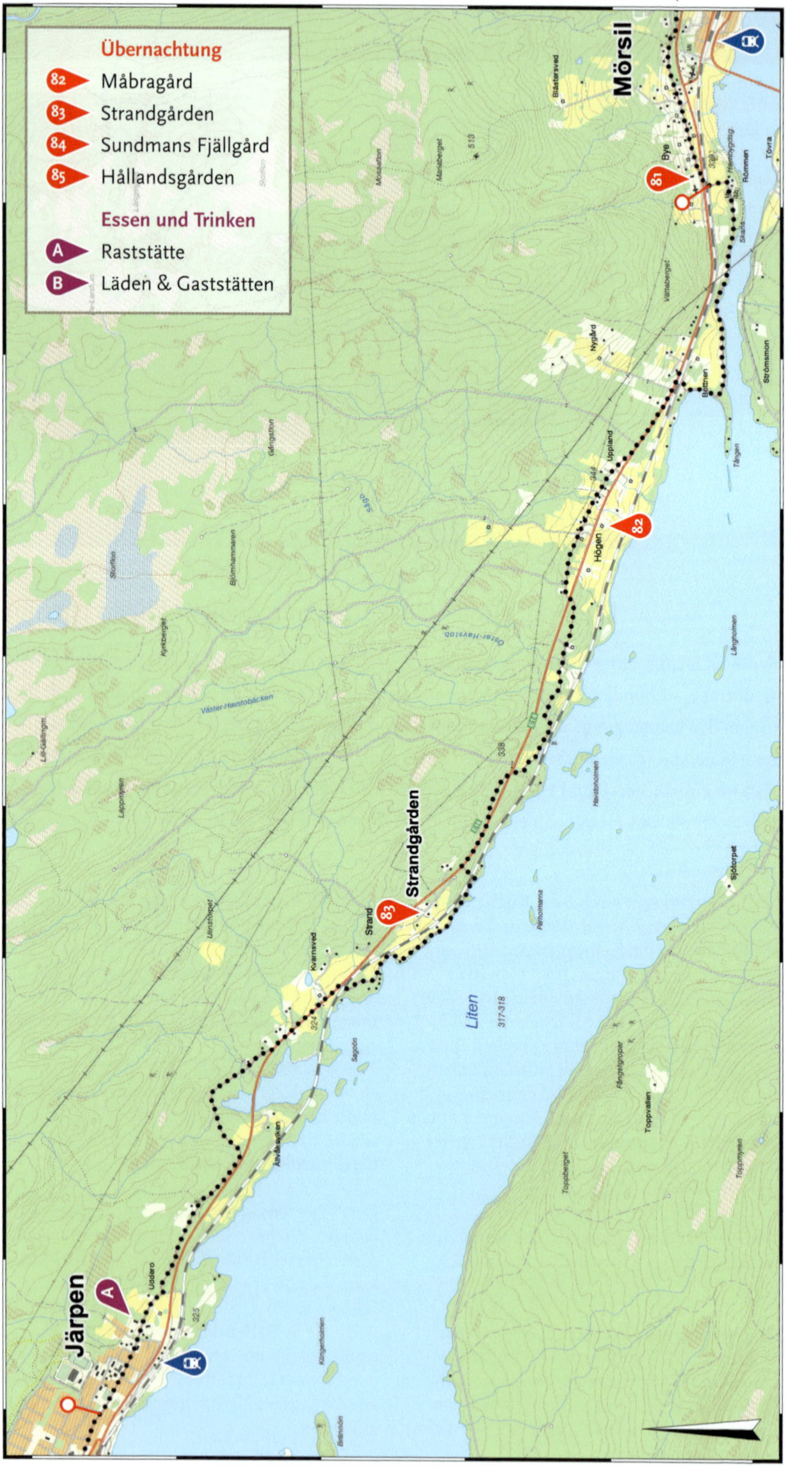
Übernachtung
82 Måbragård
83 Strandgården
84 Sundmans Fjällgård
85 Hållandsgården
Essen und Trinken
A Raststätte
B Läden & Gaststätten
Mörsil
Strandgården
Järpen
Liten
Bye
Strand
Högen
Uppland
Nygård
Bottnen
Kvarnsved
Uddero
Väster-Havstobäcken
Öster-Havstob
Storflon
Kyrkberget
Björnhammaren
Gångstflon
Ullnstorpet
Leppmyren
Sjötorpet
Fångstgropar
Toppvallen
Toppberget
Strömsmon
Tången
Långholmen
Römmen
Tövra
Västaberget
Blåstersved
Mossaflon
Marisberget
513
338
344
324
325
317-318

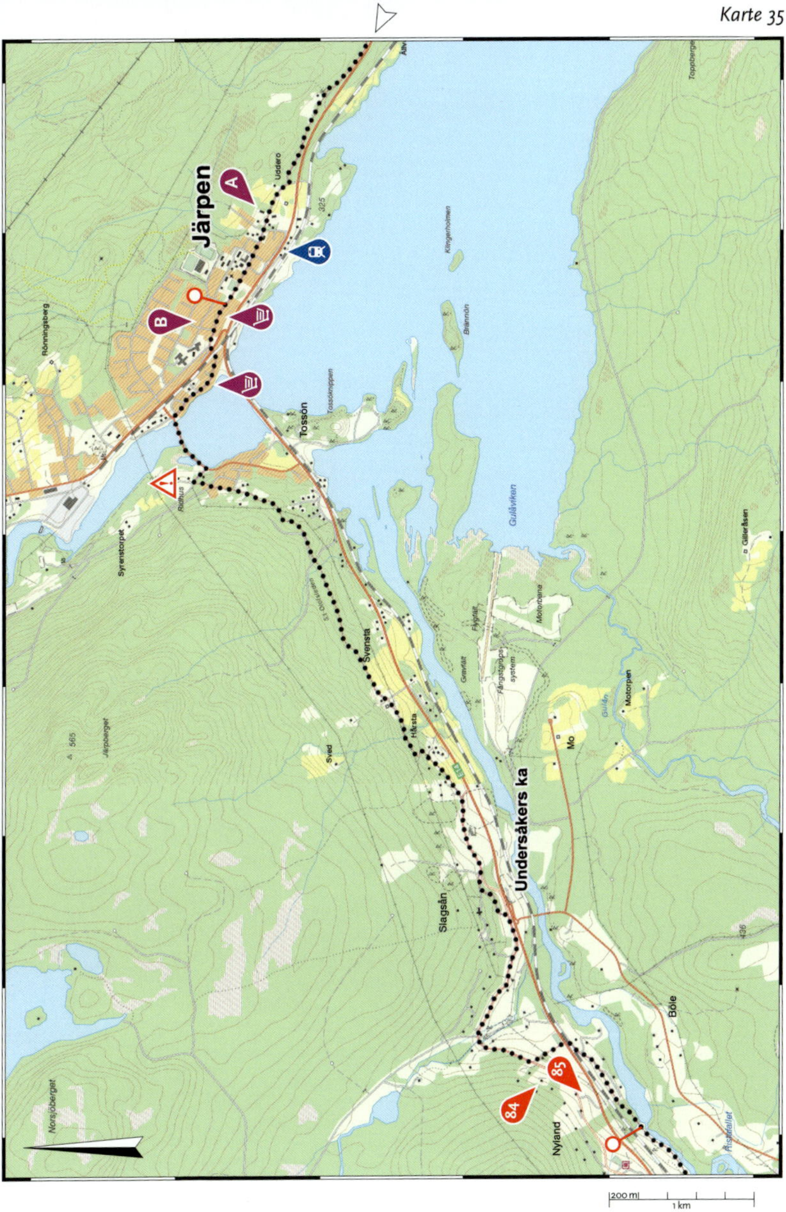

Järpen
Undersåkers ka
Tossön
Svensta
Sved
Slagsån
Böle
Nyland
Mo
Syrenstorpet
Rönningsberg
Norsjöberget
Gulåviken
Brännön
A
B
84
85
200 m
1 km

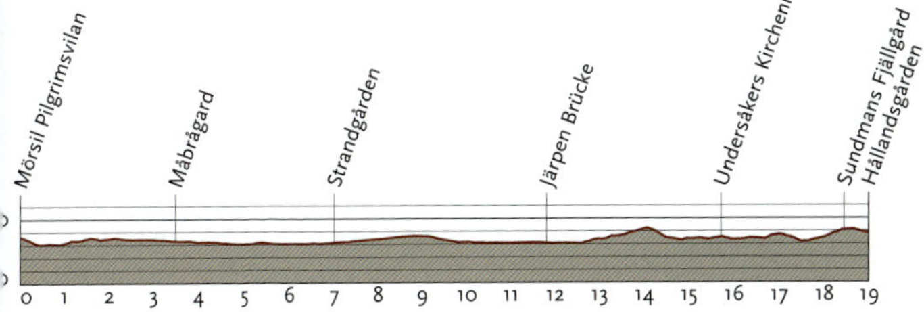

Mörsil Pilgrimsvilan
Måbrågard
Strandgården
Järpen Brücke
Undersåkers Kirchenruine
Sundmans Fjällgård
Hällandsgården
0 1 2 3 4 5 6 7 8 9 10 11 12 13 14 15 16 17 18 19

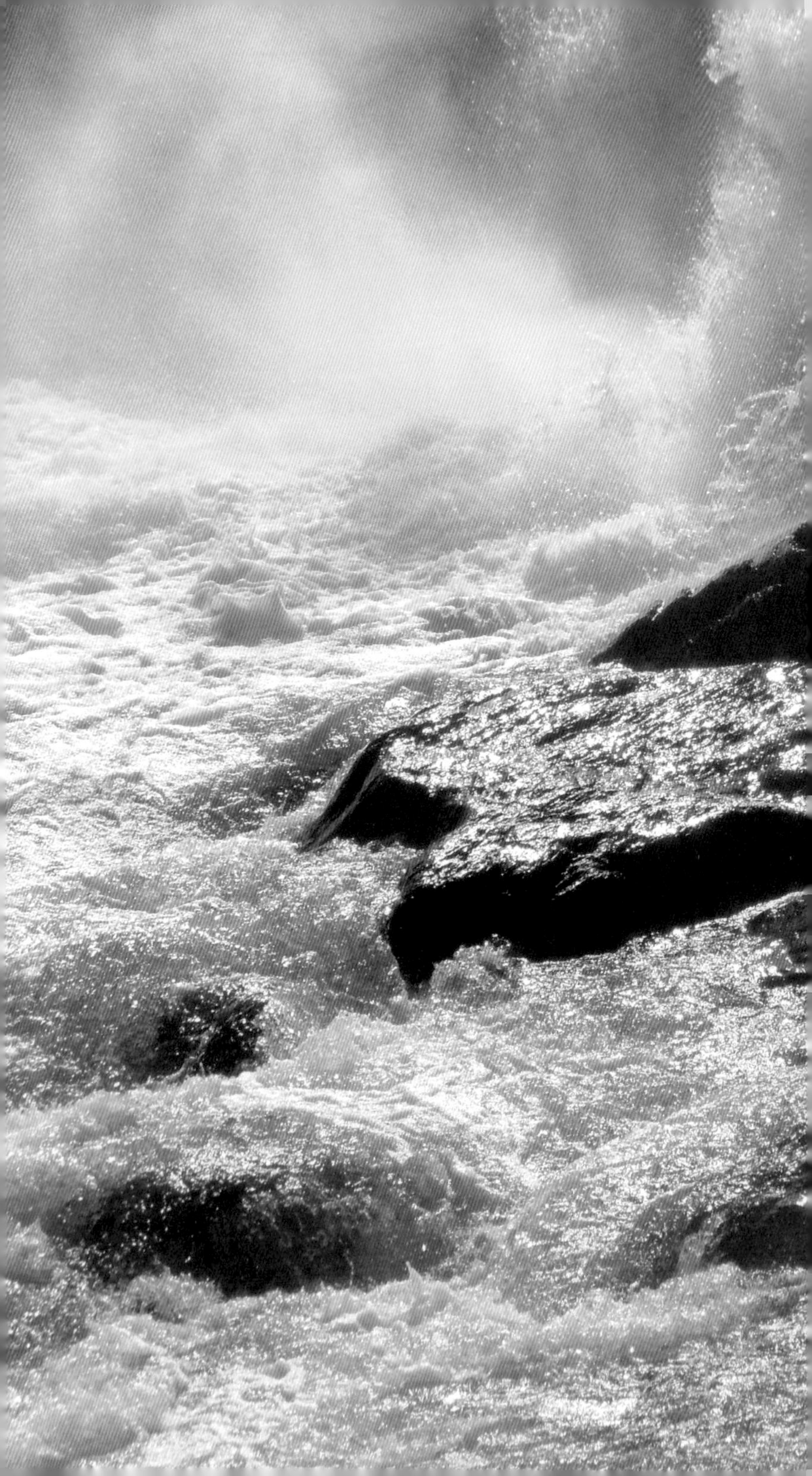

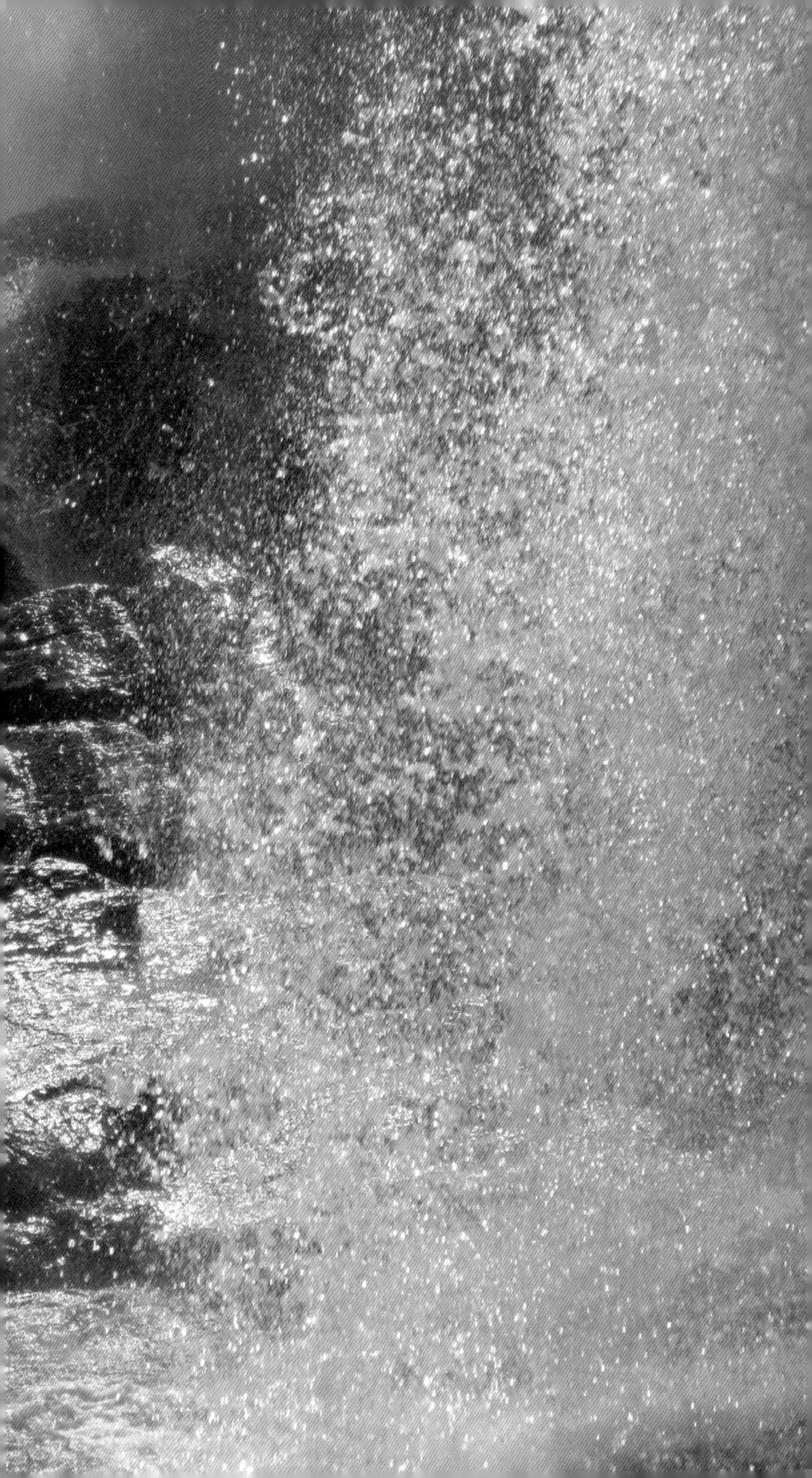

Die Schanzen von Mörsil und Järpen

Die alten Schanzen (Verteidigungsanlagen) in dieser Region sind eine Erinnerung an die vielen Kriege, die in Jämtland gewütet haben. Zu Beginn des 16. Jahrhunderts wurde Jämtland unter die Verwaltung von Norwegen gestellt, welches mit Dänemark und Schweden die Union von Kalmar bildete. Als Schweden jedoch aus der Union austrat, und Norwegen zu einer Provinz von Dänemark degradiert wurde, bekam Kopenhagen 1536 hier das Sagen. Die Reformation war voll im Gange und der lutherische Glaube wurde der Bevölkerung auferlegt. Jämtland entwickelte sich von einer zentral gelegenen skandinavischen Region zu einem Grenzgebiet zwischen zwei verfeindeten Staaten. 1563 begann der siebenjährige Krieg. Dänemark, Polen und die Hanse (Zusammenschlüsse von Kaufleuten) aus Lübeck kämpften gegen Schweden, wobei es um die Herrschaft in der Ostseeregion ging. Jämtland wurde dabei unter die Verwaltung von Nidaros gestellt. Im Jahr 1611 brach der Kalmarkrieg aus, in dem Dänemark und Schweden um den Norden von Schweden kämpften. Aus dieser Zeit stammen die Schanzen. 1644 eroberten die Schweden das Land wieder zurück. In den folgenden Jahrzehnten versuchte Dänemark, dies wieder rückgängig zu machen, was aber nicht gelang. In Jämtland wurde eine „Schwedifizierung" vorgenommen, aber erst 1699 erhielten die Einwohner die schwedische Staatsbürgerschaft. Die letzte Schlacht im Zusammenhang mit diesen skandinavischen Konflikten fand 1808 während der napoleonischen Kriege statt. Dänemark-Norwegen war mit den Franzosen liiert, Schweden hatte sich mit den Britten zusammengetan. Es war kurz und nicht so heftig. Das Gewehrfeuer begann am 16. August um 3.00 Uhr und endete am Abend um 9.00 Uhr.

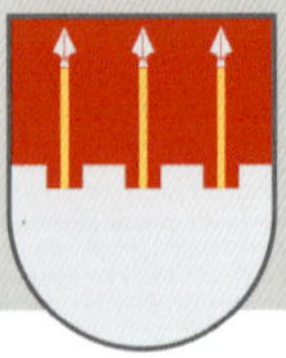

Auf beiden Seiten fiel nur ein Soldat. Es dauerte noch bis 1809, bis Dänemark-Norwegen und Schweden definitiv Frieden schlossen und Jämtland definitiv schwedisch wurde. Bei den Schanzen fanden danach keine kriegerischen Aktionen mehr statt, allerdings wurde die Schanze von Mörsil im Zweiten Weltkrieg noch kurz in Einsatzbereitschaft versetzt. Auf dem Wappen von Mörsil ist die Schanze noch immer zu erkennen.

Die Kirchenruine von Undersåker

Als die mittelalterlichen Pilger diese Strecke zurücklegten, stand die Kirche von Undersåker noch erhaben an ihrem Platz. Die Kirche aus Granit und Sandstein wurde Ende des 13. Jahrhunderts erbaut. Im Jahr 1611, während des Kalmarkrieges, wurde das Gebäude zerstört. Die Kirche wurde zwar wieder aufgebaut, aber im Laufe der Zeit stellte sich heraus, dass sie zu klein war. Die Kirche wurde abgebaut, um das Baumaterial zu erhalten. Ein Stückchen weiter wurde eine neue Kirche gebaut, die dort heute noch steht.

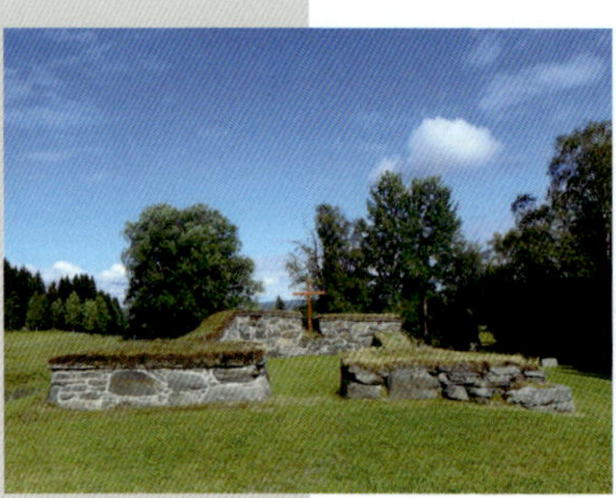

Hållandsgården

Hållandsgården ist eine der vielen besonderen Übernachtungsmöglichkeiten entlang der Strecke. Dieses christliche Hotel identifiziert sich sehr mit der Pilgerroute. Auf dem großzügigen Hotelgelände wurde eine kleine Stabkirche nach Vorbildern aus dem 12. Jahrhundert gebaut. Sie ist für Besuch und Gebet geöffnet. Außerdem befinden sich auf dem Gelände Gebäude mit biblischen Themen. So gibt es einen Teich, der den See von Galilea symbolisiert und eine kleine Scheune, die die Werkstatt des Zimmermanns Josef darstellt. Im Hotel selbst ist ein maßstabsgetreues Modell von Jerusalem zur Zeit Jesu (30 nach Christus) zu sehen. Das Hotel organisiert meditative Wanderungen auf dem Pilgerpfad und bietet Quartiere für christliche Gruppen an. Aber auch wenn man nicht religiös motiviert ist, wird man herzlich empfangen.

Entfernung
22 km

Asphalt
10 %

Schönheit
✶✶✶

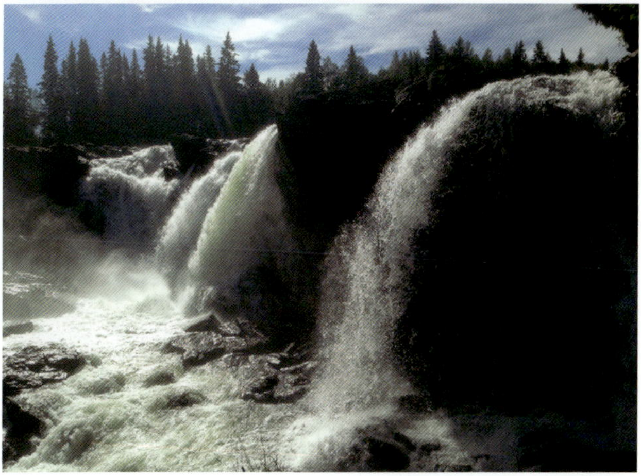

Von den Wasserfällen in die Berge

Diese Etappe beginnt mit den spektakulären Wasserfällen Ristafallet, einer der Höhepunkte der ganzen Route, wo man zweifelsohne einen „ganzen Film vollknipsen" kann. Ein Stück weiter gibt es einige Kilometer mit beschwerlichen Wegen, die auch das Lauftempo drosseln werden. Und dann gibt es eine herrliche Aussicht auf hohe Berge rund um Åre, nicht umsonst ein wichtiges Wintersportzentrum. Nehmen Sie sich also heute ausreichend Zeit für die Bewältigung Ihres Tagesmarsches.

Man muss nicht zurücklaufen, um wieder auf die Route zu kommen, sondern man kann das Gelände von Hållandsgarden durchkreuzen, die Straße und die Gleise überqueren, um dann wieder auf den richtigen Pfad zu gelangen. Die Abzweigung ist markiert. Nun kommt ein wunderschöner Pfad entlang einer Olavsquelle bei einer Serie von donnernden Wasserfällen: **Ristfallet**. Der Pfad trifft auf die Rückseite eines Campingplatzes. Man läuft über das Gelände bis zum Eingang und steigt dann gleich wieder nach oben durch einen Park mit Ferienhäuschen.
Man überquert die E14 und kommt auf einen hübschen Pfad zwischen Wald und Feldern. Der Weg landet wieder auf der E14 und bringt uns nach Undersåker. Man folgt dem Asphaltweg bis zum **Bahnhof**. Dort rechts ab, vorbei am Hotel/Konferenzzentrum **Fjällsätra**, hinter dem ein Grasweg hochläuft. Man überquert wieder die E14 und folgt dem Pfad weiter. Dann links ab auf einen sehr schmalen Weg in den Wald hinein. Man passiert einen Königsgedenkstein (ein markanter Felsbrocken, auf dem Namen und Initialen, manchmal auch von Königen, hinterlassen wurden). Anfänglich ist der Weg noch gut begehbar und bei **Brattland** hat man wunderbare Aussichten auf die Berge.

Ein Stückchen weiter macht die Route eine Schleife um ein Gebiet, dessen Eigentümer offensichtlich keine Pilger auf seinem Terrain duldet. Dies wird auf einem Schild angegeben, auf dem dringend empfohlen wird, den Umweg zu machen. Dieser Umweg verdient kaum den Namen Weg. Die markierte Spur macht Gebrauch von der Trasse unter den Elektrizitätsmasten und ist uneben, schmal und schlecht begehbar.

Hat man den Umweg hinter sich, wird der Pfad besser und man steigt wieder hinab zur Straße und zum **Åre Camping**, wo man Kaffee und Snacks bekommen kann.

Jetzt kann man den Schotterweg entlang der Gleise ganz zu Ende laufen. Dabei kommt man

Karte 36

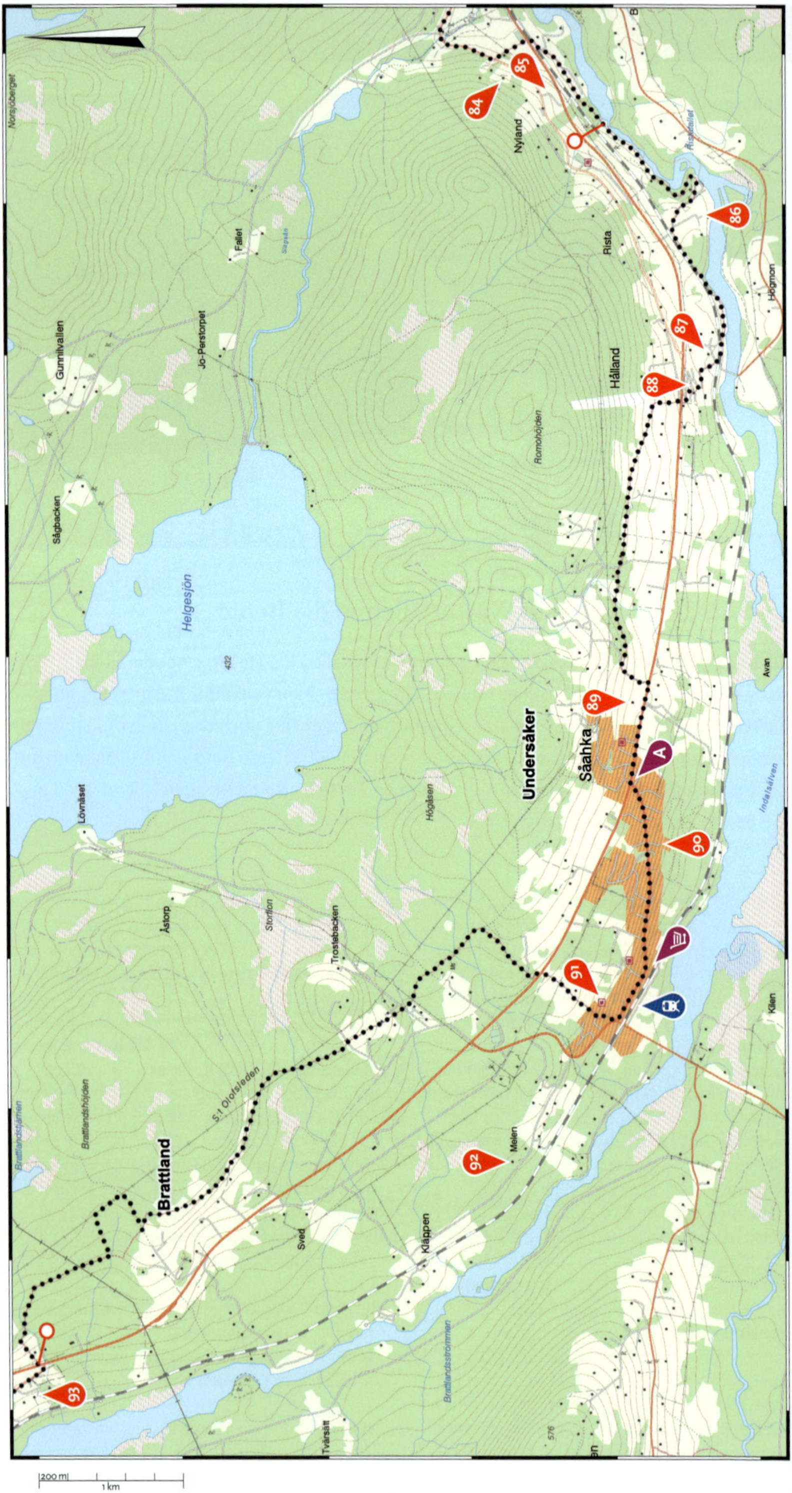

Nyland
Rista
Hålland
Högmon
Romohöjden
Helgesjön
432
Falet
Jo-Perstorpet
Gunnilvallen
Sågbacken
Lövnäset
Undersåker
Såahka
Högåsen
Åstorp
Trostebacken
Avan
Indalsälven
Kilen
S:t Olofsleden
Brattland
Brattlandshöjden
Brattlandstjärnen
Melen
Sved
Kläppen
Brattlandsströmmen
Tvärsätt
576
84
85
86
87
88
89
90
91
92
93
A
200 m
1 km

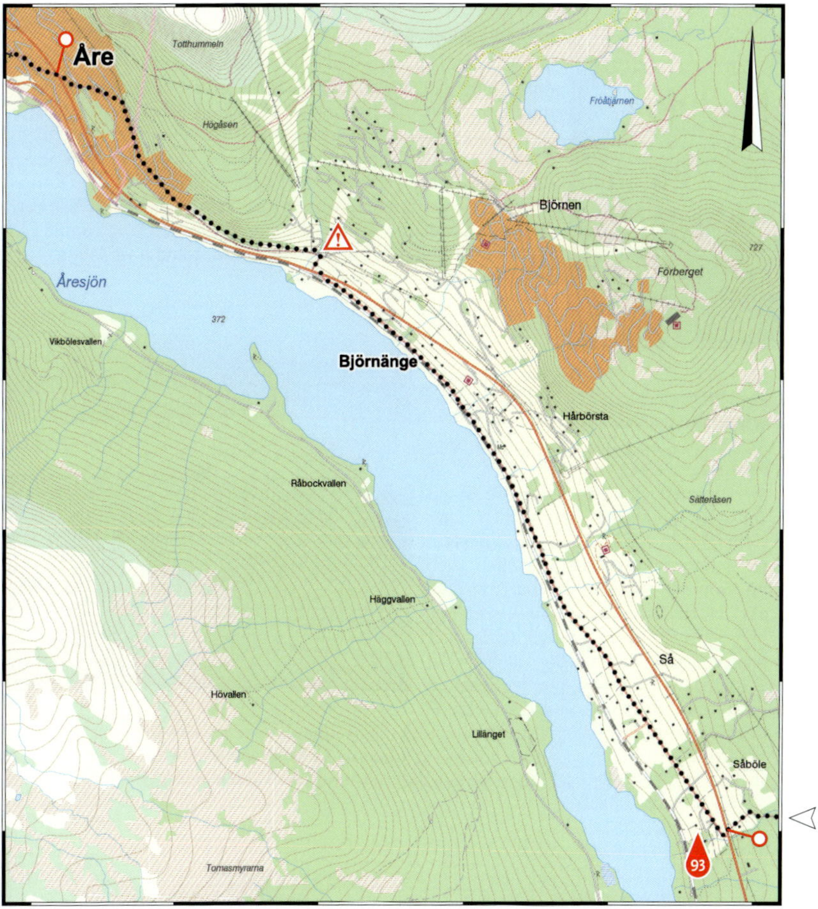

an dem Dörfchen **Björnänge** vorbei. Man landet wieder auf der E14, die man ein Stückchen weitergeht. Wenn man die Ortschaft beinah erreicht hat, geht der Pfad nach rechts einen schmalen Weg hoch.

⚠ *Etwas leichter wäre es, wenn Sie einfach die E14 weiterlaufen und nach etwa 1,5 km links in den Årevägen abbiegen, der Sie dann zum Zentrum von Åre bringt. Der offizielle Weg besteht größtenteils aus einer unebenen Spur unter Elektrizitätsmasten hindurch, und die Markierung in den Außenbezirken von Åre ist unzureichend.*

Um den offiziellen Weg zu nehmen, biegen Sie also bei dem schmalen, steil nach oben führenden Pfad rechts ab. So gut wie gleich links über eine Weide und daraufhin weiter auf einem unebenen Weg unter Elektrizitätsmasten. Dieser Pfad mündet in einem Randbezirk in den Solbringsvägen. Diesen Weg fortsetzen. Den ersten Weg nach rechts: Granidsvägen. Der Weg gabelt sich, nehmen Sie die linke Abzweigung. Diese weiterlaufen und dann rechts in den Tottebovägen. Man passiert ein Sportzentrum und ein Krankenhaus. Tottebovägen geht in den Kurortsvägen über. Diesen Weg weiter- und unter der E14 hindurchlaufen. Am Ende links ab in den Årevägen. Man kommt an der **Åre gamle Kyrka** vorbei. Ein kleines Stückchen weiter erreicht man das Zentrum.

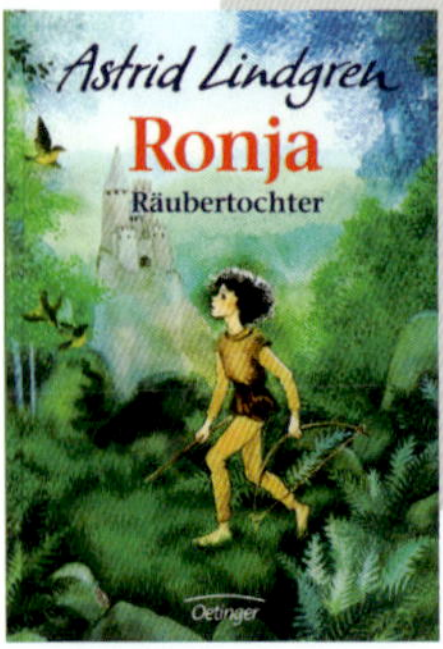

Ronja Räubertochter
Die Wasserfälle Ristafellet bildeten die Kulisse für etliche Szenen aus „Ronja Räubertochter", die Verfilmung (1984) des gleichnamigen Buches (1981) von Astrid Lindgren. In dieser Geschichte, die sich vor dem Hintergrund mittelalterlicher Legenden abspielt, ist Ronja die Tochter des Räuberhauptmannes Mattis. Ihre Familie ist der Erzfeind der Räuberfamilie Borka, aber Ronja freundet sich mit deren Sohn Birk an, sehr gegen den Willen der Familien. Durch die Beharrlichkeit und Überzeugung von Ronja und Birk werden die Familien wieder miteinander versöhnt.

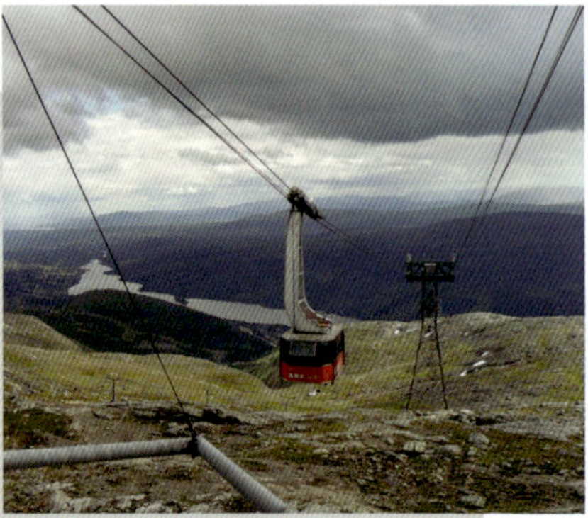

Wintersportzentrum Åre
Åre ist das Zentrum des größten Wintersportgebietes von Schweden. Das merkt man auch im Sommer. Åre ist auf Touristen eingestellt und verfügt über viele Unterkünfte, Geschäfte, Restaurants und Bars. Die Berge ziehen auch im Sommer sportliche Touristen an, aber Hochsaison ist hier im Winter. Haben Sie noch genug Energie übrig oder planen Sie einen Ruhetag, dann lohnt es sich ganz bestimmt, mit der Seilbahn nach oben zu fahren und die herrliche Aussicht vom Åreskutan aus zu genießen. Sie können sehen, woher Sie ganz gekommen sind und was noch vor Ihnen liegt. Im Sommer kann man zwischen 10.00 und 16.00 Uhr nach oben fahren. www.visitare.com/kabinbanan-are

Åre gamla kyrka
Die alte Kirche von Åre ist eine der schöneren Kirchen entlang des Olavswegs. Es begann mit einem kleinen Steingebäude (11 x 5 Meter) im 12. Jahrhundert. Nach norwegischem Entwurf, weil Jämtland damals zu Norwegen gehörte. Sie wurde Olav gewidmet und auch im Hinblick auf den Pilgerstrom gebaut. Die Erweiterungen wurden im 17. und 18. Jahrhundert ausgeführt. Der für Jämtland typische Glockenturm stammt ebenfalls aus dem 18. Jahrhundert. Das Innere zeugt vom Charme vergangener Zeiten. Wunderschöne hölzerne Verzierungen und eine sehr besondere Decke fallen gleich ins Auge. Das hölzerne Bild von Olav, hier atypisch dargestellt ohne Beil aber mit einem Dreispitz auf seinem Haupt, stammt aus dem 14. Jahrhundert. Man kann die Kirche selbst betreten mit einem robusten Schlüssel, der einfach neben dem Eingang hängt.

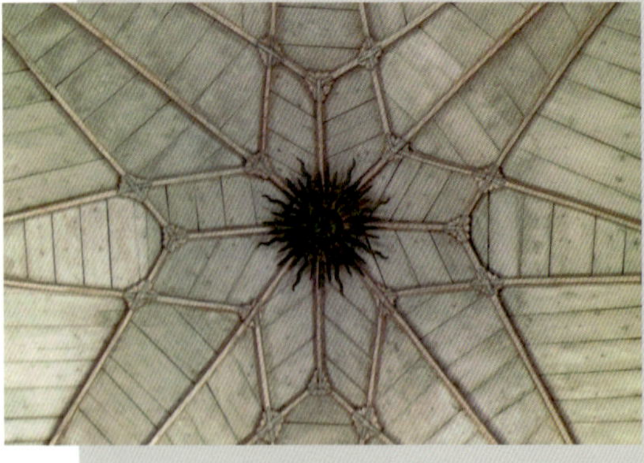

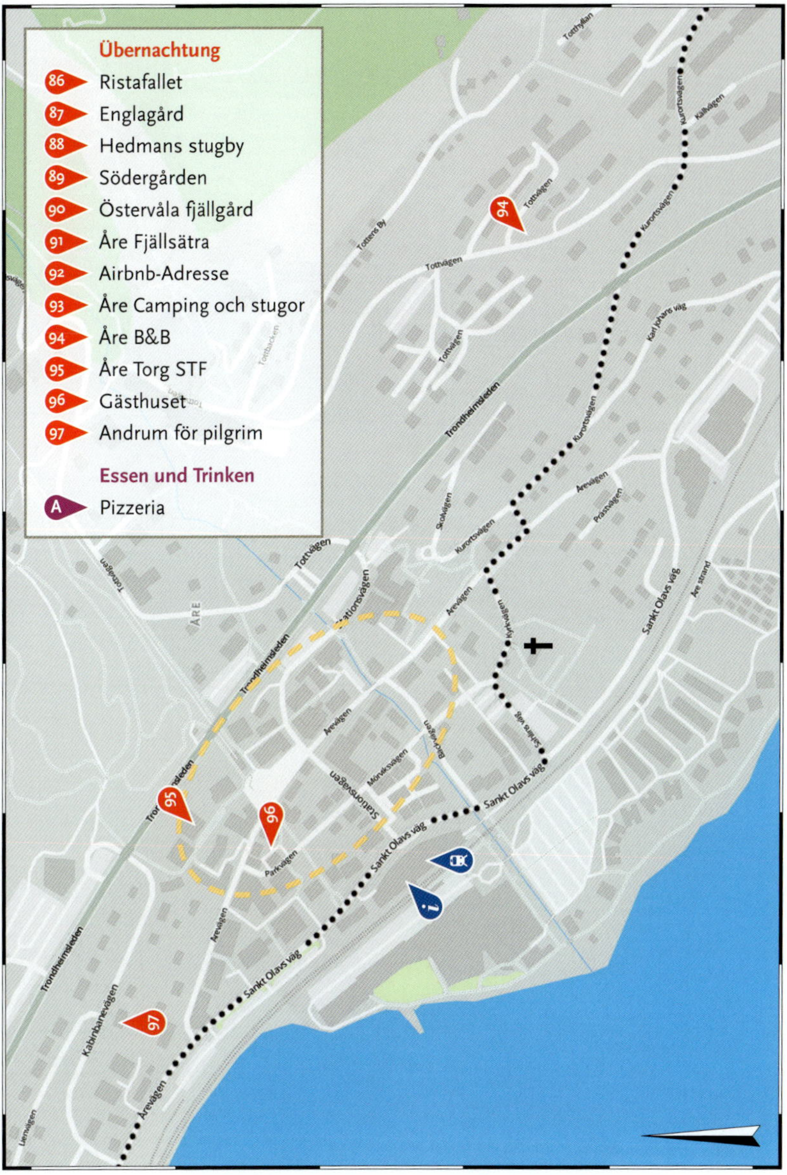
Åre
Übernachtung
86 Ristafallet
87 Englagård
88 Hedmans stugby
89 Södergården
90 Östervåla fjällgård
91 Åre Fjällsätra
92 Airbnb-Adresse
93 Åre Camping och stugor
94 Åre B&B
95 Åre Torg STF
96 Gästhuset
97 Andrum för pilgrim
Essen und Trinken
A Pizzeria
Trondheimsleden
Kurortsvägen
Sankt Olavs väg
Stationsvägen
Årevägen
Tottvägen
Kabinbanevägen

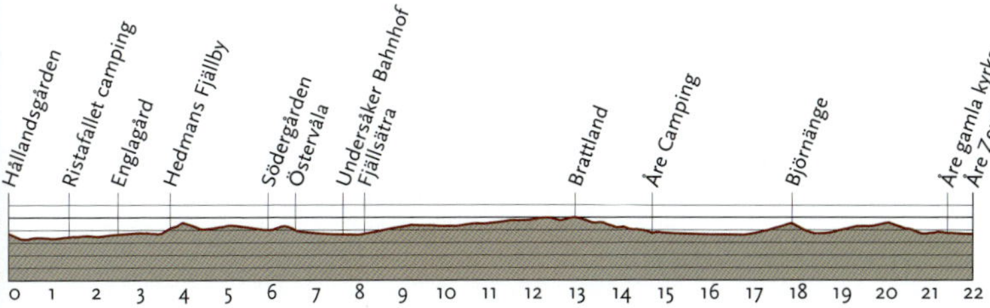
Hällandsgården
Ristafallet camping
Englagård
Hedmans Fjällby
Södergården
Östervåla
Undersåker Bahnhof
Fjällsätra
Brattland
Åre Camping
Björnänge
Åre gamla kyrka
Åre Zentrum
0 1 2 3 4 5 6 7 8 9 10 11 12 13 14 15 16 17 18 19 20 21 22

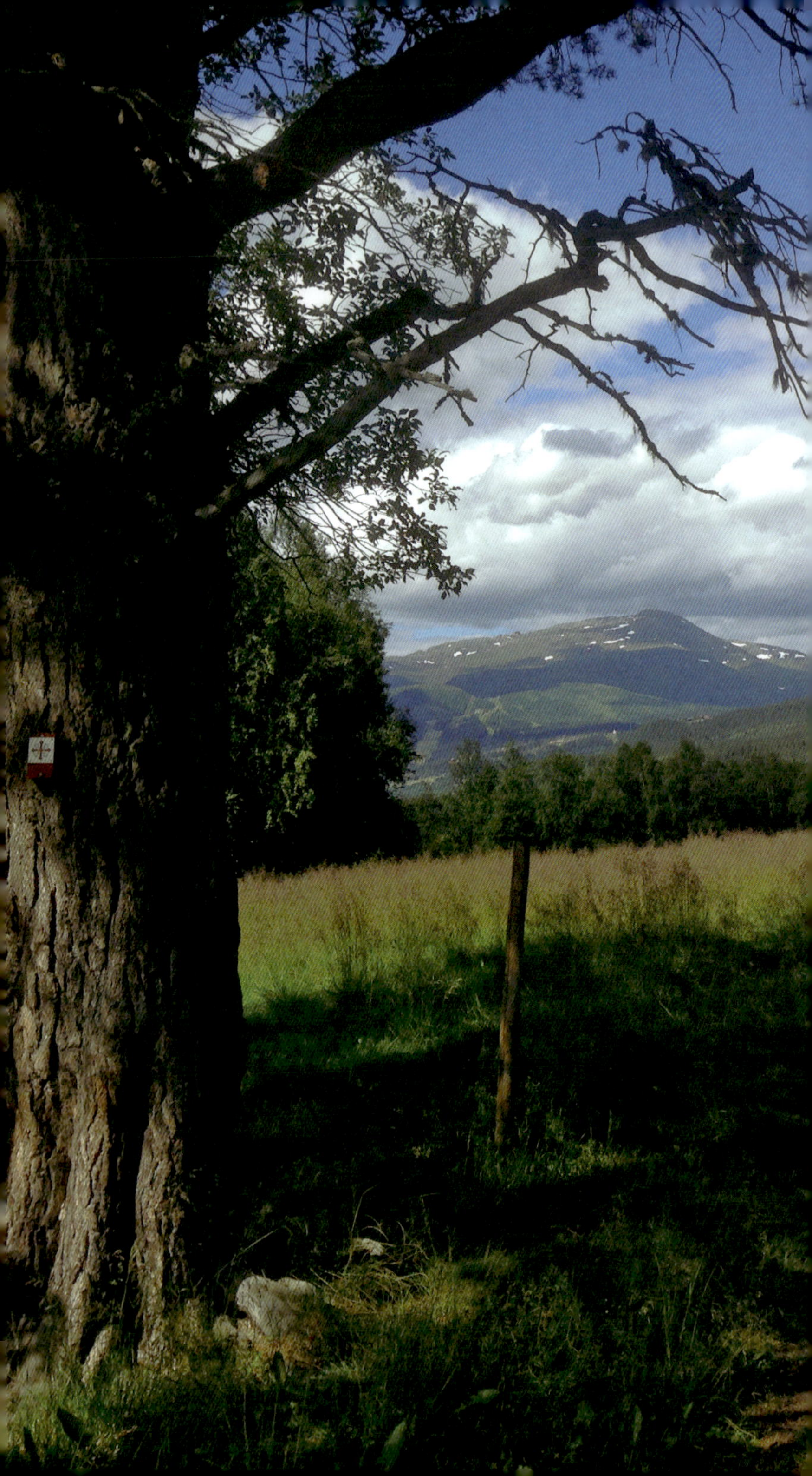

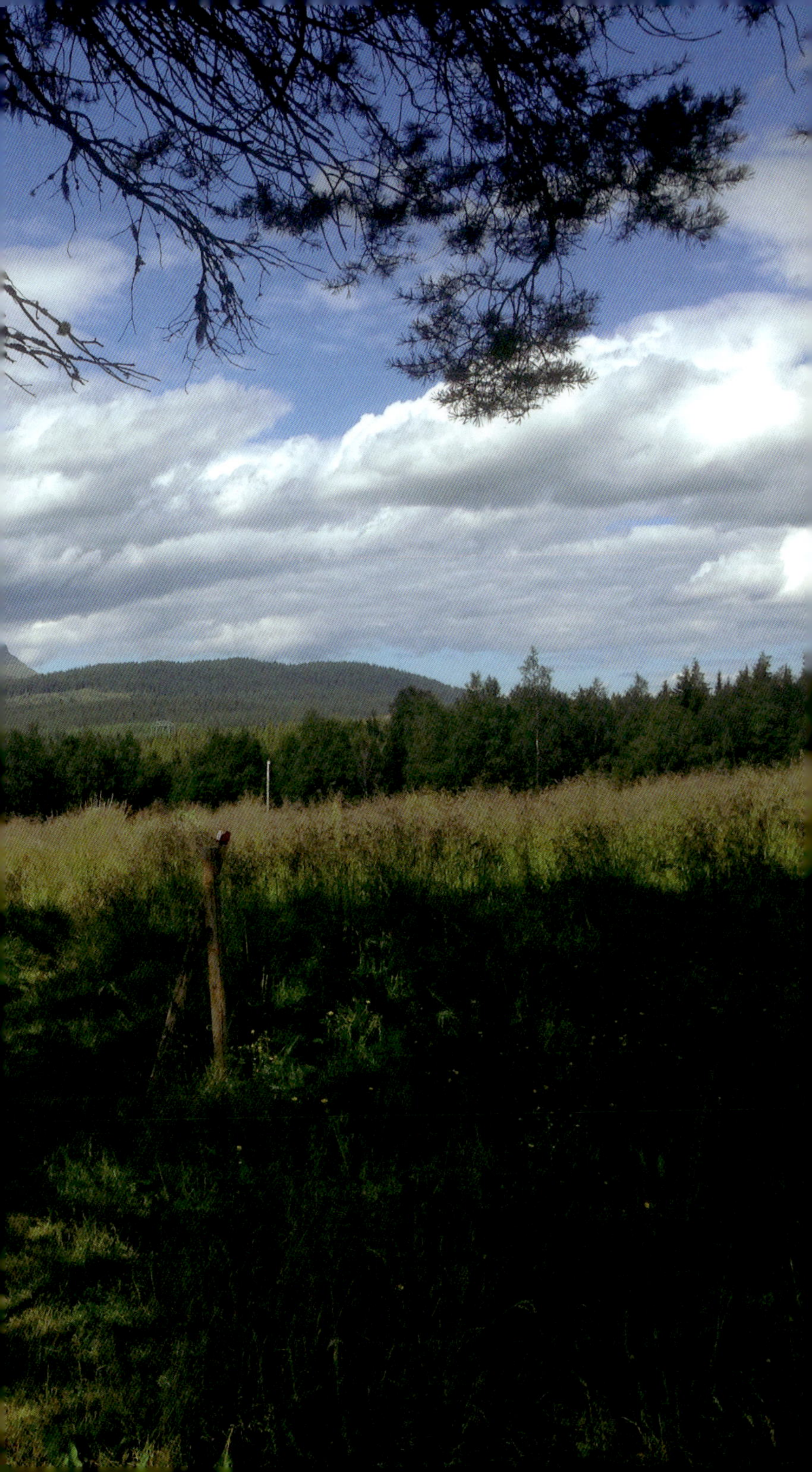

Entfernung
20 km

Asphalt
80 %

Schönheit
★★

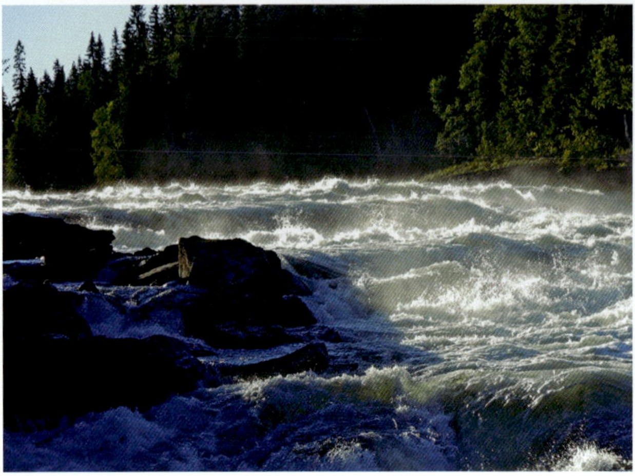

Staub schlucken und nachspülen

Eine bekannte Redensart besagt, dass der Weg wichtiger ist als das Ziel. Für die Etappe dieses Tages sollte man meinen, dass das Ziel den Weg rechtfertigt. Denn angenehm ist der Weg nicht, zunächst ein Stück entlang belebter, unordentlicher Wege, dann ein endloser staubiger Asphaltweg, gesäumt von undurchdringlichen Nadelwäldern. Die Ankunft in der gemütlichen Unterkunft neben dem größten Wasserfall von Schweden ist dann aber auch paradiesisch und wohlverdient. Wollen Sie noch Einkäufe erledigen, dann ist Duved die letzte Chance. Der nächste Supermarkt ist erst wieder in Vuku (Norwegen). Bis zu diesem Zeitpunkt ist man auf das Essen, das bei den Unterkünften (und den sehr seltenen Gaststätten) erhältlich ist, angewiesen.

Bitte beachten: Es wird an einem Waldweg zwischen dem Golfplatz und Tännforsen gearbeitet. Dadurch wird die Strecke nicht nur kürzer, sondern auch angenehmer, weil einem auch ein ganzes Stück des staubigen Asphaltweges erspart wird. Dieser Waldpfad soll in der Saison 2018 fertiggestellt sein.

Abhängig davon, wo man übernachtet hat, steigt man hinunter zum Weg neben den Gleisen und läuft am Verkehr und an der unordentlichen Bebauung entlang, bis man Åre verlässt. Nach etwa 2,5 km kommt man zum **Hembygdsgård** von Åre.
Nach etwa 1 km überquert man die Schienen und landet auf einem ruhigen Schotterweg entlang des Wassers. Dieser bringt uns zum Wohngebiet von Tegefjäll und danach, auf der Höhe des (bescheidenen) Wasserfalls Tegeforsen, auf die Durchgangsstraße nach Duved.

Man passiert die weiße neugotische **Holzkirche** aus 1894 und kurz darauf das Zentrum mit einigen Restaurants und einem Supermarkt, der letzte bis Vuku. Man setzt den Weg fort, kommt an einem Karolingerdenkmal vorbei und landet danach auf der E14.

Nach zwei Kilometern darf man die Straße wieder verlassen. Die **Abzweigung** erkennt man an einem alten Werbeschild für Tännforsen. Man biegt rechts ab auf die alte Durchgangsstraße nach Trondheim. Dieser Skalstugevägen ist eine Asphaltstrecke voller kleiner Steine, wo an trockenen Tagen der Verkehr den Staub ordentlich aufwirbeln kann. Nach etwa einem halben Kilometer bietet der Golfplatz eine bescheidene Kantine. Daraufhin folgt eine neue Kurve, die auf diesem Weg wohl das Aufregendste ist, was man hier erleben kann. Weiterlaufen bis zur Abzweigung

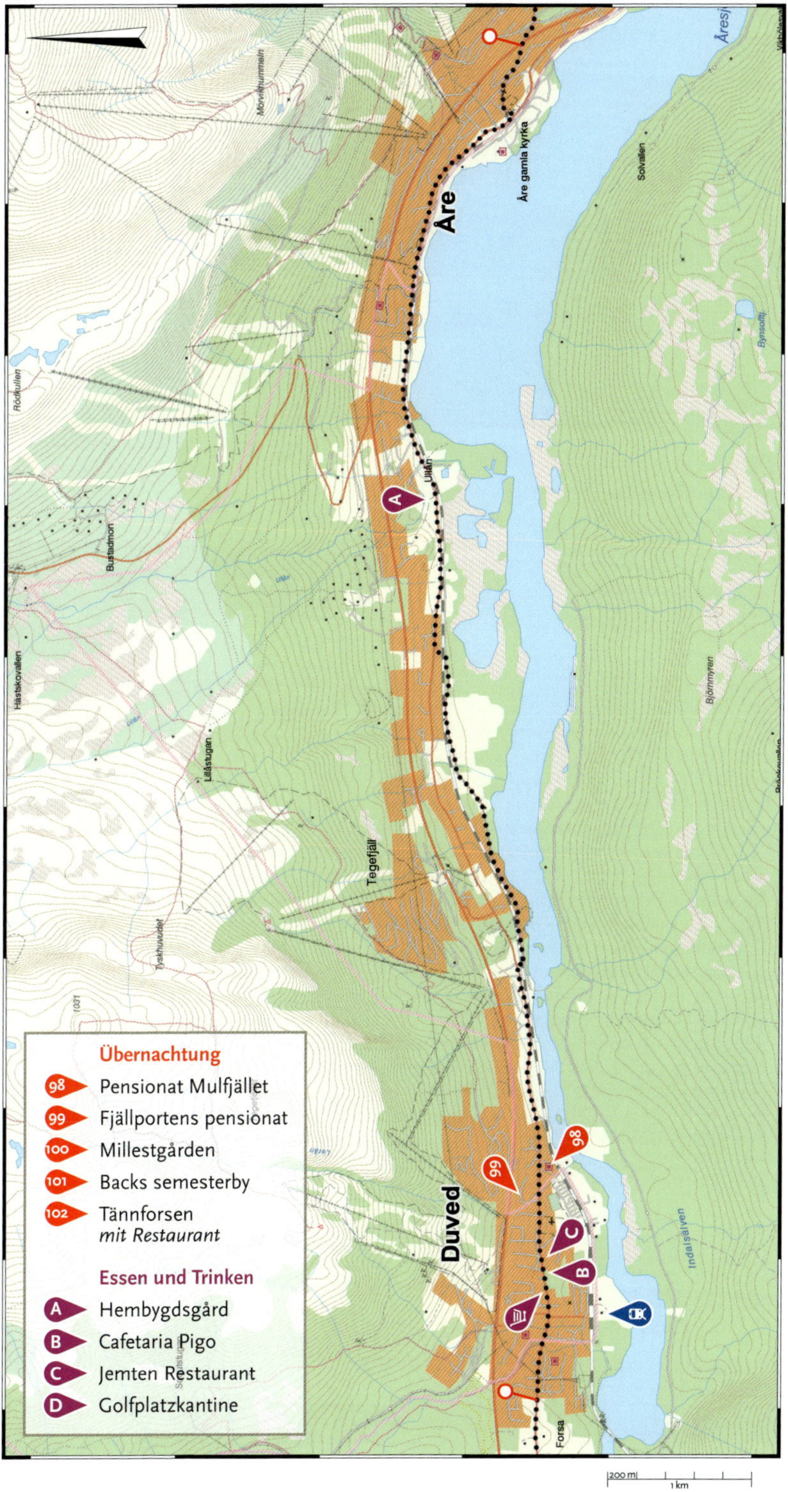
Übernachtung
98 Pensionat Mulfjället
99 Fjällportens pensionat
100 Millestgården
101 Backs semesterby
102 Tännforsen *mit Restaurant*
Essen und Trinken
A Hembygdsgården
B Cafetaria Pigo
C Jemten Restaurant
D Golfplatzkantine
Åre
Duved
Åre gamla kyrka
Solvallen
Tegefjäll
Bustadmon
Hästkovallen
Lillåstugan
Tyskhuvudet
Rödkullen
Björnmyren
Indalsälven
Forsa
Ullån
200 m
1 km

Karte 39

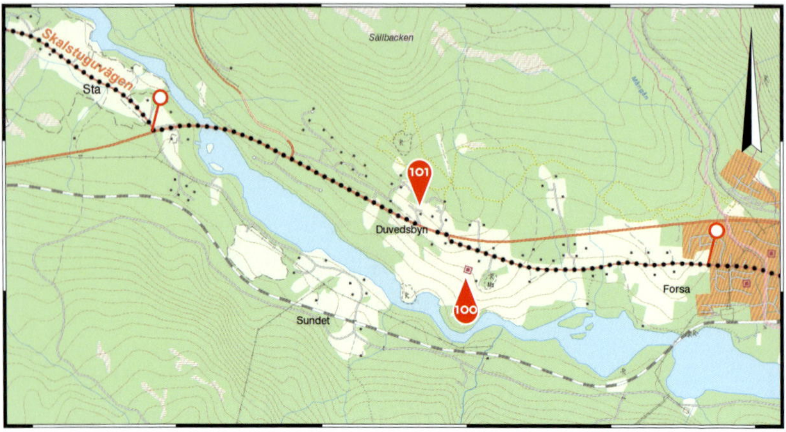

nach **Tännforsen**. Der Steinschlag wird durch gewöhnlichen Asphalt ersetzt. Der Weg endet vor dem Touristenzentrum bei dem größten Wasserfall von Schweden, ein herrlicher Ort zum Übernachten.

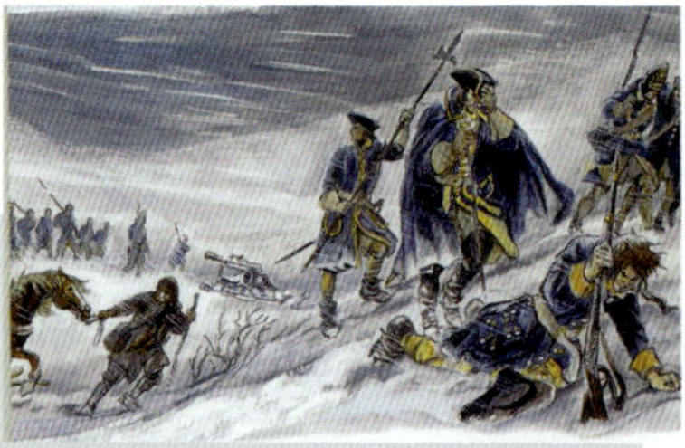

Karolingerdenkmal

Das Karolingerdenkmal erinnert an den tragischen Todesmarsch der schwedischen Armee im Jahr 1718. Es geschah während der letzten Tage des dritten Nordischen Krieges, wobei das Ende von Schweden als Großmacht besiegelt wurde. Ein Teil dieser letzten Zuckungen war der schwedische Versuch, das strategisch günstig gelegene Trondheim von Duved aus zu erobern, das misslang jedoch nach einem Feldzug von vier Monaten. Von den 10.000 Männern der Armee waren am Ende nur noch 6.000 übrig. Sie waren erschöpft, hungrig und von ihrer Kleidung und Ausrüstung war nur noch wenig übrig geblieben. Als der Befehl zum Rückzug erlassen wurde, beschloss General Armfeldt, den kürzesten Weg zurück zu nehmen, nämlich über die Berge. Was als ein übersichtlicher Marsch von drei Tagen begann, entwickelte sich zu einer Höllentour von acht Tagen. Die Temperaturen sanken dramatisch und in der ersten Nacht erfroren 200 Männer. Dann kam ein Schneesturm auf, der tagelang anhielt. Die Sicht war schlecht, die Truppen verloren einander und man versuchte, durch das Verbrennen der Ausrüstung noch etwas Wärme zu erzeugen. Letztendlich überlebten nur 2100 Männer die grausame Tour. Davon waren 600 Männer für den Rest ihres Lebens verkrüppelt, denn es mussten viele erfrorene Gliedmaßen amputiert werden. Die 3000 Leichen in den Bergen wurden zum Festmahl für die Raubtiere. In den darauf folgenden Jahren gab es einen ziemlichen Anstieg der Population der Füchse, Vielfraße und Wölfe.

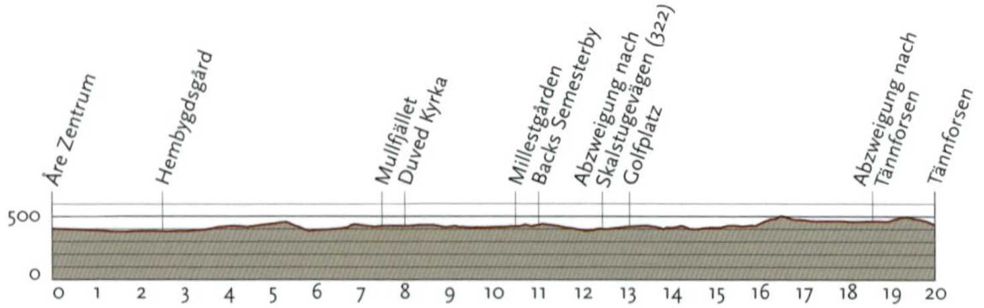

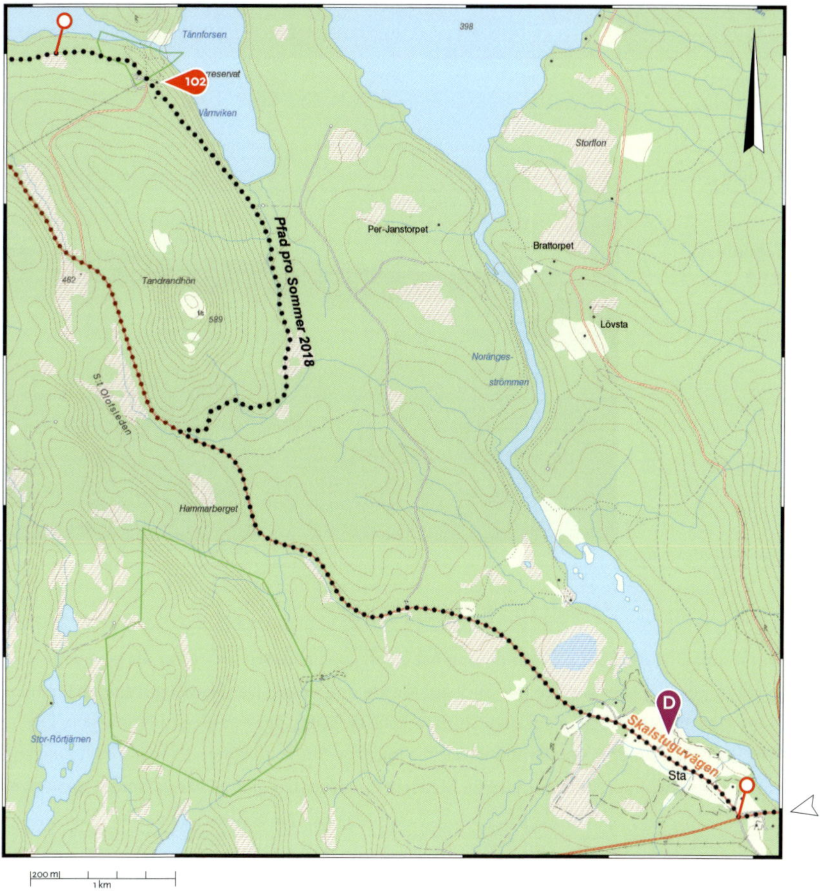

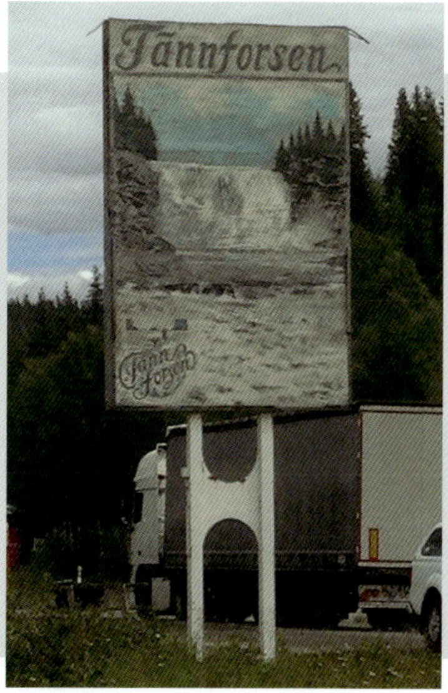

Tännforsen

Der beeindruckende Wasserfall ist eine Erfahrung für alle Sinne. Das donnernde Getöse für die Ohren, spektakuläre Naturschönheit für die Augen, die Wasserspritzer kann man schmecken, das ewig frische Grün kann man riechen und die Kraft des 38 m hinabstürzenden Wassers kann man körperlich spüren. Aufgrund des Wassernebels ist ein Mikroklima entstanden, wo besondere Pflanzen und Mose gedeihen. Der Wasserfall und seine direkte Umgebung bilden dann auch ein Naturreservat. Es wurde ein attraktiver Naturpfad entlang des Wasserfalles markiert, wo man gleichzeitig auch viel über die dort wachsenden Pflanzen lernt. Das Touristenzentrum beherbergt ein Restaurant, einen Souvenirladen und eine Unterkunft für Pilger.

Entfernung
18 km

Asphalt
100 %

Schönheit
∗∗∗

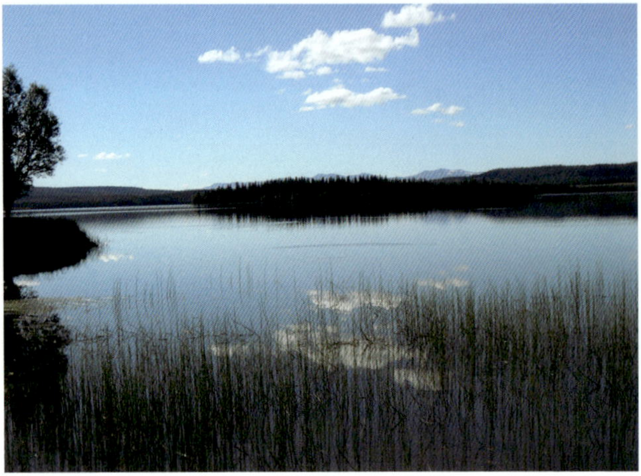

Auf dem Skalstuguvägen

Nur Asphalt heute, aber die Wanderung hat einen ganz anderen Charakter als jene von gestern. Ein zauberhafter See mit Blick auf Moore und Berge. Der Skalstuguvägen hat eine lange Geschichte in Bezug auf den Grenzverkehr zwischen Schweden und Norwegen. Der Weg durch die Wildnis von Jämtland war die logische Route zu einem Pass nach Norwegen. Noch immer wohnen dort nur wenige Menschen, ansonsten gibt es Natur, soweit das Auge reicht.

Bitte beachten: Es wird an einem direkten Waldweg von Tännforsen zum Skalstuguvägen gearbeitet. Vermutlich ist er zur Saison 2018 fertiggestellt.

Ansonsten muss man nur den Weg hinunterlaufen. Man passiert den herrlichen See **Bodsjön** und die Häuser und Gebäude von **Stalltjärnstugan**, wo jahrhundertelang eine Herberge gestanden hat.

Man kommt auch an einer Umzäunung vorbei, wo Rentiere von Rentierhaltern zusammengetrieben werden. Bald darauf sieht man eine kleine Hütte am Wegesrand stehen. Dies ist die Pilgerunterkunft **Moan**. Die Eigentümer wohnen in dem Haus, das etwa 80 Meter weiter steht.

Bitte beachten: Sollten Sie unsicher sein in Bezug auf die Übernachtungsmöglichkeit in Skalstugan (siehe Seite 44), dann ist es ratsam, diese Etappe bis Medstugan zu verlängern. So ist die Entfernung bis Lillemoen (Sul) mit 32,5 km immer noch sehr lang, aber doch besser zu bewältigen.

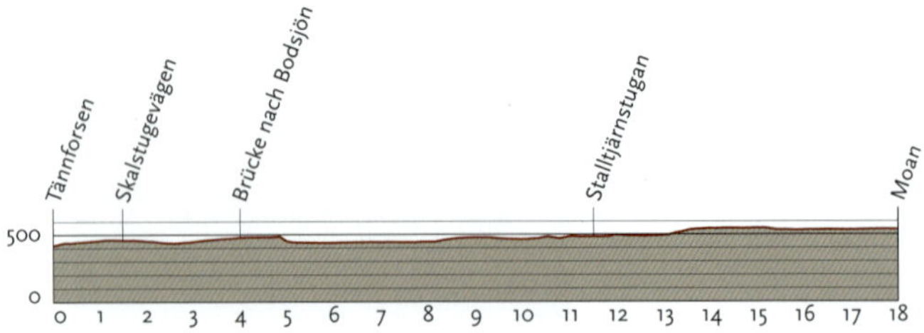

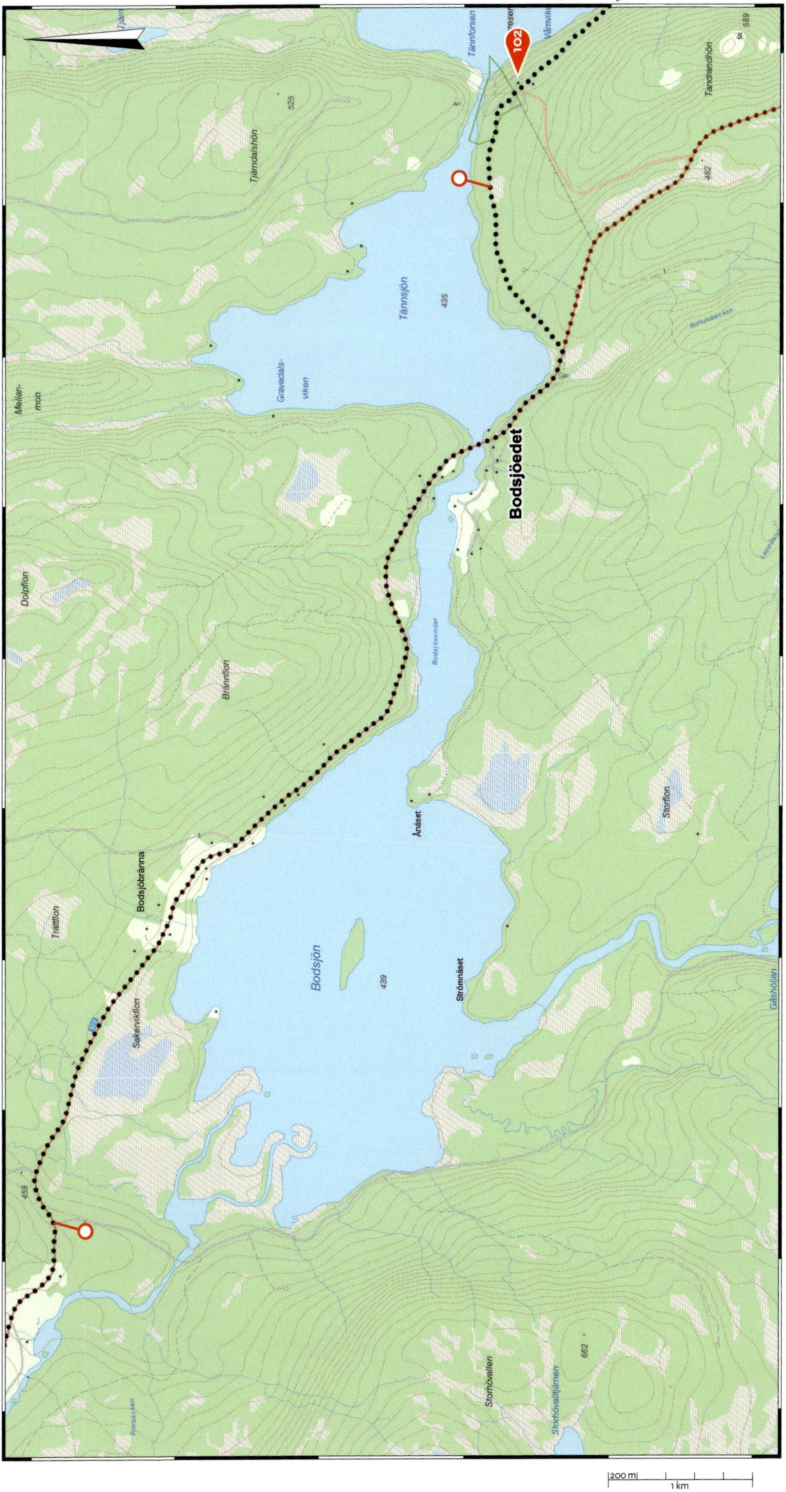
102
Tännforsen
Tandrandhön
589
525
Tjärndalshön
462
Tännsjön
435
Gravdals-
viken
Mellan-
mon
Bodsjöedet
Dolpflon
Brännflon
Änäset
Storflon
Bodsjöbränna
Trättflon
Bodsjön
439
Strömnäset
458
Storhövallen
Storhövalltjärnen
662
Storbäcken
200 m
1 km

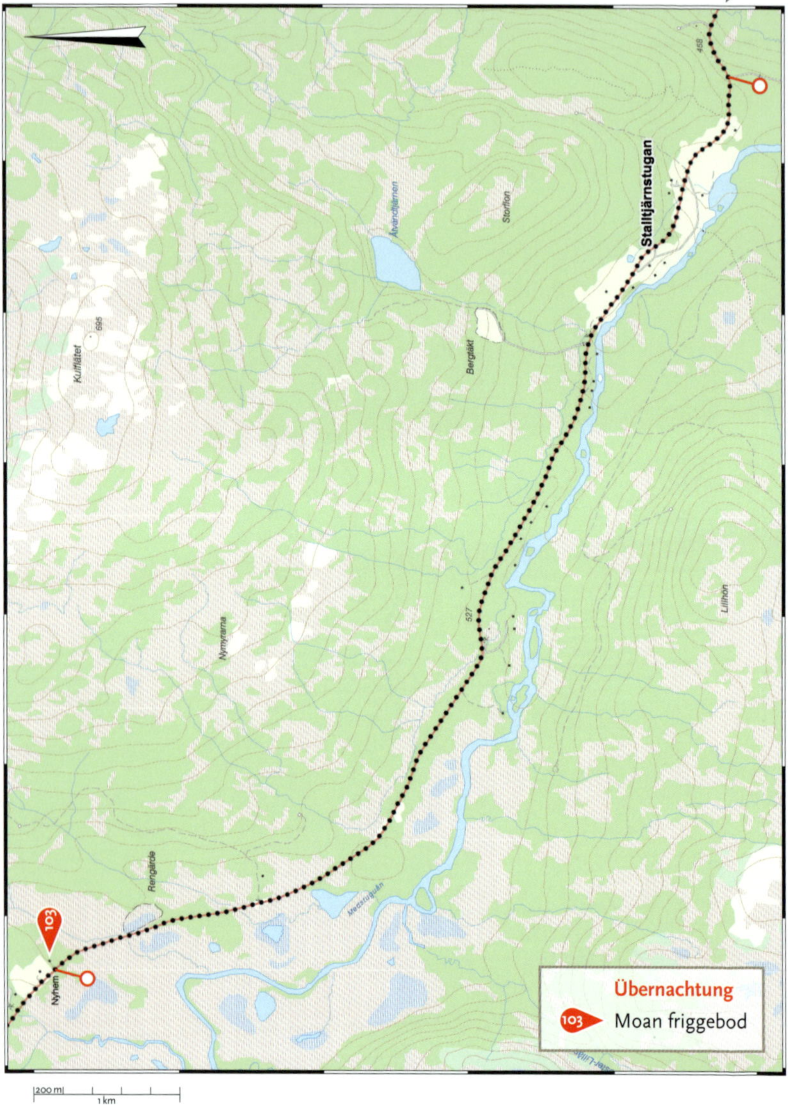
Stalltjärnstugan
Storflon
Bergläkt
Kulflätet
695
527
458
Nymyrarna
Lillhon
Rengärde
Nyhem
103
Übernachtung
103 Moan friggebod
200 m
1 km

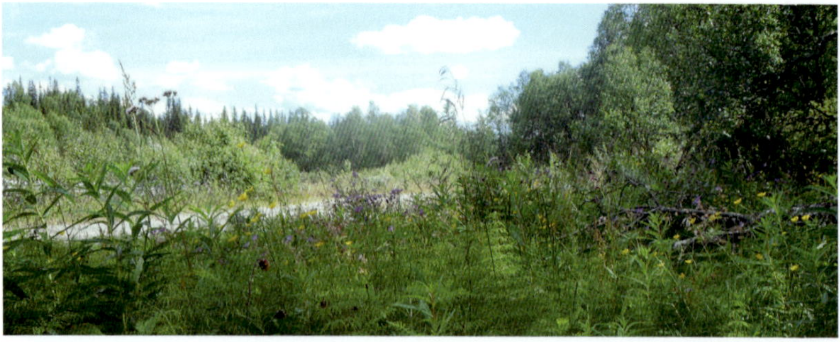

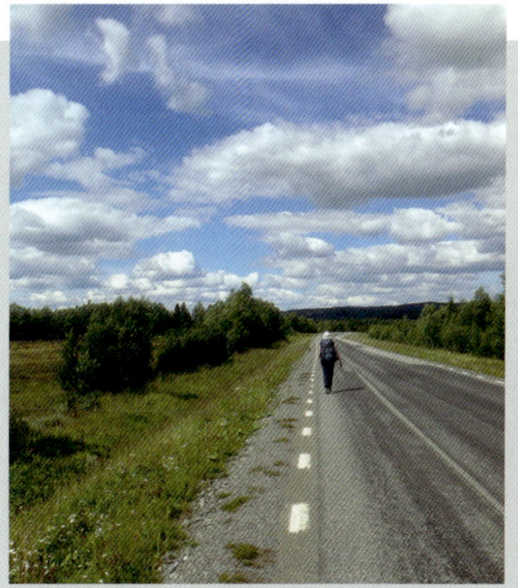

Skalstuguvägen

St. Olavsweg, Skalstuguvägen, Karl Johanvägen, Länsväg 322 – das sind alles Namen für den Weg zwischen Duved und Trondheim: Die alte Hauptstraße zwischen Jämtland und Norwegen, die schon in der Wikingerzeit benutzt wurde. Damals eher keine Straße, sondern eher ein Fuß- und Reiterweg. Später, in der Zeit bedeutender Wintermärkte in Jämtland und Levanger (Norwegen), reisten handeltreibende Bauern, die sogenannten Förbönder, mit ihrem Leder, Flachs und Salz auf diesem Weg. Olav der Heilige zog 1030 auf diesem Weg seinem Untergang in Stiklestad entgegen. Damals schon stand bei Medstugan eine Herberge.

1602 beschloss der dänische König Christian IV, zwei neue Berghütten bauen zu lassen, um die Reise komfortabler zu machen. Dies waren Stalltjärnstugan und Skalstugan. Stalltjärnstugan gibt es heute nicht mehr, aber Skalstugan ist noch immer eine Unterkunft. Diese ist jetzt allerdings für reisende Banker reserviert. Aus den alten Zollpapieren geht hervor, dass dies im 17. Jahrhundert eine belebte Straße war, auf der tausende von Händlern hin- und herreisten. Viele dieser Reisen wurden im Winter per Schlitten durchgeführt, denn im Sommer war der Weg für Karren ziemlich unbefahrbar. Der Weg wurde verbessert, als die schwedische Armee 1718 in den Kampf zog, um Trondheim zu erobern. Die Schweden mussten ihre Waffen und Vorräte transportieren können und verbreiterten den Weg zu einer Karrenspur. Eine Notiz aus 1750 erzählt von einer Nacht, in der 200 Pferde bei Medstugan untergebracht worden waren. Man stelle sich noch den ganzen Wagenpark mit Karren und Schlitten dazu vor!

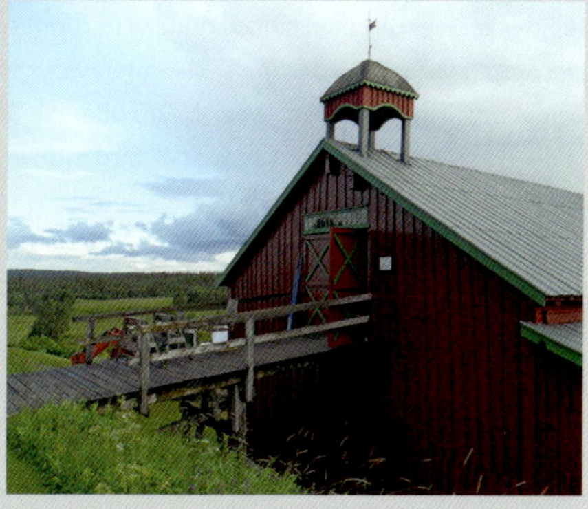

Eine neue Verbesserung gab es 1835 auf Befehl von König Karl Johan XIV. Damals wurden unter anderem die baufälligen Holzbrücken durch Steinbrücken ersetzt, wovon heute noch etliche erhalten sind. Sie befinden sich jetzt neben der heutigen Straße. Nach der Entstehung der Zugverbindung zwischen Sundsvall und Trondheim um 1880 nahm das Interesse an dieser Route ab. Die Zugverbindung liegt ein bisschen südlicher und überquert bei Storlien die Grenze. Dort wurde später die E14 längs gezogen. Die Bewohner am Skalstuguvägen bilden noch immer eine Gemeinschaft. Zwischen Duved und Skalstugan kennt jeder jeden und Ende April gibt es ein Nachbarschaftsfest, um das Ende des Winters zu feiern.

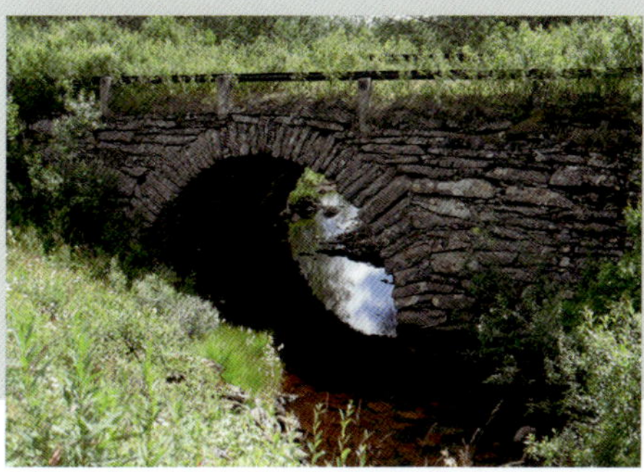

Entfernung
14 km

Asphalt
98 %

Schönheit
★★★

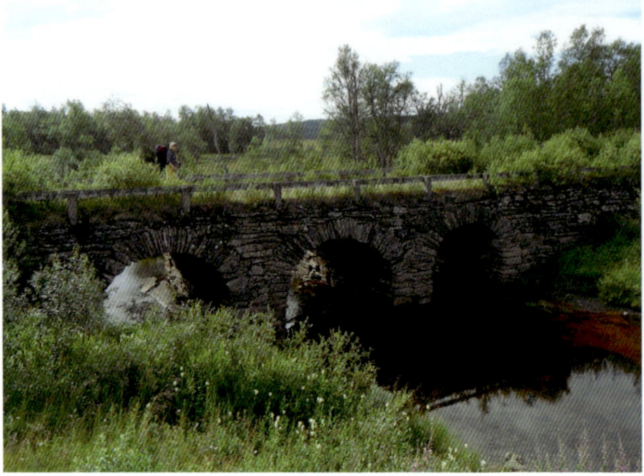

Noch mehr alte Brücken und spiegelnde Seen

Die Strecke über die alte Handelsroute wird fortgesetzt. Unterwegs kommt man an vielen der Brücken vorbei, die der Trasse des alten Weges folgen. Hin und wieder weicht der Olavsweg ein Stückchen von dem Weg ab, um über die Brücken laufen zu können. Die Aussicht auf die Berge und die weite Landschaft wird immer schöner.

Die Routenbeschreibung ist einfach: Man folgt einfach der Straße. Nach etwa 5 km erreicht man das **Vandrarhem Medstugan**, wunderbar am Medstugusjön gelegen.

Die Route führt am See entlang, durch eine herrliche Weidelandschaft, beherrscht durch das Wasser und die Berge. Danach kommt Saxvallen, eine Ansammlung von Häusern und Bauernhöfen. Sie finden einen Stempelkasten an einer roten Scheune neben dem Weg.

Nach gut 4 km verlässt man den Asphalt bei ein paar Häusern. Der unbefestigte Pfad führt zu den Gebäuden von **Skalstugan**.

Medstugan
Das schöne Holzhaus, welches jetzt als Jungendherberge dient, wurde Ende des 19. Jahrhunderts als Jagdhütte gebaut. Es war von einem riesigen Jagdgebiet umgeben und wurde von wohlhabenden Schweden und britischen Touristen der höchsten sozialen Schichten besucht. Sie kamen wegen der unberührten Natur, der guten Luft, aber vor allem wegen der außergewöhnlichen Jagdmöglichkeiten.

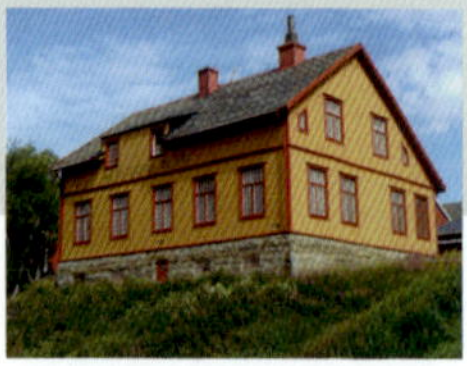

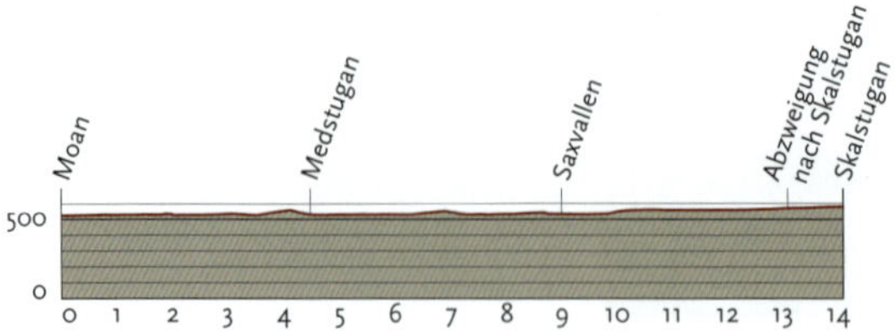

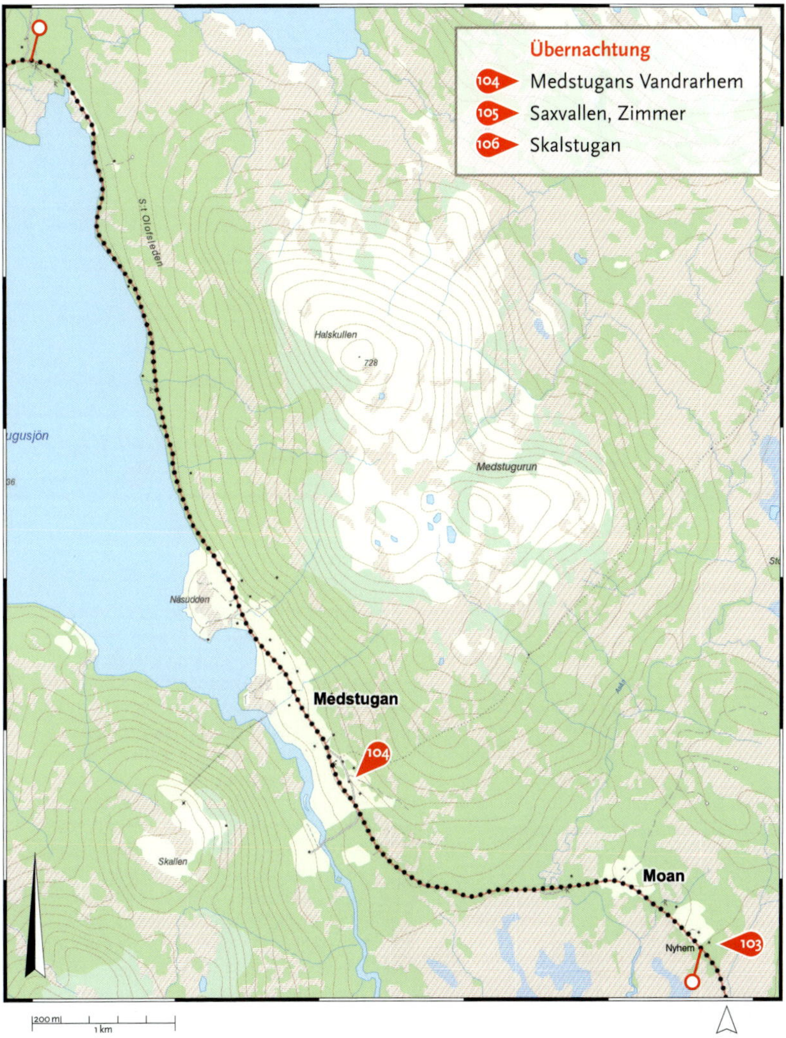
Übernachtung
104 Medstugans Vandrarhem
105 Saxvallen, Zimmer
106 Skalstugan
St Olofsleden
Halskullen
728
Medstugurun
Näsudden
Medstugan
104
Skallen
Moan
Nyhem
103
200 m
1 km

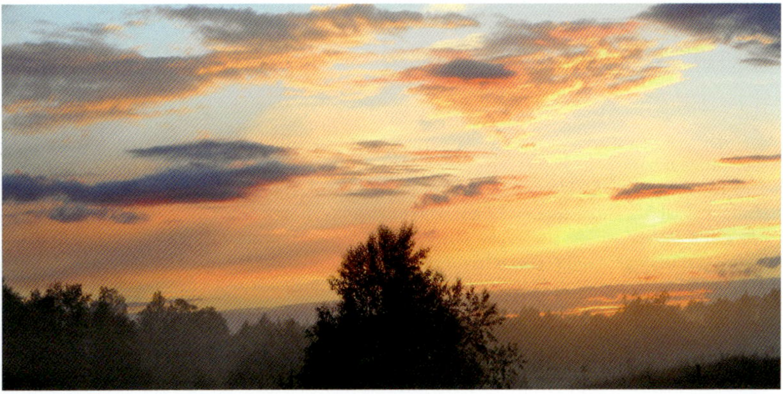

Karte 44

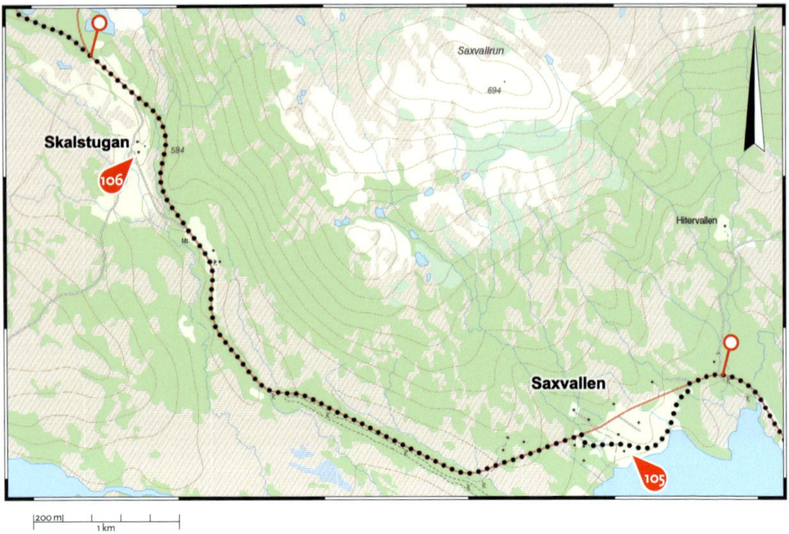

Skalstugan

Skalstugan ist das letzte Stück bewohnter Welt, bevor man die Grenze zu Norwegen überschreitet. Zu Beginn des 17. Jahrhunderts wurde hier zunächst eine Herberge im Auftrag des Königs Christian IV errichtet, der das Reisen entlang dieser wichtigen Route etwas komfortabler und sicherer gestalten wollte. Von 1600 bis 1800 war der Verkehr dort am dichtesten. Als Jämtland definitiv schwedisch wurde, wurde bei Skalstugan eine Zollstation eingerichtet. Sie blieb bis 1958 in Betrieb. Das Zollgebäude steht heute noch dort. Als die Bahn und die E14 den Grenzverkehr übernahmen, wurde das Gebiet von wohlhabenden Touristen entdeckt. 1887 gelangte Skalstugan in den Besitz des Schotten Sir Tom Nickalls. Er baute eine Jagdhütte für den eigenen Bedarf. 1902 übernahm der Bankier K.A Wallenberg das Gebäude. Seitdem ist es im Besitz dieses Bankiersgeschlechts (SEB, Eurocard) geblieben. Seit 1947 ist Skalstugan ein Ferienhaus für das Bankpersonal. Vorbeikommende Pilger können dort übernachten, sofern ein Zimmer frei ist, aber es kann nicht im Voraus reserviert werden. Sie können jedoch kurz vorher anrufen, um zu erfahren, ob es eine reelle Chance gibt, dort übernachten zu können.

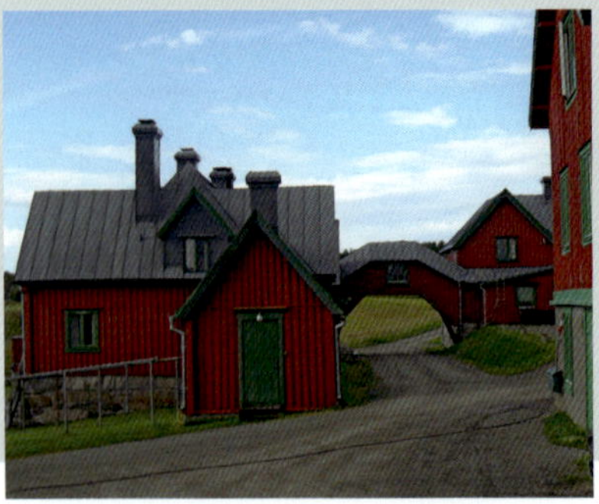

Der Brückenbau

Die Brücken auf der Strecke sind alle auf die gleiche Art und Weise erbaut worden. Zunächst wurde eine hölzerne Bogenkonstruktion über den Fluss gebaut. Über ein Pfahlwerk aus Balken wurde ein Bogen aus Baumstämmen gelegt. Darüber wurde der Bogen aus Naturstein gemauert. Danach wurden die Seitenmauern mit beiden Ufern verbunden. Der Raum zwischen den Mauern wurde bis über den Bogen mit Erde angefüllt, so dass dort eine Straßendecke entstand. Je breiter der Fluss, desto mehr Bögen wurden gebaut. Das alles geschah, um die Druck- und Zugkräfte in ein richtiges Verhältnis zu bringen, so dass die Stabilität und Belastbarkeit der Brücke möglichst groß wurde.

Entfernung
23 km

Asphalt
1%

Schönheit
*****

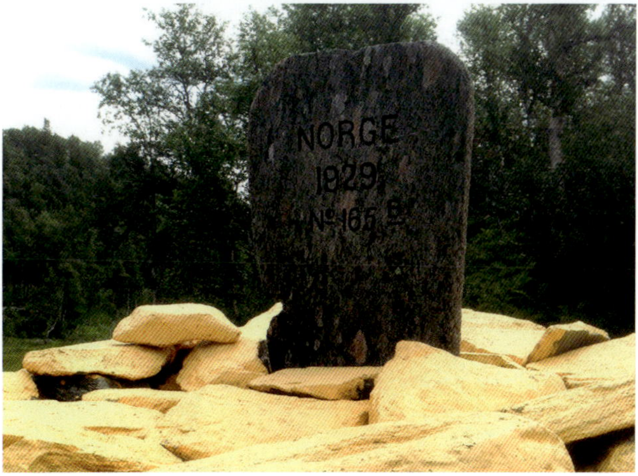

Die Grenze!

Es spricht viel dafür, diese Strecke mit dem Prädikat „Die schönste Etappe" auszuzeichnen. Man überschreitet nicht nur eine geografisch und psychologisch wichtige Grenze, sondern läuft auch den ganzen Tag über herrliche und komfortable, unbefestigte Wege. Am allerschönsten ist jedoch die überwältigende Berglandschaft, die man nun nicht mehr nur anguckt, sondern auch tatsächlich durchläuft. Wilde Natur, soweit das Auge reicht und nirgendwo Verkehr. Eine Naturwanderung in optima forma.

Man verlässt Skalstugan, indem man unter dem Tor hindurch auf dem unbefestigten Pfad weiter läuft. Man landet wieder auf dem Weg, den man einige hundert Meter weitergeht. Dann biegt man links ab und läuft weiter auf dem alten Weg nach Trondheim. Jetzt wandert man auf einem herrlichen, schmalen Schotterweg zwischen Bäumen und an Seen entlang.

Nach knapp 5 km steht an der linken Seite des Weges ein **Unterstand**, ein schöner Rastplatz. Man setzt den Weg fort und gelangt an die magische **Grenze** zwischen Schweden und Norwegen. Die genaue Stelle kann einem nicht entgehen. Nicht nur, weil sie mit einer eindrucksvollen Grenzmarkierung versehen ist, sondern auch, weil sich die Landschaft schlagartig ändert. Der Schotterweg geht in einen Grasweg über und die sanft hügelige Landschaft verwandelt sich in ein raues Berggebiet. Ein Paradebeispiel für eine natürliche Grenze.

Der Grasweg liegt wie ein wogender grüner Läufer vor uns. Willkommen in Norwegen. Der Pfad bringt uns an den höchsten Punkt **Høgfjellet**, wo sich ein Gästebuch (oder Gipfelbuch) befindet.

Dies ist der höchste Punkt des gesamten Olavswegs. Ab hier geht die Etappe hauptsächlich bergab. Nach etwa 2 km noch ein Unterstand an einem einladenden Fleckchen bei dem Flüsschen **Kvilbekken**. Hier gibt es ein Stempelkästchen. Man folgt dem Pfad weiter und kommt an einer Stelle vorbei, wo sich im 19. Jahrhundert eine Herberge befand: Kongstuggu bei **Nybygget**.

Man ist nun schon ein ganzes Stück hinabgestiegen und läuft weiter durch eine waldige Umgebung. Nach etwa 3 km überquert man einen **Parkplatz** und läuft auf einem Schotterweg weiter zur **Brücke zum Jämtlandsvegen**. Falls Sie noch einen Abstecher in Sul machen wollen, wäre es praktischer, den Weg über die Schnellstraße zu nehmen. Wenn

Karte 45

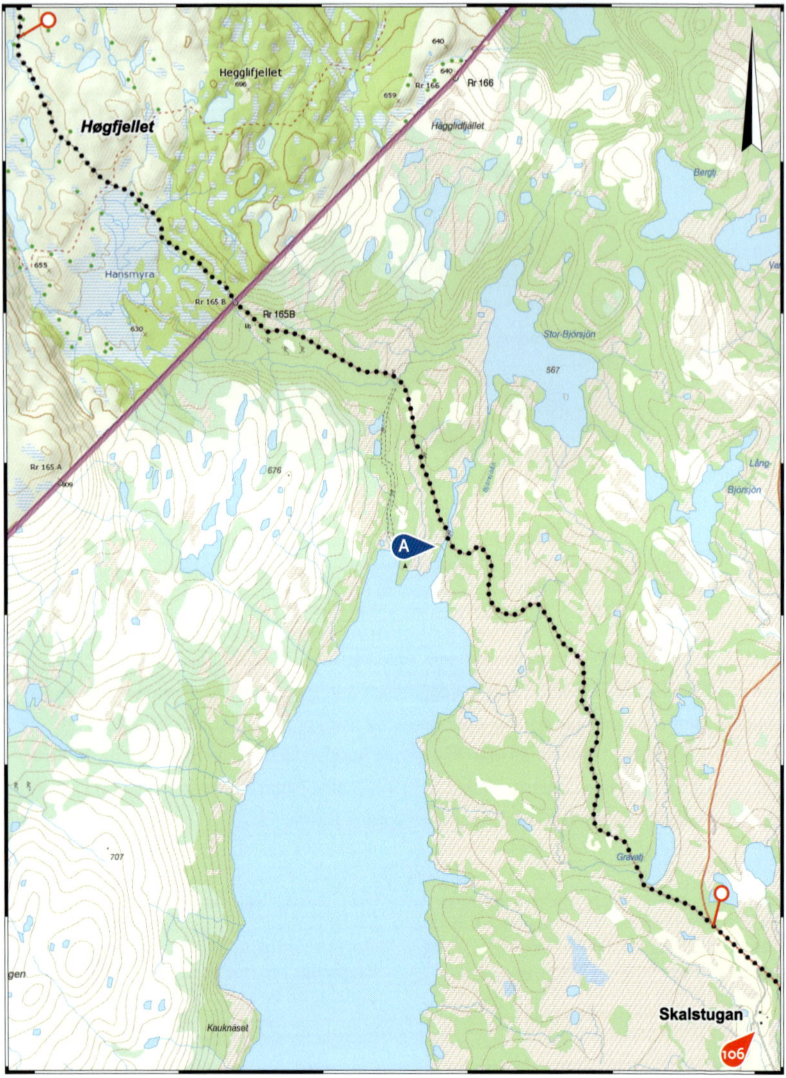

Sie jedoch in Lillemoen übernachten und lieber im Grünen bleiben wollen, biegen Sie vor der Brücke links ab und folgen dem Pfad durch den Wald. Dieser Pfad ist teilweise schmal, steil, kurvig und morastig und landet bei einer Brücke über den Fluss. Die Brücke überqueren, dann zum Weg und links ab nach **Lillemoen Gård.**

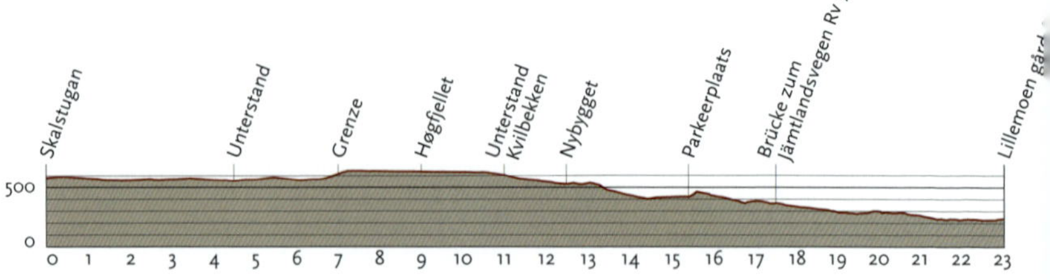

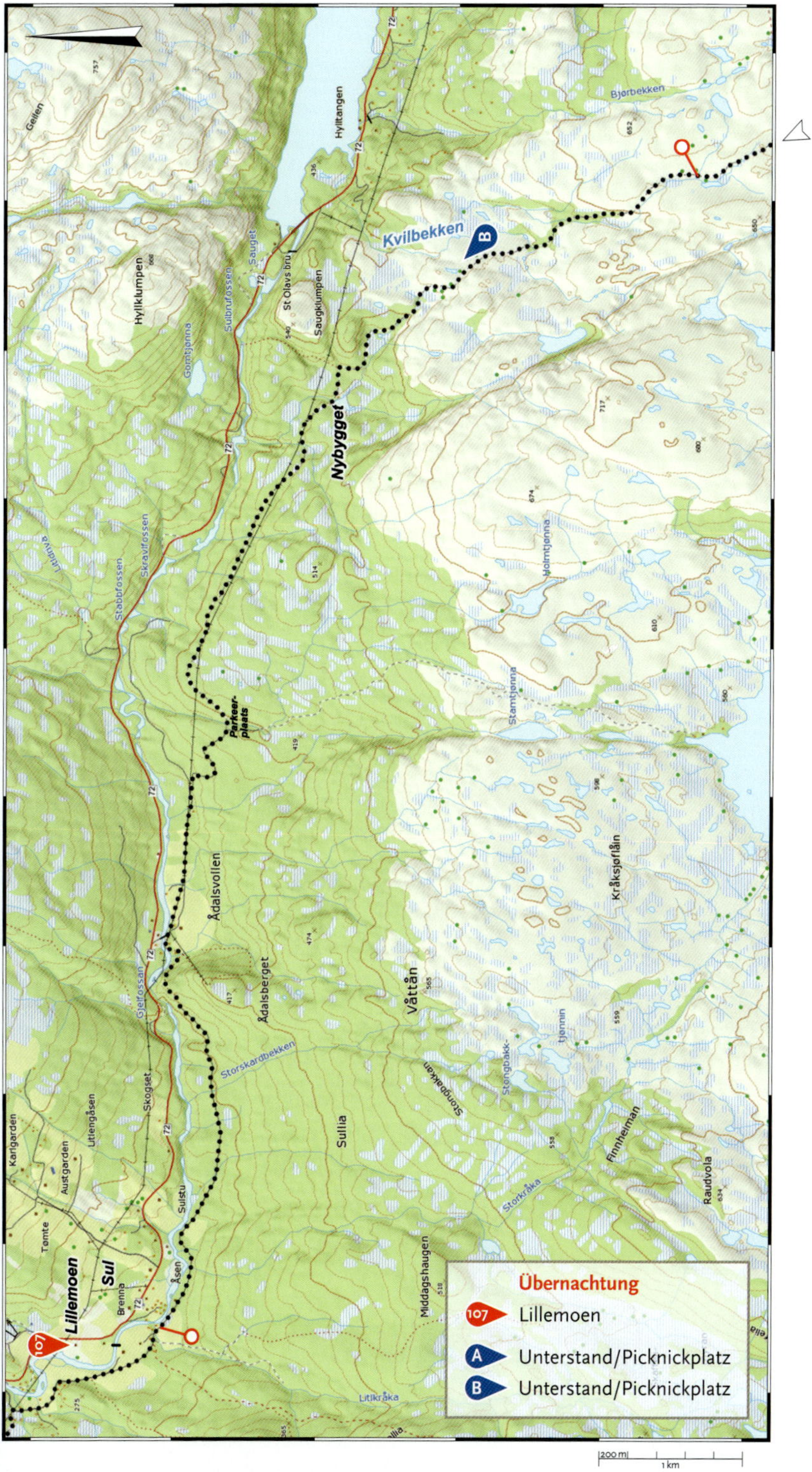
Übernachtung
107 Lillemoen
A Unterstand/Picknickplatz
B Unterstand/Picknickplatz
Kvilbekken
Bjørbekken
Nybygget
Parkeer-plaats
Lillemoen
Sul
Hylltangen
St Olavs bru
Saugklumpen
Hyllklumpen
Sulbrufossen
Saugeit
Gorntjønna
Skravlfossen
Stabbfossen
Ådalsvollen
Ådalsberget
Gjelfossan
Storskardbekken
Våttån
Holmtjønna
Stamtjønna
Kråksjøflåin
Stongbakkan
Stongbakk-tjønnin
Finnheiman
Raudvola
Storkråka
Litlkråka
Middagshaugen
Sullia
Skogset
Litlengåsen
Austgarden
Karlgarden
Tømte
Brenna
Sulstu
Åsen
200 m
1 km

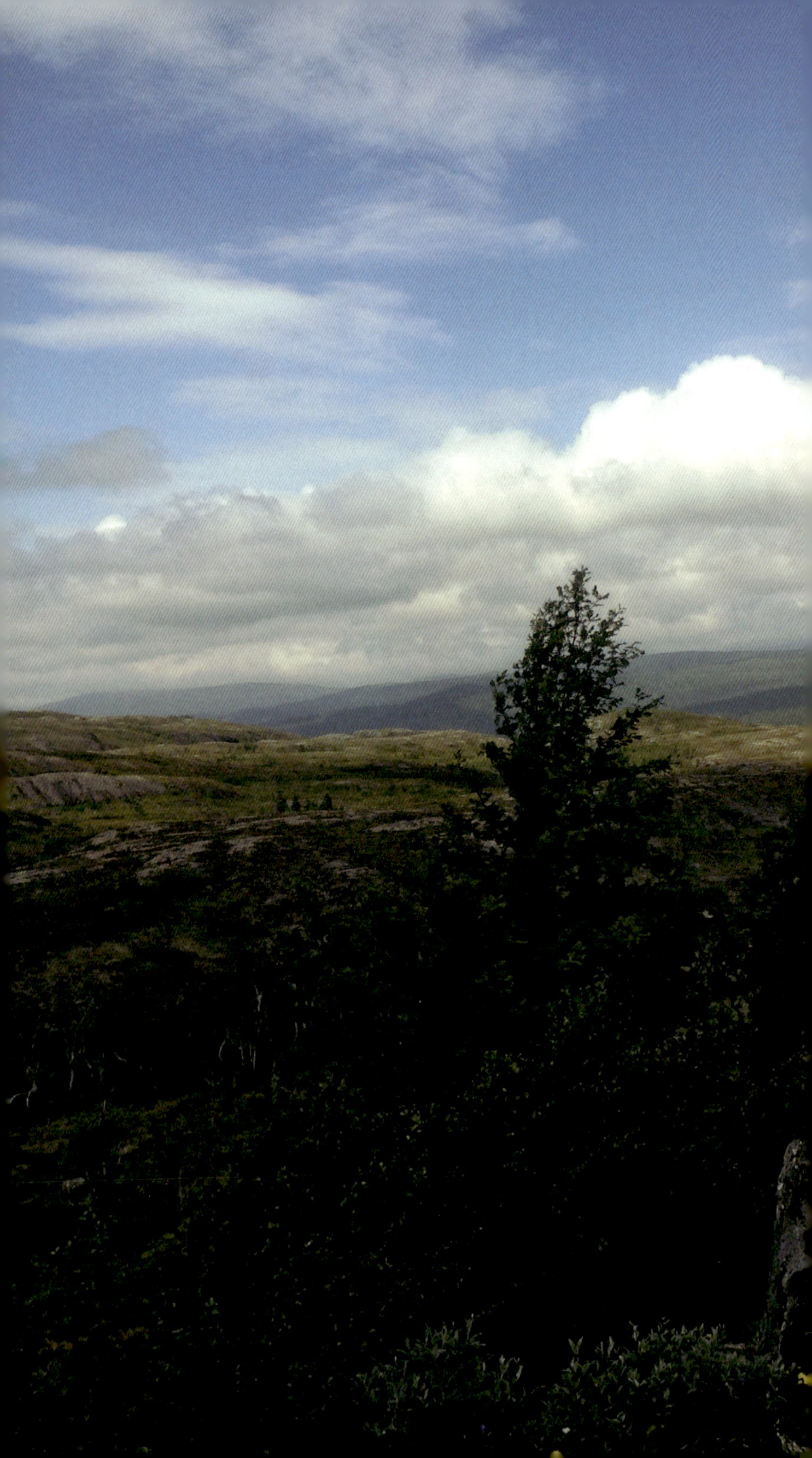

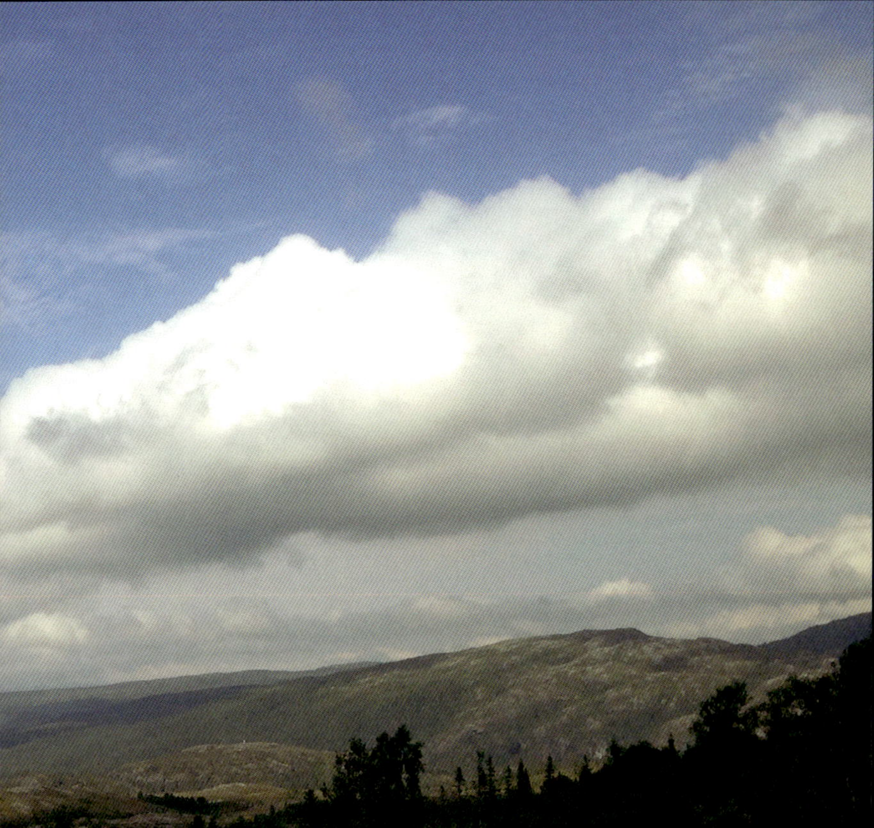

Kongsstuggun

König Karl Johan, der 1835 den Auftrag erteilt hatte, den Weg zu modernisieren, verpflichtete den Bauern bei Nybygget, Reisende in der Nacht zu beherbergen. Er bekam dafür allerdings die nötigen Mittel. Es wurden zwei Hütten aufgebaut. Eine steht noch immer an ihrem Platz (ist aber als Unterkunft nicht mehr in Gebrauch) und die andere wurde zum Freilichtmuseum in Stiklestad gebracht. Es war das erste Gebäude, das nach Stiklestad gebracht wurde, lange bevor das Kulturzentrum eröffnet wurde.

Sul

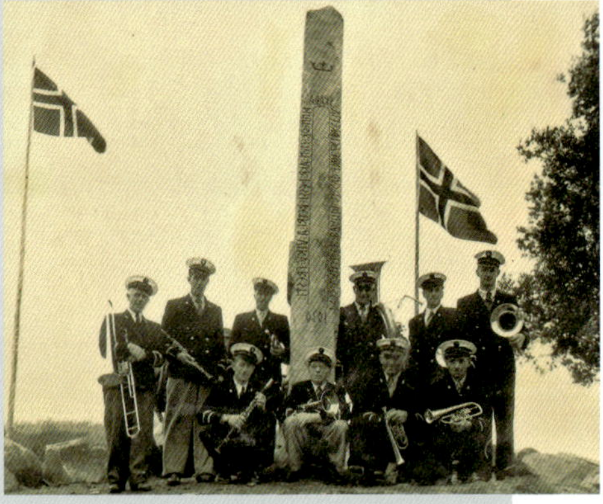

Die Fanfare bei der Enthüllung von Olskjelda 1954

Foto: Verdalsbilder.no

Das Gehöft Sul ist ein bedeutsamer Ort auf dem Olavsweg. Im Jahr 1030 hat Olav hier mit seinen Truppen übernachtet, am Vorabend der Schlacht bei Stiklestad. Dabei wurden das Land und die Felder von Bauer Torgeir Flekk zertrampelt und vernichtet. Als Olav aufbrach, ritt er um die Felder herum und rief Gott um Hilfe an. Das Getreide „sprang" wieder zurück und wurde reif. In der Nähe dieses Ortes, Olavsåkern (Olavsfeld), steht ein Mahnmal zum Gedenken an dieses Ereignis: Oskljelda. Ein aufrecht stehender Stein mit einer Inschrift bezüglich der Entschädigung des Bauern. Am gleichen Ort befindet sich eine Olavsquelle. Das Monument steht an der Straße durch Sul, ca. 500 m vom Jämtlandsvegen (Rv 72) entfernt. Es wurde 1954 vom örtlichen Polizisten Jon Suul enthüllt, der auch die Initiative für die St. Olav-Festspieltage in Stiklestad ergriffen hat. Siehe auch Seite 128.

Ein anderes Land

Wenn man nun die Grenze überschritten hat, ändert sich vieles. Große Dinge wie Sprache und Währung, aber auch kleine Dinge, wie die Art zu markieren. Ab der Grenze gibt es auch viel weniger Stempel für den Pilgerausweis „in der Wildnis". In Norwegen bevorzugt man Gästebücher auf Berggipfeln und dergleichen.

Es ist üblich, dort seinen Namen zu hinterlassen mit einer kurzen Bemerkung oder mit einem Gruß an einen Pilgerkollegen, der hier auch vorbeikommen wird. Sollten Sie keine norwegischen Kronen bei sich haben, so ist das kein Weltuntergang. Bis weit über die Grenze werden schwedische Kronen akzeptiert. Weil Schweden viel preiswerter ist, machen viele Norweger dort Einkaufstouren. Und, da wir schon gerade beim Thema sind: Man muss sich schon kurz an das Preisniveau in Norwegen gewöhnen.

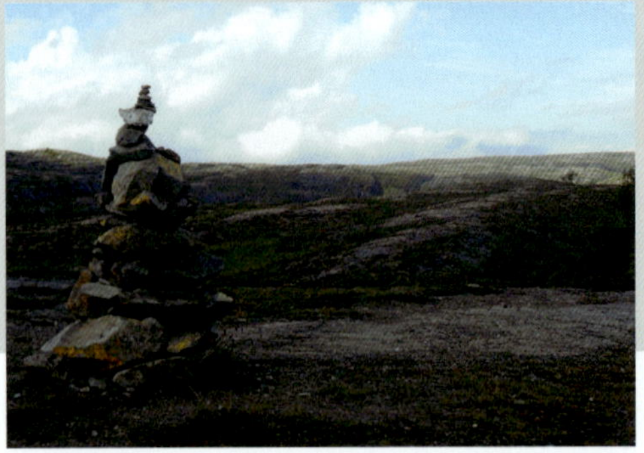

Entfernung
28 km

Asphalt
30%

Schönheit
***

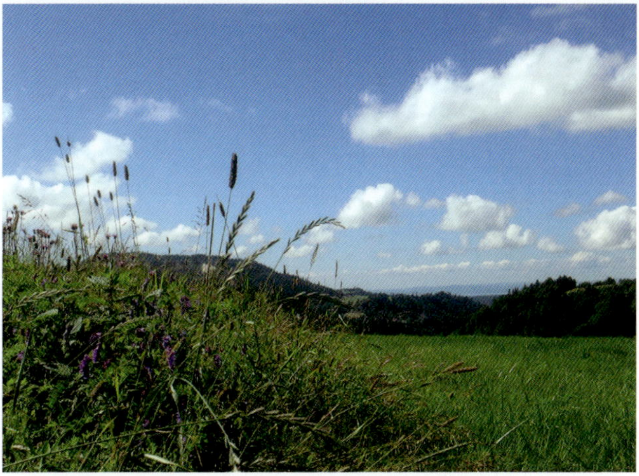

Der lange Marsch

Dies ist die längste Etappe der ganzen Strecke. Schlichtweg, weil es wenige Übernachtungsmöglichkeiten unterwegs gibt. Aber trotz des Asphalts entlang des Flusses in dem engen Tal gibt es vieles, das man genießen kann. Man läuft ein Stück über die alte Trasse des Jämtlandsvegen, wo schöne Häuser stehen. Und man bekommt beim Fluss Kverna den ersten Blick auf den Trondheimfjord präsentiert. Hier in Norwegen wird auch mehr auf- und abgestiegen.

Wenn man es sich selbst ein bisschen leichter machen will, läuft man über die Rv 72 (Jämtlandsvegen) bis Molda. Der Nachteil ist, dass man mit der Zeit mehr als genug von diesem Weg hat. Was Sie auch machen, lassen Sie sich das Stück zwischen Molda und der Kirche von Vuku nicht entgehen. Eine herrliche Strecke mit einem ersten Blick auf den Trondheimfjord.

Von Lillemoen Gård aus kehrt man über die Brücke wieder auf die Route zurück.
Der Waldweg läuft an Mooren entlang, mit Sicht auf die Berge. Bei dem Bauernhof **Stormoen** landet man kurz auf Asphalt, den verlässt man jedoch schnell wieder. Man folgt der Route durch den Wald und das Moor. Kurz bevor man wieder auf den Asphalt kommt, befindet sich dort bei einem kleinen Wasserfall ein steinerner Picknicktisch.

Danach heißt es: Durchhalten auf 7 km Asphalt. Man läuft am Fluss entlang und sieht auf beiden Seiten mit Nadelbäumen bewachsene Hänge. Später öffnet sich die Landschaft.
Bei dem Bauernhof **Svegjardet** darf man diese Straße verlassen und dann auf der alten Trasse des Jämtlandsvegen, eine schöne Allee, weiterlaufen. Dieser Trasse folgt man auch, nachdem man die Asphaltstraße überquert hat. Nach gut einem Kilometer ist man wieder auf diesem Weg, überquert ihn nochmals und landet geradeaus auf dem Schotterweg bei **Molda**.

Ein schöner Pfad, der erst am Wald entlang und später durch landwirtschaftliches Gebiet führt. Bei dem Bauernhof **Kvermoen** wird man über den Hof, am Wohnhaus entlang und durch Grasland geführt. Hier kann man wunderbar die Umgebung überblicken und das Wasser des Trondheimfjords sehen.

Am Rand der Weide taucht man in den Wald ein und steigt steil ab bis zu einer Fußgängerbrücke über das Flüsschen **Kverna**. Auf der anderen Seite steigt man ebenso steil wieder nach oben. Man kommt auf einen Schotter-

Karte 47

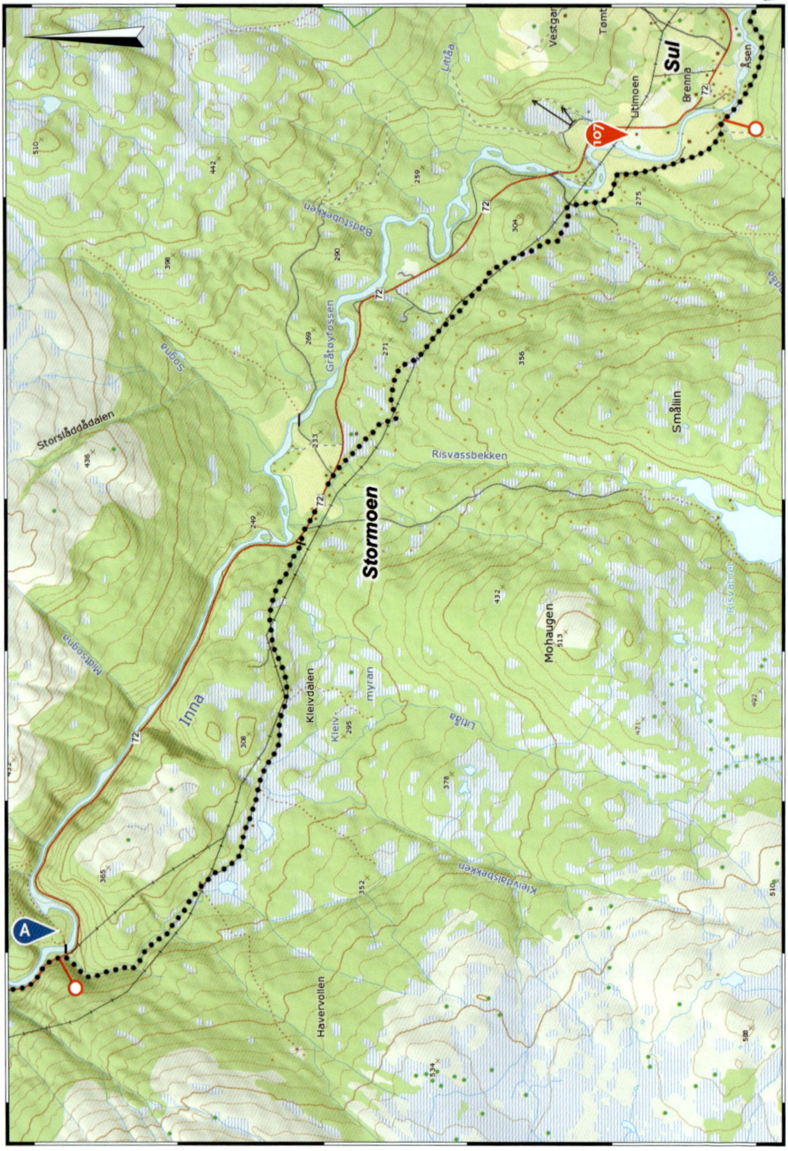

weg und einige Kilometer und viele Kurven später überquert man die Brücke über die **Verdalselva**.

Danach links ab über die Hauptstraße. Man passiert die charmante ochsenblutrote **Kirche** aus 1654 (Stempelkästchen am Nebengebäude), und läuft durch Vuku zur nächsten Brücke. An der gegenüberliegenden Seite des Wassers kann man das wunderschön gelegene **Østnes Camping** sehen.

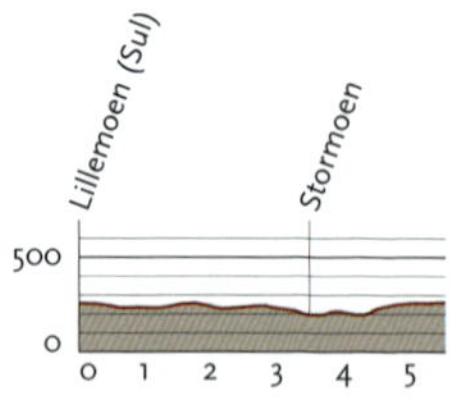

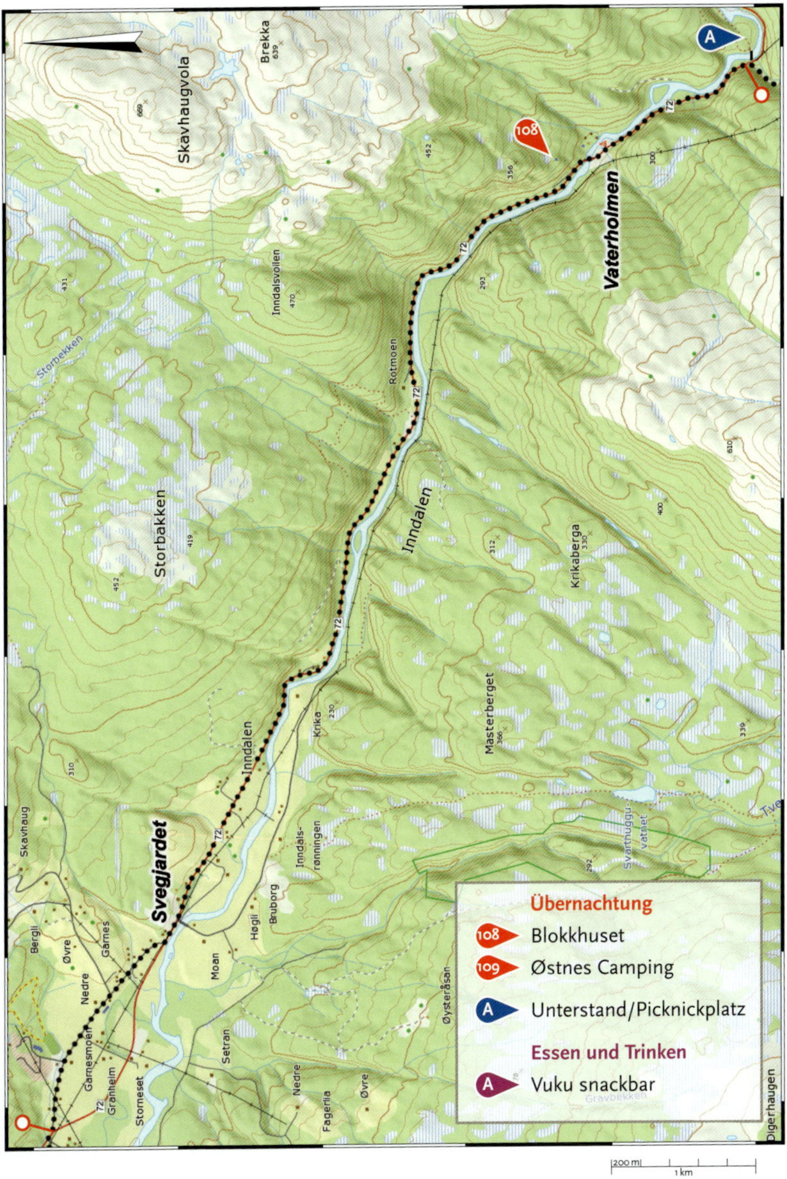
Übernachtung
108 Blokkhuset
109 Østnes Camping
A Unterstand/Picknickplatz
Essen und Trinken
A Vuku snackbar
Skavhaugvola
Brekka
Vaterholmen
Inndalsvollen
Rotmoen
Storbekken
Storbakken
Inndalen
Krikaberga
Masterberget
Krika
Svegjardet
Inndals-rønningen
Svarthuggu-vatnet
Skavhaug
Bergli
Øvre
Nedre
Garnes
Garnesmoen
Granheim
Storneset
Moan
Høgli
Bruborg
Setran
Nedre
Fagerlia
Øvre
Øysteråsan
Digerhaugen
Gravbekken
72
200 m
1 km

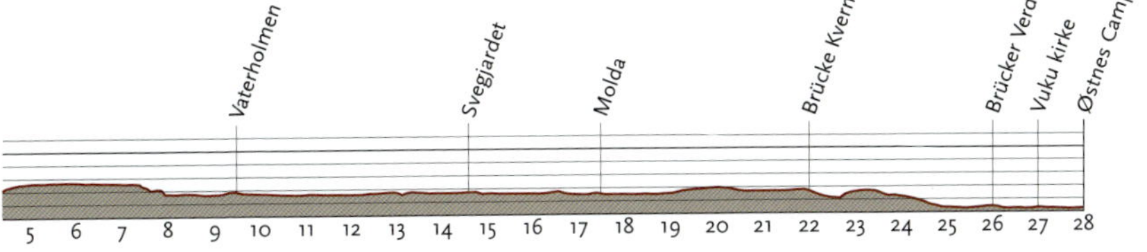
Vaterholmen
Svegjardet
Molda
Brücke Kverna
Brücker Verdalselva
Vuku kirke
Østnes Camping
5 6 7 8 9 10 11 12 13 14 15 16 17 18 19 20 21 22 23 24 25 26 27 28

Karte 49

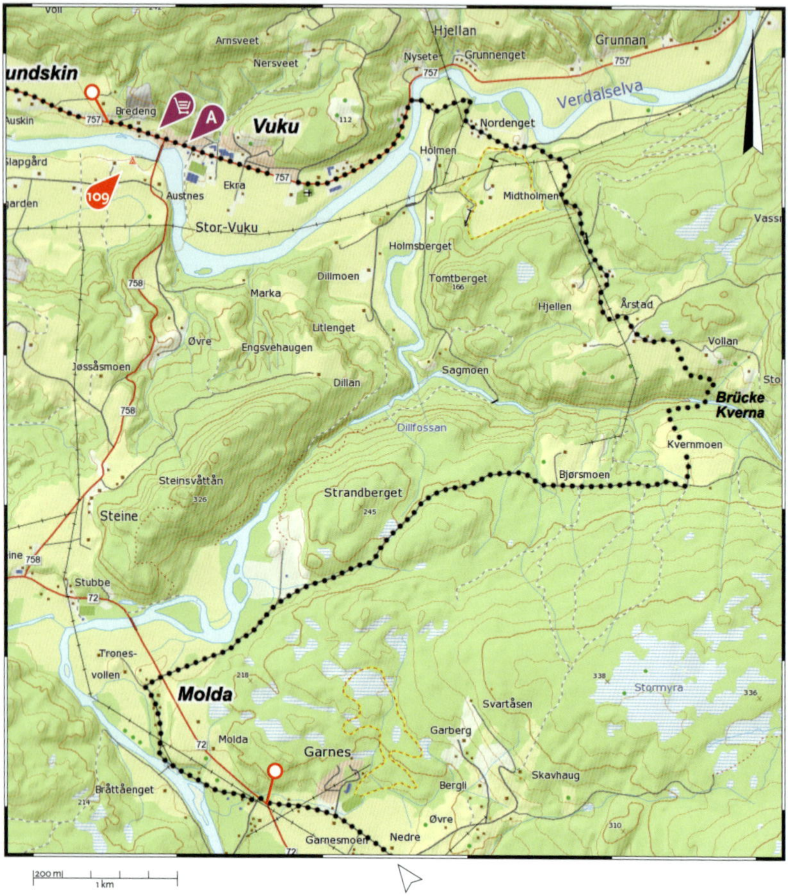

Forts und Bunker

Auf dem Jämtlandsvegen zwischen Stene und Vaterholmen kann man oben in den Felsenwänden noch Spuren alter Forts sehen. Sie stammen aus der Zeit, in der Norwegen das erste Mal seit Jahrhunderten wirklich unabhängig wurde (1905). Die Norweger befürchteten einen schwedischen Überfall. Die Arbeiten wurden 1911 vollendet. Unterdessen wurden die Beziehungen zwischen beiden Ländern immer besser und die Forts hatten keine Funktion mehr. Während des Zweiten Weltkrieges machten die Deutschen die Verteidigungsanlagen wieder einsatzbereit, weil sie mit einer alliierten Invasion aus Schweden rechneten. Danach begann die Anlage zu verfallen. Anfang der 90er Jahre wurde mit der Restauration und Konservierung begonnen. Die Forts, Tunnels und Bunker liegen über etliche Kilometer verstreut auf beiden Seiten des Tales. Es ist eine spannende teils steile Wanderung entlang diverser Festungsanlagen markiert und im Juli und August sind die wichtigsten Gebäude für Besucher sonntags geöffnet.
www.forsvarsbygg.no/festningene/

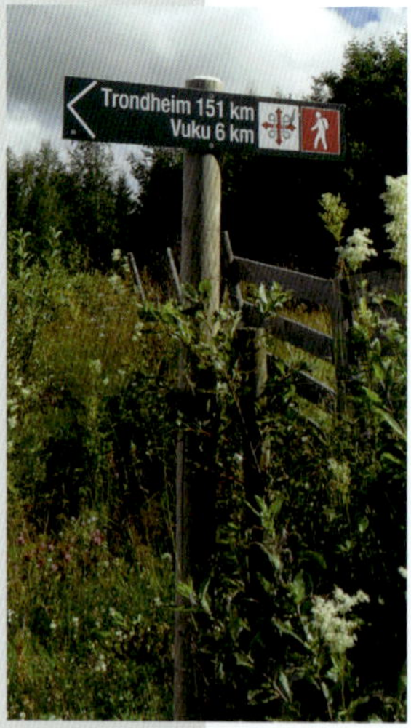

ETAPPE 24 VUKU- STIKLESTAD

Entfernung
11 km

Asphalt
93%

Schönheit
***

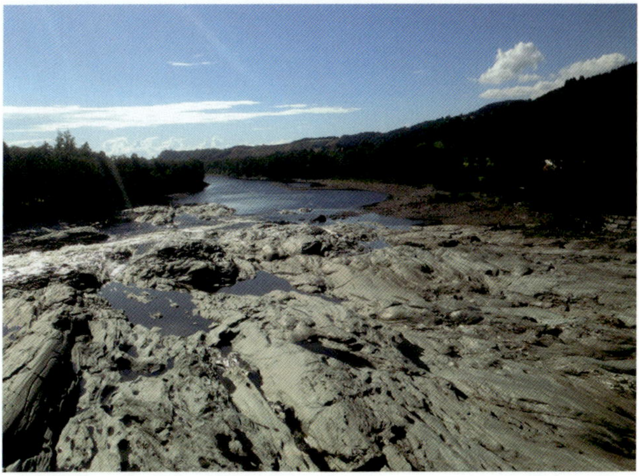

Das legendäre Schlachtfeld

Nach den gestrigen Anstrengungen ist eine kurze Etappe zweifelsohne willkommen. Nach einer Wanderung mit wunderbaren Aussichten entlang wogender Felder gelangt man zum Kulturpark Stiklestad, der historische Ort von Norwegen. Hier geht es hauptsächlich um Olav den Heiligen, aber auch die Wikingerzeit findet Beachtung und im Freilichtmuseum wird die Erinnerung an das ländliche Leben der letzten Jahrhunderte wachgehalten.

Man kehrt zur Durchgangsstraße zurück, die man dann etwa 1,5 km weiterläuft. Beim Bauernhof **Lundskin** biegt man rechts ab in den Leirådalsvegen, ein ruhiger, sanft auf und ab laufender Asphaltweg.

Wenn der Weg sich gabelt, gehen Sie links ab an einem Buswartehäuschen vorbei, das als Unterstand prima Dienste leistet. Weiter dem Weg folgen durch **Brannhaugen**, wo man ebenfalls ein nettes Wartehäuschen findet.

Danach geht es langsam nach oben nach **Gjernstad**. Dort hat man einen herrlichen Blick auf die Berge und den Fjord. Direkt bei Gjernstad gibt es einen Aussichtspunkt, wo man informiert wird über die Folgen des Erdrutsches von 1893, der das unten liegende Tal schwer getroffen hatte.

Man folgt dem Weg weiter, bis man bei **Stiklestad Gården** über einen unbefestigten Pfad nach links geleitet wird. Nach den ersten Gebäuden muss man scharf rechts abbiegen. Man läuft über das Feld zu einem Pfad. Dieser Pfad mündet in einen ruhigen Asphaltweg. Rechts ab und weiterlaufen, bis man automatisch in Stiklestad landet.

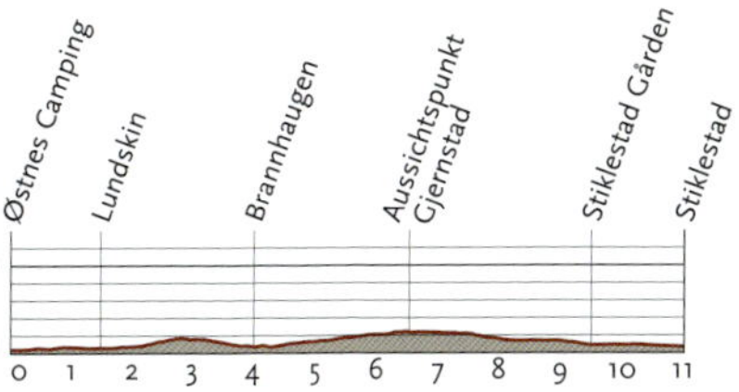

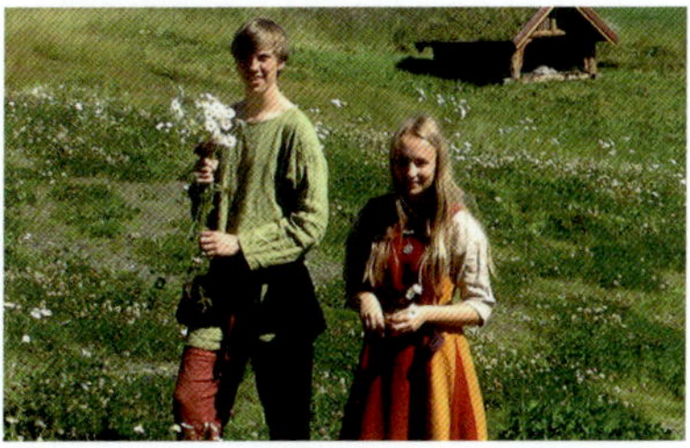

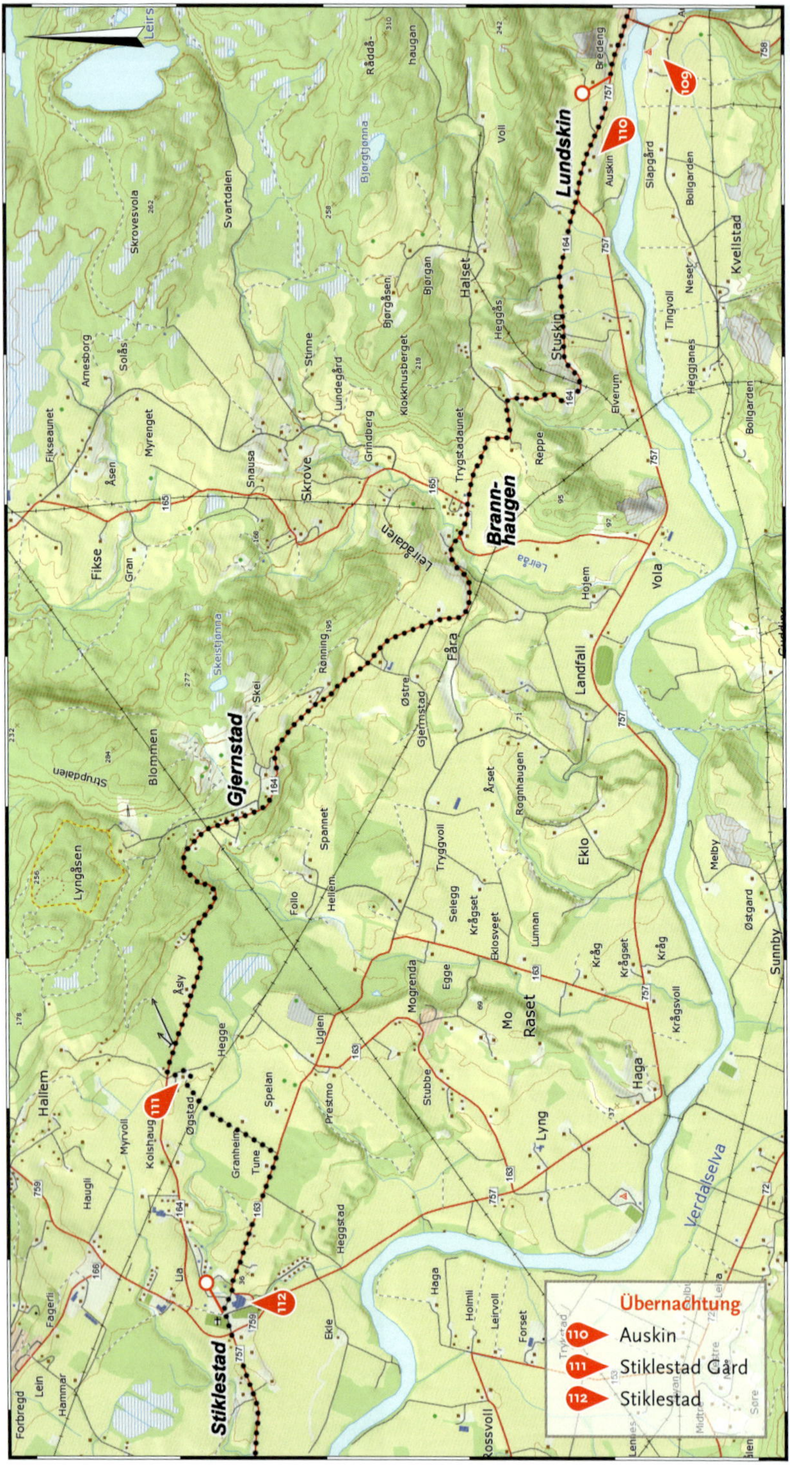
Übernachtung
110 Auskin
111 Stiklestad Gård
112 Stiklestad
Lundskin
Brann-
haugen
Gjernstad
Stiklestad
Verdalselva
Stuskin
Halset
Skrove
Fikse
Hallem
Vola
Eklo
Raset
Haga
Lyng
Landfall
Blommen
Lyngåsen
Svartdalen
Bjørgtjønna
Skeistjønna
Leirådalen
Øgstad
Kolshaug
Hegge
200 m
1 km

Der Erdrutsch von 1893

In der Nacht vom 19. Mai 1893 wurde das Verdal durch den größten Erdrutsch der norwegischen Geschichte getroffen. Die Norweger nennen die Katastrophe Verdalsraset. Durch einen nassen Winter und mehrere Überflutungen im Frühling verwandelte sich der Lehm unter der Oberschicht in eine Art Schokoladenmilch. 60.000.000 Kubikmeter Schlamm strömten die Bergwände hinunter und begruben Menschen, Häuser und Vieh. Auch trat der Fluss auf einer Länge von mehreren Kilometern über seine Ufer. Die Katastrophe kostete 116 Menschen und 500 Tieren das Leben. Die Landschaft wurde durch den Erdrutsch einschneidend verändert. So bekam der Fluss einen anderen Lauf. Auf dem Aussichtspunkt bei Gjernstad wird mittels Text und Fotos verdeutlicht, was in dem unter einem liegenden Tal stattgefunden hat.

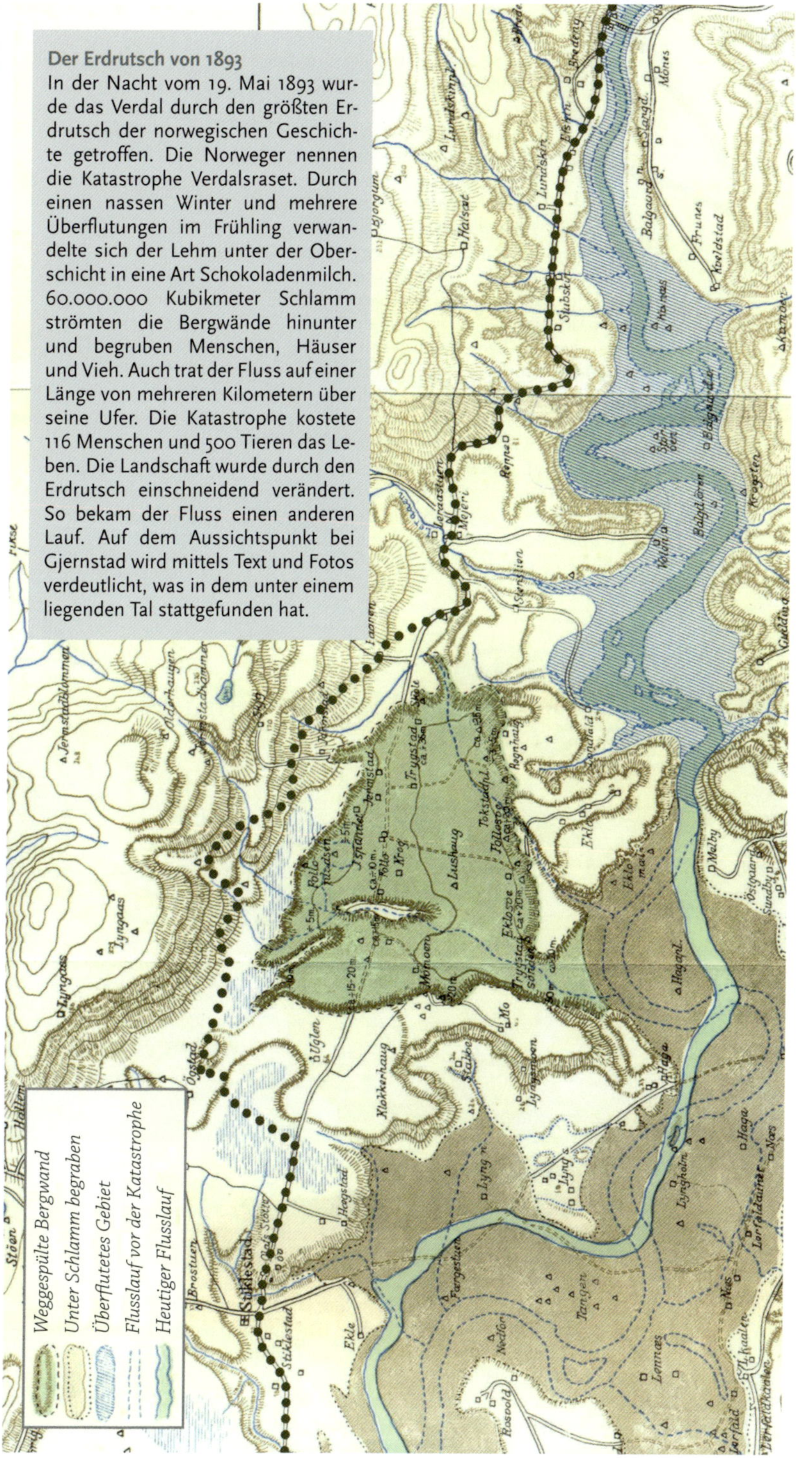

STIKLESTAD

Die Schlacht

Olav Haraldsson war 10 Jahre lang ein erfolgreicher König gewesen. In der Zeit von 1016 bis 1028 hatte er große Teile von Norwegen seinem christlichen Willen unterworfen und vereint. Das wurde von viel Gewalt und Zwang begleitet, aber er hat auch ein sehr zersplittertes Land, wo viele Wikingerclans sich gegenseitig nach dem Leben trachteten, wieder zu einer Einheit zusammengeschmiedet und etliche Gesetze erlassen, die jetzt noch die Basis der heutigen Gesetzgebung bilden. 1028 jedoch konnte Knoet der Grote von Dänemark Olavs Feinde auf seine Seite ziehen und so viel Druck ausüben, dass Olav ins Ausland flüchtete. Im Jahr 1030 kehrte Olav aus seinem Exil zurück, fest entschlossen, Norwegen erneut zu erobern. Er kam in Schweden an Land und marschierte mit seinen zusammengewürfelten Truppen Richtung Norwegen, mehr oder weniger die Route, die Sie nun auch zurückgelegt haben. In Stiklestad stieß er auf eine Bauernarmee. Warum Olav Richtung Trondheim ging, ist nicht bekannt, genauso wenig wie der Grund, warum die Bauern sich gegen ihn erhoben. Tatsache ist, dass er hier starb, und, wie die Legende sagt, durch drei Verwundungen: ein Beil in seinem Bein, ein Speer in seinem Bauch und ein Beil oder Schwert in seinem Nacken. Als er niedersank, lehnte er an einem Stein und warf das Schwert von sich. An dieser Stelle, so erzählt man, wurde der Altar der Kirche von Stiklestad erbaut. Dahinter liegt nun ein Stein, von dem behauptet wird, dass es der besagte Stein sei.

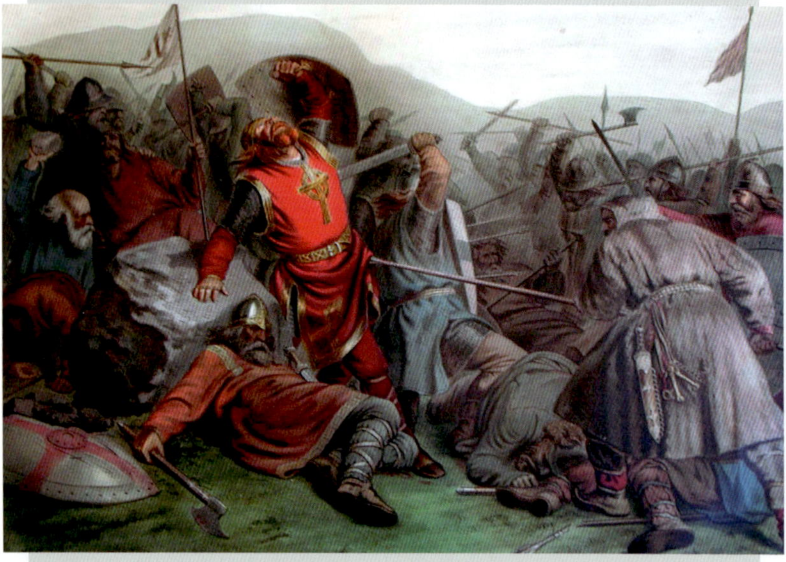

Der Ort

Stiklestad entwickelte sich zu einer der wichtigsten Orte des kulturellen Erbes von Norwegen. Obwohl Olavs Mission (ein vereintes christliches Norwegen unter einem König) anfänglich auf viel Widerstand stieß, wurde die Idee nach seinem Tod zunehmend unterstützt. Mittlerweile war er heiliggesprochen worden und die Mythenbildung nahm ihren Lauf. Sein Grab wurde in den Hochzeiten der mittelalterlichen Pilgerzeiten ein Wallfahrtsort. Als Norwegen nach jahrhundertelangen Kämpfen und Unionen mit Schweden und Dänemark 1905 endlich eine echte unabhängige Monarchie wurde, hatte man sich leicht auf Olav als das Symbol der vereinten Nation geeinigt. Dabei hatte man im Geist der Romantik der Einfachheit halber über die blutige und schonungslose Arbeitsweise Olavs hinweggesehen.

Das nationale Kulturzentrum

Heute hat sich Stiklestad zu einem breit gefächerten Kulturpark entwickelt. In erster Linie geht es dabei um Olav. Das farbenreiche Interieur der Olavskirche und der dort positionierte legendäre Stein sind bestimmt einen Besuch wert. Daneben stehen zwei Kapellen, eine katholische (1930) und eine orthodoxe (2013). Olav ist nämlich der letzte westliche Heilige, der von der orthodoxen Kirche anerkannt wird. Das Freilichttheater bildet jedes Jahr rund um Olavs Heiligentag (29. Juli) die Kulisse der stark besuchten St. Olav-Festspieltage. Seit 1954 wird dort regelmäßig ein musikalisches Kostümdrama aufgeführt. Die Geschichte handelt von Olavs Aufenthalt in Sul am Vorabend der Schlacht bei Stiklestad. Olav findet Quartier auf dem Land eines christlichen Bauern, Torgeir Flekk, aber er hört von den heidnischen Praktiken seiner Frau Gudrun, die ihr missgebildetes Baby im Wald zurückließ. Deswegen hat sie ihr ganzes Leben lang quälende Schulgefühle gehabt. Olav will die ganze Gemeinschaft des Bauernhofes für diese unchristliche Tat hart strafen. Erst als er hört, dass der Bauer selbst ein Christ ist, kommt dieser mit einem Bußgeld davon. Der Bauer belohnt Olavs Milde damit, dass er und seine Söhne sich bei Olavs Armee anschließen. Bei der Theatervorstellung machen etliche professionelle Schauspieler und eine große Anzahl Freiwilliger mit.

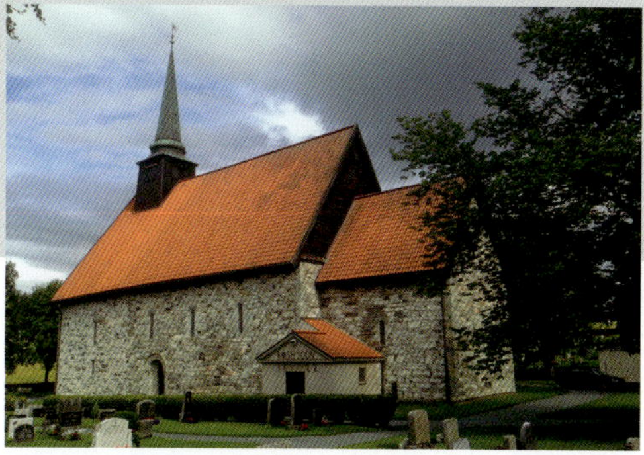

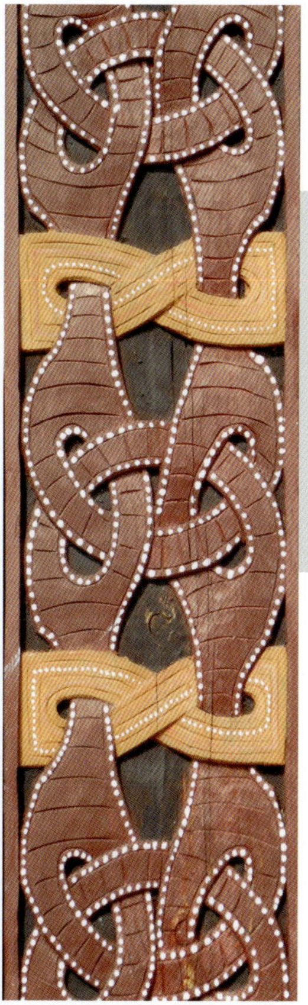

Außerdem bietet Stiklestad einen umfassenderen Überblick über das norwegische Erbe durch ein Freilichtmuseum mit Gebäuden aus dem 17. und 18. Jahrhundert und einen Nachbau eines Wikinger Langhauses. Daneben wurde eine Unterkunft im Wikingerstil für neuzeitliche Pilger errichtet. Authentisch gebaut mit Beilen und Meißeln. Aber wer sich eine Nacht mit Luxus wünscht, kann im Hotel im Hauptgebäude unterkommen. Dort findet man Ausstellungen, eine Bibliothek, einen Museumsshop und ein großes Restaurant. Pilger werden mit offenen Armen empfangen. Ein Pilgerzentrum befindet sich in Planung.

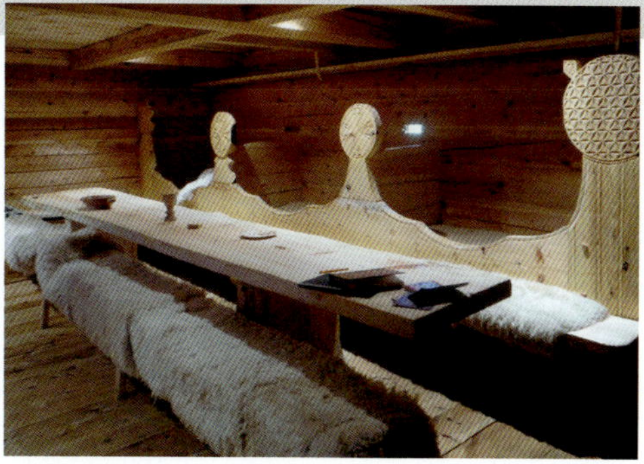

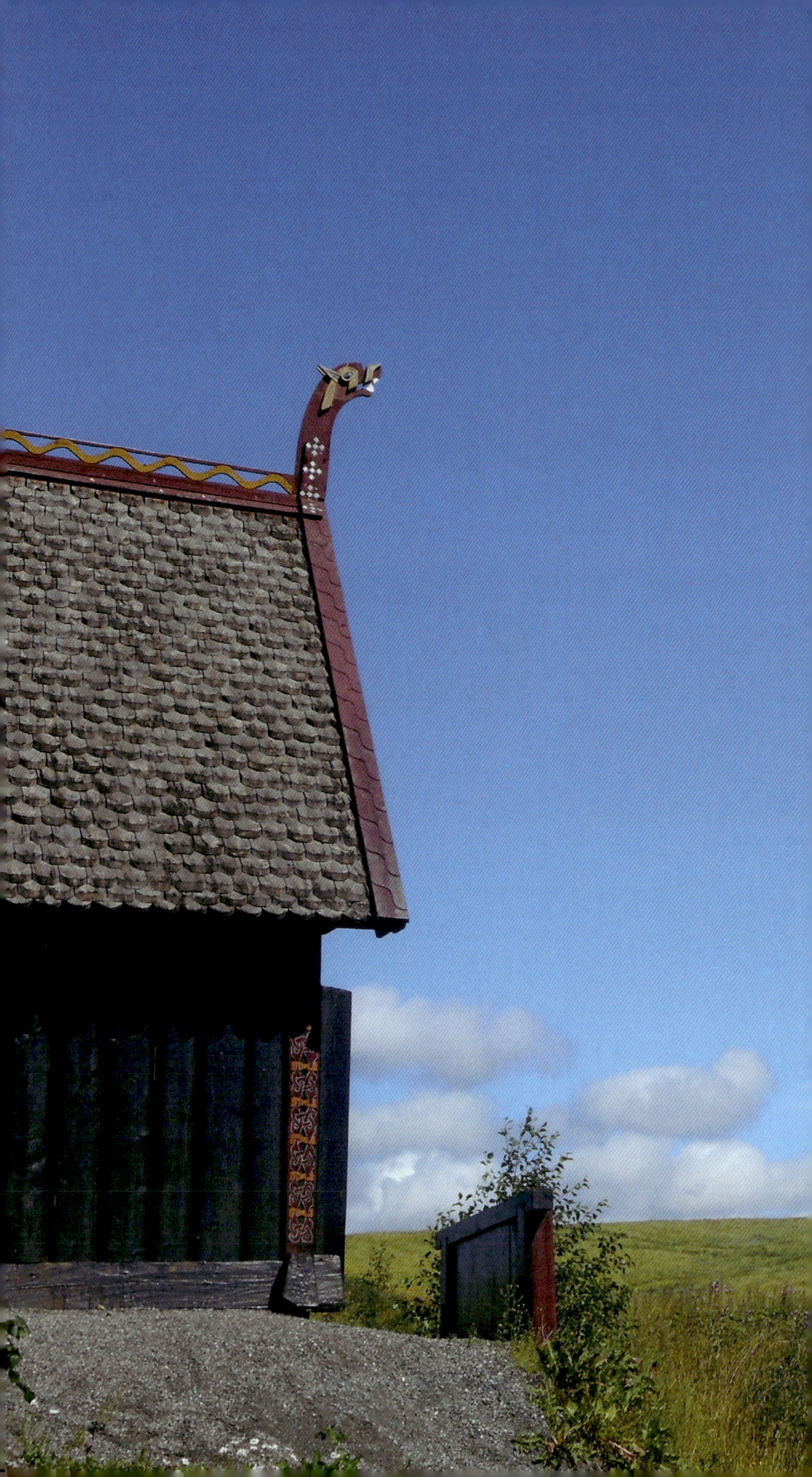

Entfernung
19 km

Asphalt
35%

Schönheit
***

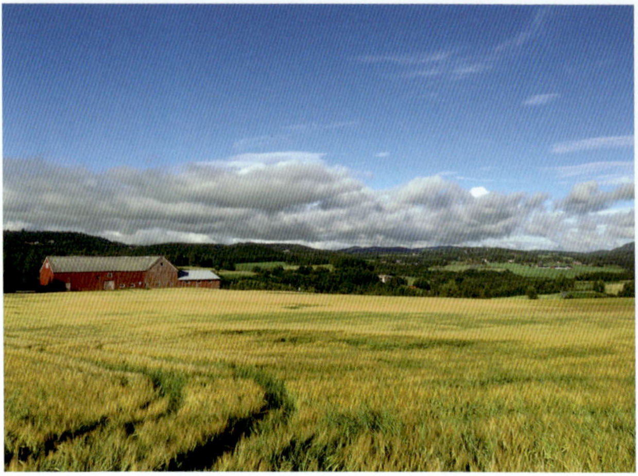

Verkehr in beide Richtungen

Ein Teil der Pilger, die nach Santiago de Compostela pilgern, läuft nach der Ankunft weiter zur Küste, zum Kap Finisterre (Ende der Welt). Dort soll Berichten zufolge der heilige Jacobus seinen Fuß an Land gesetzt haben. Stiklestad hat die Ambition, das Finisterre von Norwegen zu werden. Pilger, die aus dem Süden kommen, können nach ihrer Ankunft in Trondheim weiter zum heiligen Grund von Stiklestad laufen. Wenn man von Osten kommt, merkt man das an der Markierung, die zwischen Stiklestad und Trondheim in beide Richtungen geht.

Man verlässt Stiklestad an der linken Seite der Olavskirche und nimmt die Durchgangsstraße nach Verdal. Man läuft weiter auf dem „Fahrradweg", eine herrliche 4 Kilometer lange Birkenallee neben der Schnellstraße. In **Verdal** angekommen, wird man entlang der Autostraßen an den Rand des Zentrums geleitet, wo sich diverse Geschäfte, Hotels und ein Bahnhof befinden. Ein Stückchen weiter kreuzt man die Gleise, überquert den Fluss per Brücke und biegt gleich danach links ab, um dann am Wasser entlang zu gehen. Auf einer Fußgängerbrücke unterquert man eine Eisenbahnbrücke. Danach über langweilige Asphaltwege und den **Jämtlandsvegen** um das Neubauviertel Baglan Berg herum. Dann öffnet sich die Landschaft und man bekommt eine schöne Aussicht auf Land und Wasser.

Über schmale Asphalt- und Schotterwege gelangt man auf die Straße **Hallbakken**. Nach gut 300 m weist ein Schild bei einer Gabelung Richtung Hallan Kirkested, welches knapp hundert Meter vom Pfad entfernt liegt. Ein Ort, wo im Mittelalter eine Stabkirche gestanden hat. Später entstand dort ein Steingebäude, das 1815 abbrannte. Was blieb, ist ein friedliches Rastplätzchen mit einem Gedenkstein.

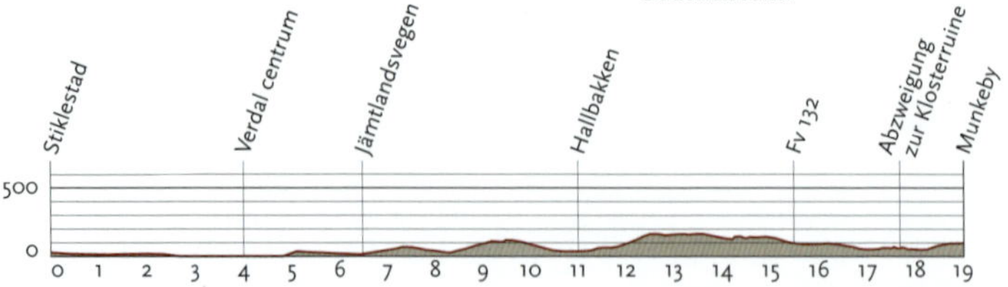

Man läuft wieder zurück zur Abzweigung und folgt dem Schotterweg. Dieser landet wieder auf dem Asphalt, wo man rechts abbiegt. Nach knapp 500 Metern links auf den Schotterweg, der langsam in den Wald aufsteigt. Man durchkreuzt den Wald auf einem sehr schmalen Weg und betritt auf der anderen Seite wieder Bauernland. Über Schotterwege kommt man wieder zum Asphalt (**Fv 132**). Rechts ab und gleich wieder nach links auf einen abermals sehr schmalen Pfad durch den Wald. Dann erreicht man wieder den Asphalt, wo man rechts und gleich wieder links abbiegt.

⚠ Der Olavsweg verläuft hier von alters her über den Asphaltweg nach Munkeby, aber man kann sich auch für eine neue, kürzere und unbefestigte Variante entscheiden, die an einer **Klosterruine** vorbei kommt – eine wirkliche Empfehlung. Hierfür muss man nach ca. 500 Metern auf eine kleine Anzeigetafel auf der rechten Seite dieser Straße achten. Der markierte Pfad führt über Felder, geht hinunter zum Fluss und dann entlang des Flusses weiter zu einer neuen, schicken hölzernen Bogenbrücke. Am anderen Ufer liegen die Reste des Klosters. Kurz nach der Ruine führt ein Schotterweg nach oben. Ist man oben angekommen, findet man einen Wegweiser, der auch den Yttre Leden anzeigt. Das ist die Variante nach Trondheim über die Küstenroute. **Munkeby** liegt jetzt direkt vor Ihnen, in Richtung Markabygda auf dem Wegweiser.

Die offizielle Route über Asphalt ist fast einen Kilometer länger, läuft sich jedoch schon etwas einfacher.

Munkeby Klosterruine

Munkeby bedeutet so viel wie „Ort der Mönche". Was heute eine Ruine ist, war früher ein Zisterzienserkloster. In der zweiten Hälfte des 12. Jahrhunderts von englischen Mönchen gestiftet und seinerzeit die nördlichste Gemeinschaft der Zisterzienser. Die Zisterzienser wurden als eine Reaktion auf die Benediktiner gesehen, deren genügsame Lebensregeln (Gehorsam, Demut, Armut, ora et labora) immer lockerer interpretiert wurden. Zisterzienser besannen sich wieder auf die puren kontemplativen Grundlagen. Zu Beginn des 13. Jahrhunderts zogen die Mönche um ins neue Kloster Tautra, welches auf einer Insel im Trondheimfjord lag. Munkeby behielt nur noch eine Funktion als Pfarrkirche, bis die Reformation diese Gegend erreichte. 1587 wurde die Kirche geschlossen. Als ein französischer Zisterzienserbruder 2006 sich während eines Sabbaticals in Tautra aufhielt, beschloss er, in Munkeby eine neue Abtei zu stiften. Seit 2009 wohnt er mit drei anderen Brüdern im Munkeby Marienkloster, etwa 1,5 km von der Ruine entfernt. Sie stellen auf französische Art und Weise Käse her. www.munkeby.net

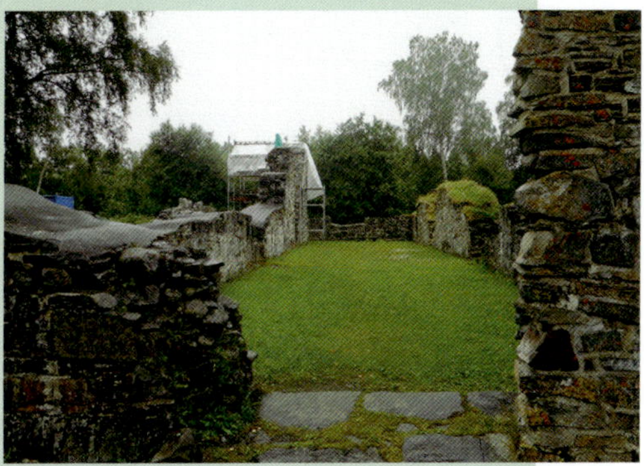

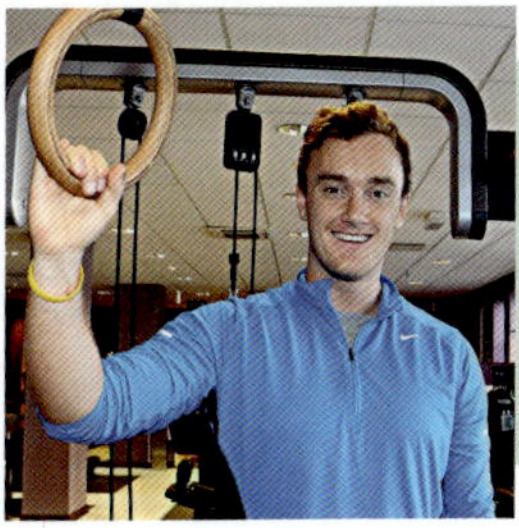

Adrian Wahlborg

In Verdal hat sich der Physiotherapeut Adrian Wahlborg niedergelassen. Dieser „Physiowikinger" hat viel Sympathie für die sportlichen Unternehmungen der Pilger und ist bereit, in der weiteren Umgebung Verdals „Hausbesuche" bei verletzten Pilgern zu machen. Und zwar zu fairen Preisen. Adrian.Wahlborg@gmail.com +47 9201 9631.

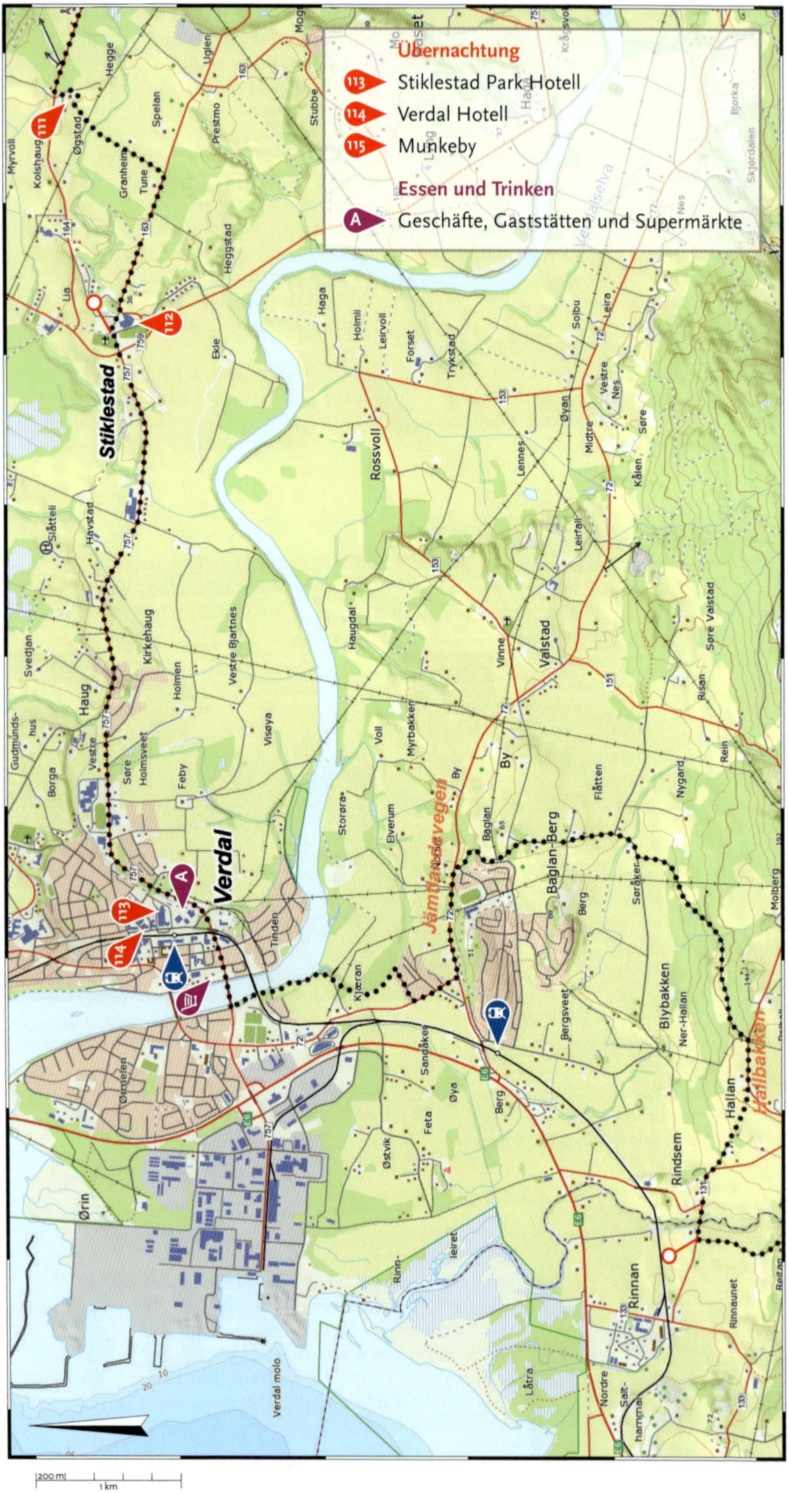
Übernachtung
113 Stiklestad Park Hotell
114 Verdal Hotell
115 Munkeby
Essen und Trinken
A Geschäfte, Gaststätten und Supermärkte
Stiklestad
Verdal
200 m
1 km

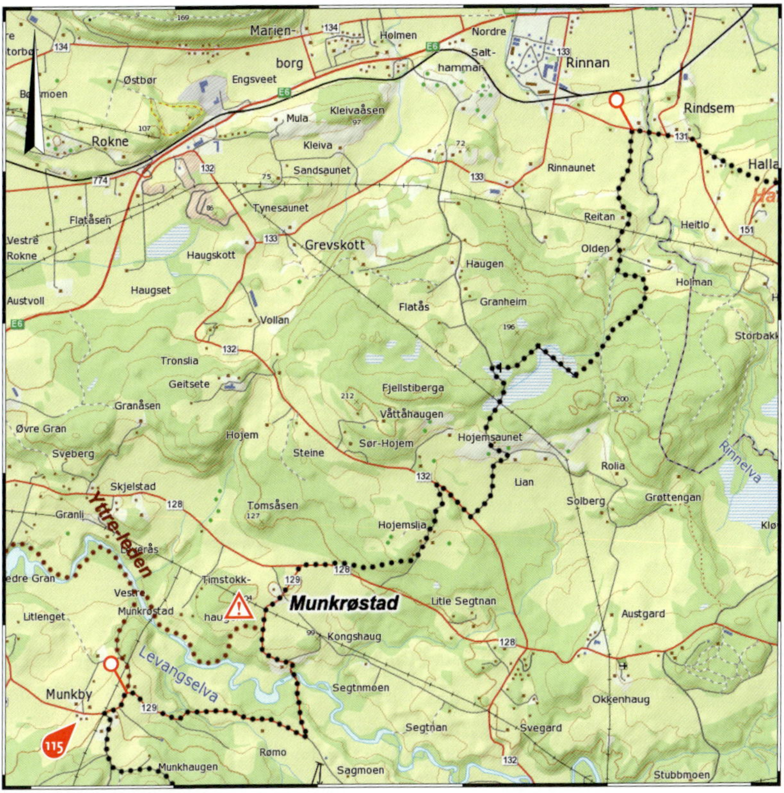
Marien-
borg
Holmen
Nordre
Salt-
hammar
Rinnan
Rindsem
Østbør
Engsveet
Mula
Kleivaåsen
Kleiva
Sandsaunet
Rokne
Rinnaunet
Halla
Flatåsen
Tynesaunet
Reitan
Heitlo
Vestre
Rokne
Haugskott
Grevskott
Olden
Haugen
Holman
Haugset
Austvoll
Flatås
Granheim
Vollan
Storbakk
Tronslia
Geitsete
Fjellstiberga
Granåsen
Våttåhaugen
Øvre Gran
Hojem
Sør-Hojem
Hojemsaunet
Sveberg
Steine
Rolia
Rinnelva
Skjelstad
Lian
Solberg
Grøttengan
Granli
Tomsåsen
Hojemslia
Yttre-leden
Timstokk-
Munkrøstad
Litle Segtnan
Austgard
Litlenget
Kongshaug
Levangselva
Munkby
Segtnmoen
Okkenhaug
Segtnan
Svegard
Rømo
Munkhaugen
Sagmoen
Stubbmoen

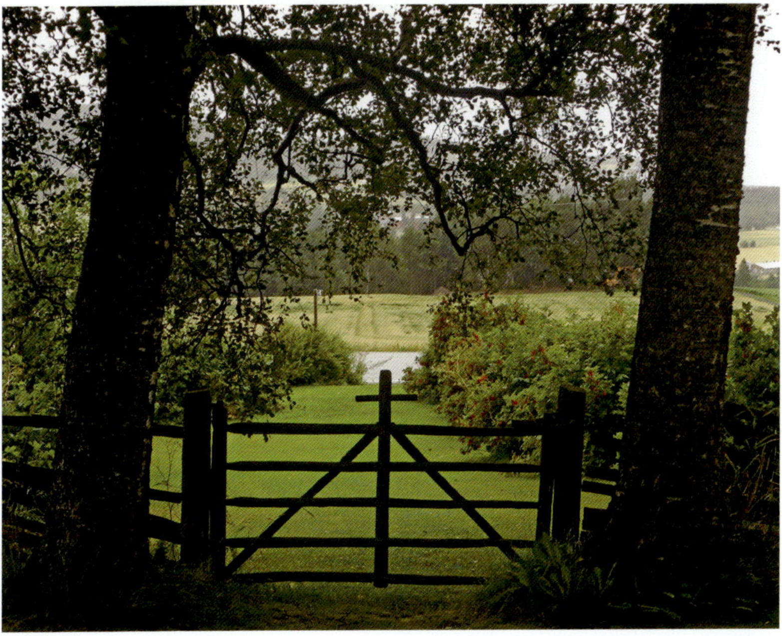

Entfernung
85 km

Asphalt
98%

Schönheit
★★★½

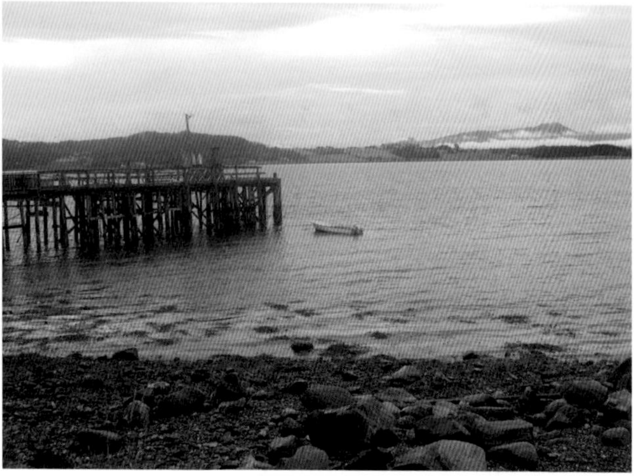

Eine Alternative Küstenroute

Ab Munkeby (Levanger) können Sie statt der Route durchs Binnenland auch die Küstenroute nach Trondheim wählen. Diese etwa 85 Kilometer lange Route hat zwei Vorteile. Es gibt unterwegs mehr Läden und man hat wunderbare Aussichten auf das Wasser. Der Nachteil ist, dass die Route nahezu ausschließlich über Asphalt geht und dass man an eine Überfahrt mit dem Schiff gebunden ist, die vorher reserviert werden muss. Weil die Autorin dieses Wanderführers diese Route (noch) nicht in der Praxis testen konnte, sind auf der Karte des Yttre-Leden keine Läden oder Gaststätten angegeben. Die Unterkünfte sind jedoch verzeichnet.

Die Route führt durch das historische Zentrum von Levanger und entlang der Wallfahrtskirche Alstadhoug (1180), wo sich laut Überlieferung eine Reliquie mit einem Stück Finger des heiligen Petrus befindet. Weiter geht der Pfad über die Halbinsel Frosta an der Küste entlang. Am Südpunkt der Halbinsel gelangt man über einen Damm zur Klosterinsel Tautra. Das wunderbar gelegene Nonnenkloster der Zisterzienser steht Besuchern offen.

Tautra ist auch bekannt für ihre reiche Vogelwelt. Von Tautra aus kann man mit dem Schiff nach Trondheim übersetzen. Diese Route ist etwa 62 km lang. Wollen Sie sich lieber laufend weiter fortbewegen, dann können Sie ab Frosta (bei Valberg) mit dem Schiff nach Steinvikholmen fahren, um den Olavsweg dann über das Festland fortzusetzen. Diese Variante ist etwa 85 km lang.

Die Überfahrten müssen mindestens zwei Tage vorher gebucht werden bei Øyvind Løvrød: +47 481 07 799 oyvind@mig.no

Mögliche Etappeneinteilung
Munkeby - Laberget 19 km
Laberget - Hellberg 21 km
Hellberg - Tautra 22 km
Tautra - Trondheim mit dem Schiff

Hellberg - Valberg 17 km
Valberg - Stjørdal 19 oder Ersgard 24 km

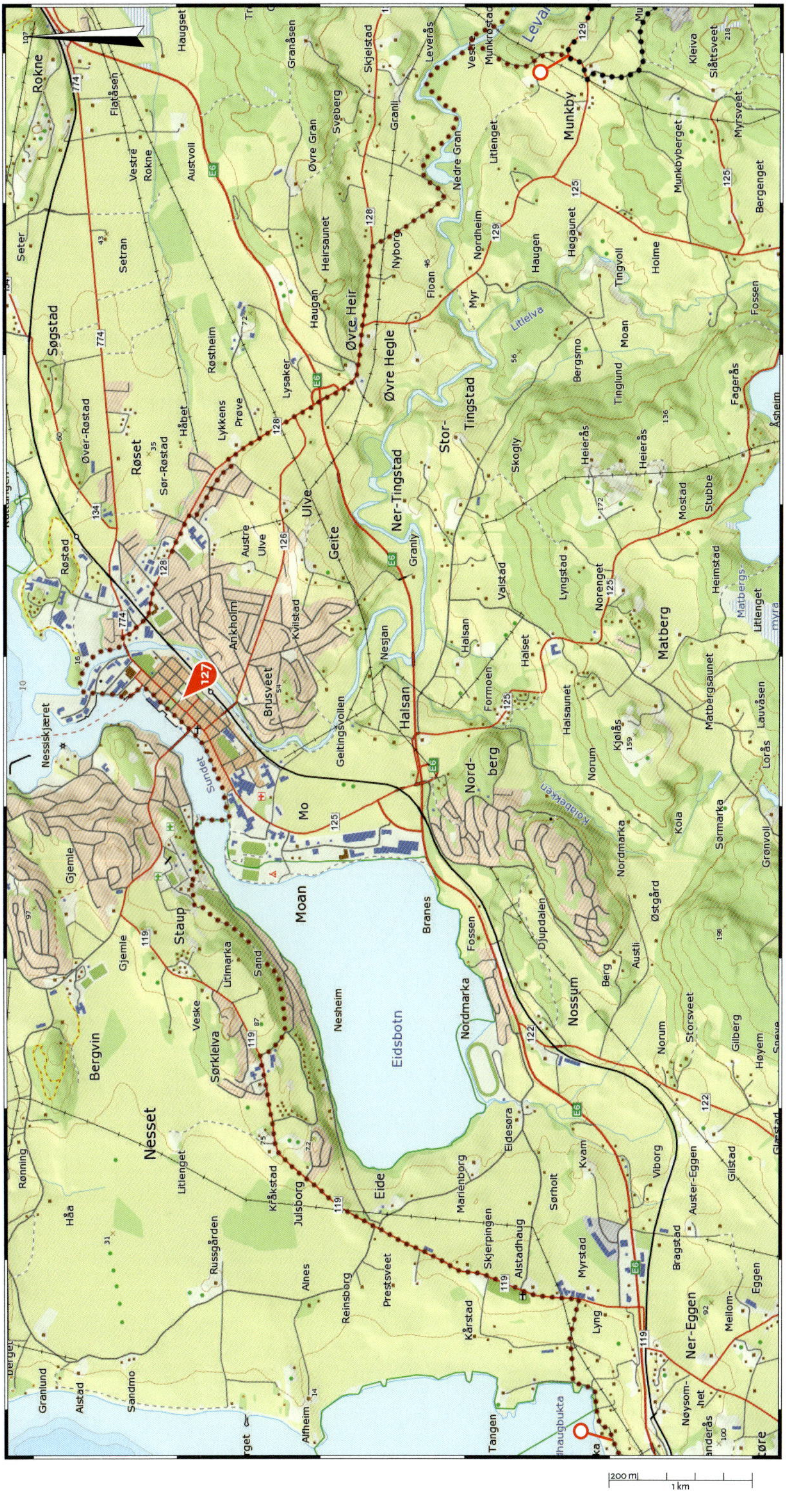

Rokne
Søgstad
Røset
Øver-Røstad
Sør-Røstad
Håbet
Røstheim
Lykkens
Prøve
Lysaker
Øvre Heir
Øvre Hegle
Ulve
Geite
Ner-Tingstad
Stor-
Tingstad
Munkby
Nordheim
Høgaunet
Haugen
Tingvoll
Holme
Littelva
Bergsmo
Moan
Tinglund
Heierås
Skogly
Lyngstad
Norenget
Valstad
Mostad
Stubbe
Heimstad
Matberg
Matbergsaunet
Lauvåsen
Lorås
Halsan
Formoen
Halset
Halsaunet
Kjølås
Norum
Nord-
berg
Koia
Sørmarka
Grønvoll
Nordmarka
Østgård
Austli
Berg
Nossum
Djupdalen
Ankholm
Kvilstad
Brusveet
Austre
Ulve
Nesjan
Geitingsvollen
Nessiskjæret
Sundet
Mo
Moan
Branes
Fossen
Nesheim
Eidsbotn
Nordmarka
Eidesøra
Eide
Marienborg
Skjerpingen
Alstadhaug
Sørholt
Kvam
Myrstad
Lyng
Viborg
Bragstad
Auster-Eggen
Gilstad
Ner-Eggen
Eggen
Nøysom-
het
Tangen
Kårstad
Prestsveet
Reinsborg
Alnes
Alfheim
Julsborg
Kråkstad
Sørkleiva
Veske
Sand
Litlmarka
Staup
Gjemle
Bergvin
Nesset
Litlenget
Russgården
Håa
Rønning
Granlund
Alstad
Sandmo
Seter
Setran
Vestre
Rokne
Flatåsen
Austvoll
Haugset
Granåsen
Øvre Gran
Sveberg
Heirsaunet
Haugan
Skjelstad
Granli
Nyborg
Floan
Myr
Leverås
Vestre
Munkrostad
Nedre Gran
Litlenget
Munkbyberget
Kleiva
Slåttsveet
Myrsveet
Bergenget
Fossen
Fageras
Åsheim
Levanger
Storsveet
Gilberg
Høyem
Norum
Mellom-
200 m
1 km

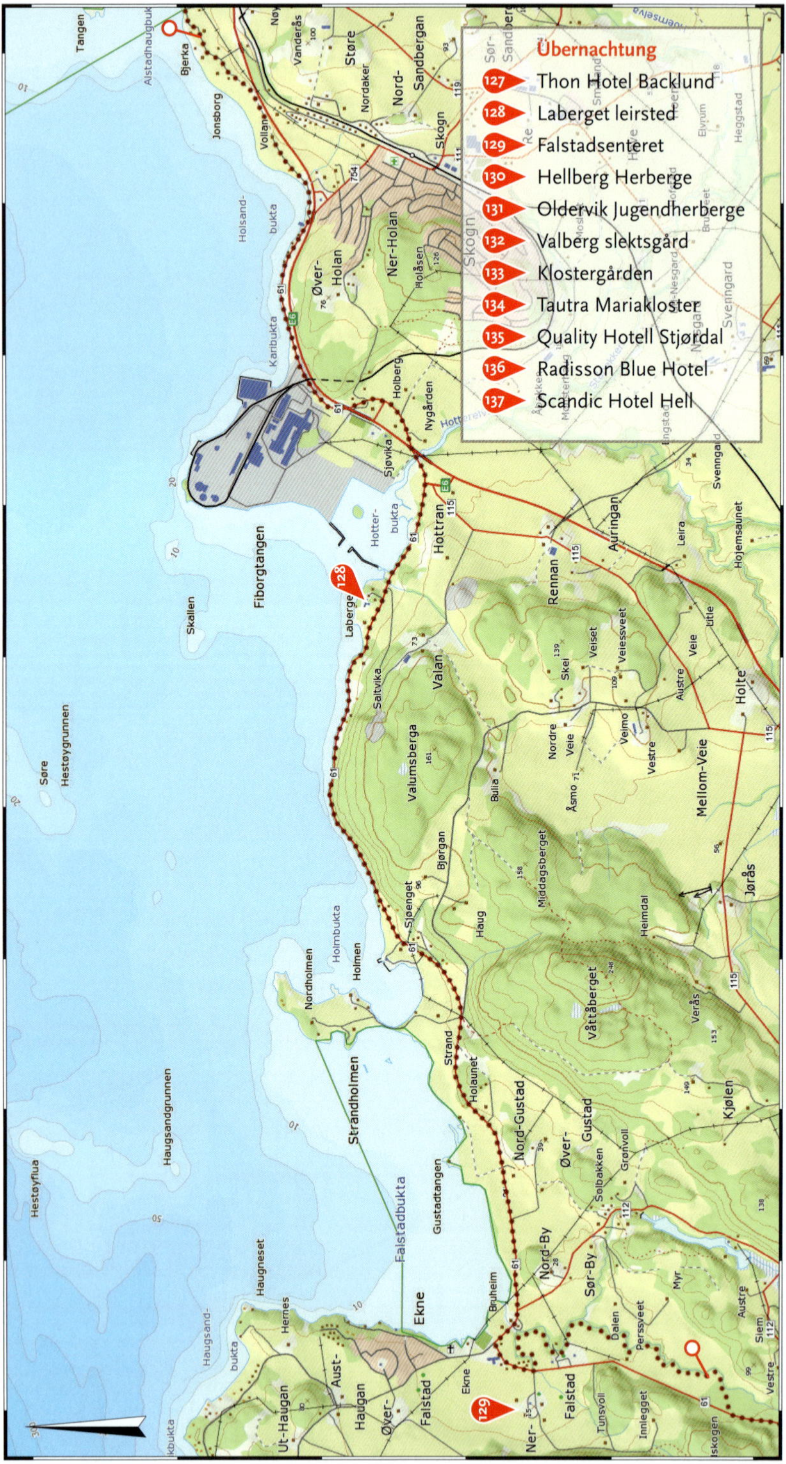
Übernachtung
127 Thon Hotel Backlund
128 Laberget leirsted
129 Falstadsenteret
130 Hellberg Herberge
131 Oldervik Jugendherberge
132 Valberg slektsgård
133 Klostergården
134 Tautra Mariakloster
135 Quality Hotell Stjørdal
136 Radisson Blue Hotel
137 Scandic Hotel Hell

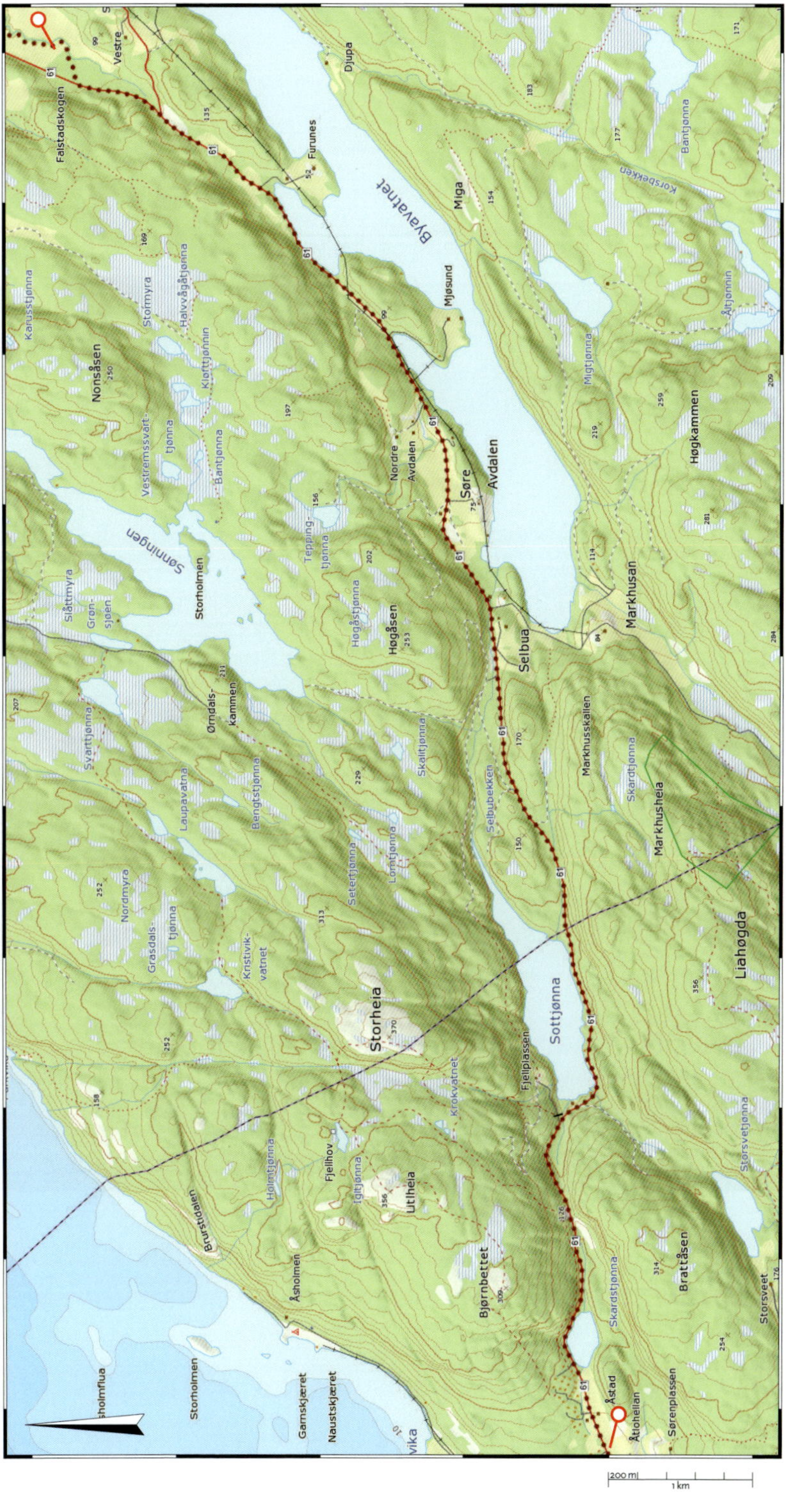
Falstadskogen
Vestre
Furunes
Djupa
Byavatnet
Miga
Mjøsund
Korsbekken
Bantjønna
Karusstjønna
Stormyra
Halvvågåtjønna
Kjøttjønnin
Nonsåsen
Vestremssvart-
tjønna
Bantjønna
Nordre
Avdalen
Søre
Avdalen
Migtjønna
Åltjønnin
Høgkammen
Tepping-
tjønna
Sønningen
Storholmen
Slåttmyra
Grøn-
sjøen
Høgåstjønna
Høgåsen
Markhusan
Selbua
Svarttjønna
Ørndals-
kammen
Laupavatna
Bengtstjønna
Skalltjønna
Selbubekken
Markhusskallen
Skardtjønna
Markhusheia
Nordmyra
Grasdals-
tjønna
Kristivik-
vatnet
Setertjønna
Lomtjønna
Liahøgda
Storheia
Sottjønna
Fjellplassen
Krokvatnet
Fjellhov
Igltjønna
Utlheia
Holmtjønna
Brurstidalen
Åsholmen
Bjørnbettet
Storsvetjønna
Brattåsen
Skardstjønna
Storsveet
Åstad
Åtlohellan
Sørenplassen
Storholmen
Garnskjæret
Naustskjæret
vika
200 m
1 km

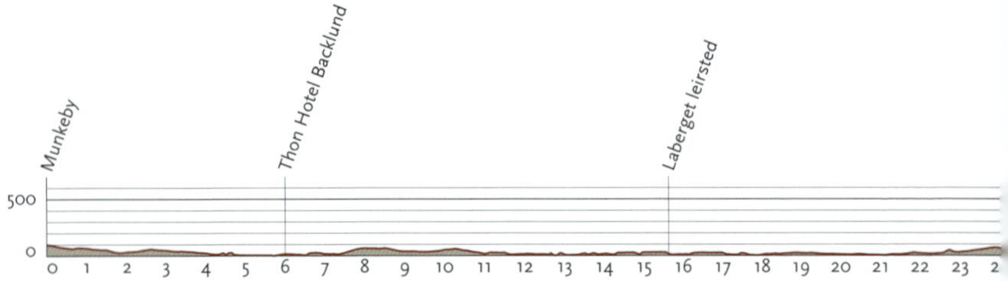
Munkeby
Thon Hotel Backlund
Laberget leirsted
500
0
0 1 2 3 4 5 6 7 8 9 10 11 12 13 14 15 16 17 18 19 20 21 22 23

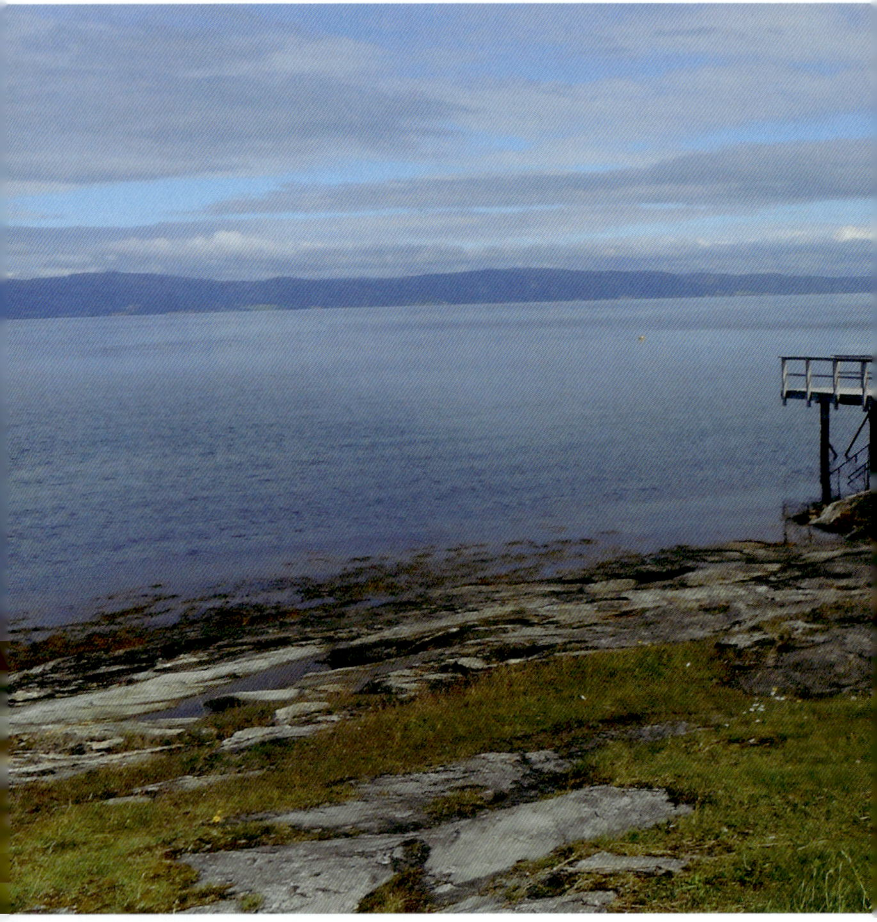

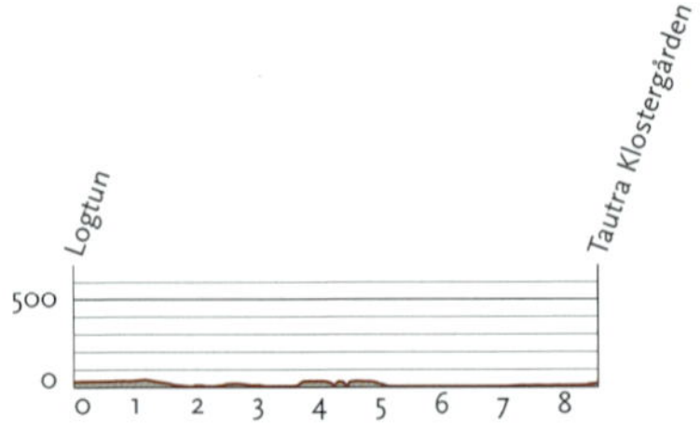
Logtun
Tautra Klostergården
500
0
0 1 2 3 4 5 6 7 8

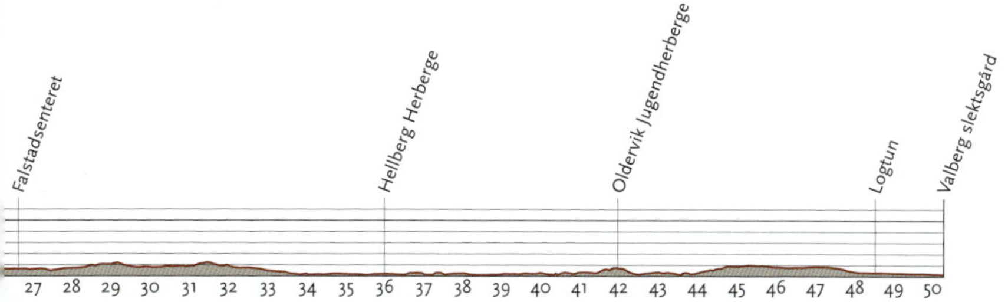
Falstadsenteret
Hellberg Herberge
Oldervik Jugendherberge
Logtun
Valberg slektsgård
27 28 29 30 31 32 33 34 35 36 37 38 39 40 41 42 43 44 45 46 47 48 49 50

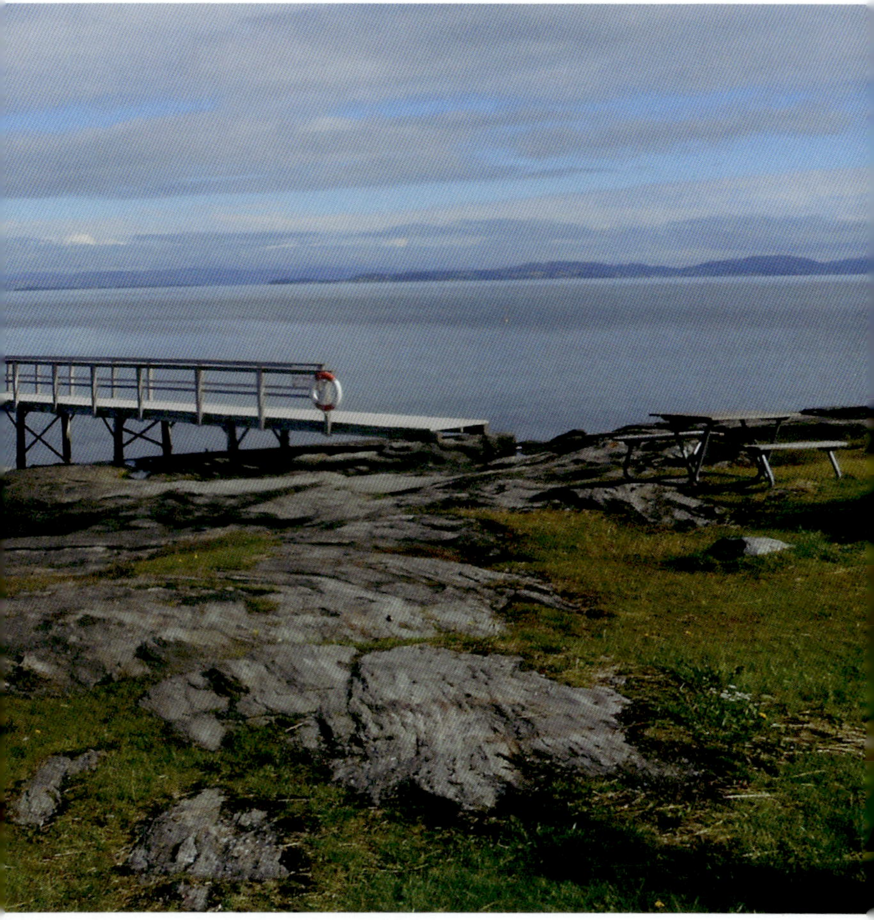

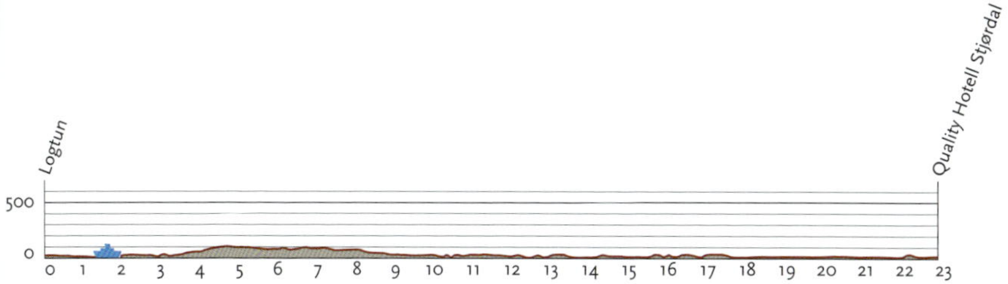
Logtun
Quality Hotell Stjørdal
500
0
0 1 2 3 4 5 6 7 8 9 10 11 12 13 14 15 16 17 18 19 20 21 22 23

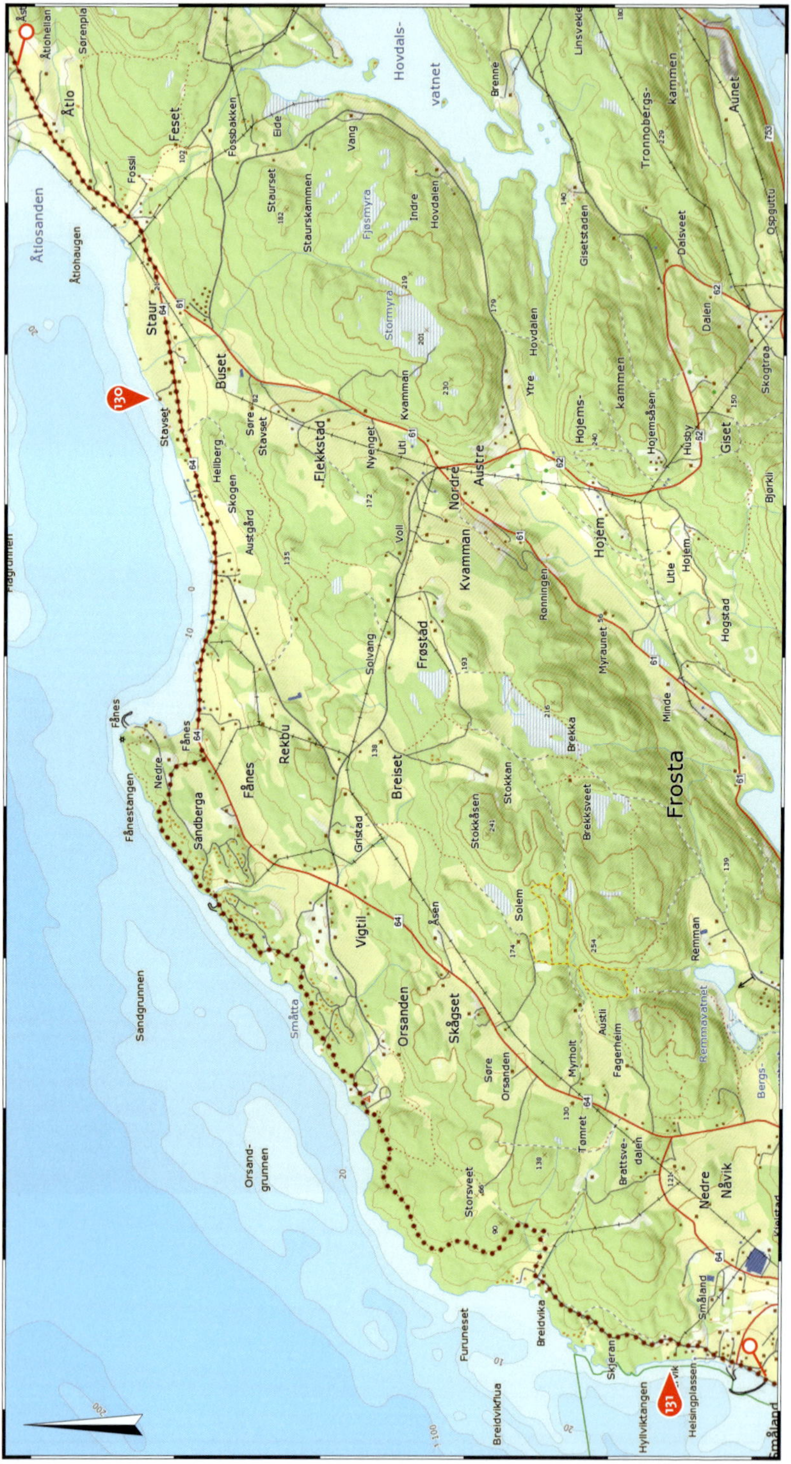

Åtlo
Åtloheia
Sørenpla
Feset
Fossli
Fossbakken
Eide
Vang
Hovdals-
vatnet
Brenne
Linsvekle
Tronnobergs-
kammen
Aunet
Åtlosanden
Åtlohaugen
Staurset
Staurskammen
Fjøsmyra
Indre
Hovdalen
Gisetstaden
Dalsveet
Ospguttu
Staur
Stormyra
Hovdalen
Ytre
Hojems-
kammen
Hojemsåsen
Dalen
Skogtrøa
Buset
130
Stavset
Søre
Stavset
Hellberg
Skogen
Austgård
Flekkstad
Nyenget
Litl
Kvamman
Nordre
Austre
Husby
Giset
Bjørkli
Voll
Kvamman
Hojem
Litle
Hojem
Rønningen
Myraunet
Hogstad
Solvang
Frøstad
Minde
Fånes
Nedre
Fånes
Fånestangen
Sandberga
Fånes
Rekbu
Breiset
Gristad
Stokkåsen
Stokkan
Brekka
Brekksveet
Frosta
Vigtil
Åsen
Solem
Remman
Sandgrunnen
Småtta
Orsanden
Skågset
Søre
Orsanden
Myrholt
Austli
Fagerheim
Remmavatnet
Bergs-
Orsand-
grunnen
Tømret
Brattsve-
dalen
Nedre
Nåvik
Storsveet
Furuneset
Breidvika
Skjeran
Småland
Breidvikflua
Hyllviktangen
Helsingplassen
131
Småland

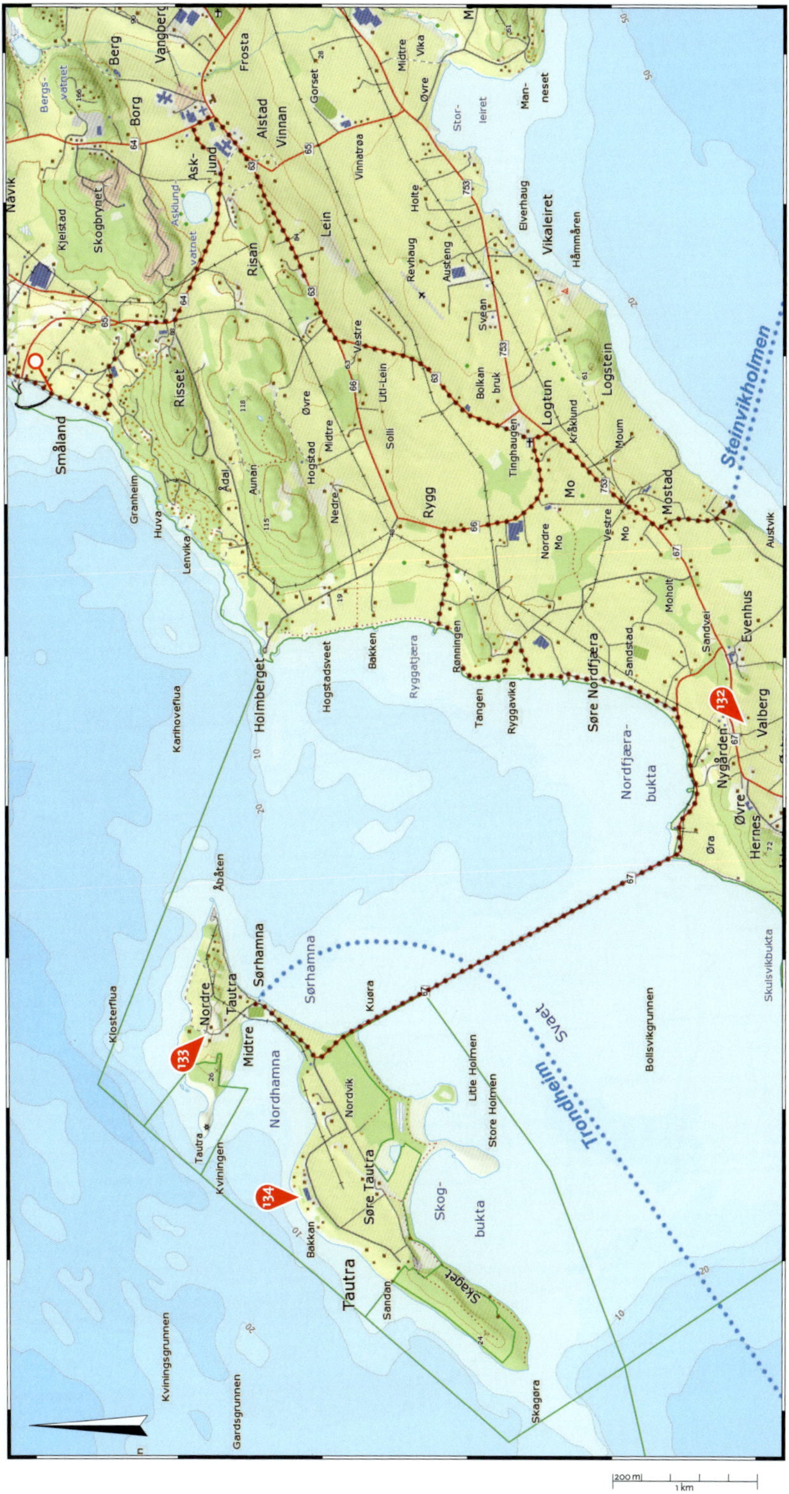

Nävik
Småland
Kjelstad
Skogbrynet
Bergs-
vatnet
Berg
Borg
Vangberg
Frosta
Alstad
Vinnan
Gorset
Midtre
Vika
Øvre
Stor-
leiret
Man-
neset
Ask-
lund
Asklund-
vatnet
Risan
Lein
Vinnatrøa
Holte
Elverhaug
Vikaleiret
Håmmåren
Revhaug
Austeng
Svean
Risset
Vestre
Utl-Lein
Solli
Øvre
Midtre
Nedre
Hogstad
Bolkan
bruk
Logtun
Tinghaugen
Kråklund
Logstein
Moum
Steinvikholmen
Granheim
Huva
Lenvika
Ådal
Aunan
Rygg
Mo
Nordre
Mo
Vestre
Mo
Møstad
Austvik
Moholt
Sandvei
Evenhus
Holmberget
Hogstadsveet
Bakken
Ryggatjæra
Rønningen
Tangen
Ryggavika
Søre Nordfjæra
Sandstad
Valberg
Nygården
Øvre
Hernes
Øra
Nordfjæra-
bukta
Karhovefluа
Åbåten
Sørhamna
Sørhamna
Kuøra
Nordre
Tautra
Midtre
Nordhamna
Klosterflua
Tautra
Kviningen
Nordvik
Søre Tautra
Litle Holmen
Store Holmen
Skog-
bukta
Svaet
Trondheim
Bollsvikgrunnen
Skulsvikbukta
Bakkan
Tautra
Sandan
Skaget
Kviningsgrunnen
Gardsgrunnen
Skagøra
132
133
134
200 m
1 km

Karte Yttre-leden 6

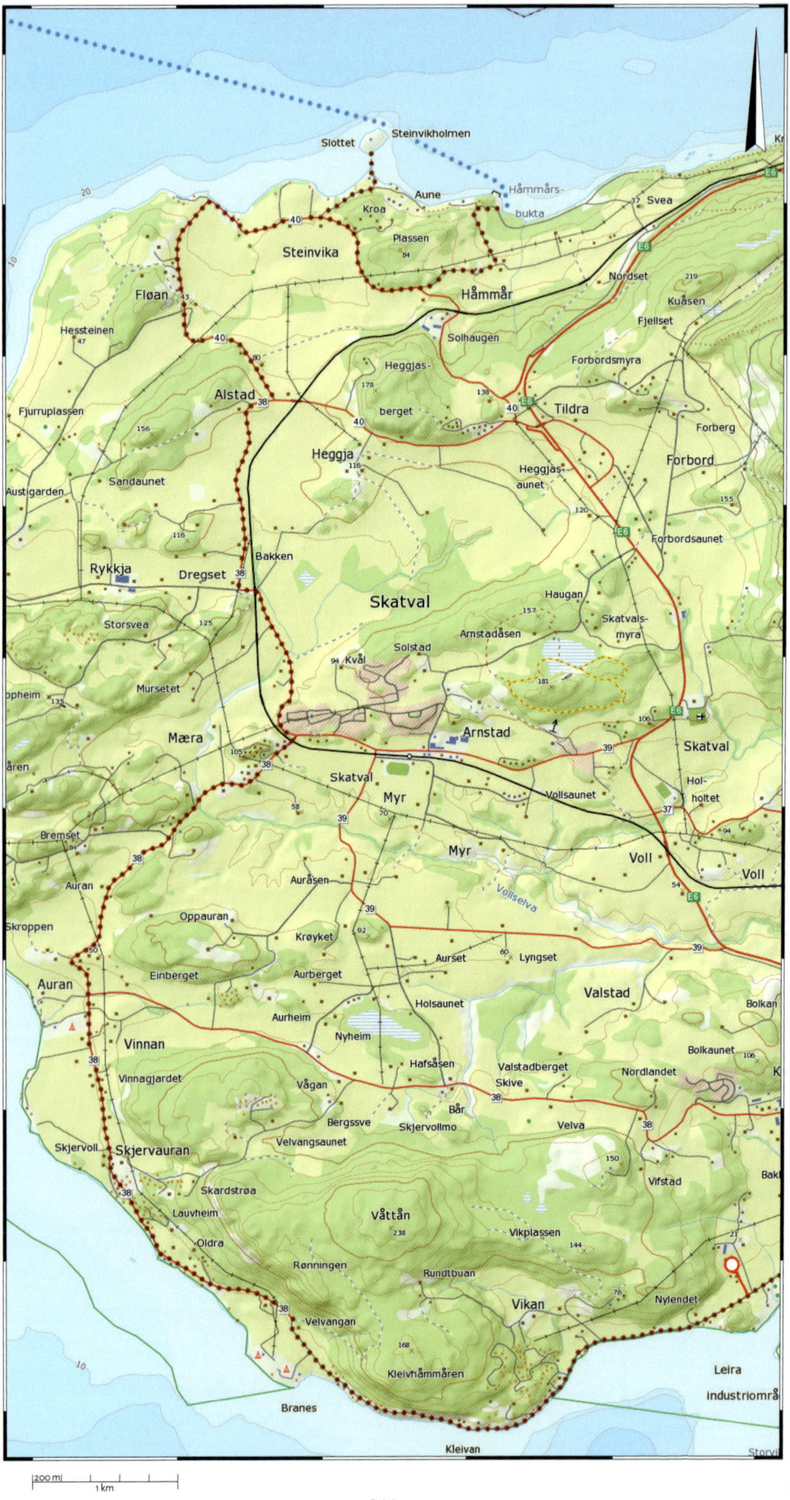

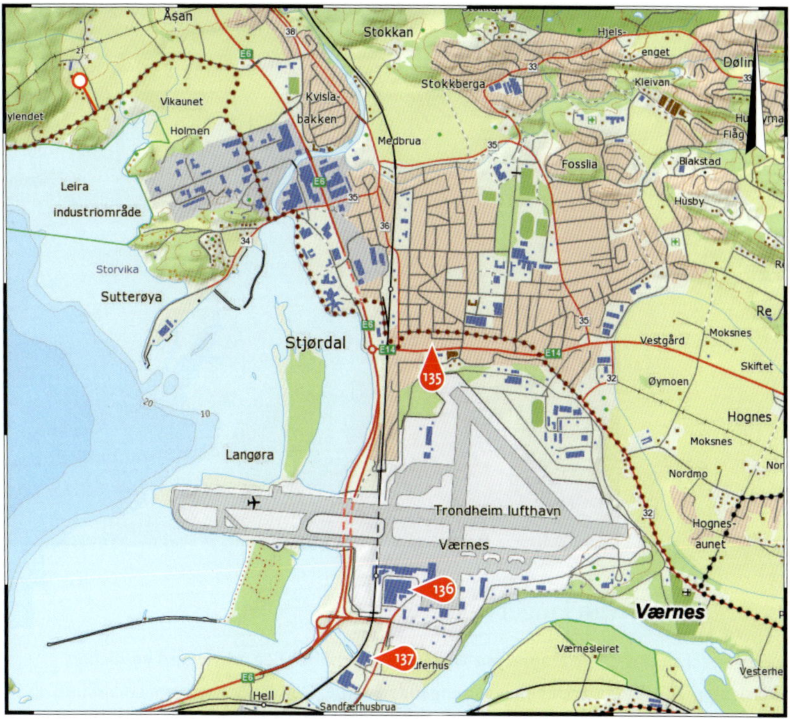

Værnes

Die Kirche von Værnes ist das älteste Gebäude in Stjørdal. Es entstammt den Anfängen des 12. Jahrhunderts. Eine wunderschöne alte Kirche mit lebendigen Fresken und einem beeindruckenden Gewölbe aus hölzernen Sparren, die einzige in Norwegen, die noch im Originalzustand zu bewundern ist. Ebenso ist die Kanzel aus 1685 mit ihrer feinen Holzschnittarbeit sehr auffallend. Das Stjørdalmuseum bei der alten Pfarrei mit dem dazugehörigen Garten liegt ganz in der Nähe. In Schweden würde man es einen Hembygdsgård nennen, aber hier ist es ein Museum. Glücklicherweise gibt es hier auch ein Sommercafé.

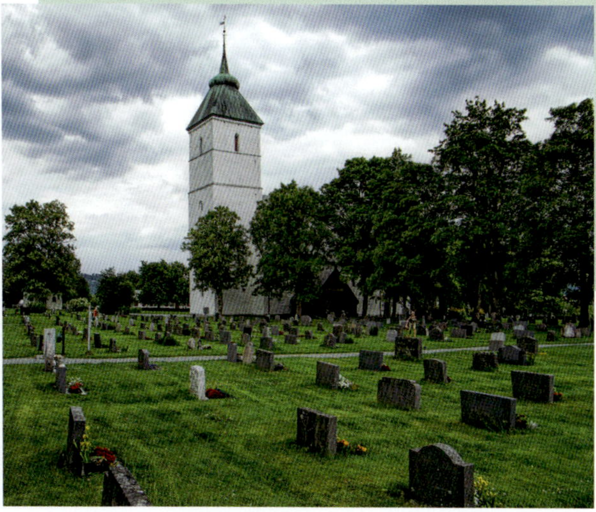

Entfernung
22 km

Asphalt
11%

Schönheit
★★★

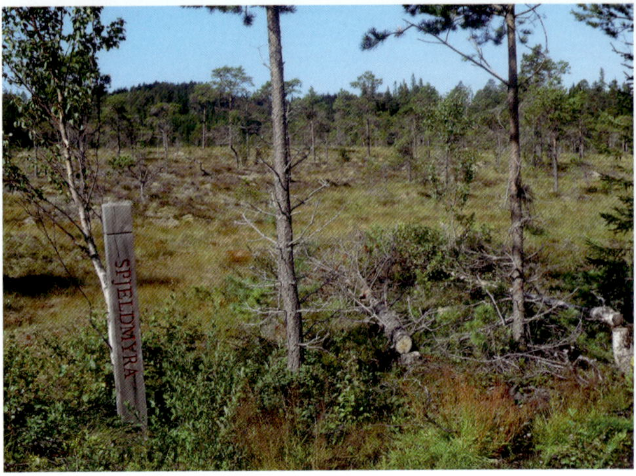

Ein langer Schotterweg

Eine abwechslungsreiche Etappe mit Wald, einem schönen See, Moor und herrlichen Aussichten. Allerdings auch eine anstrengende Etappe. Der Weg geht ziemlich auf und ab und streckenweise muss man sich etwas durchkämpfen. Am Anfang geht es überwiegend bergauf, nach zwei Dritteln der Strecke geht es dann definitiv bergab.

Von Munkeby aus wird man nach einigen Kurven über die Straße in den Wald hineingeleitet. Es fängt als breiter **Waldweg** an, wird dann aber immer schmaler und dichter bewachsen.

Man landet auf einem **Schotterweg**, der nach einigen scharfen Kurven etwa 6 km lang ziemlich geradeaus weiterführt.

⚠ Anfänglich sieht man noch einige Markierungen, die die Richtigkeit des Weges bestätigen, aber nach einigen Kilometern bergauf und bergab fehlen diese. Folgen Sie dem Weg einfach kontinuierlich. Zwar kommt man an einer Infotafel mit einer Karte mit Freizeitwegen vorbei, wo auch der Olavsweg eingezeichnet ist, aber diese Info stimmt nicht. Lassen Sie sich nicht verwirren, sondern laufen Sie einfach weiter.

Man kommt an die Spitze des herrlichen Sees Tomtvanet. Gut einen halben Kilometer weiter geht es **rechts ab**, angezeigt durch einen Wegweiser Trondheim 101,5 km. Man geht an dem Schlagbaum vorbei und dann bergauf. Man landet auf dem Terrain eines Bauern, der die Pilger in ausreichender Distanz zu seinem Hof vorbeilassen möchte. Es folgt ein mühsames Stück durch Felder und über Zäune. Man klettert weiter hoch bis unter die Strommasten. Hier geht es nach links weiter über eine schmale, unebene Route, die den Namen Pfad kaum verdient.

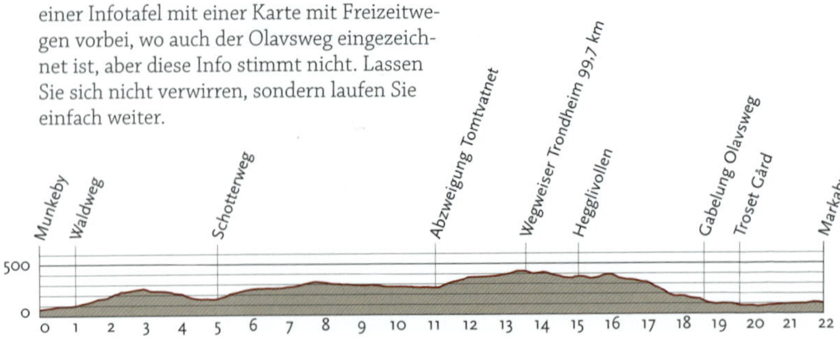

Dass die Mühsal jetzt ein Ende hat, weiß man, wenn man bei einem Schotterweg mit dem **Wegweiser Trondheim 99,7 km** angekommen ist. Zwar verlässt man den Schotter bald wieder, aber der Pfad ist jetzt besser begehbar. An einer offenen Stelle gibt es eine Gabelung. Ein Weg ist blau markiert und geht rechts hoch zu einer Scheune. Dort kann man schön eine Pause einlegen, aber es ist nicht der richtige Weg. Man folgt dem Pfad und der Markierung des Olavswegs. Man läuft jetzt durch Wälder und Moore und kommt an dem Sommerhof **Hegglivollen** vorbei.

Ab jetzt geht der Pfad überwiegend nach unten. Die Aussichten sind überwältigend. Einige Kilometer weiter gibt es noch ein mühsames Stück über die Felder des Bauernhofes Vinkjerran, wenn man das aber hinter sich hat, ist die größte Mühe vorbei. Man kommt an eine **Gabelung des Olavswegs**, die mit einem Wegweiser markiert ist.
Wer nicht in Markebygda übernachten möchte, kann gleich diesen Pfad hinunterlaufen und direkt die Richtung Borås nehmen.

Ein kleines Stück weiter Richtung Markebygda gibt es die Übernachtungsadresse: **Torset Gård**. Auch diese Ausweichmöglichkeit macht es überflüssig, den Umweg mit einer Länge von 5 Kilometern zu laufen. Wer im Gemeindehaus von Markebygda übernachten möchte, hat noch ein paar Kilometer über Schotter und Asphalt vor sich.

Multe

Die Moltebeere oder Sumpfbrombeere gibt es nur in nördlichen Gegenden. Die Pflanze fühlt sich am wohlsten in den feuchten Moorgebieten zwischen 78 und 55 Grad nördlicher Breite und erträgt Temperaturen bis -40°C. Im Spätsommer, wenn die Beeren reifen und eine gelbe Farbe bekommen, ziehen die Norweger in großen Scharen in den Wald, um die Beeren zu pflücken. Sie werden für Marmelade und Getränke verwendet.
Multe mit dicker Sahne, Multekrem, ist ein herrlicher Nachtisch.

Multekrem
4 dl Schlagsahne
4 EL brauner Zucker
2 TL Vanillezucker
4 dl Multebær

Die Sahne mit dem Zucker und dem Vanillezucker zu einer lockeren Masse schlagen. Die Früchte beim Rühren darunterheben, aber einige Beeren für die Garnierung beiseite legen. Kalt servieren.

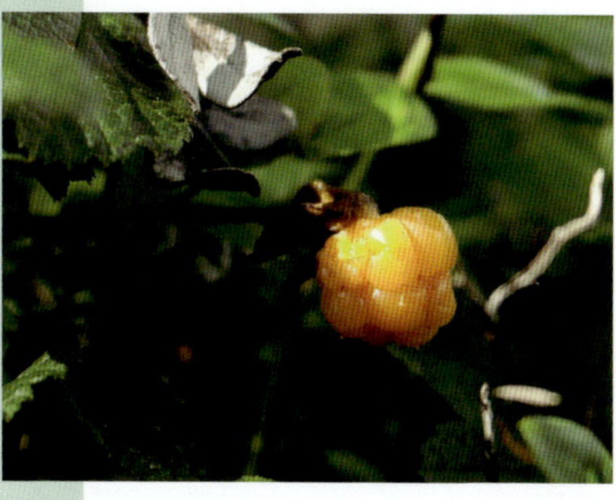
Foto: Mike Peters

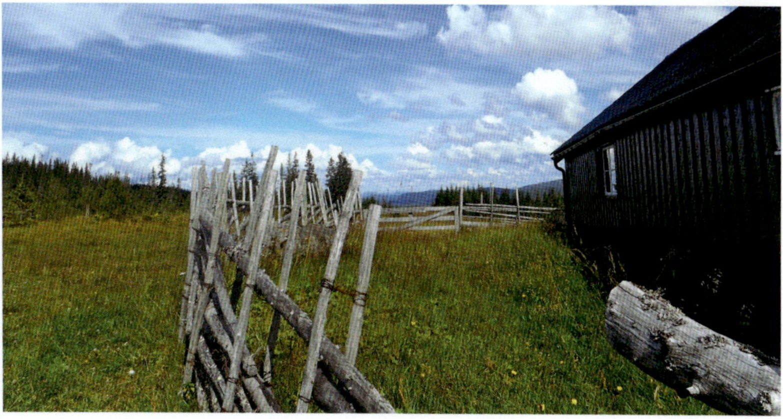

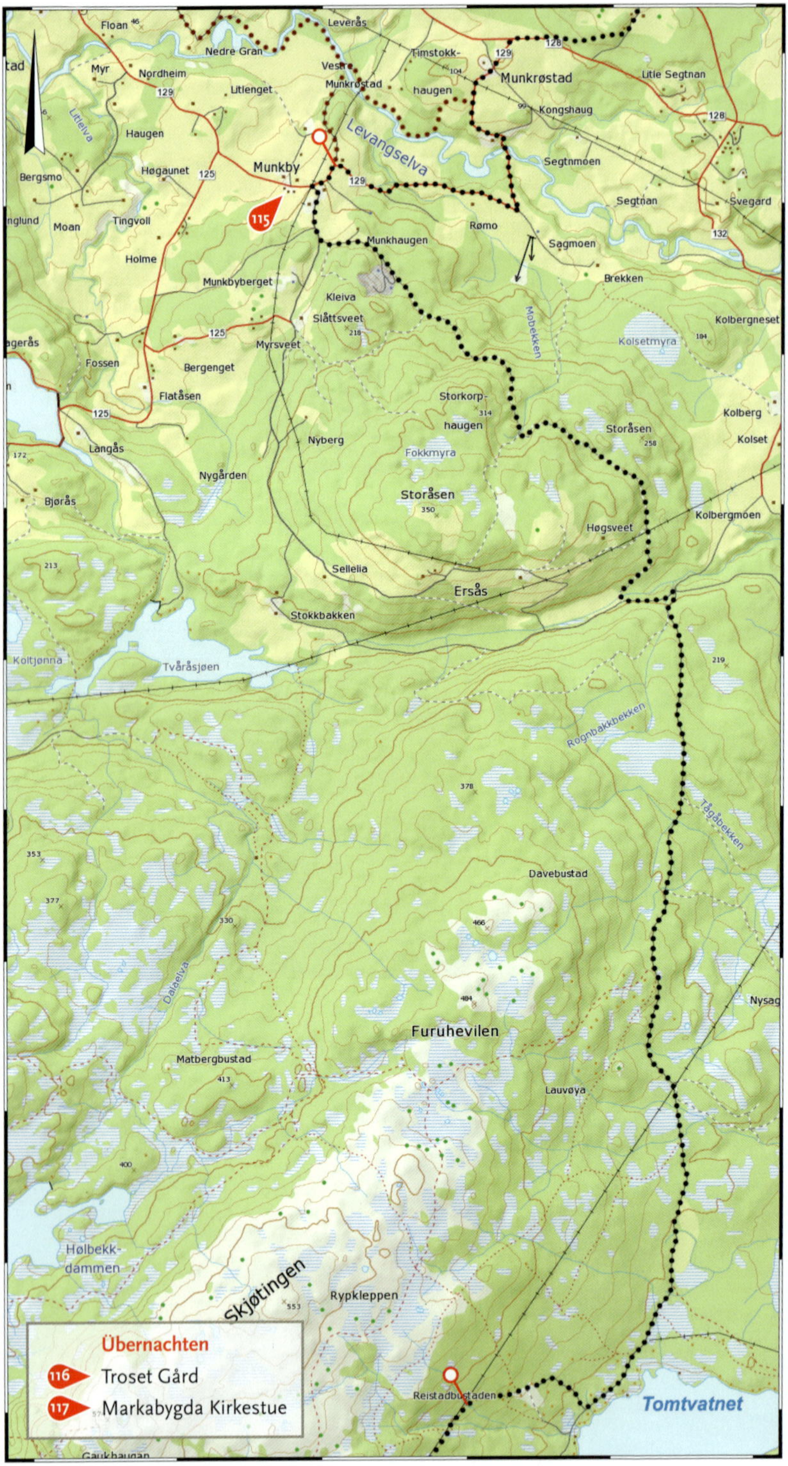
Floan
Leverås
Nedre Gran
Myr
Nordheim
Timstokk-
haugen
Vestre
Munkrøstad
Munkrøstad
Litle Segtnan
Litlenget
Kongshaug
Litlelva
Haugen
Levangselva
Segtnmoen
Munkby
Høgaunet
Bergsmo
Segtnan
Svegard
Tingvoll
Moan
Rømo
Sagmoen
Munkhaugen
Holme
Brekken
Munkbyberget
Kleiva
Slåttsveet
Mobekken
Kolbergneset
Kolsetmyra
Myrsveet
Fossen
Bergenget
Flatåsen
Storkorp-
haugen
Kolberg
Storåsen
Kolset
Langås
Nyberg
Fokkmyra
Nygården
Storåsen
Bjørås
Kolbergmoen
Høgsveet
Sellelia
Ersås
Stokkbakken
Koltjønna
Tvåråsjøen
Rognbakkbekken
Tågåbekken
Davebustad
Dalaelva
Nysag
Furuhevilen
Matbergbustad
Lauvøya
Hølbekk-
dammen
Skjøtingen
Rypkleppen
Reistadbustaden
Tomtvatnet
Gaukhaugan
Übernachten
116 Troset Gård
117 Markabygda Kirkestue

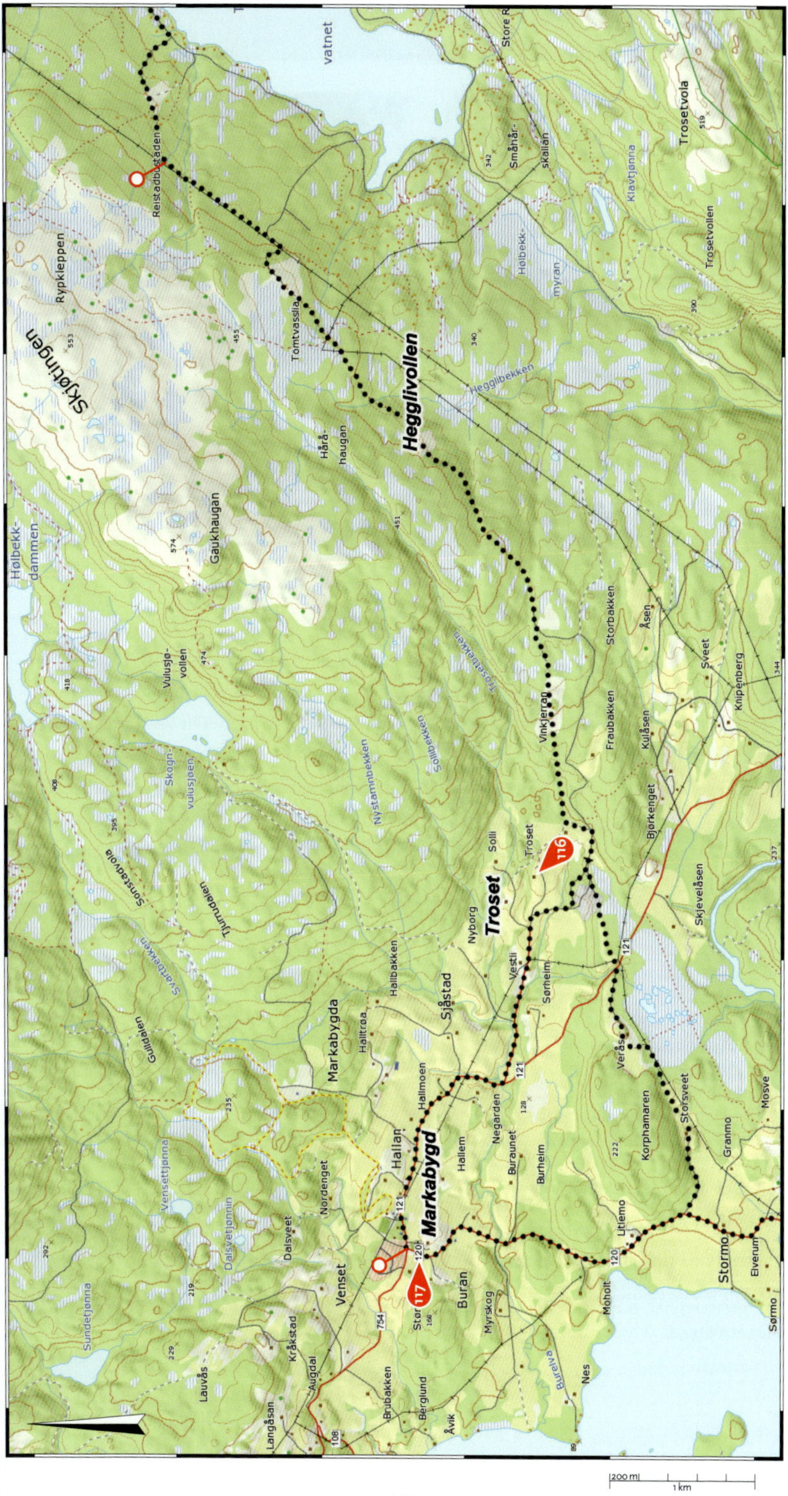
Skjøtingen
Rypkleppen
Reistadbustaden
vatnet
Tomtvasslia
Hegglivollen
Hårå-
haugan
Gaukhaugan
Hølbekk-
dammen
Vulusjø-
vollen
Skogn-
vulusjøen
Sonstadvola
Tjurrudalen
Svartbekken
Gulldalen
Markabygda
Markabygd
Troset
Hallan
Venset
Sjåstad
Hallbakken
Halltrøa
Hallmoen
Nyborg
Solli
Vestli
Sørheim
Vinkjerran
Trosetbekken
Sollibekken
Nystamnbekken
Hegglibekken
Hølbekk-
myran
Småhår-
skallan
Klavtjønna
Trosetvola
Trosetvollen
Storbakken
Åsen
Sveet
Knipenberg
Fraubakken
Kulåsen
Bjørkenget
Skjeveiåsen
Veråsen
Storsveet
Korphamaren
Granmo
Mosve
Litlemo
Stormo
Elverum
Sørmo
Moholt
Nes
Burelva
Buran
Myrskog
Berglund
Åvik
Brubakken
Stør
Augdal
Kråkstad
Lauvås
Langåsen
Sundetjønna
Vensettjønna
Dalsvetjønna
Dalsveet
Nordenget
Negarden
Buraunet
Burheim
Hallem
116
117
200 m
1 km

Entfernung
22 km

Asphalt
25%

Schönheit
★★★

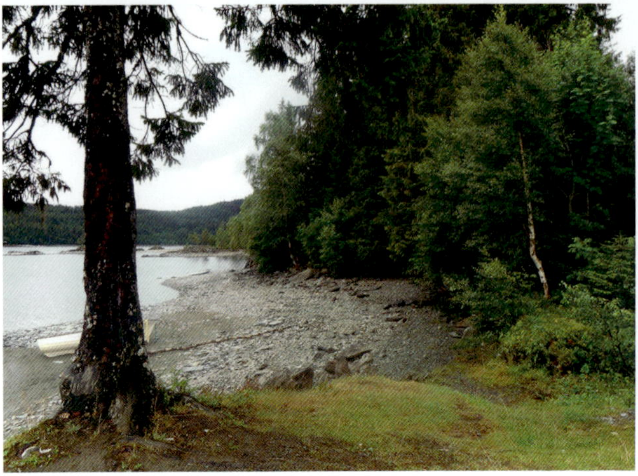

Slalom zwischen den Seen

Der Hauptteil dieser Etappe ist eine lange Zollstraße, ein sogenannter Bomvei. Bomvei bedeutet eigentlich „Weg mit einem Schlagbaum“, aber die Schlagbäume sind meistens verschwunden. Zollstraßen wie diese findet man viele in Norwegen. Oft verlaufen sie über Privatgrund und die Gebühren sind notwendig, um die Kosten der Straßenwartung zu decken. Dieser Weg schlängelt sich zwischen einigen schönen Seen hindurch. Wenn man Glück mit dem Wetter hat, gibt es viele Dinge, die man genießen kann, aber wenn das Wetter nicht so schön ist, wird es eher langweilig. Glücklicherweise wuchert das Herzblatt im Juni und Juli am Straßenrand.

Ab Markebygda folgt man dem Weg über ruhige Asphaltstraßen durch landwirtschaftliche Gebiete mit schönen Aussichten auf Movatnet. Bei Mølna verlässt man den Asphalt und biegt links ab auf einen Schotterweg (den Bomvei). Anfänglich läuft man noch an Feldern vorbei, aber schon bald gibt es auf beiden Seiten Wald und Moore.

Kurz vor Bulandsvatnet gibt es wieder einige Häuser. Der See bietet wunderbare Ansichten. Man umrundet den See, überquert das Djupbekken und erreicht dann wieder die offene Landschaft. Wenn man den Bomvei hinter sich gelassen hat, geht es weiter auf einem Weg entlang der steilen Klippen von Nerdalen.

Dieser Weg läuft zur Spitze des Ausetvatnet-Sees bei Lia. Ab hier geht es am See entlang. Nach ca. 2 km gibt es am Ufer eine schöne Picknickbank mit Feuerstelle. Nach weiteren 2 km gelangt man wieder auf eine Asphaltstraße. Auf der Kreuzung gibt es einen Wegweiser nach Borås, etwa 400 Meter die Straße hoch.

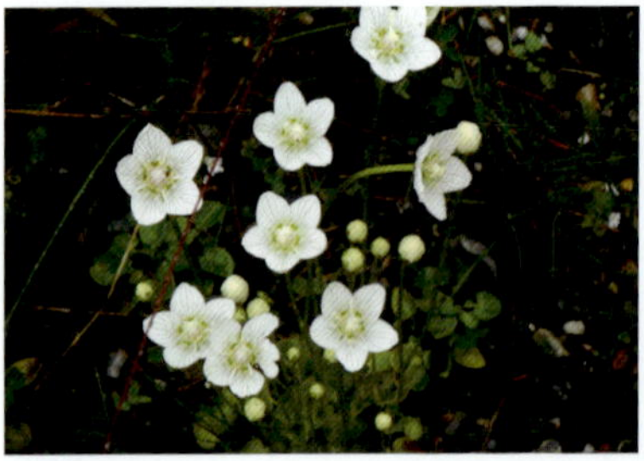

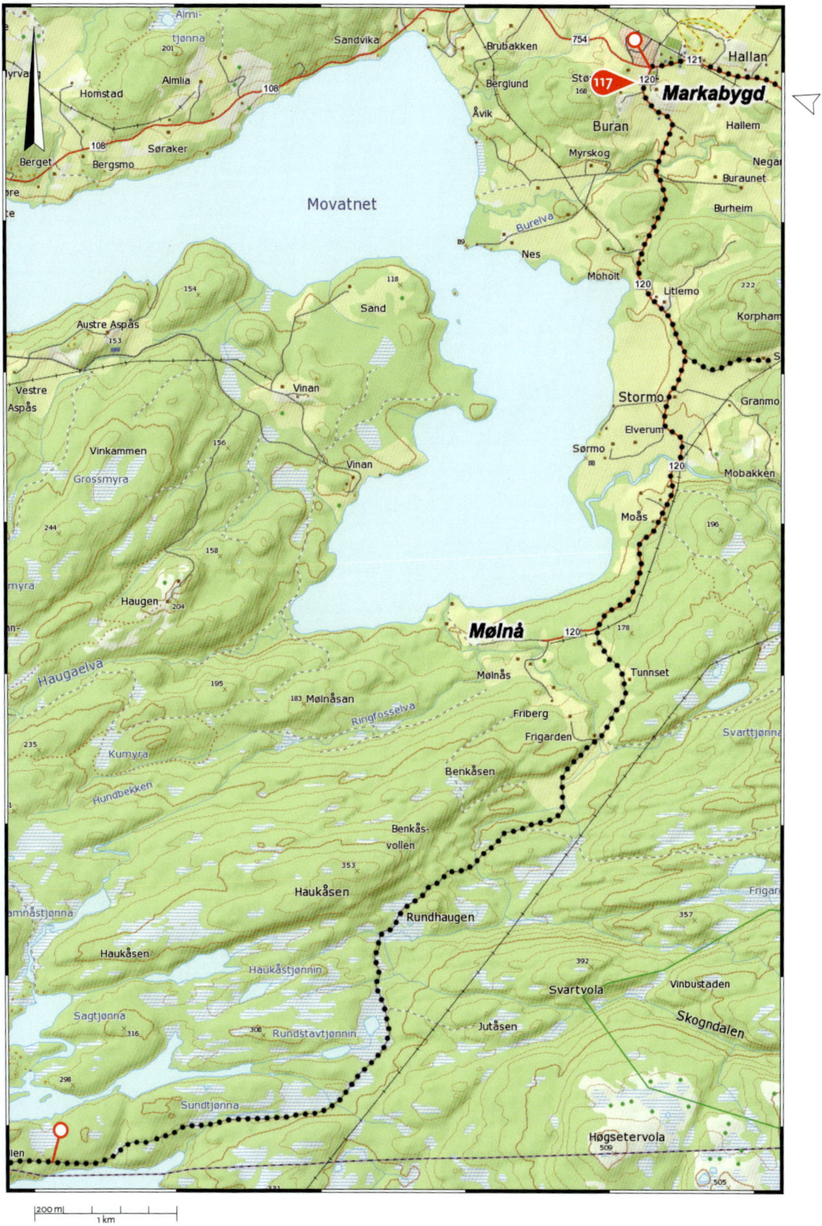
Sandvika
Brubakken
754
Hallan
Almi-
tjønna
Almlia
Homstad
108
Berglund
117
120
121
Markabygd
Åvik
Buran
Hallem
Berget
Bergsmo
Søraker
Myrskog
Buraunet
Movatnet
Burheim
Bureiva
Nes
Moholt
Litlemo
Sand
Austre Aspås
Korpham
Vestre
Aspås
Vinan
Stormo
Granmo
Elverum
Vinkammen
Sørmo
Grossmyra
Mobakken
Moås
Haugen
Mølnå
Haugaelva
Mølnås
Tunnset
Mølnåsan
Ringfosselva
Friberg
Frigarden
Kumyra
Svarttjønna
Hundbekken
Benkåsen
Benkås-
vollen
Haukåsen
Rundhaugen
Haukåstjønnin
Svartvola
Vinbustaden
Sagtjønna
Rundstavtjønnin
Jutåsen
Skogndalen
Sundtjønna
Høgsetervola
200 m
1 km

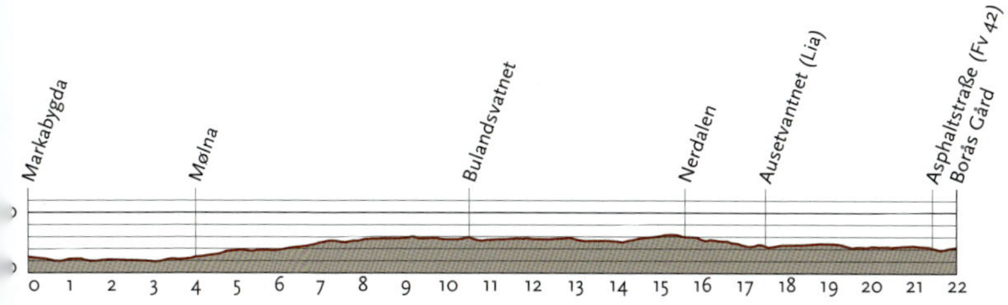
Markabygda
Mølna
Bulandsvatnet
Nerdalen
Ausetvantnet (Lia)
Asphaltstraße (Fv 42)
Borås Gård
0
1
2
3
4
5
6
7
8
9
10
11
12
13
14
15
16
17
18
19
20
21
22

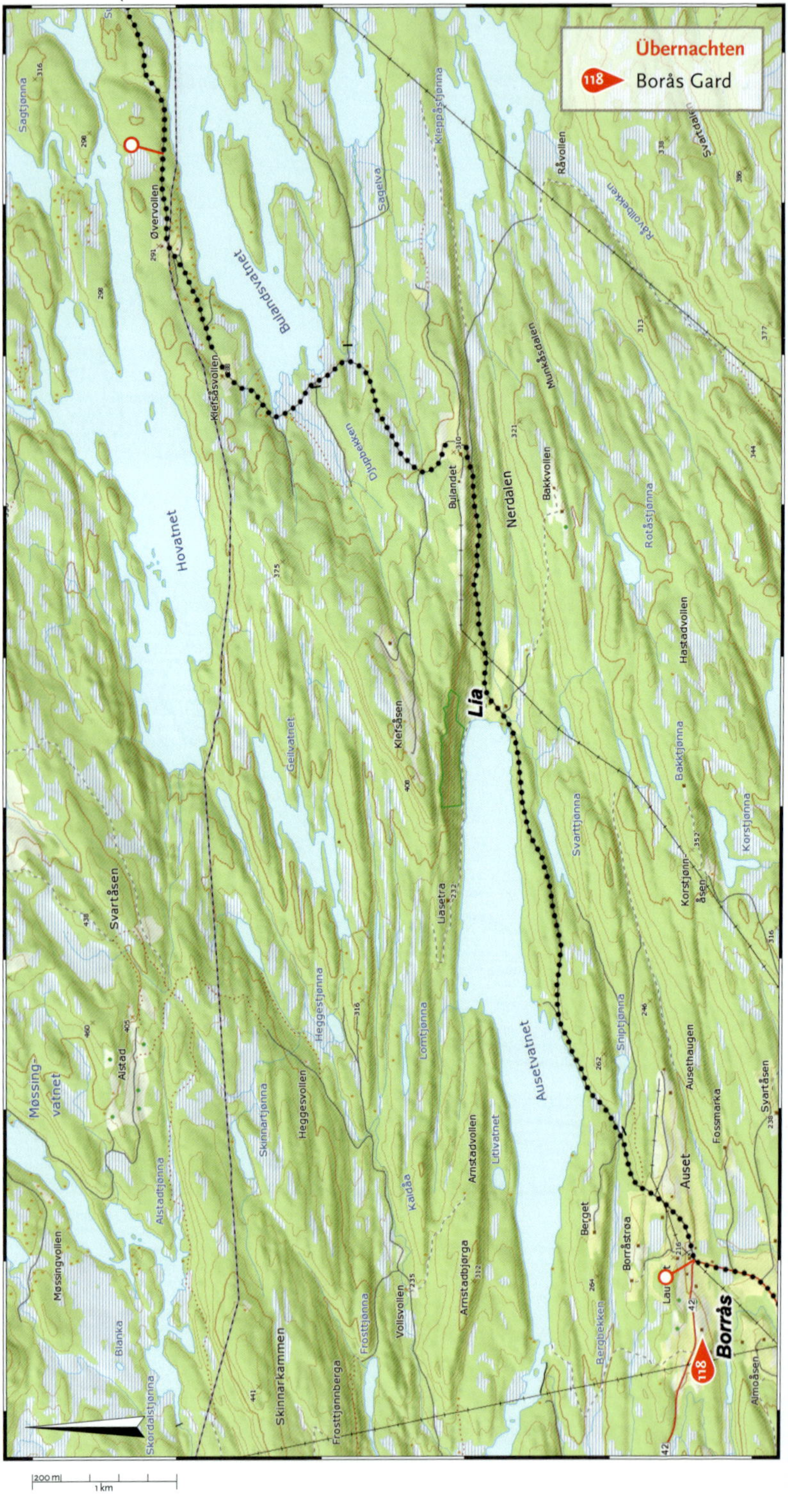
Übernachten
118 Borås Gard
Sagtjønna
Øvervollen
Bulandsvatnet
Klefsåsvollen
Djupbekken
Sagelva
Kleppåstjønna
Råvollen
Råvollbekken
Svartdalen
Munkåsdalen
Bulandet
Nerdalen
Bakkvollen
Rotåstjønna
Hovatnet
Lia
Hastadvollen
Geilvatnet
Klefsåsen
Bakktjønna
Svarttjønna
Korstjønna
Korstjønnåsen
Liasetra
Svartåsen
Heggestjønna
Lomtjønna
Snipttjønna
Ausethaugen
Ausetvatnet
Alstad
Møssingvatnet
Skinnartjønna
Heggesvollen
Amstadvollen
Litlvatnet
Fossmarka
Kaldåa
Auset
Berget
Alstadtjønna
Borråstrøa
Møssingvollen
Amstadbjørga
Vollsvollen
Frosttjønna
Lau
Borrås
Bergbekken
Blanka
Skinnarkammen
Frosttjønnberga
Almoåsen
Skordalstjønna
200 m
1 km

Entfernung
19 km

Asphalt
70%

Schönheit
★★★

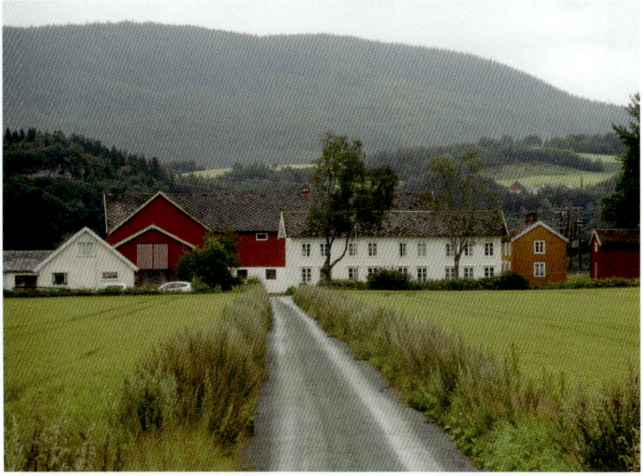

Ein steinaltes Kirchlein neben einem modernen Flughafen

Heute wird deutlich, dass man wieder in den Einflussbereich städtischen, modernen Lebens kommt. Der Flughafen von Trondheim liegt praktisch auf dem Weg, was entsprechenden Verkehr, sowohl auf der Straße als auch in der Luft, zur Folge hat. Andererseits gibt es die steinalten Bauernhöfe und das Kirchlein von Værnes, die sich schon seit Jahrhunderten im Einklang mit der Zeit und den Jahreszeiten entwickeln.

Von Borås geht es zurück zur Kreuzung und weiter über Asphalt. Man läuft an der **Kirche von Okkelberg** aus dem Jahre 1905 vorbei, die etwas verträumt auf einem Hügel liegt. Bei der Kreuzung Skielstadmarka steht eine Picknickbank. Hier geht es rechts auf einem ruhigeren Asphaltweg weiter, durch eine offene Landschaft und an schönen Bauernhöfen vorbei. Nach ungefähr 4 km rechts ab auf einen Schotterweg, der Anfang der Route über **Kokåsen**.

Während der nächsten 6 km folgt man einer alten Route zum Berg Kokåsen, den man nach dem ersten Aufstieg vor sich sieht. Der schlingernde Weg geht auf und ab über sehr schmale und etwas breitere Pfade durch Wald- und Moorgebiete. Ungefähr auf halber Strecke, bei Hofstadhylla, gibt es einen Picknickplatz mit Fernsicht.

Der Pfad geht hinunter zum alten Bauernhof Bjørdalen und weiter zur **E14**. Über eine Fußgängerbrücke überquert man die Schnellstraße. Auf ruhigen Asphaltstraßen läuft man auf die **Kirche von Værnes** zu. Anschließend über einen schönen Weg, fast eine Allee, zu einer Brücke, die man überquert und dann biegt man links ab zum **Ersgard**, dem zweiten Bauernhof auf der rechten Seite.

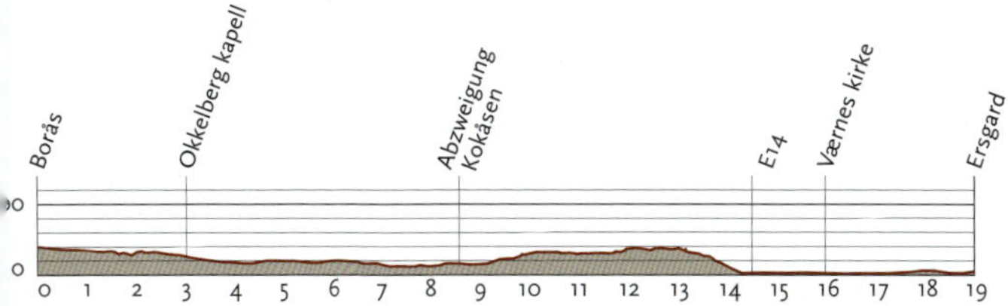

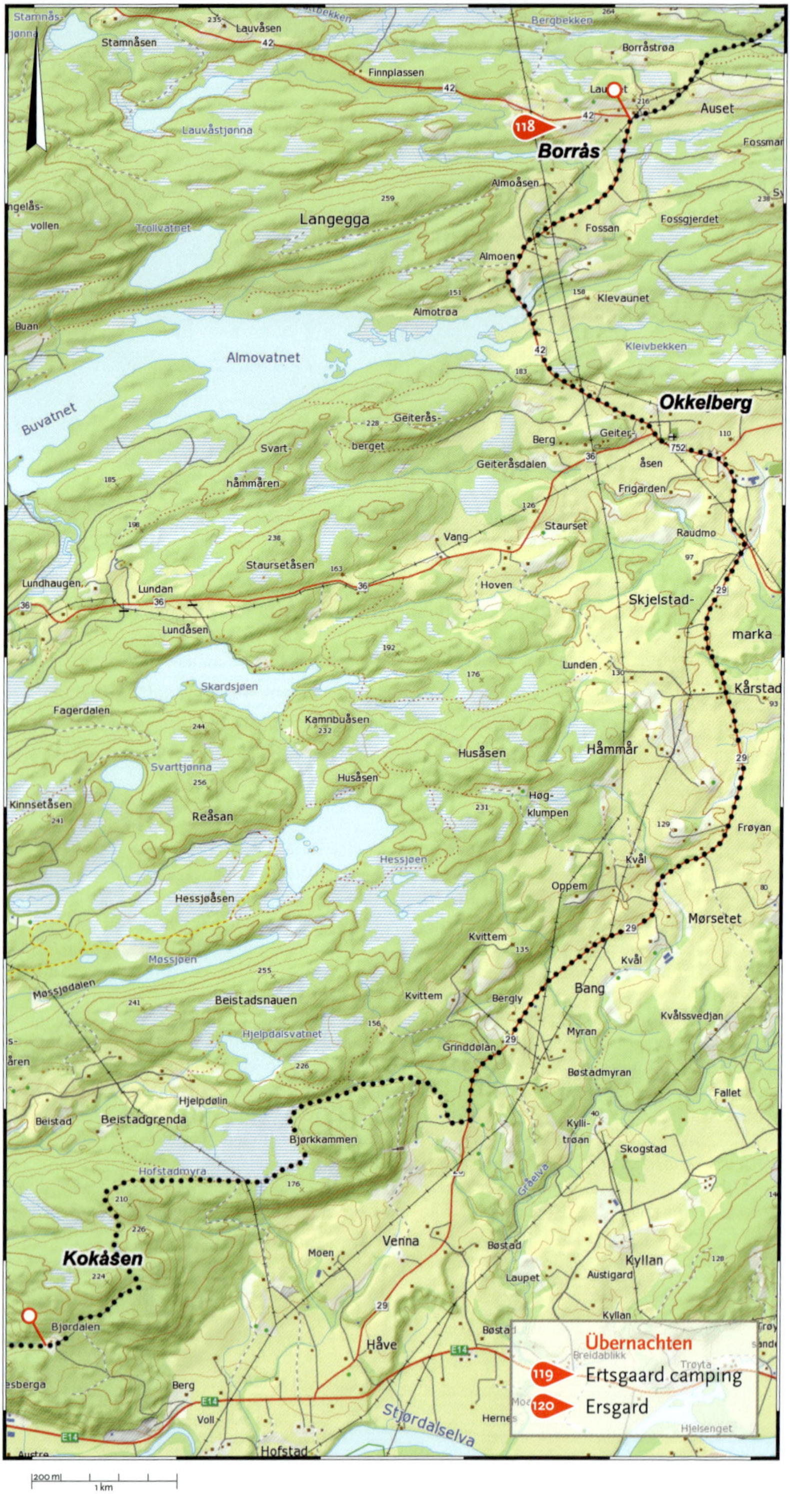
Stamnåsen
Lauvåsen
Finnplassen
Bergbekken
Borråstrøa
Auset
Lauvåstjønna
Borrås
Fossmar
Almoåsen
Langegga
Trollvatnet
Fossan
Fossgjerdet
Almoen
Klevaunet
Almotrøa
Buan
Almovatnet
Kleivbekken
Buvatnet
Okkelberg
Geiterås-
berget
Svart-
håmmåren
Berg
Geiter-
åsen
Geiteråsdalen
Frigarden
Staurset
Raudmo
Vang
Staursetåsen
Hoven
Lundhaugen
Lundan
Lundåsen
Skjelstad-
marka
Lunden
Kårstad
Skardsjøen
Fagerdalen
Kamnbuåsen
Husåsen
Håmmår
Svarttjønna
Høg-
klumpen
Kinnsetåsen
Reåsan
Frøyan
Hessjøen
Kvål
Oppem
Hessjøåsen
Mørsetet
Kvittem
Møssjøen
Bang
Møssjødalen
Beistadsnauen
Kvittem
Bergly
Kvålssvedjan
Hjelpdalsvatnet
Myran
Grinddølan
Bøstadmyran
Hjelpdølin
Fallet
Beistad
Beistadgrenda
Bjørkkammen
Kylli-
trøan
Skogstad
Hofstadmyra
Gråelva
Kokåsen
Venna
Moen
Bøstad
Kyllan
Laupet
Austigard
Kyllan
Bjørdalen
Håve
Berg
Voll
Hernes
Stjørdalselva
Hofstad
Übernachten
118
119 Ertsgaard camping
120 Ersgard
200 m
1 km

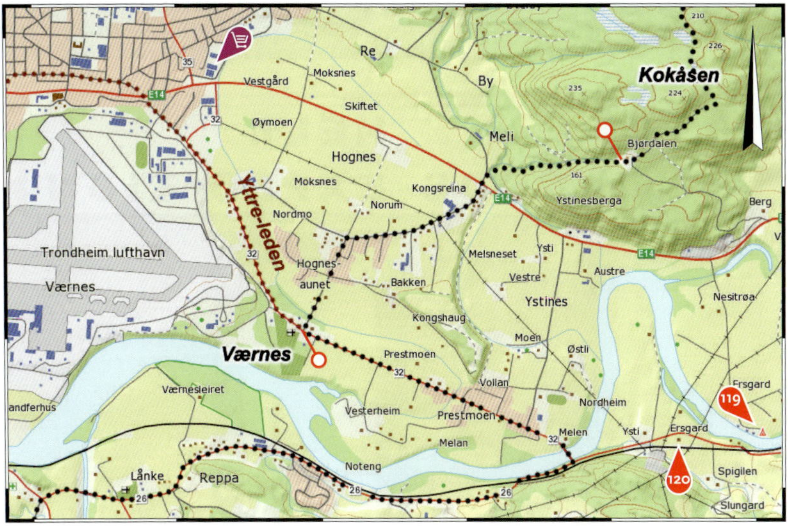

Ersgard und Trondelån

Die Unterkunft Ersgard ist ein schönes Beispiel für den Trondelån-Baustil. In dieser für Trondnelag typischen Bauweise wurden die Bauernhöfe im Laufe der Jahrhunderte erweitert, indem man ein Stück an das bestehende Haus angebaut hat. Die Bauernhöfe wurden nicht tiefer, sondern nur breiter, manchmal bis zu 40 Metern. Die ältere Generation zog dann oft in die Seitengebäude um, damit die junge Generation die zentrale Stelle zwischen den Betriebsräumen bewohnen konnte. Ersgard stammt aus dem Jahre 1780 und wurde 1810 und 1833 erweitert. Hier wohnt bis heute seit Jahrhunderten dieselbe Familie. Ein Vorfahre dieser Familie spielte eine Rolle bei der Entstehung des Grundgesetzes 1814 in Eidsvoll im Süden von Norwegen, wo er zu Pferd hinreiste. Die Hinreise dauerte 17 Tage, die Rückreise 11 Tage. Sein Sattel wird im Haus ausgestellt. In Ersgard ist die Geschichte sowieso überall mit Händen greifbar. Hier geht man sorgfältig mit dem Erbe um. So wurde auch ein Mini-Zimmer erhalten, in dem in früheren Zeiten kranke und alte Menschen ohne Verwandte oder feste Bleibe aufgefangen wurden. Indem man eine kleine Luke im Fußboden öffnete, kam ein wenig Ofenwärme von unten hoch. Sie durften 3 Wochen bleiben und mussten dann wieder zu einem anderen reichen Bauern umziehen. Diese Tradition wird jetzt mit den Übernachtungsmöglichkeiten für Pilger fortgeführt. In erster Line ist Ersgard heute jedoch ein Hotel und Kongresszentrum mit viel Ambiente. Schließlich liegt der Trondheimer Flughafen in der Nähe.

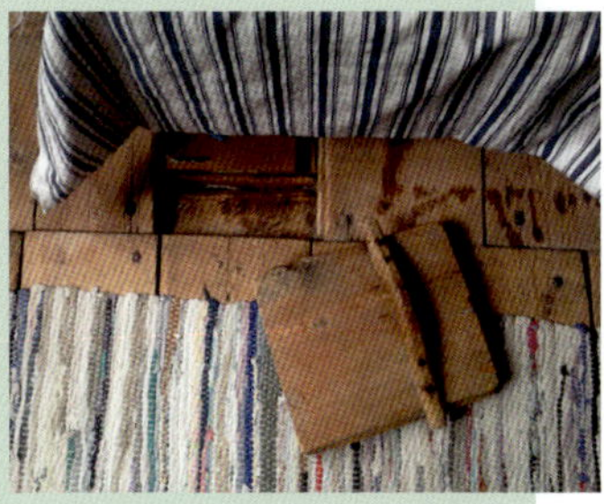

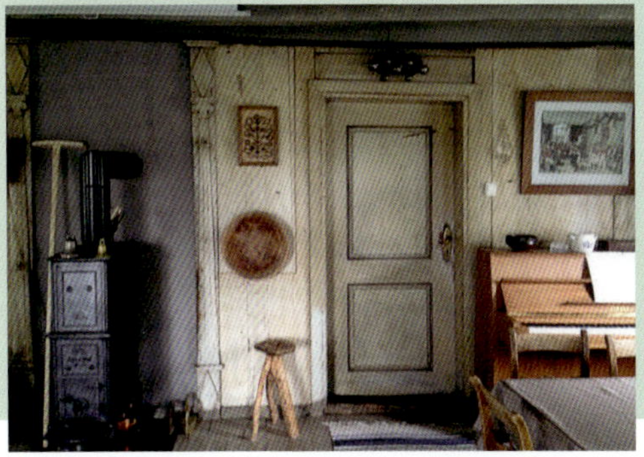

Entfernung
21 km

Asphalt
20%

Schönheit
✶✶✶

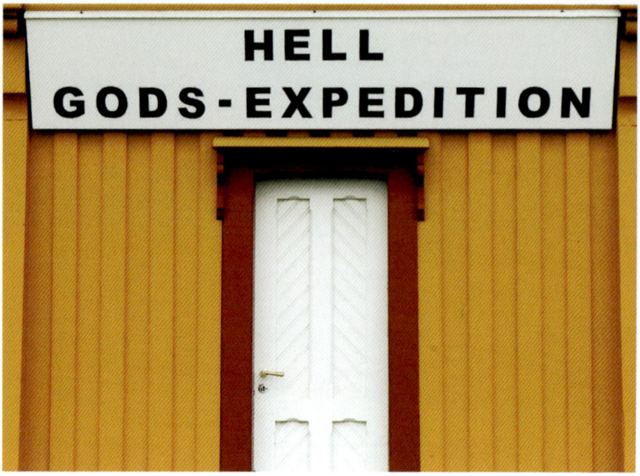

Strapazen bei Hell

Diese Etappe besteht aus zwei Pfaden, auf denen man sich durch den Wald schlagen muss. Und dann ist man auch schon an Hell vorbeigelaufen. Das Örtchen Hell hat eine bestimmte Anziehungskraft vor allem auf englischsprachige Touristen. Es werden viele Fotos vom Ortsschild und beim Bahnhof gemacht. Dort hängt das Schild „Hell, Gods-Expedition“, das übersetzt „Hell, Gütertransport“ heißt. „Hell“ bedeutet im Norwegischen so viel wie Überhang (eines Felsens). Hölle heißt auf Norwegisch „Helvete“. Und Gütertransport wird im heutigen Norwegisch auch anders geschrieben, nämlich „Godsekspedisjon“. Ob das allerdings zu weniger lustigen Assoziationen führt, ist die Frage. Wenn Sie das Schild mit eigenen Augen sehen wollen, müssen Sie gut einen Kilometer Umweg machen.

Von Ersgard aus läuft man zurück zur Brücke und folgt dem Asphaltweg entlang des Flusses und der Gleise. Wenn man nach rechts schaut, kann man sehen, wie der kleine Turm der Kirche von Værnes über die Bäume herüberlugt. Nach ungefähr 4 km kommt man an der Kirche von Lånke vorbei.

Man überquert das Flüsschen Lenka und kurz darauf die Regionalstraße (Fv 705), wonach man am Rand des Örtchens **Hell** vorbeiläuft.

Der Weg schlängelt sich durch ein Wohnviertel nach oben, an einer Bushaltestelle vorbei, wo man gut Pause machen kann, und dann weiter hoch in den Wald.

Der Waldweg führt auf und ab und bietet schöne Aussichten auf das umliegende Land. Anschließend geht es hinab auf einen Schotterweg, wo man sich etwas erholen kann. Man läuft am Bauernhof **Furan** vorbei

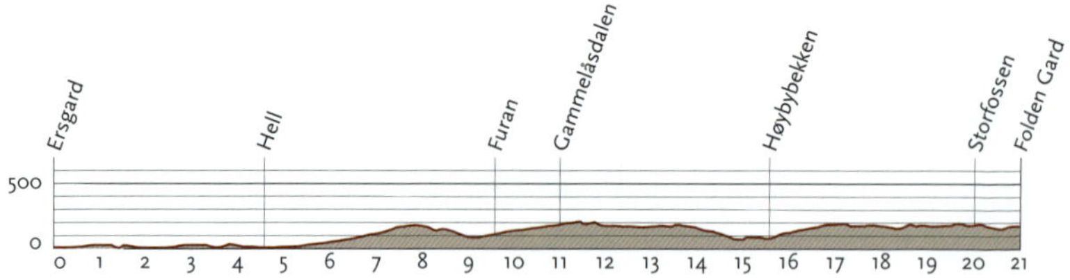

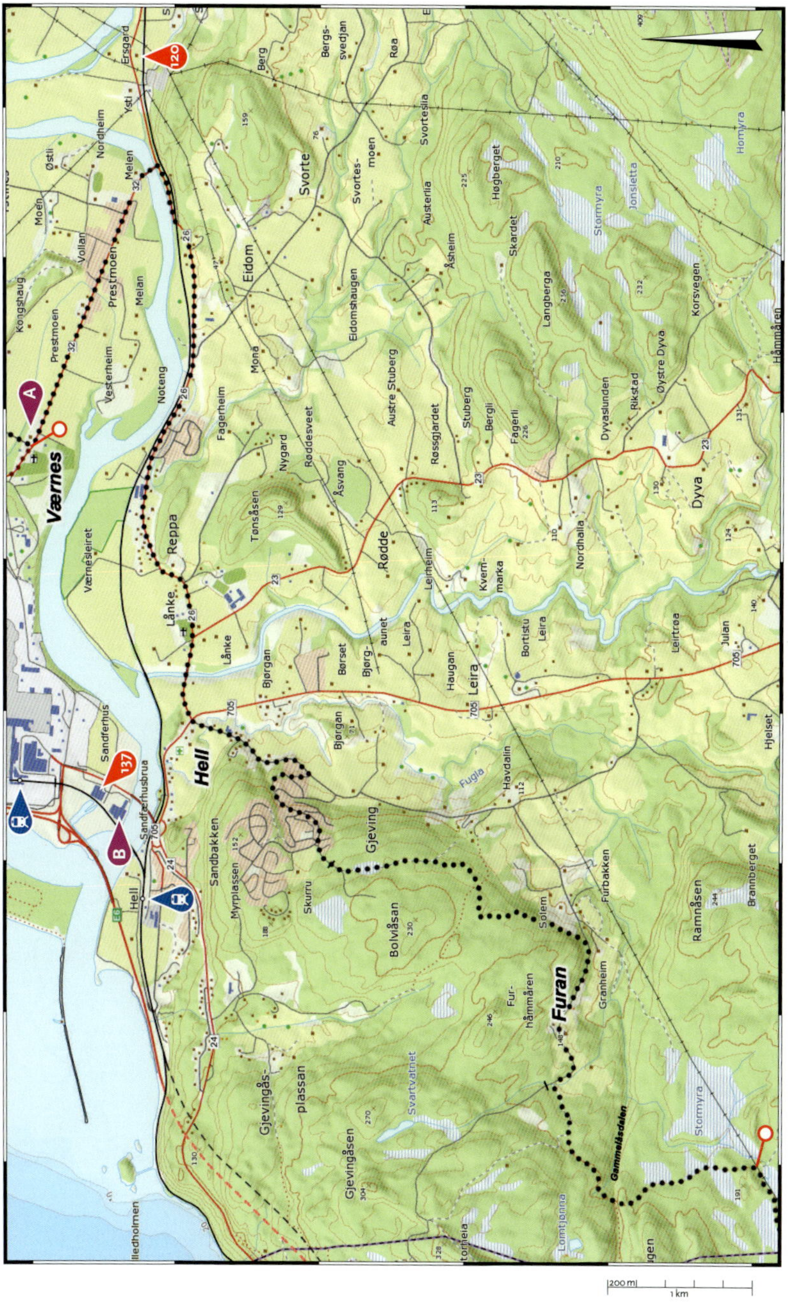

und wird dann wieder in den Wald geleitet. Nach ungefähr einem Kilometer erreicht man **Gammelåsdalen**, eine geologisch interessante Felsformation mit von Eis und Wasser ausgewaschenen Löchern (Jattegryte).

Wandertechnisch ist es anstrengend mit Stufen, Treppen und steilen Abschnitten, wo nur für eine Person Platz ist. Hat man das Tal hinter sich, folgt ein unebener Waldweg vorbei an Moorgebieten. Wenn man unter

Karte 60

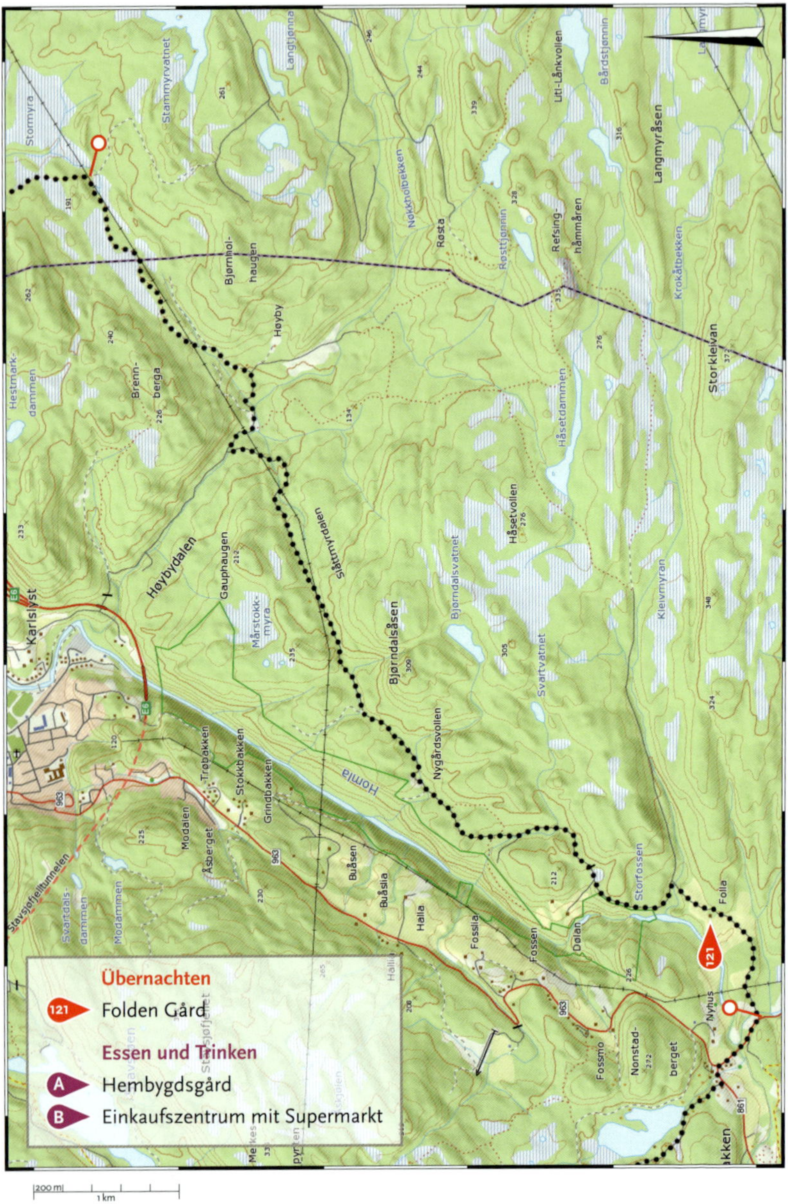

den Strommasten ankommt, gibt es wie jedes Mal wieder eine undeutliche, unebene Spur durchs Gebüsch – zwar gut markiert, aber sehr unkomfortabel.

Wenn man sich da durchgekämpft hat, erreicht man wieder offenes Land und einen deutlicheren Weg. Dieser Weg geht hinab auf einen Schotterweg, der zur Überquerung des **Høybybekkens** führt. Danach kann man einfach den Schotterweg weiterlaufen. Am höchsten Punkt kommt man an einem Holzgerüst vorbei, das während der Jagdsaison genutzt wird, um Elche zu häuten. Etwas weiter folgt eine Stelle mit Aussicht auf den Wasserfall **Storfossen**. Und kurz darauf läuft man auf den Hof von **Folden** (auch Follen oder Folla genannt), den man am Schildchen „Pilegrimsleden Herberge“ erkennt.

Entfernung
16 km

Asphalt
40%

Schönheit
★★½

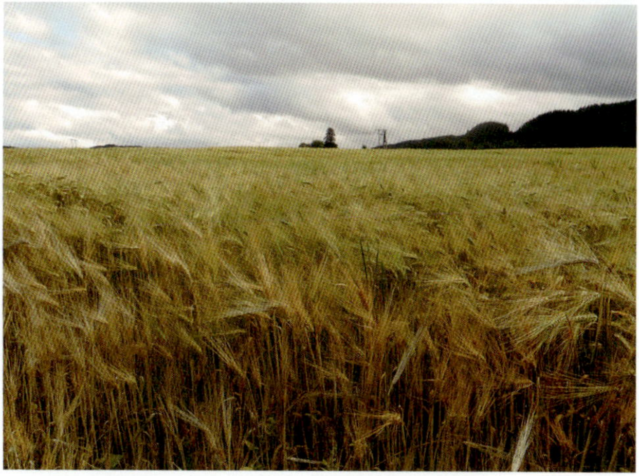

Richtung Küste

Heute geht es das letzte Mal über Waldwege durch das Moor. Es sind alte Kirchenpfade, auf denen die Bewohner von Mostadmarka zur Kirche in Malvik gegangen sind, was übrigens ein ordentlicher Spaziergang ist. Wenn es in letzter Zeit viel geregnet hat, sind Teile dieser Route ziemlich matschig. In dem Fall wäre die Alternative über die Straße empfehlenswert. Heutige Blickfänger sind der herrlich gelegene Picknickplatz am Nyvatnet und das Flølsatdtrøa-Museum, das im Sommer an Sonntagen geöffnet hat. Wenn man Glück hat, werden Kaffee und Waffeln verkauft. Die Etappe endet mit einem großzügigen Blick auf den Fjord.

Ab Folden Gård folgt man dem Weg, der über eine Brücke den Fluss Homla überquert und dann bei einer T-Kreuzung endet. Dort rechts ab. Es ist die Stelle, wo Romboleden und Olavsweg zusammenkommen. Der Romboleden hat gut 700 km südlicher angefangen, in Schweden in der Nähe von Stockholm!

Man läuft zur nächsten Kreuzung bei **Bakken** und geht dort nach links. Gleich wieder rechts auf den Kirchenpfad in den Wald hinein. Falls es sehr nass sein sollte, wäre es wohl besser, auf der Straße zu bleiben und nach etwa 3 km den ersten Weg rechts, eine Schotterstraße, zu nehmen. Diese mündet beim Flølsatdtrøa-Museum wieder in den Olavsweg.

Wenn man dem Kirchenpfad folgt, umrundet man einen See und wandert danach durch eine Moorlandschaft. Man landet beim **Nyvatnet**, wo ein gemütlicher Picknickplatz gelegen ist. Dann geht man wieder um einen See herum, überquert eine Straße und läuft dann weiter durch das Moorgebiet, wonach man endlich wieder in der bewohnten Welt ankommt.

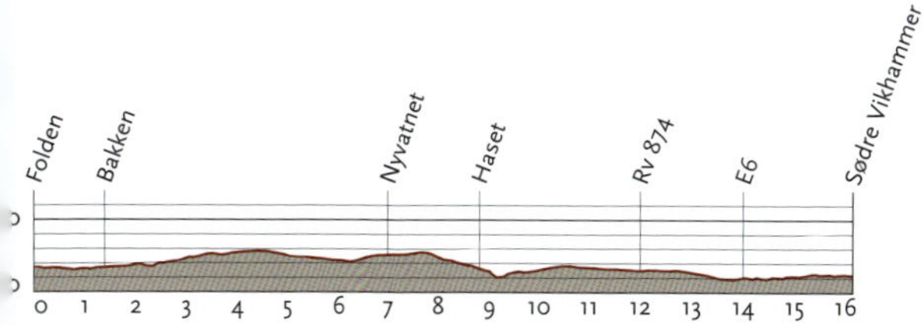

Karte 61

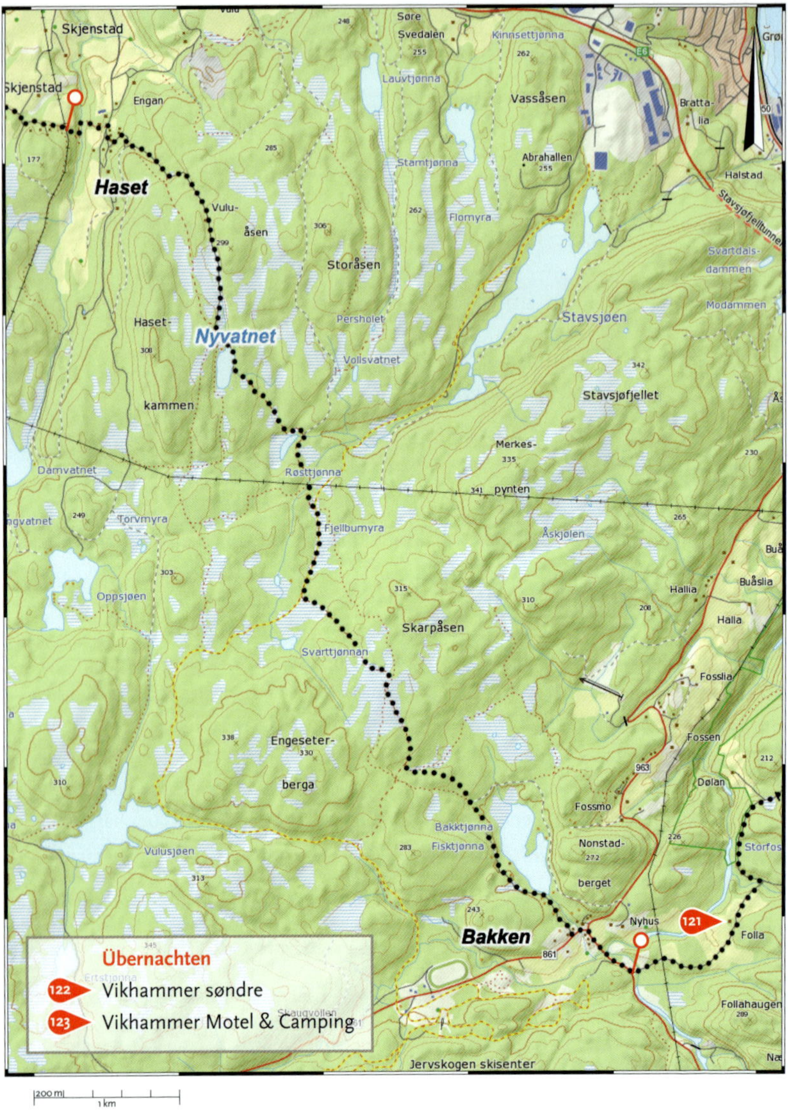

Das merkt man dann auch daran, dass man zwischen den Weiden mit Stufen über die Zäune klettert. Bei **Haset** geht es kurz steil hinunter und wieder hoch, um über eine Brücke den kleinen Fluss Sagelva zu überqueren.

Nicht lange danach sind die Strapazen endgültig vorbei und man steht auf einer Schotterstraße. Diese läuft man bis zu einer T-Kreuzung mit Asphalt, biegt links ab und läuft dann weiter bis zur **RV 874**. Hier kommt man am FløIsatdtrøa-Museum vorbei. Auf der RV 874 rechts ab und weiter zur E6, die große Verkehrsstraße, die Norwegen in seiner ganzen Länge durchquert. Hier kann man seine Augen herrlich über den Horizont schweifen lassen. Die E6 unterquert man durch einen Fußgängertunnel und läuft auf der anderen Seite weiter.

Vor **Sødre Vikhammer** biegt man nach knapp einem Kilometer rechts ab. Man läuft über einen hübschen Pfad durch Gerstenfelder mit Ausblick auf den Trondheimfjord zu einem Bauernhof mit Sportcenter, wo man in einem Stabur übernachten kann.

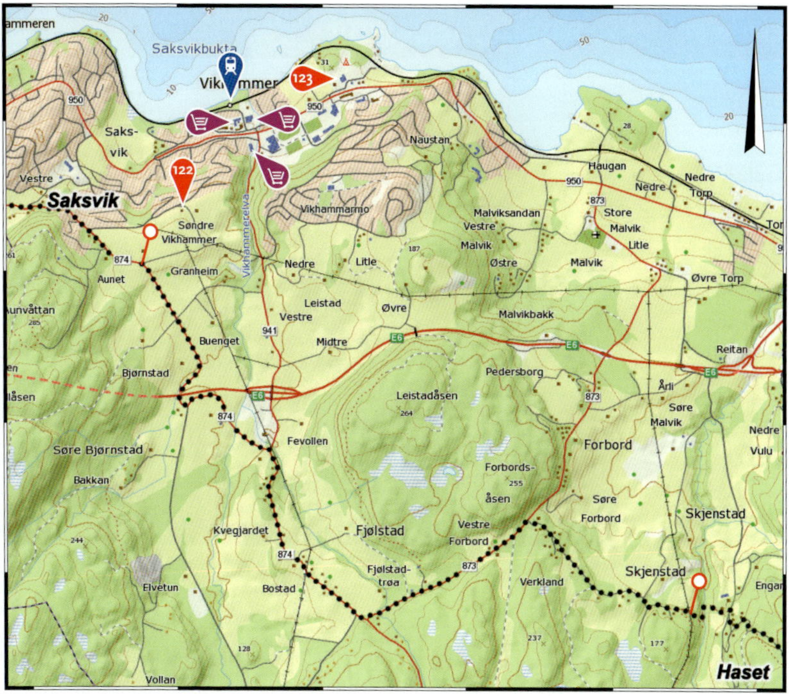

Fløsatdtrøa-Museum

Ein Husmannsplass war ein kleines (gepachtetes) Bauernhaus auf dem Land eines Gutsbesitzers. Bis weit ins 19. Jahrhundert regierten die Gutsbesitzer ihre Besitztümer wie Fürste. Knechte und Mägde mussten sie um Erlaubnis für eine Ehe bitten und manchmal nahm sich der Gutsbesitzer sogar das Recht, die Braut persönlich „einzuweihen“. Nur der erstgeborene Sohn erbte das Gut, andere Söhne konnten sich als Knechte verdingen oder woanders ihr Glück suchen. Einige von ihnen arbeiteten dann beispielsweise auf dem Husmannsplass, ein kleines Bauernhaus auf einem schlechteren Stück Land des Gutsbesitzers. Auch andere arme Bauern konnten ein Husmannsplass pachten. Die Pacht wurde durch extra Arbeiten für den Gutsbesitzer oder bar bezahlt. Mit der Mechanisierung der Landwirtschaft konnten viele der Bauern sich freikaufen und die große soziale Ungleichheit wurde geringer.

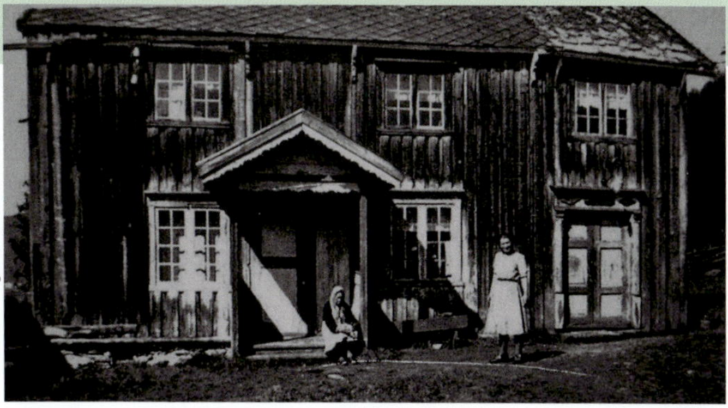

Aus der Sammlung des Fløsatdtrøa-Museums

Fjølstadtrøa um 1930-1940

Entfernung
16 km

Asphalt
60%

Schönheit
✶✶✶✶+

(Weil es das Finale ist)

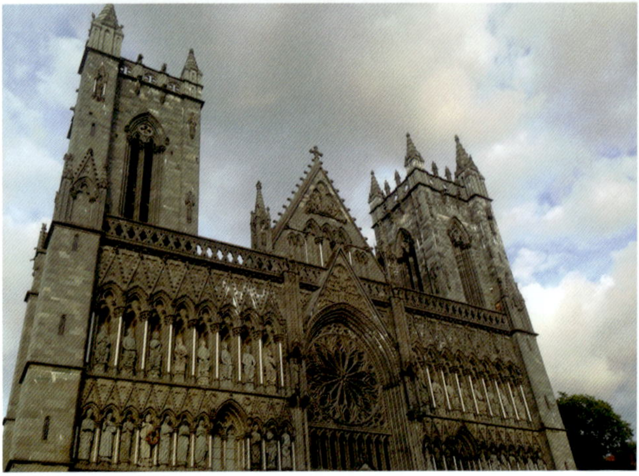

Finale!

Auch wenn man den letzten Tag überwiegend durch städtisches Gebiet läuft, wird es dadurch nicht weniger schön, im Gegenteil. Man läuft direkt an der Küste und kann endlos weit über das Wasser schauen. Die Küstenlinie ist übersät mit kleinen Naherholungs-Grünstreifen und zahllosen Bänken und Picknickplätzen. Eine herrliche Strecke, um nach all den Anstrengungen ein wenig herunterzukommen. So läuft man entspannt in die Stadt Trondheim hinein. In den Außenbezirken kann man die städtische Pracht noch nicht so sehr genießen, aber je mehr man sich der Kathedrale nähert, desto schöner wird es.

Ab **Sødre Vikhammer** läuft man zurück zu dem Weg, dem man dann nach rechts folgt. Nach ca. 1,5 km kommt man zur Stelle, wo das **Sakvikkorsen**, das Sakvikkreuz, steht. Allerdings muss man dafür noch 100 Meter im Wald hochsteigen.

Dann geht der Weg entlang der Wohnviertel weiter, überquert den Malvikvegen und läuft dann weiter nach Rannheim. Wenn man an den ersten Häusern vorbeigekommen ist, geht es rechts weiter über die Gleise zur Küstenlinie. Dann läuft man weiter an der Küste entlang.

Der Weg führt an der schön gelegenen **Kirche von Rannheim** vorbei über hübsche Freizeitwege nach Grillstadfjæra, ein Neubauviertel im Wasser.
Nach dem Durchkreuzen eines anderen Wohnviertels gelangt man bei **Rotvoll** wieder zum Grüngebiet an der Küste. Es geht weiter entlang der Küstenlinie, sogar durch ein kleines Stück Wald.

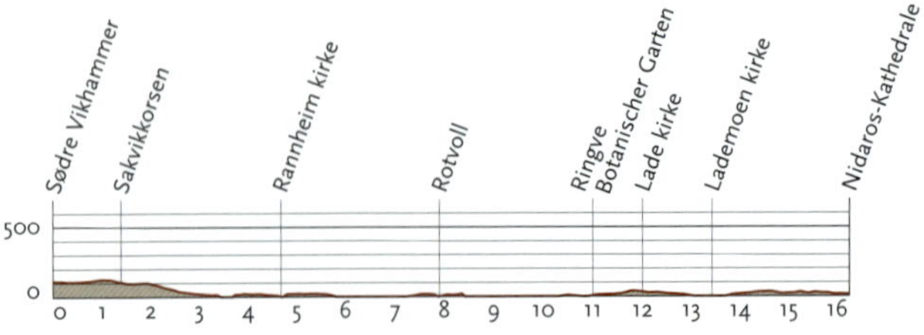

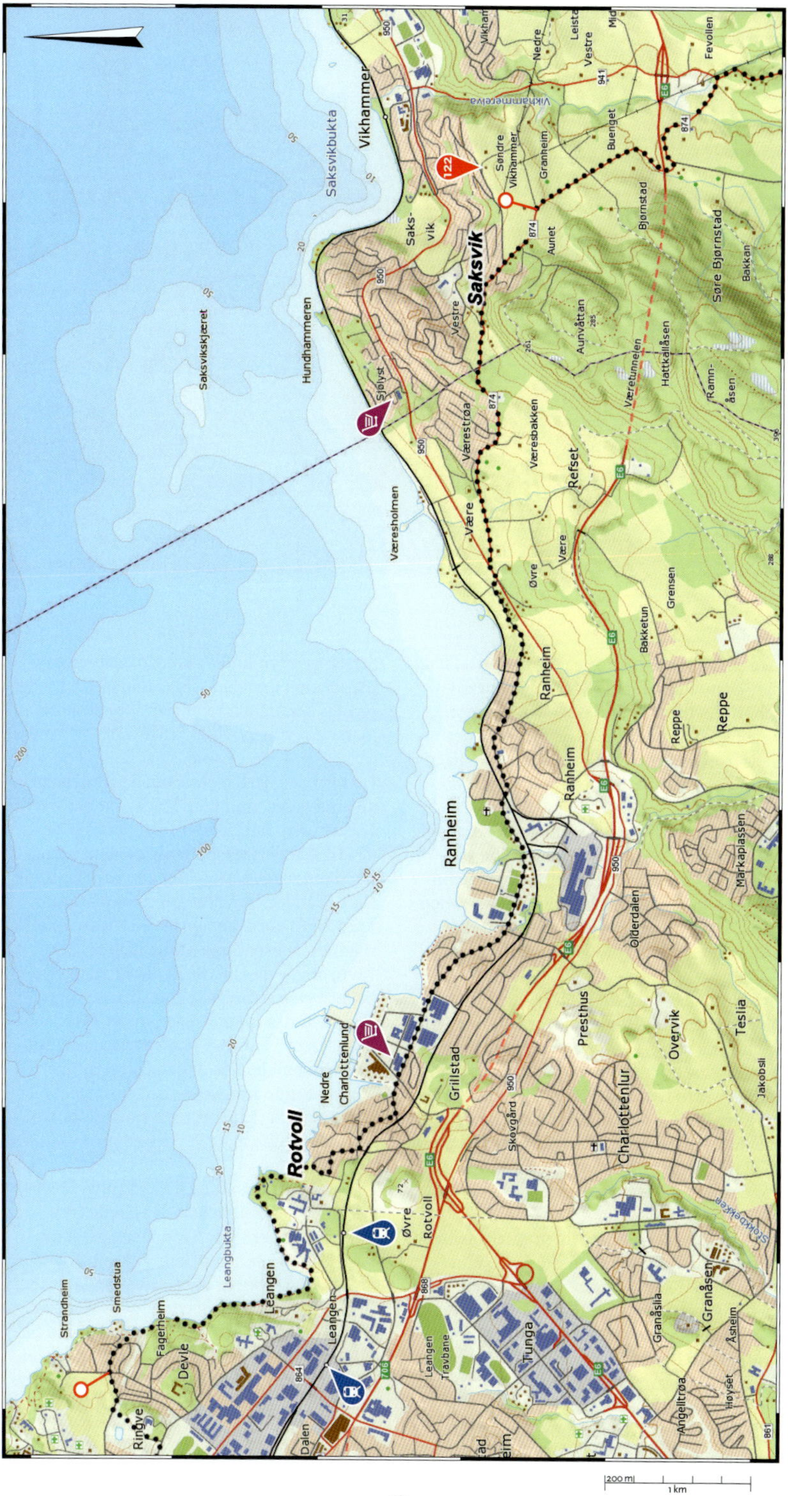
Vikhammer
Saksvikbukta
Saksvik
Saks-
vik
Hundhammeren
Saksvikskjæret
Sjølyst
Vestre
Værestrøa
Være
Væresholmen
Øvre
Være
Væresbakken
Refset
Ranheim
Ranheim
Ranheim
Grillstad
Rotvoll
Nedre
Charlottenlund
Øvre
Rotvoll
Leangen
Leangen
Leangbukta
Leangen
Travbane
Smedstua
Strandheim
Fagerheim
Devle
Ringve
Dalen
Tunga
Skovgård
Charlottenlund
Presthus
Overvik
Teslia
Jakobsli
Olderdalen
Markaplassen
Reppe
Reppe
Bakketun
Grensen
Granåsen
Granåslia
Angelltrøa
Høyset
Åsheim
Stokkbekken
Søndre
Vikhammer
Granheim
Aunet
Aunvåttan
Væretunnelen
Hattkallåsen
Bjørnstad
Søre Bjørnstad
Ramn-
åsen
Bakkan
Buenget
Nedre
Vestre
Leista
Fevollen
Vikhammerelva
122
200 m
1 km

Karte 64

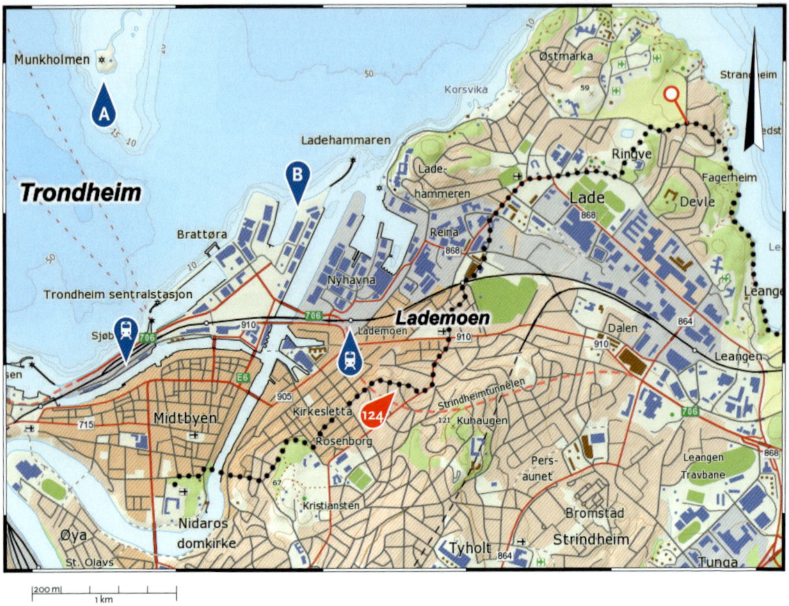

Danach geht man durch ein Wohnviertel über die Sedstuveien zum Eingang des **Botanischen Gartens**. Weiter über den durchgehenden Pfad zur anderen Seite, der in der Lade Allee mündet, wo ein deutlich weniger attraktiver Teil der Stadt liegt.

Dann rechts abbiegen, in eine stark befahrene, breite Straße, die an der **Lade Kirche** vorbeiführt. Am Ende des Friedhofes weiterhin der großen Straße folgen, die jetzt Jarleveien heißt. (Man muss also die Lade Allee, die weiter geradeaus geht, verlassen).

Am besten ist es, gleich den Jarleveien zu überqueren, um auf der anderen Straßenseite weiter zu laufen, denn wenn man über eine Brücke eine andere Straße überquert hat, geht es links ab in den Ladeveien. Diesen läuft man bis zum Ende. Die grüne Spitze, die man von hier aus sehen kann, gehört übrigens nicht zur Nidaros-Kathedrale, wie man denken könnte, sondern zur Lademoen Kirche.

Am Ende des Ladeveien durch einen kleinen Tunnel unter der Bahnstrecke durch und dann leicht rechts in den Mellomvegen. Dann gleich links in die Grundtviks Gate und rechts in die Lademoens Kirkeallee. Diese führt zur **Lademoen Kirche**, wonach man den breiten Innherredsveien überquert und geradeaus der Stadlings Dahls Gate folgt. Dann geht es rechts in den Weidemanns Vei, der am Trondheim Vandrarhem vorbeiläuft. Diese Straße ganz zu Ende laufen, die Nonnegate überqueren und dann links und gleich wieder rechts. Über einen schmalen Weg erreicht man den grünen Hügel Småbergen.

Hier geht es nach rechts, um den Småbergen zu umrunden, und man landet auf der Øvre Møllenberg Gate. Dieser folgt man bis zu einem Wanderweg am Fuße des Småbergen, der dann schließlich in der Øre Kristianstens Gate mündet. Von hier aus sieht man dann tatsächlich auch die Spitze der Nidaros-Kathedrale. Dieser Straße folgt man bis zur Kreuzung, wo es rechts in die Kristianstensbakken geht. Man geht diese Straße runter und sieht das spektakuläre, in der Fahrbahn eingelassene Fahrrad-Transportsystem, mit der man problemlos diesen Hügel meistern kann – zumindest wenn man darin geübt ist. Oft wundern sich hier auch einige Touristen über diese einmalige Vorrichtung.

Danach läuft man über die prächtige Brücke, die an beiden Seiten von den ikonischen Speicherhäusern von Trondheim gesäumt wird. Auf der anderen Seite links und dann gleich wieder rechts abbiegen. Man läuft seitlich an der Kathedrale vorbei zum Platz vor der Westfront, wo der Meilenstein „0 km till **Nidaros**“ steht. Herzlichen Glückwunsch, Sie sind angekommen! Der mittelalterliche Pilger ist dreimal um die Kathedrale gelaufen, bevor er sie betreten hat.

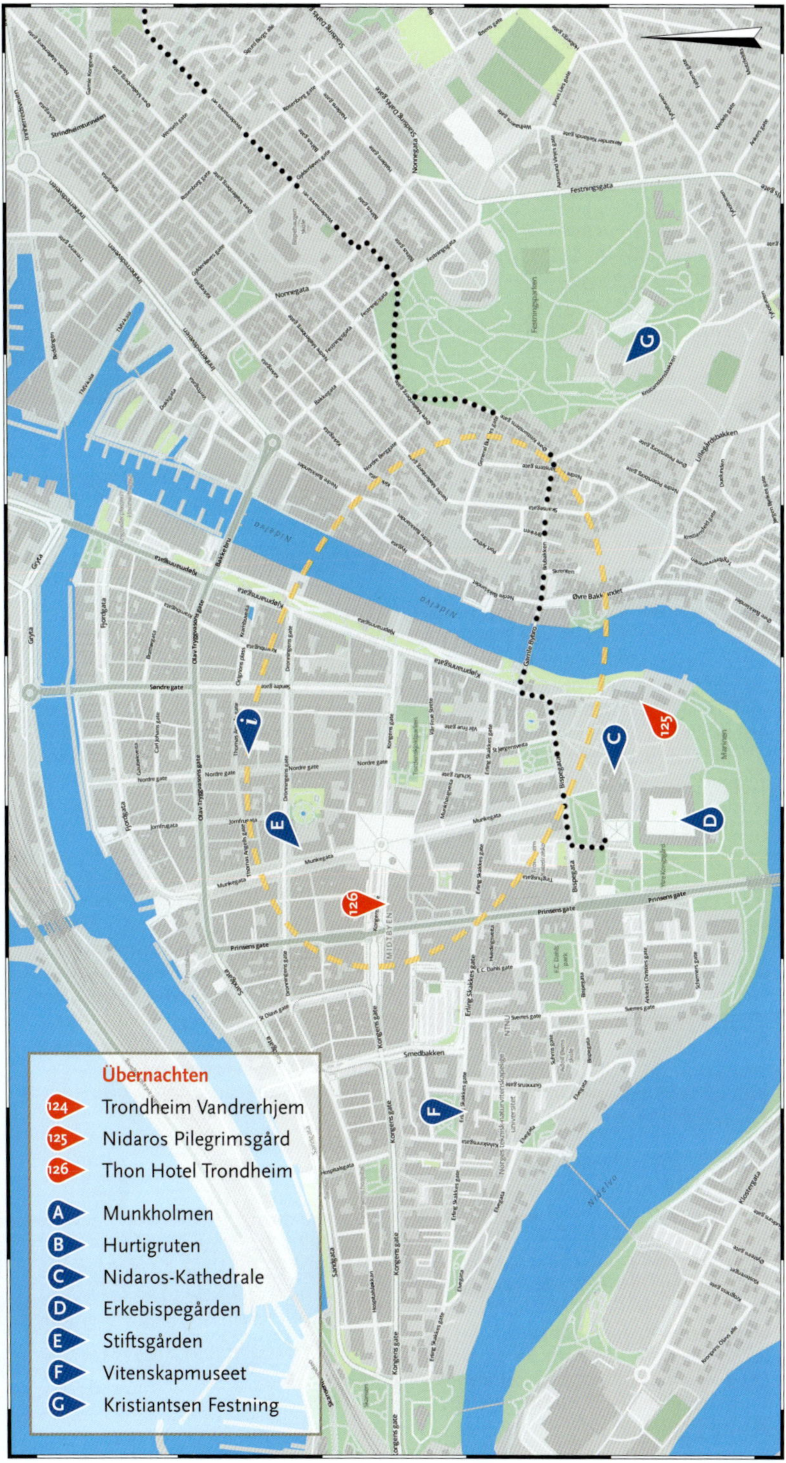
Übernachten
124 Trondheim Vandrerhjem
125 Nidaros Pilegrimsgård
126 Thon Hotel Trondheim
A Munkholmen
B Hurtigruten
C Nidaros-Kathedrale
D Erkebispegården
E Stiftsgården
F Vitenskapmuseet
G Kristiantsen Festning
Nidelva
Øvre Bakklandet
Prinsens gate
Kongens gate
Smedbakken
Festningsgata
Nonnegata
Søndre gate
Munkegata
MIDTBYEN

Sakvikkorsen
Sakvikkorsen verdankt seinen Namen wahrscheinlich dem Kreuz, das hier schon im Mittelalter stand. Es war der Ort, an dem die Pilger das erste Mal einen Blick auf Trondheim ergattern konnten und viele fielen auf ihre Knie, um Gott für die gute Ankunft zu danken. Die örtliche Bevölkerung hat hier erneut ein Kreuz aufgerichtet, neben einem Grabhügel aus dem Mittelalter, damit dieser wichtige Ort markiert wird. Es wurden auch einige Bänke aufgestellt, wo der heutige Pilger ein wenig Energie für die letzte Strecke tanken kann.

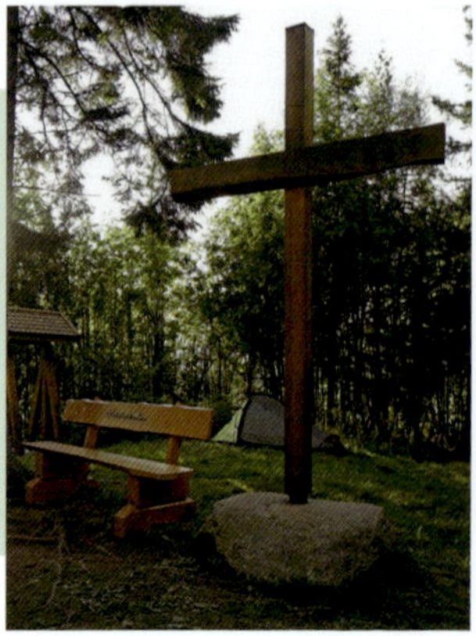

Nidaros-Kathedrale

Olavs Grab
Als Olav in Stiklestad gestorben war, wurde sein Leichnam nach Nidaros überführt und am Ufer des Flusses Nidelva beerdigt, wo jetzt die Kathedrale steht. Hier entsprang eine Quelle, aus der heilendes Wasser hervorsprudelte. Es wurden immer mehr Wunder berichtet und König Olav II wurde im Jahr 1031 heiliggesprochen. Also sollte auch sein Grab aufgewertet werden und es wurde ein silberner Schrein für seinen Sarg angefertigt. Dieser wurde beim Altar der Clemens-Kirche aufgestellt. Die Überreste der Clemens-Kirche wurden offensichtlich kürzlich zwischen der Fronnigens Gate und Konges Gate wiederentdeckt. Seit 2016 gibt es hier eine große, archäologische Ausgrabung. An seinem ursprünglichen Ruheplatz ließ einer von Olavs Nachfolgern, Olav Kyrre, eine Holzkapelle erbauen. Diese wurde später durch eine steinerne Kirche ersetzt. Olavs Schrein wurde erneut verlegt. Die steinerne Kirche wurde immer mehr erweitert, bis sie sich zur heutigen Nidaros- Kathedrale entwickelt hatte.

Pilgerort
Nidaros wurde zum Pilgerort. Als die Heiligsprechung 1164 vom Papst anerkannt wurde, fing der Pilgerstrom erst richtig an und Nidaros wurde eines der wichtigsten Pilgerorte im Mittelalter. Die Pilger verehrten den Schrein, tranken vom heiligen, heilenden Wasser und nahmen etwas davon in speziellen kleinen Krügen mit nach Hause. Die steinerne Einfassung der (mittlerweile trockenen) Quelle befindet sich im Hohen Chor. Um Verschwendung zu vermeiden, wurde das verschüttete Wasser findig aufgefangen und zurück zur Quelle geleitet. Die fettige Schwärze auf den Steinen wurde von den unzähligen Händen verursacht, die die Quelle berührt haben. Ganz in der Nähe hängt ein Beispiel eines Pilgerkruges. Mittlerweile strömt das Wasser der Olavsquelle aus einer Fontäne bei Hadrians Plass, in der Nähe der Elgeseterbru.

Eingeschmolzener Schrein
Während der Reformation brachten die Dänen die Kirchenschätze, unter anderem auch den silbernen Schrein von Olav, nach Dänemark, wo sie eingeschmolzen wurden. Der hölzerne Sarg mit den Überresten des Leichnams wurde in ein steinernes Grab überbracht und mit Erde bedeckt. Keiner weiß genau, wo das ist. Vielleicht irgendwo beim Hochaltar. Der genaue Ort wurde mit Bedacht nicht verraten, denn die Protestanten hofften, dass der Heilige vergessen werden würde.

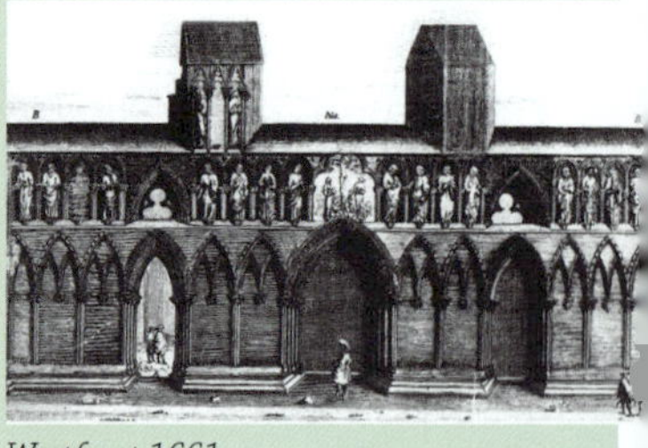

Westfront 1661

Bauen und brennen

Das Gebäude aus dem 11. Jahrhundert war der heutigen Kathedrale nicht im Geringsten ähnlich. Die Kirche wurde zunächst in einem einfachen, romanischen Stil erbaut und änderte im Laufe der Jahrhunderte ihr Aussehen ständig durch Erweiterungen, Anpassungen, mehrere große Brände sowie Zeiträume des Verfalls und Wiederaufbaus. Der achtseitige Hohe Chor und der Chorumgang, wo der Hochaltar und der Schrein standen, ist der älteste erhaltene Teil der Kirche. In den letzten anderthalb Jahrhunderten wurde die Kirche fast vollständig restauriert. Die glorreiche Westfront, von der nur ein kleiner ursprünglicher Teil erhalten geblieben war, wurde erst 1969 vollendet. Die große Bildergalerie besteht aus Skulpturen von Märtyrern, Königen, Aposteln und Heiligen. Außer Olav II zum Beispiel auch St. Jakob (von Santiago de Compostela) und die heilige Birgitta von Schweden (1303 – 1373), die sowohl nach Nidaros als auch nach Santiago, Jerusalem und Rom pilgerte und aus diesem Grund die Schutzpatronin der Pilger ist. Die Nidaros-Kathedrale ist die größte gotische Kirche Skandinaviens und die wichtigste Kirche Norwegens. Für die Besichtigung der Kirche wird Eintritt erhoben. Pilger erhalten auf Vorlage ihres Pilgerpasses eine Eintrittskarte umsonst. Im Sommer gibt es jeden Tag um 17.30 Uhr eine Pilgermesse.

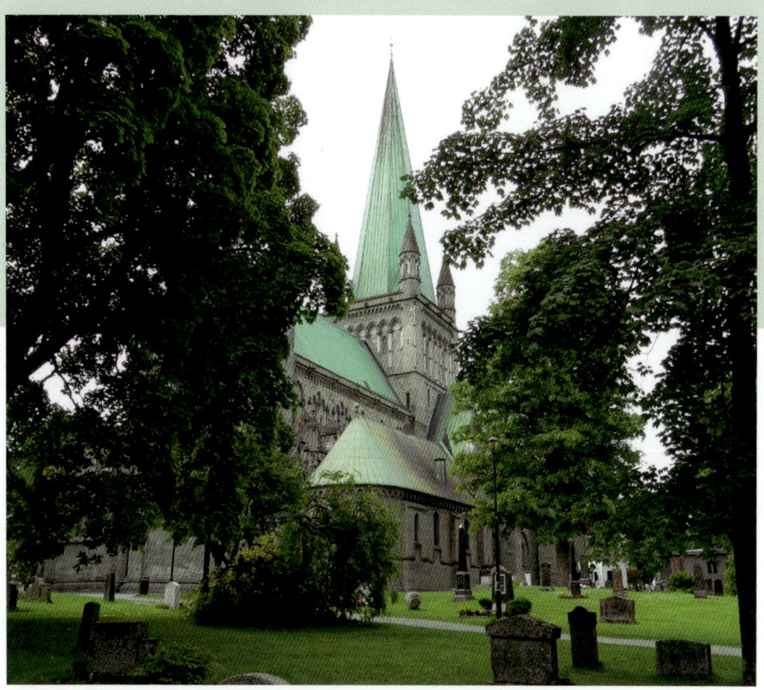

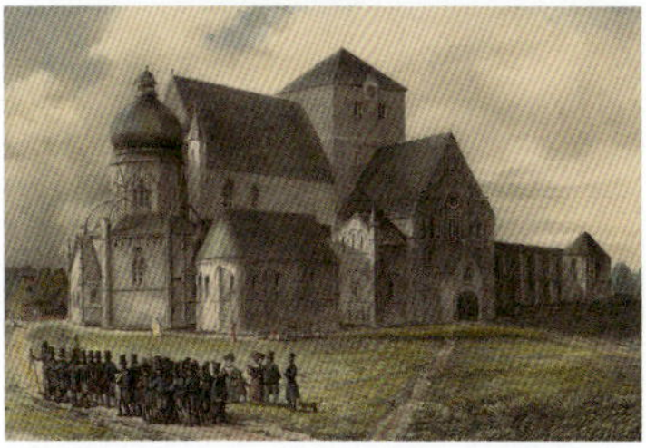

Steindruck: Johan Carl Fahlcrantz

1821

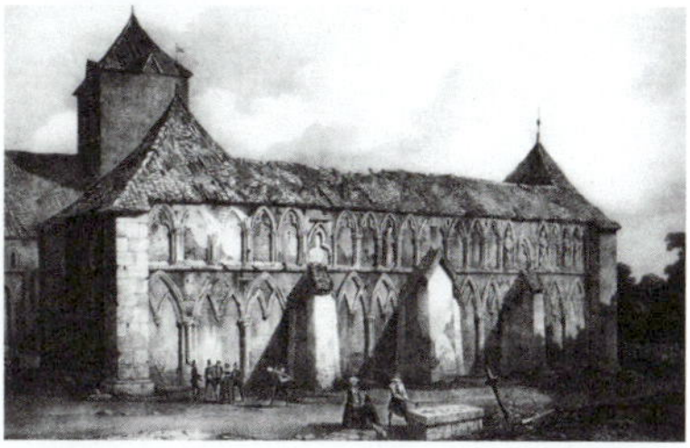

Zeichnung: August Mayer

Westfront 1839

Erholung in Trondheim

Trondheim ist eine angenehme Stadt, die nach einer langen Tour zum Verweilen einlädt. Das kompakte Zentrum, in einer Schleife der Nidelva, hat Pilgern, die sich wieder an den Status eines Normal-Sterblichen gewöhnen, ausreichend zu bieten.

Einige Tipps:

Vitenskapsmuseet
Ein historisches Museum für regionale Geschichte bis zum Mittelalter und die Geschichte der Kirchenkunst zwischen dem 13. und 18. Jahrhundert.
Erling Skakkes gate 47 A
www.ntnu.no/vitenskapsmuseet

Sverresborg Trøndelag Folkemuseum
Kulturhistorisches Freilichtmuseum mit 80 Gebäuden und verschiedenen Ausstellungen.
Sverresborg alle 13
www.sverresborg.no

Erkebispegården
Das Wohnhaus des Erzbischofs bis zur Reformation.
Bispegate 5
www.nidarosdomen.no

Stiftsgården
Das größte Holzhaus Norwegens steht mitten im Zentrum. Zwischen 1774 und 1778 von einer reichen Witwe erbaut, ist es jetzt eine königliche Residenz.
Munkegate 5
www.nkim.no/stiftsgarden

Munkholmen
Benediktinerkloster auf einer Insel vor der Stadt, das später ein Gefängnis wurde. Abfahrt täglich zwischen Ende Mai und Anfang September ab Ravnkloa.

Oder ein Spaziergang durch das gemütliche Viertel Bakklandet zum Fort Kristiansten Festning, wo man einen großartigen Ausblick über die Stadt hat.

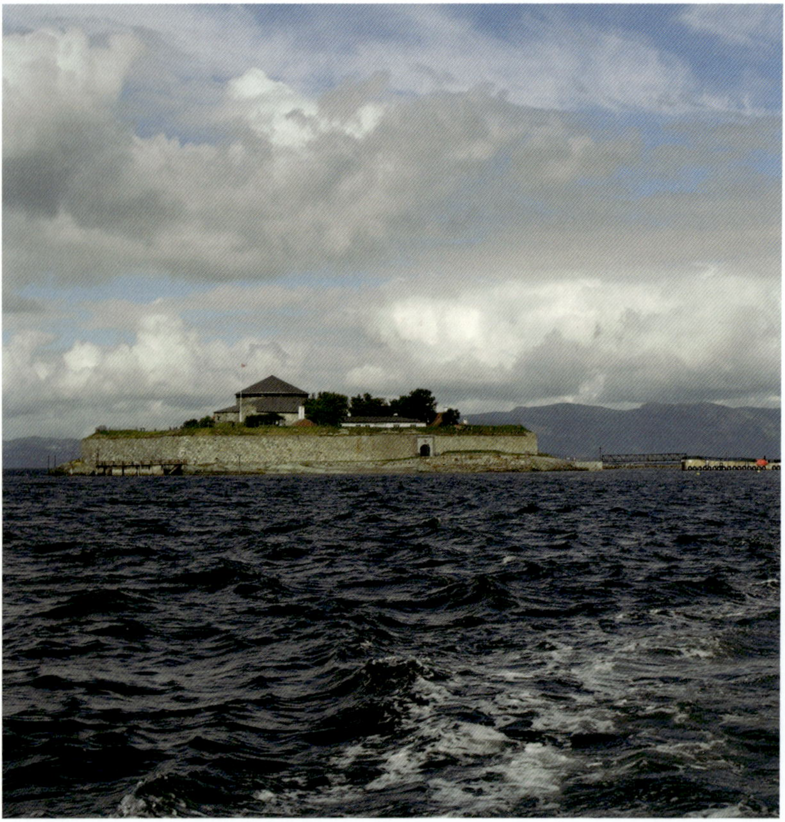

Foto: Mike Peters

Munkholmen

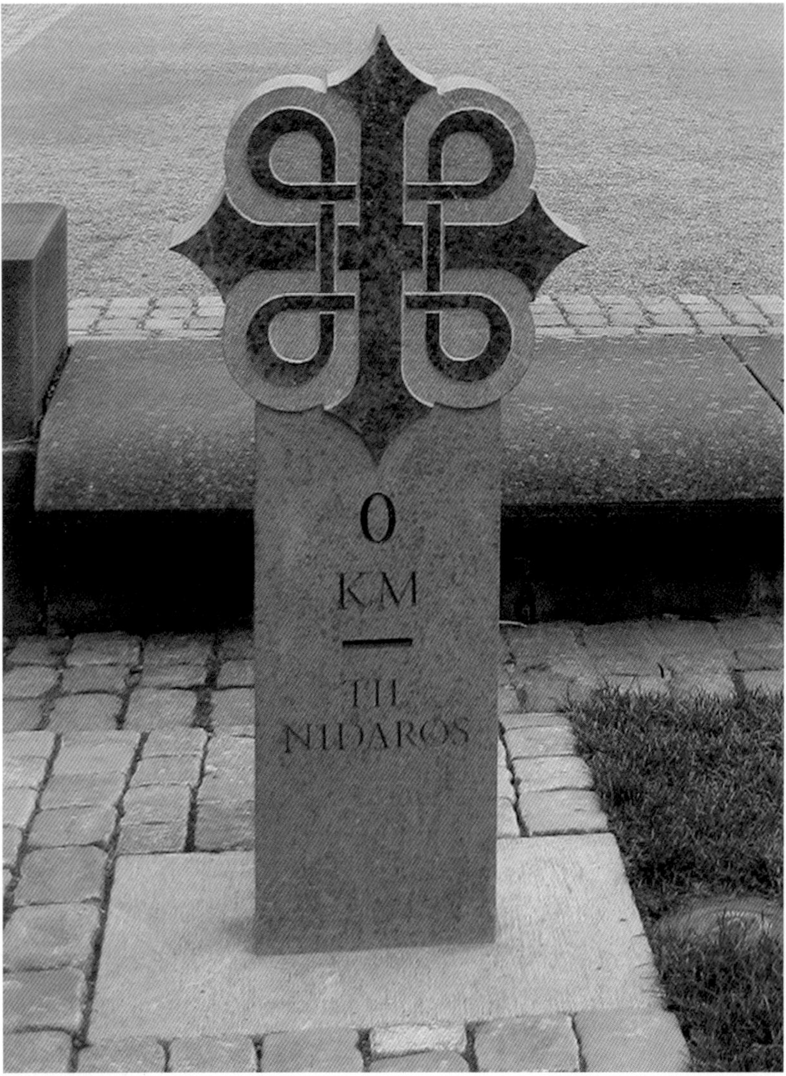

Abfahrt aus Trondheim

Shuttlebus
Der Flughafen Trondheims liegt 35 km nordöstlich der Stadt. Der Flybuss, eine Buslinie zwischen Flughafen und Stadt, fährt den größten Teil des Tages alle zehn Minuten ab Trondheim. Die nächste Haltestelle bei Nidaros Pilegrimsgård ist gegenüber vom Prinsenkino auf der Prinsens Gata direkt neben dem Erkepisbegården. Die Fahrt dauert rund 35 Minuten. Man kann an Bord mit einer EC-Karte bezahlen.
www.flybussen.no

Hurtigruten
Die romantischste Abfahrt aus Trondheim geschieht natürlich mit Hurtigruten, dem Küstenschiff, das jeden Tag pünktlich und gemächlich zwischen Bergen und Kirkeness an der norwegischen Küste entlang fährt. In Trondheim ist die Abfahrtszeit in südlicher Richtung um 10.00 Uhr morgens. Das Schiff erreicht am nächsten Tag um 14.30 Uhr Bergen, das Reiseziel.
www.hurtigruten.com

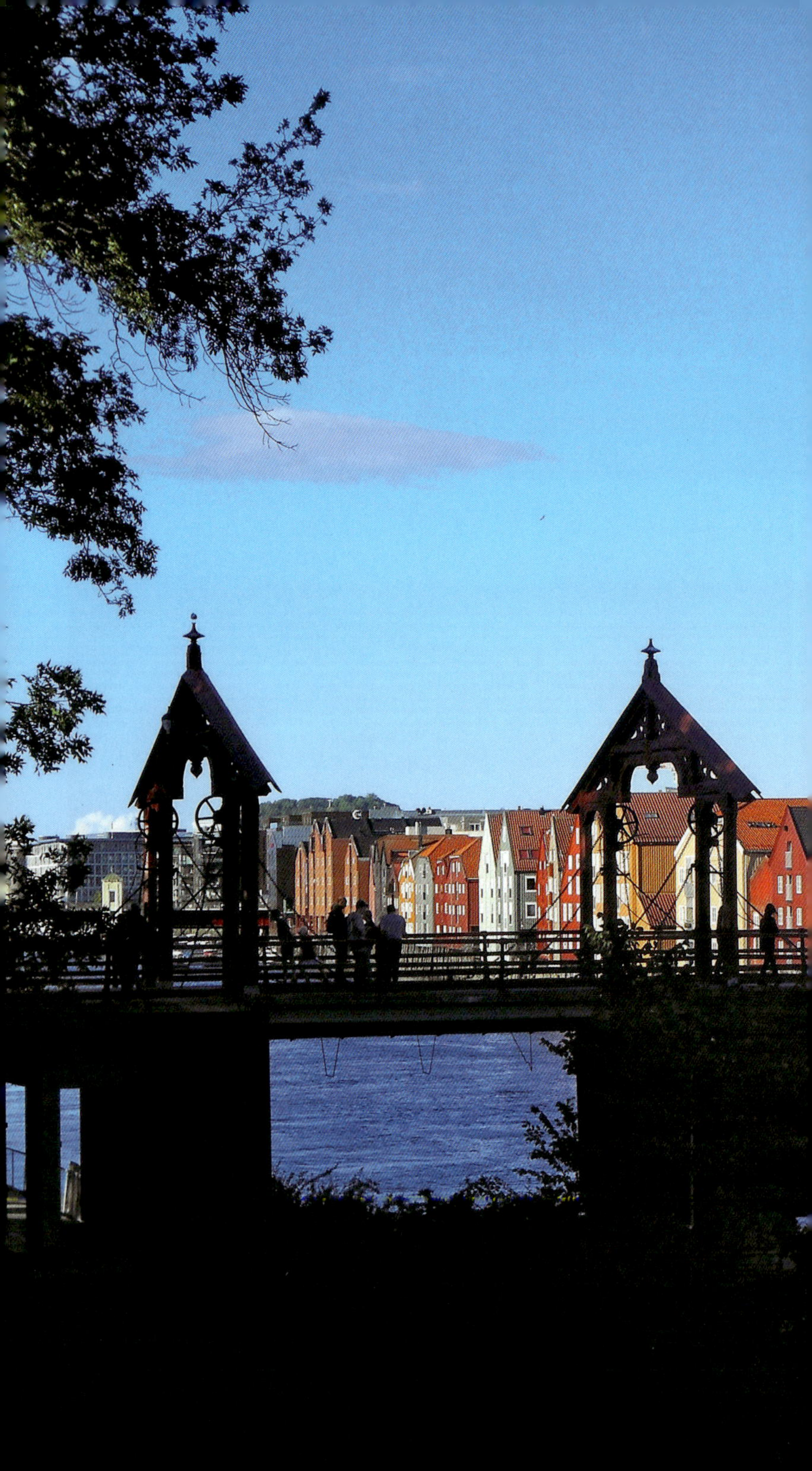

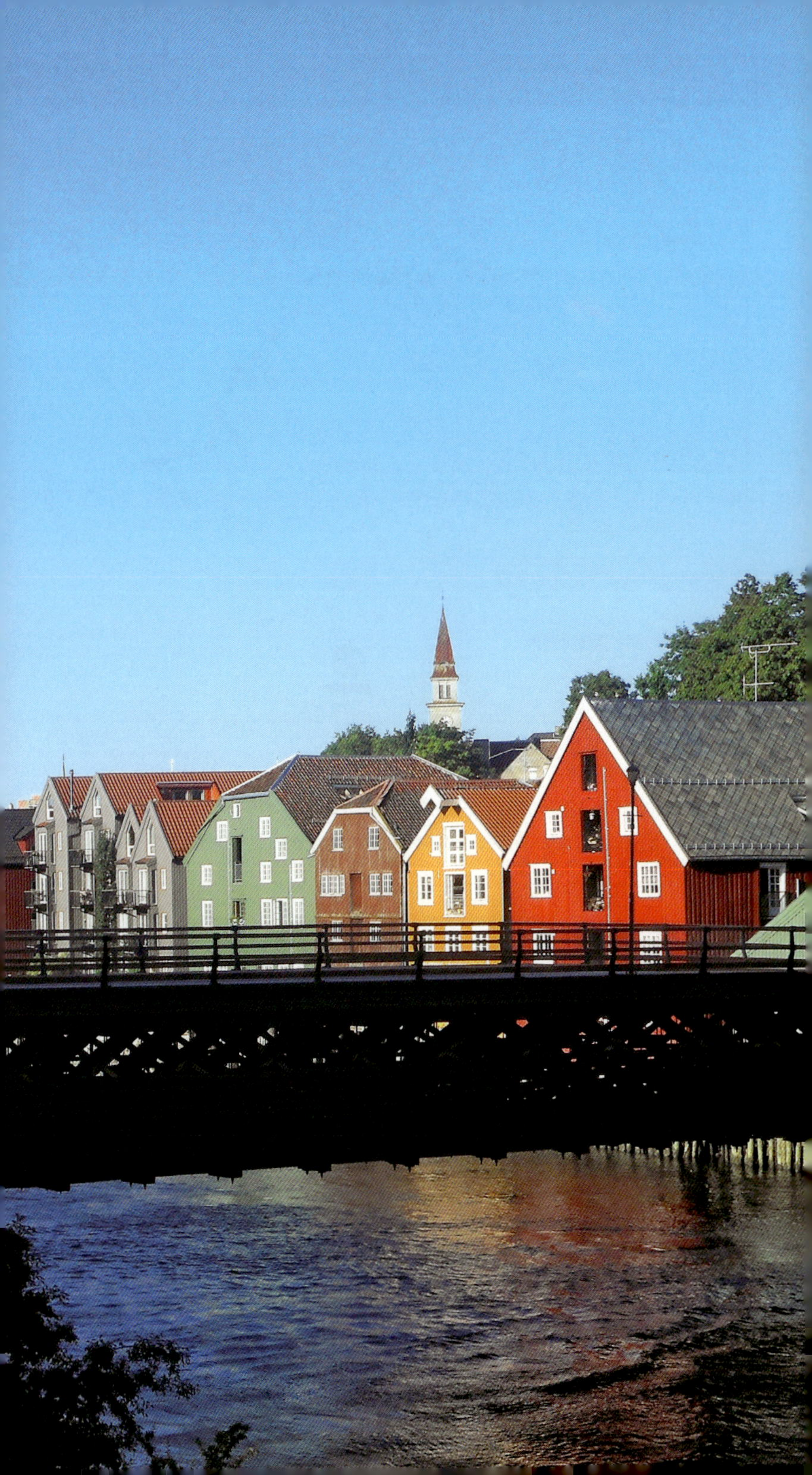

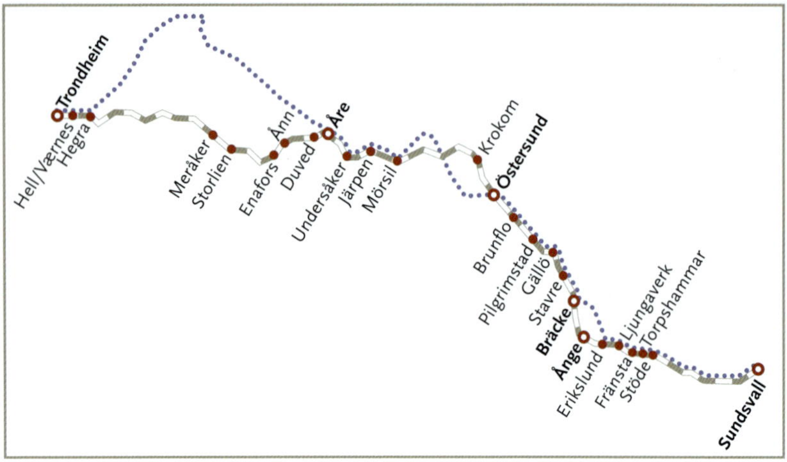

Bahnhöfe entlang des St. Olavswegs

Bahn Sundsvall - Trondheim

Diese praktische Verbindung des Anbieters Norrtåg hält an viele kleineren und größeren Bahnhöfen direkt an der Strecke: Sundsvall - Stöde -Torpshammar - Fränsta - Ljungaverk - Erikslund (Borgsjö) - Bräcke - Stavre - Gällö - Pilgrimstad - Brunflo - Östersund - Mörsil - Järpen - Undersåker - Åre - Duved - Hell/ Værness - Trondheim.
Fahrplan: www.norrtag.se

Auf dieser Strecke fahren auch Züge der Statens Järnvägar (SJ), die schwedische Bundesbahn, zu den wichtigsten Bahnhöfen: Sundsvall - Bräcke - Östersund - Järpen - Undersåker - Åre und Duved. Ab Stockholm und Flughafen Arlanda gibt es direkte Verbindungen zu diesen Bahnhöfen. www.sj.se

Busse

Entlang der Strecke gibt es viele Stellen, wo ein Bus ganz nah an den Wanderweg kommt. Wie zwischen Duved und Verdal ist das außerhalb der Sommersaison zum Beispiel oft begrenzt auf einen Bus pro Tag an Werktagen. Die Fahrpläne der regionalen Busgesellschaften gibt es im Internet und über Apps. Von Ost nach West gibt es diese relevanten Betriebe:

Din Tur
Für Sundsvall und die Umgebung von Vasernorrland. Auch als App. www.dintur.se

Länstrafiken
Für Jämtland bis zur norwegischen Grenze. Auch als App. www.ltr.se

Trønderbilene
Für Trøndelag: Trondheim und weitere Umgebung. Die Site ist auch auf Englisch und es gibt eine App. auf tronderbilene.no. Für jeglichen öffentlichen Verkehr in Nord-Trøndelag. www.177nordtrondelag.no

In den Bussen und Zügen entlang der Strecke kann man an Bord mit einer deutschen EC-Karte bezahlen. Die meisten kleinen Bahnhöfe haben weder einen Schalter noch einen Fahrkartenautomaten.

Einige Taxibetriebe

Sundsvall +46 60 19 90 00
Bräcke + 46 693-101 23
Östersund + 46 63-199 000
Åre +46 647 100 22 / 647 204 44
Verdal +47 74 07 82 00
Trondheim +47 08000

Hilfe für die Aussprache (S/N)

å / å klingt wie oo in Tor
ö /ø klingt wie das deutsche ö
ä / æ klingt wie das erste e in besser
Das k wird in Kombination mit ki, kj und ky wie sj ausgesprochen

Allgemein	*Schwedisch*	*Norwegisch*
bitte (beim Bitten)	tack	vær så snill
bitte (beim Überreichen)	varsågod	vær så god
Briefmarke	frimärke	frimerke
danke	tack	takk
gemütlich	trevlig	koselig
gern	gärna	gjerne
haben Sie?	har du	har du
hallo	hej	hei
herzlichen Dank	tack så mycket	tusen takk
heute	idag	i dag
in Ordnung/gut	bra	bra
ja	ja	ja
kalt	kall	kald
kein/nicht	ingen/inte	ikke
morgen	imorgen	i morgen
nass	våt	våt
nein	nej	nei
pardon	förlåt	unnskyld
Schuh	sko	sko
trocken	torr	tørr
tschüss	hej då	ha det
viel (unzählbar)	mycket	mye
viel (zählbar)	många	mange
wann	när	når
warm	varm	varm
wenig/klein	liten	lite

Körperliches Unwohlsein		
Blase	blåsa	gnagsår
krank	sjuk	syk
Krankenhaus	sjukhus	sykehus
Schmerz	ont	vond
Wunde	sår	sår
Zecke	fästing	flått

Unterkünfte		
Berghotel	fjällstuga	fjellstue
Bett	säng	seng
Bettwäsche	sängkläder	sengetøy
Dusche	dusch	dusj
Gemeindezentrum	försammlingshem	menighetshus
Hütte	stuga	hytte
Jugendherberge/Hostel	vandrarhem	vandrerhjem
Küche	kök	kjøkken
Schlafsack	sovsäck	sovepose
Unterkunft	bo, boenda	overnatting
Waschmaschine	tvättmaskin	vaskemaskin
WC	toalett	toalett
Zelt	tält	telt
Zimmer	rum	rom

Essen und Trinken	*Schwedisch*	*Norwegisch*
Abendessen	middag	middag
Bier	öl	øl
Brot	bröd	brød
Cafeteria	servering	kro / servering
das Essen	mat	mat
essen	äta	spise
Fisch	fisk	fisk
Fleisch	kött	kjøtt
Frühstück	frukost	frokost
Garnelen	räkor	reker
Gebäck	kaka	kake
Gemüse	grönsaker	grønnsaker
Kaffeesahne	kaffegrädde	fløte
Käse	ost	ost
Lachs	lax	laks
Laden/Supermarkt	affär/mataffär	butikk
Lunchpaket	matsäck	nistepakke
Milch	mjölk	melk
normaler (Filter)kaffee	kaffe	dagens kaffe
Obst	frukt	frukt
Rechnung	nota	regning
Snackbar/Imbiss	gatukök	gatekjøkken
Tee	te	te
vegetarische Mahlzeit	vegetarisk mat	vegetarrett
Wasser	vatten	vann
Wein	vin	vin

Auf der Karte und unterwegs		
alt	gammal	gammel
Bach	bäck	bekken
Bauernhof	gård	gård
Brücke	bro	bru/bro
Bundesstraße	riksväg	riksvei
Dorf	by	bygd
Erhebung (in Landschaft)	höjd	haug
Fluss	älv	elv
Friedhof	gravfält	gravlund
Friedhof	kyrkogård	kirkegård
Fußgängerbrücke	gängbro	gangbru
Fußgängerzone	gågata	gågate
Gemeinde	kommun	kommune
groß	stor	stor
höher gelegen	övre	øvre
hoher Punkt auf Hügel	ås	hø
Hügel (Hang)	kulle	bakke
Kiefer/Föhre	fura/tall	furu
Kirche	kyrka	kirke
kleiner Bauernhof	småbonde	husmannsplass
kleiner See	tjärn	vatn
Kreuzung	korsning	kryss
Kulturgut	kulturminne	kulturminne
Landzunge	näs	odde/nes
lokaler Weg	smaväg	bygdevei
Markierung	markör	merkestolpe/skilt
Morast	myr	myr
Pfad (in Natur)	stig	sti
Pfad/Route	led	leden
Pfarrei/Pfarrhaus	prästgård	prestegård
Platz	torg / plats	torg / plass
regionaler Weg	landsväg	fylkesvei

Schotterweg	grusväg	grusvei
See	sjö	sjø
Sommergut (höher) gelegen)	fäboden	sæter/seter
Speicher	habre	stabbur
Stadt	stad	by
Straße	gata	gate/gata
tiefer gelegen	undre	nedre
Tour	tur	tur
Wald	skog	skog
Wasserfall	foss	foss
Weg	väg	veg/vei

Navigieren	*Schwedisch*	*Norwegisch*
abwärts	ner	av
aufwärts	upp	opp
geradeaus	rakt fram	lige ud
links	vänster	venstre
nah	närä	nærheden
Norden	norr	nord
Osten	öst	øst
rechts	höger	høyre
Süden	söd	sør
weit	längst	langst
Westen	väst	vest

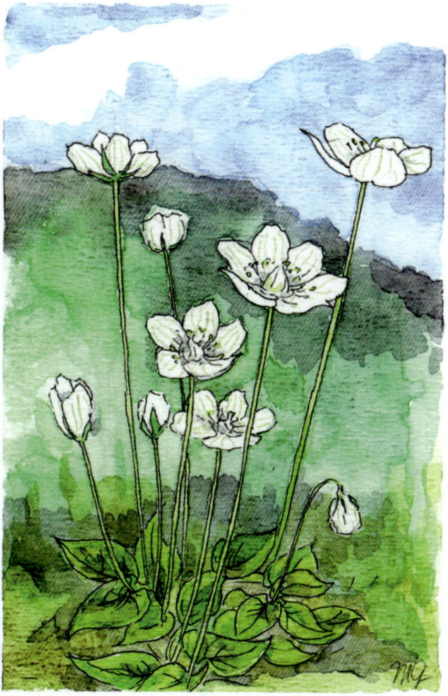

Sumpf-Herzblatt (Parnassia Palustris)
Slåtterblomma (Z)
Jåblom (N)

Zahlen	*Schwedisch*	*Norwegisch*
0	noll	null
1	ett	en
2	två	to
3	tre	tre
4	fyra	fire
5	fem	fem
6	sex	seks
7	sju	sju
8	åtta	ätte
9	nio	ni
10	tio	ti
11	elva	elleve
12	tolv	tov
13	tretton	tretten
14	fjorton	fjorten
15	femton	femten
16	sexton	seksten
17	sjutton	sytten
18	arton	atten
19	nitton	nitten
20	tjugo	tjoe
21	tjugoett	tjueen
22	tjugotvå	tjueto
23	tjugotre	tjoetre
30	trettio	tretti
40	fyrtio	forti
50	femtio	femti
60	sextio	seksti
70	sjuttio	sytti
80	åttio	åtti
90	nittio	nitti
100	ett hundra	et hundre

Wochentage		
Montag	måndag	mandag
Dienstag	tisdag	tirsdag
Mittwoch	onsdag	onsdag
Donnerstag	torsdag	torsdag
Freitag	fredag	fredag
Samstag/ Sonnabend	lördag	lørdag
Sonntag	söndag	søndag

Schweden und Norwegen in Jahreszahlen

793 Beginn der Wikingerzeit

890 Schlacht bei Hafsfjord: Harald Hårfarge (schönes Haar) wird der erste König von Norwegen.

1030 Olav Haraldsson stirbt in der Schlacht bei Stiklestad und wird bald darauf heiliggesprochen.

1066 Ende der Wikingerzeit, Norwegen wird christlich. Nidaros-Kathedrale wird gebaut.

1349 Die Pest halbiert die Bevölkerung von Skandinavien.

1380 Håkon VI, der letzte König des unabhängigen Norwegens, stirbt.

1397 Union von Kalmar. Dänemark-Norwegen und Schweden unter einem Monarchen.

1523 Schweden scheidet nach Kämpfen aus der Union von Kalmar aus. Norwegen ist der Kampfplatz.

1536 Union von Kalmar wird aufgelöst. Christian III von Dänemark degradiert Norwegen zum Vasallenstaat.

1537 Reformation

1700-1721 Großer Nordischer Krieg zwischen Dänemark-Norwegen und Schweden.

1814 Friede von Kiel. Dänemark tritt Norwegen unfreiwillig an Schweden ab, Norwegen bekommt jedoch ein eigenes Grundgesetz.

1905 Nordische Union mit Schweden wird friedlich aufgehoben. Norwegen ist nach vielen Jahrhunderten wieder ein unabhängiger Staat.

Flora unterwegs

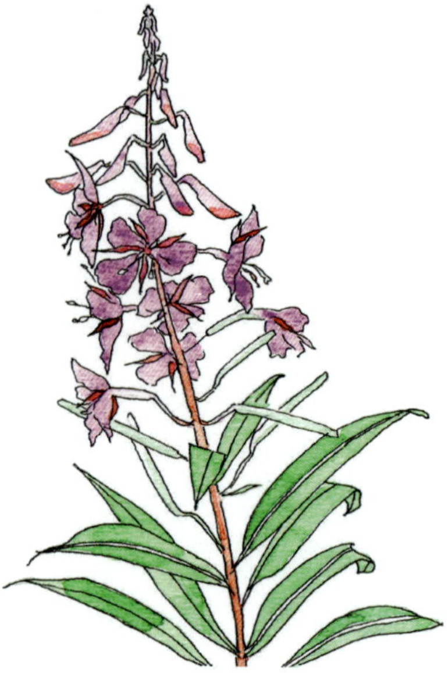

Schmalblättriges Weidenröschen (Chamerion angustifollium)
Mjölke (Z)
Geitrams (N)

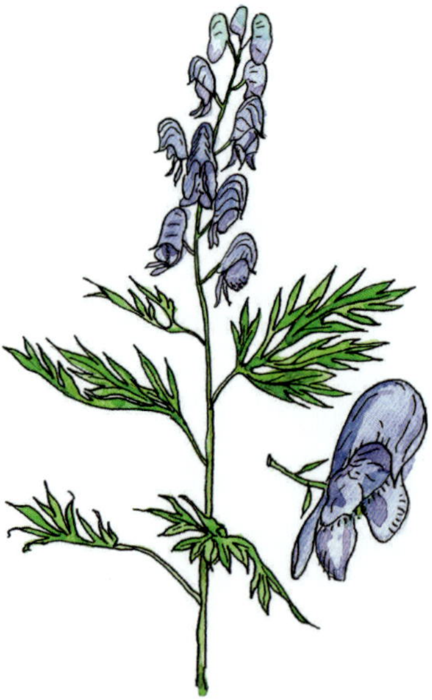

Blauer Eisenhut (Aconitum napellus)
Stormhattssläktet (Z)
Storhjelm (N)

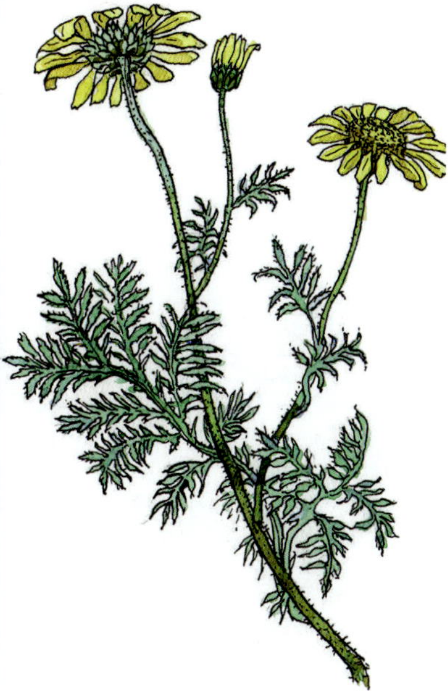

Färberkamille (Anthemis tinctoria)
Färgkulla (Z)
Gul gåseblom (N)

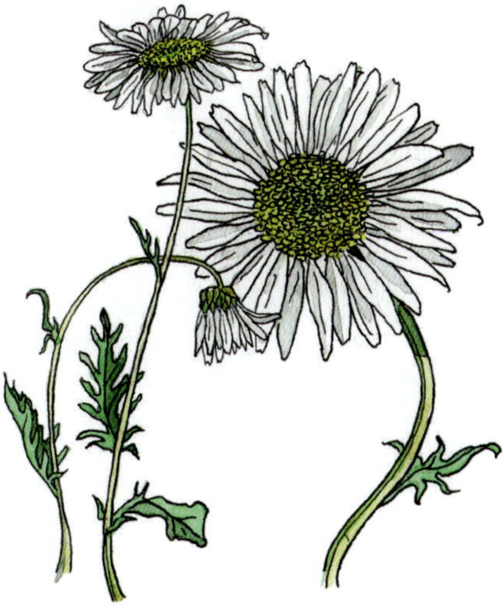

Magerwiesen-Margerite (Leucabtheum vulgare)
Prästkrage (Z)
Prestekrage (N)

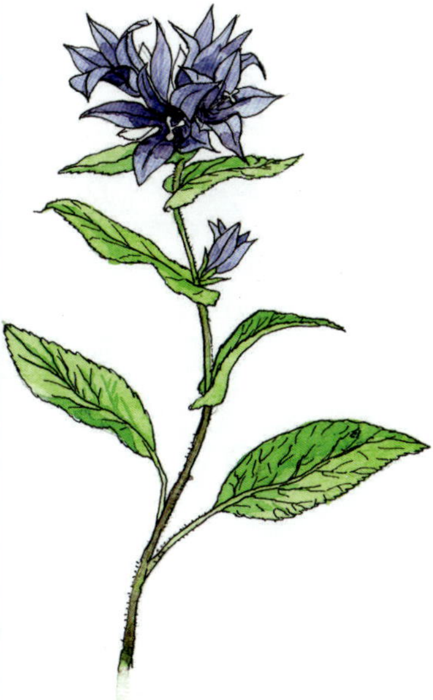

Knäuel-Glockenblume (Campanula glomerata)
Toppklocka (Z)
Toppklokke (N)

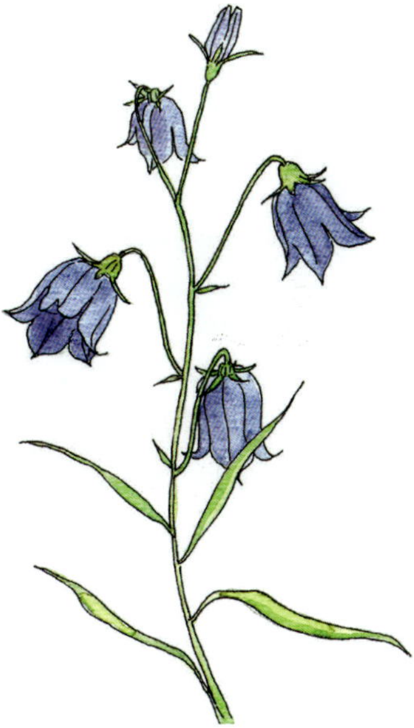

Rundblättrige Glockenblume (Campanulla rotudifolia)
Blåklocka (Z)
Blåklokke (N)

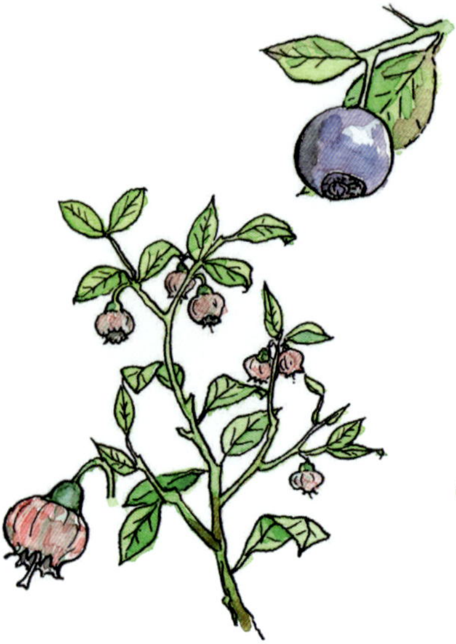

Heidelbeere (Vaccinium myrtillus)
blåbär (Z)
Blåbær (N)

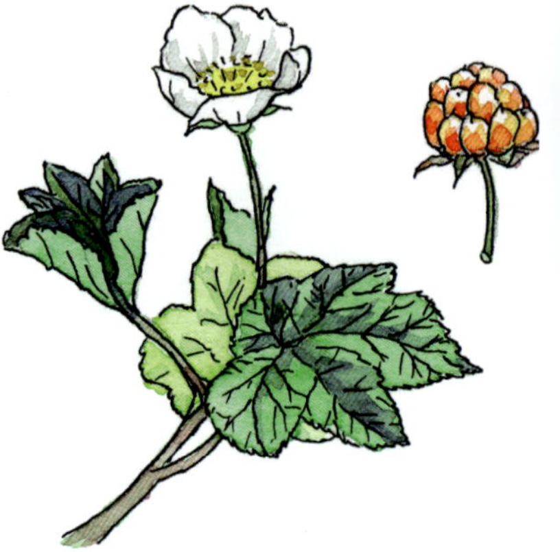

Moltebeere (Rubus chamaemorus)
Hjortron (Z)
Multe (N)

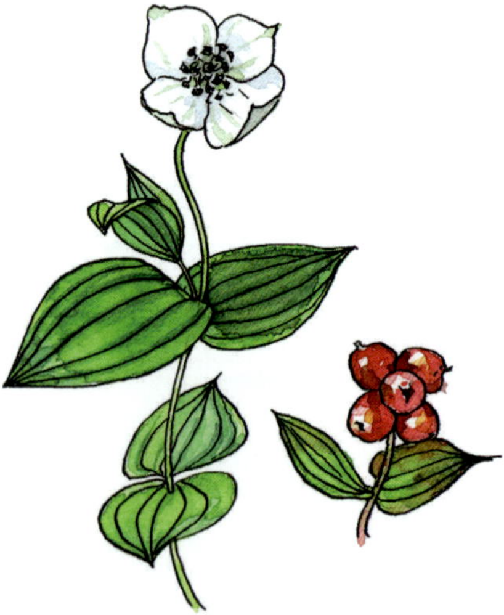

Schwedischer Hartriegel (Cornus Suecica)
Hönsbär (Z)
Skrubbær (N)

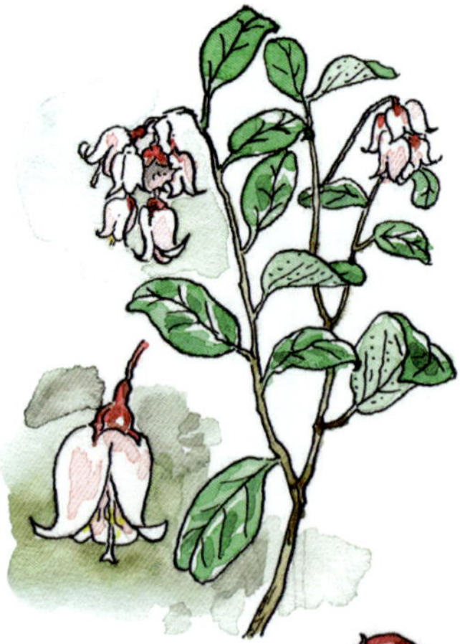

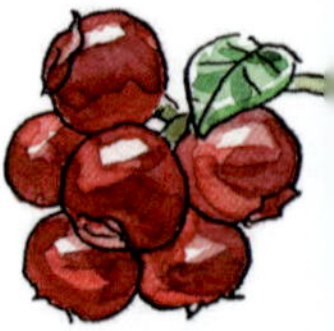

Preiselbeere (Vaccinium vitis idaea)
Lingon (Z)
Tyttebær (N)

1 Sundsvall City Hostel
Sjögatan 11, Sundsvall
T +46 601-260 90
www.sundsvallcityhostel.se
Jugendherberge. Bett in Mehrbettzimmer SEK 300. Doppelzimmer ab SEK 810. Inklusive Frühstück. Waschmaschine.

2 First Hotell Strand
Strandgatan 10, Sundsvall
T +46 606-419 50
www.firsthotels.se
4-Sterne-Hotel. Zimmer ab SEK 1400.

3 Elite Hotel Knaust
Storgatan 13, Sundsvall
T +46 606-080 00 0
www.elite.se/Hotel_Knaust
Stilvolles Hotel im Zentrum. Zimmer ab SEK 1000.

4 Lilla Äppelgården
Kungsnäs 115, Selånger
T +46 73-0732029
E info@lillaappelgarden.se
www.lillaappelgarden.se
Zimmer. SEK 350 1P. Sek 300 p.P. bei 2 Personen. Früstuck (SEK 70) und Mahlzeit auf Anfrage. Auch Pilgerpassen zu bekommen.

5 Sundsvalls Ridklubb
Kungsnäs 12, Selånger
T +46 605-639 89
E info@sundsvallsrk.nu
www.sundsvallsrk.nu
Reiterhof mit Unterkunft. 5 Doppelzimmer. Café auf dem Gelände.

6 Solgården
Sköle 190, Matfors
T +46 70-471 89 99
E majbrittolofsson@hotmail.com
www.visitsundsvall.se
Häuschen mit Küche, Schlafzimmer (3 Betten) und Platz für 2 Betten im Wohnzimmer.

7 Liljedalens häst & logi
Sörnedansjö 151, Matfors
T +46 70-232 89 89
E anna-karin@liljedalen.se
www.liljedalen.se
Häuschen auf dem Hof eines Bauernhofs/ eines Reiterhofs mit 4 Betten und Kochnische. Dusche und Toilette im Wohnhaus. SEK 300 p.P. Bettwäsche SEK 40. Frühstück (SEK 60) und Lunchpaket (SEK 60) auf Anfrage.

8 Lövåsen
Sörnedansjö
Jenny Lindblom
T +46 70-2672179
E jenny@lindbloms.se
Hütte mit Küche. 2 Zimmern, 4 Betten. Frústuck auf Anfrage. Reservierung notwendig.

9 Kjell Åke Grubb
Gålviken 142, Stöde
T +46 70-378 98 24
E erstorp142@gmail.com
Hütte mit Dusche und Toilette und 4 Betten. SEK 150 – SEK 200. Frühstück auf Anfrage. Waschmaschine vorhanden. Mai - September.

10 Sweden4u
Uslandsvägen 110, Stöde
T +46 70-569 34 81
E kerstin@sweden4u.nu
www.sweden4u.nu
Appartement mit Küche, einem Doppelbett und zwei Einzelbetten. SEK 350 p.P. Bettwäsche kann gemietet werden. Frühstück auf Anfrage.

11 Berit Eriksson
Uslandsvägen 12, Stöde
T +46 070-385 16 65
E Berit-eriksson@spray.se
3 Betten, Küche, Bad und Waschmachine.

12 Ströms Gård
Fanbyvägen 49, Fanbyn
T +46 70-513 72 05
E info@stromsgard.se
www.stromsgard.se
Hütte mit 4 Betten und Küche auf dem Gelände eines Viehhofes.

13 Västerlo/Predikstolen
Åke Liljekvist
Kärvsta 128, Stöde
T +46 70-370 04 20
3 Doppelzimmer mit Dusche und Toilette.

14 Stöde Hembygdsförening
Vikanvägen 1, Stöde
T +46 70-383 92 70 / +46 70-657 31 17
www.huberget.se
2 Zimmer mit 2 Betten. Gemeinsame Küche. Dusche und Toilette im extra Gebäude.

15 **Stöde Camping**
Kälsta 107, Stöde
T +46 76-881 82 83
E stodecampingstode@hotmail.com
www.stodecamping.com
Campingplatz mit Hütten. Ab SEK 350. Online buchen über www.visitsundsvall.se. April - Oktober.

16 **Baggnäsgården**
Kälsta 117, Stöde
T +46 691-613 63 / + 46 76-810 14 47
E lenawidenfalk@hotmail.com
www.baggnasgarden.se
Appartement mit 4 Betten. SEK 700 pro Nacht für das ganze Appartement. SEK 500 für 1 Person. Bettwäsche SEK 75 pro Bett. Abendessen, Frühstück und Lunchpaket nach Absprache. Waschmaschine verfügbar. Ganzjährig geöffnet. Nur Barzahlung.

17 **Lindberga gård**
Viskansvägen 113, Ede
T +46 73-182 00 37
E frokenodmark@hotmail.com
www.lindbergagard.se
Unterkunft bei Reiterhof.

18 **Winklers hovvård**
Viskanvägen 103, Stöde
T +46 70-777 74 71
E fia.winkler@telia.com
www.winklershovvard.se
Hütte mit 3 Betten auf einem Reiterhof. Dusche, Toilette und Waschmaschine im extra Gebäude.

19 **Christel Tarberg Hultin**
Hjältan 424, Torpshammar
T +46 70-203 54 75
E kikk57@hotmail.com
Hütte mit Waschmachine.

20 **Boda Borg**
Boda Borg 100, Torpshammar
T +46 691-122 00
E torpshammar@bodaborg.se
www.bodaborg.se/torpshammar
Jugendherberge. Zimmer SEK 220 p.P. Bettwäsche kann gemietet werden. Küche vorhanden. Pilgerpaket: Zimmer, Abendessen, Frühstück und Lunchpaket zu SEK 490 p.P. Zelt darf auf dem Gelände aufgebaut werden. Waschmaschinenbenutzung nach Absprache. Rezeption geöffnet von 10:00 bis 17:00 Uhr. Verkauf von Kaffee, Süßigkeiten und Eis. April - Mitte November.

21 **Josses loge**
Klöstre 342, Torpshammar
T +46 70-379 45 74 / +46 70-576 11 58
E jossesmolly@hotmail.com
2 Hütten auf dem Hof mit je 2 Betten. 1 Hütte hat eine kleine Küche. SEK 250 p.P., inkl. Bettwäsche SEK 300 p.P. Auch Platz für Zelte. Außentoilette, keine Dusche. Supermarkt zu Fuß erreichbar. Am liebsten per E-Mail Kontakt aufnehmen. Mai - September.

22 **Camp Midadventure**
Rombäck 850, Torpshammar
T +46 691-206 49 / + 46 70-310 83 47
E info@midadventure.com
www.midadventure.com
Campingplatz mit Hütten und Sportangeboten draußen. Hütten ab EK 600. Verkauf von Süßigkeiten. Waschmaschine. Mai - Oktober.

23 **Fränsta Solbacken**
Fränstavägen 135, Fränsta
T +46 70-676 11 40
E ingemar.westin@telia.com
www.guide.visitsundsvall.se
Appartement mit 2 Zimmern für maximal 4 Personen, SEK 550. Mit Küche und Waschmaschine. Nur Barzahlung. Ganzjährig geöffnet.

24 **Ålsta Folkhögskola**
Fränstavägen 209, Fränsta
T +46 691-357 73 / 691-66 14 00
E fransta@alsta.nu
www.lvn.se/Folkhogskolor/Alsta-Folkhogskola
Unterkunft im Studentenhaus der Hochschule. Einzel- und Doppelzimmer. Bettwäsche kann gemietet werden. Waschmaschine vorhanden. Frühstück und Mahlzeiten möglich, wenn Sommerkurse angeboten werden. Ab SEK 300. Mai - August.

25 **Norrgården**
Fränstavägen 209 H, Fränsta
T +46 76-861 1354
E lexjuri@hotmail.se
www.visitsundsvall.se
Jugendherberge mit 4 Betten, eine kleine Küche, Dusche und Toilette. SEK 150 p.P., Bettwäsche SEK 50. Reservierung vorher notwendig. Wäsche waschen möglich (SEK 50). Frühstück auf Anfrage. Steht vor der Ålsta Folkhögskola an der Straße.

26 **Villa Stenhuset**
Kantorsgatan 11, Fränsta
T +46 70-229 54 85
E info@obh.se
www.villastenhuset.n.nu
Appartement mit 4 Zimmern, Küche und Bad. SEK 600 pro Zimmer (2 Pers.). Für Pilger gibt es auch ein Einzelzimmer. Waschmaschine.

27 Prästens bostad
Byan 504, Fränsta
T +46 70-295 74 53
E aina.sundbaum@hotmail.com
Unterkunft in ehemaliger Kapelle. 2 Schlafzimmer, Wohnzimmer, Küche und Bad. SEK 300 p.P. Bettwäsche SEK 50. Frühstück auf Anfrage (SEK 60).

28 Storholmen
Storholmsvägen 13, Ljungaverk
T +46 70-298 29 61
E ktmagnusson@gmail.com
www.visitljungandalen.com
Appartement mit 7 Betten in 5 Zimmern mit Gemeinschaftsküche. Waschmaschine.

29 Vita villan
Storholmsvägen 1, Ljungaverk
T +46 76-715 84 89
E storholmsv1@gmail.com
www.visitljungandalen.com
B&B mit Einzel- und Doppelzimmer. Auch Platz für ein Zelt (SEK 100). Frühstück beim Zelt (SEK 50).

30 Hussborgs herrgård Golf & Konferens
Hussborg 432 Ljungaverk
T +46 691-332 70
E info@hussborg.com
www.hussborg.com
Jugendherberge, Hotel, Restaurant und Appartements bei einem Golfplatz auf einem alten, großen Bauernhof. Unterkunft in Jugendherberge SEK 310 für Einzelzimmer, SEK 210 für Bett im Schlafsaal. Frühstück SEK 55.

31 Detlef Koch
Ö 225, Erikslund
T +46 70-641 18 05
E detlefkoch69@yahoo.de
Hütte mit Küche, 4 Betten und Bad. Auch Zimmer im Haus.

32 Ingrid Jonsson
Ö 249, Erikslund
T +46 70-654 98 61
E ingrid.e.jonsson@telia.com
Hütte mit Küche, 2 Zimmern und Bad.

33 Träporten
Borgsjöbyn 139, Erikslund (Borgsjö)
T +46 690-200 22,
E info@traporten.se
www.traporten.se
Campingplatz mit 3- und 4-Personenhütten am See gelegen. Hütten verfügen über kleine Küche. Ab SEK 550. Pilgerhütte für maximal 4 Personen kann pro Bett reserviert werden: SEK 150. Bettwäsche kann gemietet werden. Zimmer auf B&B-Grundlage (SEK 450 1 Pers., SEK 550 2 Pers.). Café und Restaurant. Hunde willkommen auf Campingplatz. Waschmaschine gegen Bezahlung. Gastfamilie ist niederländisch. Bei der gegenüberliegenden Tankstelle kann man Lebensmittel kaufen. Touristeninfo Naturum im selben Gebäude. Schlüssel für Kungsstugan können hier abgeholt werden. Ganzjährig geöffnet.

34 STF vandrarhem
Borgsjöbyn, Erikslund (Borgsjö)
T +46 690-200 75 tussen 15/6 en 15/8, daarbuiten +46 690-124 58
www.borgsjohembygd.se
Heimatverein (Hembygdsgård) und Jugendherberge. Zehn Zimmer, dreißig Betten. B&B und Café. Wird ehrenamtlich betrieben. 15. Juni - 15. August.

35 Tälje lantgårdshotell
Tälje 218, Erikslund (Borgsjö)
T +46 70-365 78 66
E carin@taljegarden.se
www.taljegarden.se
www.visitsundsvall.se
B&B in Häuschen. Frühstücksbüffet. Abendessen auf Anfrage. Ganzjährig geöffnet.

36 Rastplats Lombäcken
Lombäcken, Ånge
T +46 70-324 59 88
E karstin.leander@telia.com
www.visitljungandalen.com
Picknickplatz mit Feuerstelle und Platz/Erlaubnis für Zeltaufbau. Auch Mietzelte (SEK 400). Am Schotterweg beim Ort Lombäcken nach der Brücke über den Fluss Harran. Gratis. Abendessen, Frühstück und Lunchpaket oder Einkaufsservice auf Bestellung.

37 Kungsstugan
Ånge V, 840
Jämtkrogen, Ånge
T +46 70-324 59 88
E karstin.leander@telia.com
www.visitljungandalen.com
Einfaches Häuschen mit 4 Betten und Gasheizofen. SEK 140 p.P. Kein Strom und fließend Wasser. Außentoilette, Wasserquelle. Wasserkochen auf offenem Feuer. Abendessen, Frühstück und Lunchpaket auf Anfrage, gern zwei Tage im Voraus. Schlüssel abholen bei Träporten oder Naturum.

38 Harrsjön

Einfache Hütte/Unterdach ohne Einrichtung. Kann nicht reserviert werden. Feuerstelle, kein Strom, Wasser holt man sich aus dem See. Gratis. Immer geöffnet.

39 Leif Mohlin
Hällsluten 147, Bräcke
T +46 70-375 48 48
E leifmohlin68@hotmail.com
Abendessen und Frühstück auf Anfrage.

40 Hotell Jämtkrogen
Riksvägen 1, Bräcke
T +46 693-105 05
E evert@jamtkrogen.se
www.jamtkrogen.se
Hotel mit Restaurant. Zimmerpreise SEK 500 – 750. Pilger erhalten Ermäßigung.

41 Mordviken
Mordviken 225, Eriksberg
T +46 70-320 79 90
E igloobyggare@msn.com
Facebook: eriksbergimordviken
8 Betten im alten Bauernhof aus 1860. Sauna und Waschmaschine vorhanden. Abendessen, Frühstück und Lunchpaket auf Anfrage. Preise ab SEK 380. Ganzjährig geöffnet.

42 Mälgåsens stuga
Fam. Van Westendorp
Mälgåsen 317, Gällö
T +46 70-618 07 10
E marcoeninavanwestendorp@gmail.com
www.malgasensstuga.webs.com
Komplett eingerichtetes Häuschen für 1–2 Personen. SEK 500, inkl. Bettwäsche.

43 Elin Edström
Grimnäsvägen155, Mellgård
T +46 70-216 11 95
E ee_8233@hotmail.com
Unterkunft in geheiztem, traditionellem Speicher. 6 Betten, Küche, Bad.

44 Lennart Brykt
Grimsnäsvägen 115, Mellgård
T +46 70-643 55 92
E lennart.brykt@telia.com
Unterkunft für 6-8 Personen. Zelt aufbauen ist auch möglich.

45 Geerd de Koning
Loulou Galarraga
Ystasjön 188, Gällö (Långnäsudden)
T +46 70-294 45 66
E dekoning@telia.com
www.davajtrekking.nl
Pilger dürfen gratis übernachten, wenn die 2 Luxushütten nicht von zahlenden Gästen reserviert wurden. Bitte vorher anrufen wegen Verfügbarkeit. Bettwäsche SEK 210. Frühstück SEK 150 p.P. Lunchpaket SEK 100 p.P. Gemüsegarten vorhanden, im Sommer werden im Garten Pizzas gebacken. Zelt aufbauen möglich. Waschmaschine verfügbar. Nur Barzahlung. Ganzjährig geöffnet.

46 Camp Viking
Hannåsen 107, Gällö
T +46 72-700 40 03
E info@campviking.se
www.campviking.se
Campingplatz mit einfachen und luxuriösen Hütten am See, Eigentümer aus Flandern. Mit Restaurant/Café. Auch Frühstück und Lunchpaket möglich. Übernachtung in Hütte SEK 150 p.P. Bettwäsche SEK 120 p.P. Waschmaschine und Trockner verfügbar. Ganzjährig geöffnet.

47 Folkets Hus
Skolvägen 2, Gällö
T +46 693-201 46
Jugendherberge und Restaurant.

48 Revsunds prästgård
Revsund 113, Gällö
T +46 70-209 03 21
E info@revsundsprastgard.se
www.revsundsprastgard.se
www.facebook.com/revsundsprastgard
B&B im alten Pfarrhaus, schön am See gelegen. Schlafsaal mit Gemeinschaftsbad SEK 175. Einzel- und Doppelzimmer mit und ohne eigenes Bad ab SEK 390. Bettwäsche SEK 50. Auch Platz, um ein Zelt aufzubauen. Gemeinschaftsküche. Waschmaschine und Trockner verfügbar (SEK 60). Abendessen (SEK 125), Frühstück (SEK 75) und Lunchpaket (85) auf Bestellung. Mahlzeiten sind ökologisch, Vegetarier und Veganer werden extra berücksichtigt. Während der Sommermonate Kaffee und Tee für durchziehende Pilger. Niederländische Eigentümer. Ganzjährig geöffnet. Revsund bietet auch komplette Pilgerreisen, inkl. Mahlzeiten und Gepäcktransport. Siehe dazu www.nordicpilgrim.com

49 Revsund, Bakgården
Revsund 220, Gällö
T +46 76-835 64 08
E kerstin@homestudio.se
E gustav@homestudio.se
www.bakgården.se
Zimmer mit Frühstück bei handwerklichem Bäcker und Bierbrauer. 2 km vom Weg entfernt. Transferservice für den Olavsweg.

50 Framgården
Skylnäs 245, Brunflo
T +46 70-602 50 40
E eva@framgarden.se
www.framgarden.se
B&B und Hütte mit insgesamt 8 Betten auf dem Hof eines Bauernhofes, einige km vom Weg entfernt. Küche vorhanden. Mahlzeit auf Anfrage. Einzelzimmer SEK 475 inkl. Frühstück, Doppelzimmer SEK 375 p.P. inkl. Frühstück. Transferservice für den Olavsweg. Ganzjährig geöffnet.

51 Pilgrimstad Vandrarhem
Österundsvägen 27, Pilgrimstad
T +46 70-558 48 59
E valika1@hotmail.com
www.vandrarhempilgrimstad.se
Private Jugendherberge mit drei Zimmern, Gemeinschaftsraum, Küche und gemeinsames Bad. SEK 300 p.P., SEK 500 für 2 Pers. Bettwäsche SEK 50, Abendessen, Frühstück (SEK 75) und Lunchpaket auf Bestellung. Ganzjährig geöffnet.

52 Hållstakvarn
Hållsta 311, Brunflo
T +46 70-525 44 67
E ruthannika@gmail.com
Kamer. Ontbijt en avondeten op aanvraag. Zimmer. Früstuck und Abendessen auf Afrage.

53 Sörbygården B&B
Grytan 112, Brunflo
T +46 632-12 77 / +46 70-239 16 61
E info@sorbygarden.se
www.sorbygarden.se
B&B auf Bauernhof/Reiterhof. Verschiedene Arten Einzel- und Doppelzimmer ab SEK 600 inkl. Frühstück. Abendessen und Lunchpaket auf Anfrage.

54 Östersunds Stugby & Camping
Krondikesvägen 95 c, Östersund
T +46 631-446 15
E ostersundscamping@ostersund.se
www.ostersund.se/camping
Campingplatz mit Hütten mit oder ohne eigene/n Sanitäranlagen und Küche, ab SEK 470. Waschsalon auf dem Gelände.

55 Hotel Älgen
Storgatan 61, Östersund
T +46 635 175 25
E info@hotelalgen.se
www.hotelalgen.se
Hotel. Verwaltet ebenfalls eine preiswertere Pension und Jugendherberge. Siehe hierfür die Webseite.

56 Asken Hotel
Storgatan 53, 831 33 Östersund
T +46 635 174 50
E info@jamteborg.se
www.jamteborg.se
Hotel. Verwaltet ebenfalls eine preiswertere Pension und Jugendherberge. Siehe hierfür die Webseite.

57 Scandic
Kyrkgatan 70, Östersund
T +46 635 757 00
E ostersundcity@scandichotels.com
www.scandichotels.se
Hotel ab SEK 1000.

58 Östersund Hostel
Banjårdsgatan 6, Östersund
T + 46 631 322 32
E hans.osd@live
www.ostersundsvandrarhem.se
Private Jugendherberge ab SEK 300 p.P.

59 Hotell Zäta
Prästgatan 32, Östersund
T +46 635 178 60
E bokning@hotel-z.se
www.hotel-z.se
Hotel ab SEK 995.

60 Ledkrysset
Biblioteksgatan 25, Östersund
T +46 631-033 10
E info@ostersundledkrysset.se
www.ostersundledkrysset.se
STF Jugendherberge im Zentrum von Östersund. Zimmer und Schlafsäle. Mit Küche und Speisesaal. Ab SEK 250. Frühstück möglich. Rezeption geöffnet von 08:00 – 20:00 Uhr. Ganzjährig geöffnet.

61 Hotel Emma
Prästgatan 31, Östersund
T +46 63 51 78 40
E info@hotelemma.com
www.hotelemma.com
Hotel ab SEK 790.

62 **Jamtli**
Museiplan 831, Östersund
T +46 631 503 00
E vandrarhemmet@jamtli.com
www.jamtli.com
Jugendherberge beim Museum Jamtli. Zimmer mit Frühstück. SEK 270 p.P. HI-Mitglieder SEK 220 p.P. Bettwäsche kann gemietet werden. Küchennutzung. Rezeption geöffnet mo - fr , 8:00 -11:00 und 17:00 - 20:00 Uhr. 10. Januar - 20. Dezember

63 **Frösö Stugby & Camping**
Rödövägen 3, Frösö
T +46 634-442 70
E froson@nordiccamping.se
www.froso.nordiccamping.se
Campingplatz mit Hütten mit oder ohne Küche/ Bad ab SEK 480, möglicherweise ab 2017 Spezialpreise für Pilger. Café auf dem Gelände. Waschmaschine. Ganzjährig geöffnet.

64 **Frösövallens Vandrarhem**
Stockevägen 3, Frösö
T +46 634-30 58
E info@frosovallen.se
www.frosovallen.se
Campingplatz und Jugendherberge mit 8 Zimmern. Ab SEK 180 p.P. Mit Sommercafé. Mai - September.

65 **Quality Hotel Frösö Park**
Cronstads väg 2, Frösö
T +46 631-650 00
E q.frosopark@choice.se
www.nordicchoicehotels.se/quality/quality-hotel-froso-park/
Hotel mit Restaurant und Fitnessräumen; Kurort. Ab SEK 1050.

66 **Vallebo Rödön**
Rödösundet 418, Rödön
T +46 70-297 68 50
E inger.edenteg@gmail.com
http://www.turistkompaniet.nu
Hütte auf dem Hof eines Bauernhofes mit Dusche, Toilette und Küche im Wohnhaus. SEK 250 p.P. Abendessen, Frühstück und Lunchpaket auf Anfrage. Nur Barzahlung. Mai - September.

67 **Astrid Pullar**
Rödösundet 416, Rödösundet
T +46 73-373 41 12 / +46 73- 805 25 92
E rickard.naslin@folkbildning.net
B&B mit 4 Betten, am See gelegen.

68 **Bryggstu 'n**
Undrom 478, Rödön
T +46 70-525 65 62
E lolobackman@hotmail.com
Booking.com (Bed and Breakfast Bryggstun)
4 Betten in 2 kleinen Zimmern. Gemeinschaftliche Toilette und (Außen)dusche. SEK 500 pro Zimmer. Frühstück SEK 80. Nur Barzahlung. Ganzjährig geöffnet.

69 **Helena Grenholm**
Häste 146, Rödön
T +46 730-573036
E helena.grenholm@gmail.com
2 Doppelzimmern im Haus. Auch Platz, um ein Zelt aufzubauen.

70 **Ishallen**
Karelsvägen 7, Nälden
T +46 640-208 70 / + 46 72-570 18 28
E info@naldensif.se
www.naldensif.se
Zimmer und Schlafsaal bei einer Eisbahn. Schlafsaal SEK 125. Einzelzimmer SEK 400 inkl. Frühstück. Doppelzimmer SEK 500 inkl. Frühstück. Ganzjährig geöffnet.

71 **Helene Wikner**
Faxnäldsvägen 27, Nälden
T +46 70-694 47 34
E faxnalden129@gmail.com
Hütte für 2 – 3 Personen mit Bad. Zimmer für 3 Personen. SEK 200 p.P. Bei 2 Personen SEK 150 p.P. Zimmer oder Hütte für 1 Person SEK 200. Platz, um ein Zelt aufzubauen (SEK 80). Küche verfügbar. Bettwäsche kann gemietet werden (SEK 50). Abendessen (SEK 60), Frühstück und Lunchpaket (je SEK 40) auf Bestellung. Nur Barzahlung. Mai - September.

72 **Vaplansgård**
Önevägen 11,Vaplan (Nälden)
T +46 70-583 63 49 / +46 73-070 43 22
E doris.lars@gmail.com
B&B mit 5 Betten. Kleine Küche vorhanden. SEK 450 p.P. inkl. Abendessen, Frühstück und Lunchpaket. Abendessen vorab bestellen. Auch Platz, um ein Zelt aufzubauen.

73 **Lena Carina Nyman**
Kustvägen 6, Vaplan (Nälden)
T +46 70-564 36 89
E 064020260@telia.com
B&B. Abendessen und „Fika“ auf Anfrage.

74 **Rum i Vaplan**
Kustvägen 12, Vaplan (Nälden)
T +46 640-204 30
E vaplan@gmail.com
rumivaplan.wordpress.com
Dachbodenappartement mit 2 Zimmern und 4 Betten. Mit Küche und Bad. Eigener Eingang. 1 Person SEK 300, 2 Personen SEK 400. Bettwäsche SEK 50. Frühstück SEK 50.

75 **Rödegård**
Daniel Wolf-Watz
Röde 301, Alsen
T +46 70-246 43 57
E edwolfwatz@hotmail.com
3 Hütten mit je 4 Betten und Kochmöglichkeit, am See gelegen. Auch Platz, um ein Zelt aufzubauen. Außentoiletten. Eigene Bettwäsche nötig. Bett SEK 150, Zelt SEK 100, Frühstück SEK 50. Kein WLAN. Nur Barzahlung. Geöffnet in den Sommermonaten.

76 **Glösa**
Jan-Eric Persson
Bracke 610, Alsen
T +46 70-372 99 00
Schlichte Übernachtungsmöglichkeit für maximal 4 Personen.

77 **Wången**
Wången 110, Alsen
T +46 640-174 17
E info@wangen.se
www.wangen.se
Großer Reiterhof mit Hütten, Hotel, Jugendherberge, Sauna und Restaurant (sonntags geschlossen). Unterkunft in Jugendherberge ab SEK 350 p.P. inkl. Frühstück. An Sonntagen kann Abendessen (selbst aufwärmen) und Lunchpaket bereitgestellt werden, wenn rechtzeitig bestellt.

78 **Stuga**
Alsen 155, Alsen
T +46 70-260 13 88 / +46 70-694 66 26
E helts28@hotmail.com
Hütte mit zwei Betten. SEK 250 p.P. Bettwäsche kann gemietet werden. Bad und Küche im Wohnhaus mit eigenem Eingang. Inkl. Frühstück. Abendessen und Lunchpaket nach Vereinbarung. Waschmaschine verfügbar. Gern per E-Mail reservieren. Nur Barzahlung. Juni - September.

79 **Stuga**
Lisa & Ulf Green
Helleberg 503, Helleberg
T +46 70-534 20 33 /+46 70-674 66 35
4 Betten. Küche, Bad. Bettwäsche kann gemietet werden. Verfügbarkeit stark abhängig vom Arbeitsdruck von Lisa Green, die Skalstugan (Nr. 99) leitet.

80 **Andersböle Fäbodvall**
Andersböle, Mörsil
T +46 70-511 64 61
E nilsnilsgarden@bahnhof.se
Facebook: Andersböle fäbodvall Jämtland
Hütten mit Kochgelegenheit, Außendusche und Außentoilette auf dem Hof eines Sommerbauernhofes. SEK 200 p.P.

81 **Pilgrimsvilan**
Byevägen 13, Mörsil
T + 46 70-696 18 89
E zignesomberg@telia.com
Häuschen auf dem Hof der Pastorin (von Mörsil) Kerstin Strömberg. Schlafzimmer mit 2 Betten, Bad, Wasserkocher, Mikrowelle, Geschirr, Besteck und Kühlschrank. SEK 200 p.P. Bei rechtzeitiger Bestellung Einkaufsservice. Kein WLAN im Häuschen, jedoch in direkter Nähe des Wohnhauses. April - Oktober.

82 **Måbragård**
Högen 205, Uppland
T +46 647-66 00 36 / 070-648 42 12
E simonetteolsson@hotmail.com
B&B bei Bauernhof ab SEK 400. Frühstück SEK 60, Lunchpaket SEK 60.

83 **Strandgården**
Christina Strandberg
Strandgården 301, Mörsil
T +46 70-542 86 00
E strandgarden.christina@gmail.com
www.strandgarden-are.com
B&B und Hütten in einem Ferienpark am See.

84 **Sundmans Fjällgård**
Änge 684, Järpen
T +46 70-335 35 22 / +46 647-313 60
E annemo@sundman.se
www.sundmans.se
Jugendherberge mit großer Küche ab SEK 560 für 1 Person und SEK 600 für 2 Personen. Mit Wohnzimmer, Sauna, Waschmaschine und Billard. Bettwäsche SEK 95. Mahlzeiten selbst zubereiten. Reservierung per E-Mail. Juni - September.

85 **Hållandsgården**
Hållandsgården, Järpen
T +46 647-310 10
E hallandsgarden@telia.com
www.hållandsgården.nu
Christliches Hotel mit biblischem Dekor. Replikat einer Stabkirche im Garten. Zimmer inkl. Abendessen (Büffet), Frühstück und Lunchpaket.

86 Ristafallet
Rista 321, Undersåker
T +46 647-302 00 / +46 70-557 87 82
E info@ristafallet.com
www.ristafallet.se
Campingplatz mit 8 4-Personenhütten in der Nähe der spektakulären Wasserfälle. SEK 550 pro Hütte unabhängig von Personenanzahl. Zelt SEK 150 pro Nacht. Restaurant auf dem Gelände. Frühstück und Lunchpaket auf Anfrage. Eigentümer sprechen Niederländisch. Waschmaschine vorhanden.

87 Englagård
Hålland
T +46 647-312 12
E paullcawthorn@gmail.com
www.englagardare.se
Appartements auf dem Hof eines Bauernhofes.

88 Hedmans stugby
Hålland, Undersåker
T +46 647-126 00
E receptionen@hedmansfjallby.se
www.hedmansfjallby.se
Ferienpark mit komplett ausgestatteten Hütten.

89 Södergården
Fjällfararvägen 2, Undersåker
T +46 70-662 40 53
E sodergarden@astmaoallergiforbundet.se
www.astmaoallergiforbundet.se/sodergarden
Appartements, Hütten und Zimmer. Spezialisiert auf Menschen mit Allergien. Mit spezieller antiallergener Bettwäsche. In der Küche dürfen keine Fische, Eier und Nüsse verarbeitet werden. Keine Mahlzeiten erhältlich. Ab SEK 190 p.P. Ganzjährig geöffnet.

90 Östervåla fjällgård
Murarvägen 5, Undersåker
T +46 647-305 05
E ostervalafjallgard@telia.com
www.ostervalafjallgard.se
2- und 4-Bettzimmer mit Stapelbetten ab SEK 100 p.P.

91 Åre Fjällsätra
Byvägen 86, Undersåker
T +46 647-305 05
E info@arefjallsatra.se
www.arefjallsatra.se
Hotel/Restaurant ab SEK 1000.

92 Airbnb-Adresse
Byvägen, Undersåker
T +46 73-051 22 38
https://www.airbnb.se/rooms/1247668
Appartement für 4 Personen mit Küche und Bad.

93 Åre Camping och stugor
Såå 392, Åre
T +46 647-507 70
E info@arecamping.se
www.arecamping.se
Campingplatz mit 2- und 4-Personenhütten. Ab SEK 350 pro Hütte. Kleiner Campingladen.

94 Åre B&B
Tottvägen 12, Åre
T +46 73-843 18 11 / +46 647-511 40
E hej@arebb.se
www.arebb.se
B&B mit 14 Zimmern. Einzelzimmer SEK 750, Doppelzimmer SEK 890. Inkl. Frühstück. Lunchpaket kann vom Frühstücksbüffet genommen werden. Sauna. Ganzjährig geöffnet außer Mai und Ende Juni (Mittsommernacht.

95 Åre Torg STF
Kabinbanevägen 22, Åre
T +46-647-515 90
E aretorg@stfturist.se
www.svenskaturistforeningen.se/anlaggningar/stf-are-torg-vandrarhem/
Jugendherberge mit 36 Zimmern im Zentrum von Åre. Ab SEK 890 für 2 Personen inkl. Frühstückbüffet. Rezeption geöffnet zwischen 09:00 und 17:00 Uhr. Ganzjährig geöffnet.

96 Gästhuset
Mörviksvägen 12, Åre
T +46 70-601 10 00
E bokning@gasthuset.se
www.gasthuset.se
Appartements mit Küche und Bad. SEK 550 für 2 Pers. Bettwäsche und Endreinigung gegen Zuzahlung. Supermarkt in der Nähe. Waschmaschine verfügbar (gratis). Sauna. Ganzjährig geöffnet.

97 Andrum för pilgrim
Anna Karin Hansson
Kabinbanevägen 12, Åre
T +46 70-610 90 43
E annakarinh_are@hotmail.com
Komplett ausgestattetes Appartement für 1 Person.

98 Pensionat Mulfjället
Karolinervägen 40, Duved
T +46 647-200 04 / 073-046 61 91
E info@mullfjallet.se
www.mullfjallet.se
Pension mit 19 Zimmern. Ab SEK 400 p.P. inkl. Frühstück. Übernachtung inkl. Frühstück und Dinner ab SEK 650 p.P. Lunchpaket auf Anfrage. August und September.

99 Fjällportens pensionat
Karolinervägen 37, Duved
T +46 647-200 10
E info@fjallporten.se
www.fjallporten.se
Pension mit 15 Zimmern. Ab SEK 800 p.P. inkl. Abendessen (Büffet) und Frühstück.

100 Millestgården
Duvedsbyn 187, Duved
T +46 70-945 46 48
E post@millestgarden.se
www.millestgarden.se
Hotel/Restaurant ab SEK 870.

101 Backs semesterby
Duvedsbyn 308, Duved
T +46 70-545 64 29
E info@backs.se
www.backs.se
Ferienpark mit Hütten. Ab SEK 790.

102 Tännforsen
Tännforsen 356, Duved
T +46 647-230 23
E info@tannforsen.com
www.tannforsen.com
Pilgerunterkunft beim größten Wasserfall Schwedens. Hütte mit 2 Zimmern, Wohnzimmer und Küche. SEK 385 p.P. inkl. Frühstück. Auf dem Gelände ein Souvenirladen und ein Restaurant. Auch Möglichkeiten, ein Zelt aufzubauen.

103 Moan friggebod
Skalstugevägen 804, Moan (Duved)
T +46 70-341 73 15
E linnea.medis@gmail.com
Facebook: Mountaincabininmoan
Pilgerherberge mit 4 Betten und kleine Küche bei einem Bauernhof, SEK 200. Außentoilette, keine Dusche. Lebensmittel auf Bestellung. Kein WLAN in der Hütte, jedoch in direkter Nähe des Wohnhauses. Mai - September.

104 Medstugans Vandrarhem
Medstugan, Duved
T +46 70-261 57 35,
E medstugan@hushallningssallskapet.se
http://www2.visitare.com/sv/boende/a902103/medstugan-vandrarhem/
Jugendherberge mit 5 Zimmern, Gemeinschaftsküche und Wohnzimmer. Waschmaschine vorhanden.

105 Saxvallen, Zimmer
Lisa & Ulf Green
T +46 70-534 20 33 /+46 70-674 66 35
3 Betten. Küche, Bad. Bettwäsche kann gemietet werden. Verfügbarkeit stark abhängig vom Arbeitsdruck von Lisa Green, die Skalstugan (Nr. 99) leitet.

106 Skalstugan
Lisa Green
T +46 70-534 20 33
E skalstugan@seb.se
Privates Ferienhotel für Banker. Olavsweg-Wanderer können manchmal am Ankunftstag übernachten (für 1 Nacht). Reservieren nicht möglich!

107 Lillemoen
Jamtlandsvegen 3211, Sul (Vuku)
T +47 468-087 82 / +47 402-496 93
E trude-buran@hotmail.com
Pilgerhütte auf dem Hof eines Bauernhofes. Keine Dusche, WC beim Stall. Bett NOK 200, Bettwäsche NOK 50, Bett mit Abendessen, Frühstück und Lunchpaket NOK 500 p.P. Essen am besten vorab bestellen. Selbst kochen möglich.

108 Blokkhuset

90 Meter oberhalb der Straße in Vaterholmen wurde ein Bunker für Übernachtung eingerichtet. Es gibt einen Raum mit Tischen und Bänken und Schlafplätzen. Bring Schlafsack und Matte. Es gibt einige getrocknete Lebensmittel zum Verkauf, aber bring auch eigenes Essen. Kochen ist draußen am offenen Feuer. Der Bunker ist Teil der geschützten Befestigungsanlagen. NOK 100 P.p. Reservierung nicht notwendig. Auch Raum, um das Zelt aufzubauen.

109 Østnes Camping
Austnesbakkan 18A, Vuku
T +47 971-914 09 / +47 740-707 32
E liv@austneslaks.no
www.austneslaks.no
Campingplatz mit Hütten. Dusche und WC im Sanitärgebäude. Kleine Hütte NOK 600, große Hütte NOK 800. Bettwäsche NOK 80, Frühstück NOK 100. Nur Barzahlung. 1. Mai - 30. September.

110 Auskin Kreative Senter
Vukuveien 971, Vuku
T +47 45082838
E mohesa@online.no.
E kontakt@auskin.no
auskin.no
Unterkunft mit Platz für 30 Personen, mit Küche beim Zentrum für Holzverarbeitung und Metallverarbeitung mit organischen Mahlzeiten. NOK 400 für Bett im Vierbettzimmer, NOK 700 für 1 Person im Doppelzimmer, NOK 1500 für Doppelzimmer mit Bettwäsche, Dusche, WC, Küche und eigener Terrasse. Bettwäsche NOK 100, Frühstück NOK 75, Lunchpaket NOK 75, Abendessen NOK 200. Ganzjährig geöffnet.

111 Stiklestad Gård
Leirådalsvegen 153, Verdal
T +47 932-176 25 / +47 922-941 61
E elle-ska@online.no
www.stiklestadgarden.no
4-Bettzimmer, Gemeinschaftsdusche, WC und Küche. Ab NOK 160 mit eigenem Schlafsack oder Leinenschlafsack bis NOK 400 für luxuriöseres Zimmer. Frühstück NOK 75, Lunchpaket NOK 75, Abendessen NOK 135. Ganzjährig geöffnet.

112 Stiklestad

T +47 740-442 00
E stiklestad@snk.no
www.stiklestad.no
Kulturhistorischer Park mit Olavskirche, Freiluftmuseum, Wikingerdorf und Freilufttheater. Pilgerübernachtung in rekonstruierter mittelalterlicher Gästeunterkunft Stiklastadir: NOK 225, mit Frühstück NOK 350. Bettwäsche NOK 150. Gruppen ab 10 Personen können im Wikinger Langhaus übernachten: NOK 225 p.P., mit Frühstück NOK 350. Hotelzimmer für Pilger ab NOK 850 p.P. inkl. Frühstück. Lunchpaket NOK 50. Café und Restaurant auf dem Gelände. Ganzjährig geöffnet.

113 Stiklestad Park Hotell
Jernbanegata 11, Verdal
T +47 740 382 00
E mail@stiklestadpark.no
www.stiklestadpark.no
Hotel. Preise ab NOK 1000.

114 Verdal Hotell
Jernbanegata 13, Verdal
T Tel +47 740-788 00
E mail@verdalhotell.no
wwwverdalhotell.no
Familienhotel in einem ochsenblutroten Holzgebäude. Zimmerpreise ab NOK 1000.

115 Munkeby
Munkebyveien 245, Levanger
T +47 996-923 15 / 909-065 94
E hakon.fiskvik@ntebb.no
www.munkeby-herberge.no
Pilgerherberge mit Küche in Stabbur. Bad in einem anderen Gebäude. NOK 160 p.P. Bettwäsche NOK 90. Luxuriöseres Zimmer NOK 200 p.p. Frühstück mit Lunchpaket NOK 120. Abendessen NOK 135. Café und Laden (Nippes und Regionalprodukte). Ganzjährig geöffnet.

116 Troset Gård
Trosetvegen 111, Markabygda
T + 47 951-514 20
E heidi.troset@gmail.com
www.troset.com
Neue Pilgerübernachtung auf einem Bauernhof. Eröffnung geplant für Sommer 2017. Hütte mit Feuerstelle (im Haus) ab NOK 290, komplett eingerichtetes Häuschen auf dem Gelände NOK 490. Gemeinsame Dusche und Toilette. Bettwäsche kann gemietet werden. Lebensmittel und Mahlzeiten auf Anfrage. Reservierung notwendig.

117 Markabygda Kirkestue
Støringvegen 13, Markabygda
T + 47 971-592 40 / +47 924-696 73
E peder.a.andresen@gmail.com
Gemeindehaus mit Feldbetten, Dusche/WC und komplett ausgestatteter Küche. NOK 100 p.P. Abendessen, Frühstück und Lunchpaket gegen Zuzahlung. Reservierung sehr gewünscht. Nur Barzahlung. Ganzjährig geöffnet.

118 Borås Gard
Langsteinvegen 1036, Hegra
T +47 748-051 26 / +47 478-402 25 / +47 478-308 01
E gurifrigaard1@gmail.com
https://borasgard.wordpress.com/
Bauernhof in Betrieb. Pilgerherberge mit Küche und Bad. NOK 150 p.P., mit Bettwäsche NOK 150 p.P. Kauf von Lebensmitteln möglich. Nur Barzahlung. Ganzjährig geöffnet.

119 Ertsgaard camping

T + 47 748-274 07
E per@ertsgaard.no
Campingplatz und Hütten, manche mit Dusche und WC. Ganzjährig geöffnet.

120 Ersgard
Sørsidevegen 460, Stjørdal
T +47 901-872 20
E post@ersgard.no
www.ersgard.no
Monumentaler Bauernhof als Konferenzzentrum. Pilgerherberge in Hütte ohne Strom gegenüber vom Bauernhof. NOK 210 p.P. Zimmer im Bauernhof NOK 510. Frühstück mit Lunchpaket NOK 100. Abendessen NOK 150.

121 Folden Gård
Nygårdvollvegen, Malvik
T +47 991-039 31
E foldkvam@online.no
Pilgerherberge mit Küche und Bad. NOK 400 p.P. Gastgeber kann einkaufen, wenn rechtzeitig angefragt wird. Auch Zimmer im Wohnhaus. Abendessen, Frühstück und Lunchpaket auf Bestellung. Ganzjährig geöffnet.

122 Vikhammer søndre
Gullhaugveien 1 C, Vikhammer
T +47 452-173 30
E post@sportogtrim.no
www.sportogtrim.no
Facebook: vikhammergaard
Pilgerherberge in Stabur mit Feldbetten, Küche und Bad. NOK 450 p.P. Für Gruppen gibt es einen Schlafsaal im Fitnesscenter mit Küche und Bad auf dem Bauernhof. NOK 350 p.P. Lebensmittel können bestellt werden. Supermarkt 1 km entfernt (bergabwärts).

123 Vikhammer Motel & Camping
Vikhammerløkka 2, Vikhammer
T +47 739-761 64
E vikcampi@online.no
www.vikhammer.no
Hütten ab NOK 500. Zimmer ab NOK 575. Bettwäsche kann gemietet werden.

124 Trondheim Vandrerhjem
Weidemannsvei 41, 7043 Trondheim
T +47 738-74450
E booking@trondheimvandrerhjem.no
www.trondheimvandrerhjem.no
Jugendherberge. Ab NOK 375 p.P.

125 Nidaros Pilgrim Center
Kjøpmannsgata 1, Trondheim
T +47 735-25 000
E post@pilegrimsgarden.no
www.pilegrimsgarden.no
Pilgercenter direkt hinter der Kathedrale. Olavsbrev erhältlich. Schlafsäle NOK 300 p.P., Zimmer mit 2 oder 3 Betten NOK 350 p.P. Frühstück NOK 50. Rezeption geöffnet zwischen 9:00 und 17:00 Uhr. Reservierung sehr empfohlen. Ganzjährig geöffnet.

126 Thon Hotel Trondheim
Kongens gate 15, 7013 Trondheim
T +47 738-84788
E trondheim@thonhotels.no
www.thonhotels.no
Hotel.

127 Thon Hotel Backlund
Kirkegata 41, Levanger
T +47 740-816 00
E backlund@thonhotels.no
www.thonhotels.no/backlund
Hotel/Restaurant mit Sondertarif für Pilger. NOK 850 für Einzelzimmer, NOK 200 für jede zusätzliche Person bis vier Personen. Inkl. Frühstück. Ganzjährig geöffnet.

128 Laberget leirsted
Sjøvegen 328, Skogn
T +47 740-954 24 / +47 474-884 03
E post@laberget.no
www.laberget.no
Schlichte Zimmer mit Dusche und Toilette. NOK 250 p.P. Frühstück und Lunchpaket auf Anfrage. Für Gruppen auch Abendessen auf Anfrage. Reservierung notwendig. Ganzjährig geöffnet.

129 Falstadsenteret
Falstadvegen 59, Ekne
T +47 740-280 40
E post@falstadsenteret.no
www.falstadsenteret.no
PPilger-Jugendherberge auf dem Gelände eines ehemaligen Gefangenenlagers aus dem zweiten Weltkrieg. Jetzt Museum und Archiv. Einzelzimmer NOK 790, Doppelzimmer NOK 895, inkl. Frühstück. Abendessen NOK 235, Lunchpaket NOK 85. Reservierung notwendig. Hunde nicht erlaubt. Während der Sommermonate geöffnet.

130 Hellberg herberge
Anne-Grete en Per Arne Myraunet
Frosta
T +47 415-178 63 / +47 913-624 14
E post@frosta-fjordbuer.no
www.frosta-fjordbuer.no
Unterkunft in Hütte zwischen Obstbäumen auf kleinem Bauernhof. NOK 200 p.P. Bettwäsche NOK 100. Abendessen NOK 225, Frühstück NOK 100, Lunchpaket NOK 75. Bett inkl. Abendessen, Frühstück und Lunch NOK 650.

131 Oldervik Hostel
Anne Oldervik en Bjørn Hollingsæter
Småland, Frosta
T +47 748-076 80 / +47 415-613 87
E 535oldervik.gartneri@gmail.com
Facebook: Oldervik Herberge
Pilgerherberge mit 11 Plätzen. Bett inkl. Abendessen, Frühstück und Lunchpaket NOK 750. Ganzjährig geöffnet, auf Anfrage.

132 Valberg slektsgård
Frosta
T +47 947-923 49
E roger@visitvalberg.no
www.visitvalberg.no
Hotel/Kongresscenter mit Hütten. Spezielle Tarife für Pilger. Pilgerherberge: Bett NOK 190, mit Bettwäsche NOK 250. Handtücher NOK 40. Gemeinsame Sanitäranlagen. Lunchpaket NOK 100. Abendessen auf Anfrage. Alle Mahlzeiten am besten vorher anfragen. Auch Luxushütten für eine Nacht verfügbar. Preise auf Anfrage. Ganzjährig geöffnet.

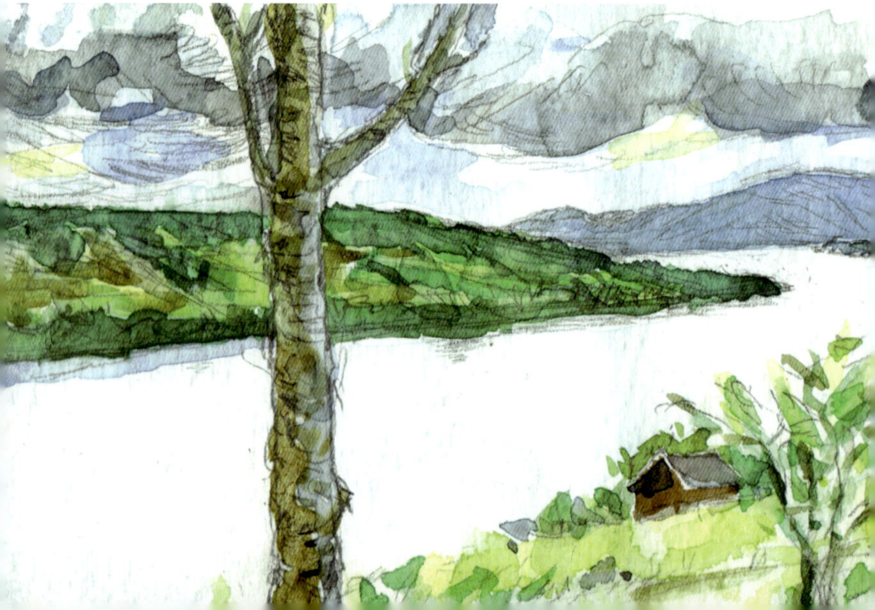

133 **Klostergården**
Tautra, Frosta
T +47 918-535 85
E post@klostergardentautra.no
www.klostergardentautra.no
Bauernhof mit Laden, Cafeteria, Brauerei und Unterkunft. Einzelzimmer NOK 650, Doppelzimmer NOK 550 p.P. Bett ohne Bettwäsche NOK 400. Alle Übernachtungen inkl. Frühstück. Pilgermahlzeit NOK 250. Lunchpaket NOK 50. Von Ostern bis Weihnachten geöffnet.

134 **Tautra Mariakloster**

T +47 748-085 51 / +47 454-656 89
E tautra@tautra.no
www.tautra.no
Zisterzienser Nonnenkloster mit Gasthaus und Laden. Die Kirche hat täglich zwischen 04:00 und 20:00 Uhr geöffnet. Um 18:15 Uhr gibt es eine Messe, an der man teilnehmen kann. Pilger willkommen für eine Übernachtung. Dusche vorhanden. Vor 19:00 Uhr melden, am nächsten Tag vor 12:00 Uhr abreisen. Es werden einfache Nahrungsmittel zur Verfügung gestellt, die man in der Küche selbst zubereiten und essen kann (Abendessen und Frühstück). Nachtruhe beginnt um 20:30 Uhr. Danach wird vom Gast Ruhe erwartet (z.B. nicht mehr duschen). Beitrag ist freiwillig, der Vorschlag ist NOK 50. Ganzjährig geöffnet außer Januar. Telefonisch reservieren zwischen 9:30 und 12:00 Uhr sowie zwischen 15:00 und 19:00 Uhr.

135 **Quality Hotell Stjørdal**
Kjøpmannsgate 20, Stjørdal
T +47 748-045 00
E q.varnes@choice.no
www.nordicchoicehotels.no
Hotel. Doppelzimmer ab NOK 1.100, inkl. Frühstück.

136 **Radisson Blu Hotel**
Lufthavnsveien 30, Stjørdal
T +47 748-436 00
E info.trondheim.airport@radissonblu.com
www.radissonblu.com
Hotel bei Flughafen.

137 **Scandic Hotel Hell**
Sandfærhus 22, Stjørdal
T +47 748-448 00
E hell@scandichotels.com
www.scandichotels.com
Hotel. Doppelzimmer ab NOK 1800.

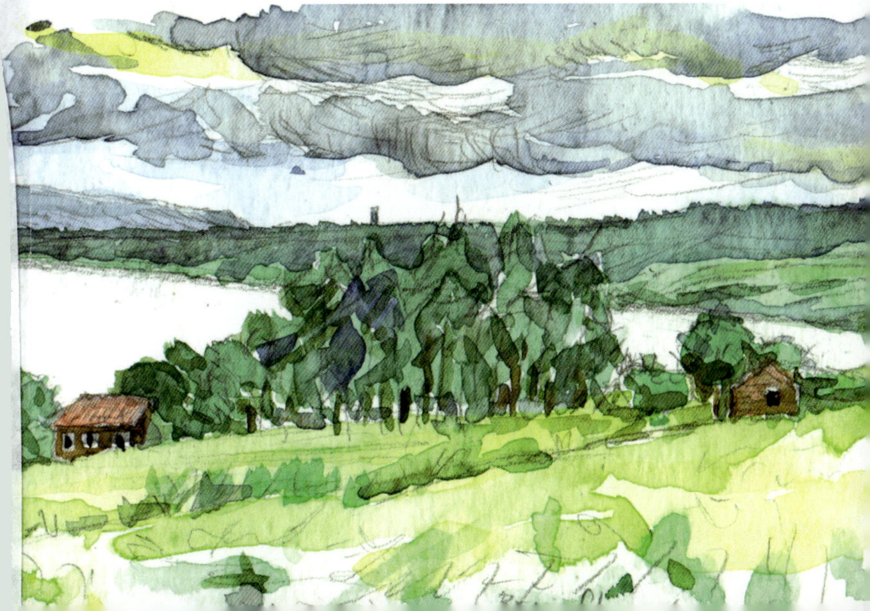